von Langen
Arbeitsrecht für Erzieher:innen
in 100 Stichworten

Arbeitsrecht für Erzieher:innen in 100 Stichworten

von

Tanja von Langen

Rechtsanwältin

3. Auflage

KSV Medien

MIX
Papier aus verantwortungsvollen Quellen
FSC® C083411

CO_2-Kompensation
2023 Printprodukt
mit FirstClimate.com

Bibliografische Information der Deutschen Nationalbibliothek
Die Deutsche Nationalbibliothek verzeichnet diese Publikation in der Deutschen Nationalbibliografie; detaillierte bibliografische Daten sind im Internet über http://dnb.dnb.de abrufbar.

3. Auflage 2024

Satz: metiTec Satzsystem, me-ti GbR • Berlin
Druck: CPI books

ISBN 978-3-8293-1888-4

Inhalt

Vorwort

Fehlten nach einer Studie der Bertelsmann-Stiftung bei Erscheinen der 2. Auflage dieses Buches im Jahr 2020 noch 100.000 Erzieherinnen und Erzieher, sind es nun mehr als 230.000. Die mit Stichtag 1.3.2022 laut Statista bereits vorhandenen 731.000 Fachkräfte in Einrichtungen der Kindertagesbetreuung sind mehr denn je betroffen von arbeitsrechtlichen „Dauerbrennern" wie Teilzeit und Befristung, Erhöhung von Arbeitsstunden, Überlastungsanzeige, Änderung von Arbeitsbedingungen, Direktionsrecht des Arbeitgebers etc. Themen wie Mutterschutz, Beschäftigungsverbot, Elterngeld usw. haben im Arbeitsleben von Erzieherinnen und Erziehern ohnehin besondere Bedeutung. In aller Regel obliegt ihnen auch die Pflege von Familienangehörigen und Kindern, oft leisten sie Sonn- und Feiertagsarbeit.

Es ist daher für Erzieherinnen, Erzieher und pädagogische Fachkräfte unabdingbar, die Materie Arbeitsrecht, die so nachhaltigen Einfluss auf ihr Leben nimmt, zu kennen, mit ihr umzugehen und auch hier auf dem Laufenden zu bleiben. Dieser Ratgeber fasst die wichtigsten Fragen von Erzieherinnen und Erziehern gebündelt und leicht verständlich in 100 Stichworten zusammen. In der nun vorliegenden 3. Auflage sind zehn Stichworte wie beispielsweise Arbeit auf Abruf, Arbeitszeiterfassung, Existenzgründung, Rüstzeit, Stufenzuordnung etc. neu aufgenommen und die übrigen 90 komplett überarbeitet und aktualisiert worden. Auch steuerliche und versicherungsrechtliche Aspekte sind berücksichtigt. Demgegenüber wurden Fragen der Darlegungs- und Beweislast sowie prozesstaktische Überlegungen, die nur für Juristinnen und Juristen interessant sein dürften, weitgehend ausgeklammert.

Die Tipps und Ratschläge in diesem Buch dienen lediglich als erste Hinweise. Sie können und sollen eine individuelle Beratung durch eine Anwältin nicht ersetzen.

Der besseren Lesbarkeit wegen werden durchgängig weibliche Bezeichnungen, z. B. „Erzieherin", verwendet. Selbstverständlich sind aber auch immer die männlichen Vertreter des Berufsstandes gemeint.

München, im September 2023 — Tanja von Langen

Abkürzungsverzeichnis

ABD	Arbeitsrecht der Bayerischen (Erz-)Diözesen
AG	Arbeitgeber
ALG	Arbeitslosengeld
AN	Arbeitnehmerin
ArbGG	Arbeitsgerichtsgesetz
ArbSchG	Arbeitsschutzgesetz
ArbStVO	Arbeitsstättenverordnung
ArbZG	Arbeitszeitgesetz
ASB	Arbeiter Samariter Bund
ASD	Allgemeiner Sozialer Dienst
AÜG	Arbeitnehmerüberlassungsgesetz
Az	Aktenzeichen
BAG	Bundesarbeitsgericht
BAuA	Bundesanstalt für Arbeitsschutz und Arbeitsmedizin
BB	Betriebsberater
BBiG	Berufsbildungsgesetz
BDSG	Bundesdatenschutzgesetz
BDSG-neu	Bundesdatenschutzgesetz neue Fassung
BEEG	Bundeselterngeld und –elternzeitgesetz
BEM	Betriebliches Eingliederungsmanagement
Beschl.	Beschluss
BetrVG	Betriebsverfassungsgesetz
BildscharbV	Bildschirmarbeitsverordnung
BFH	Bundesfinanzhof
BGB	Bürgerliches Gesetzbuch
bspw.	Beispielsweise
BMAS	Bundesministerium für Arbeit und Soziales
BMBF	Bundesministerium für Bildung und Forschung
BPersVG	Bundespersonalvertretungsgesetz
BRD	Bundesrepublik Deutschland
BSG	Bundessozialgericht

BSGE	Entscheidungen des Bundessozialgerichtes
BStBl	Bundessteuerblatt
BT-Drs.	Bundestags-Drucksachen
BUrlG	Bundesurlaubsgesetz
BVerfG	Bundesverfassungsgericht
BVerwG	Bundesverwaltungsgericht
BZRG	Bundeszentralregistergesetz
DB	Der Betrieb
DGUV	Deutsche Gesetzliche Unfallversicherung
d.h.	das heißt
DRK	Deutsches Rotes Kreuz
EFZG	Entgeltfortzahlungsgesetz
EGMR	Europäischer Gerichtshof für Menschenrechte
EKD	Evangelische Kirche Deutschlands
EMRK	Europäische Menschenrechtskonvention
etc.	et cetera
EU-DSGVO	Europäische Datenschutz-Grundverordnung
EuGH	Europäischer Gerichtshof
FG	Finanzgericht
gem.	gemäß
GewO	Gewerbeordnung
GG	Grundgesetz
ggf.	gegebenenfalls
i.d.F.	in der Form
i.d.R.	in der Regel
i.S.v.	im Sinne von
i.V.m.	in Verbindung mit
JArbSchG	Jugendarbeitsschutzgesetz
JUH	Johanniter Unfallhilfe
JVKostO	Justizverwaltungskostenordnung
KDFB	Katholischer Deutscher Frauenbund
KODA	Kommission zur Ordnung des Dienst-Arbeitsvertragsrechts

KSchG	Kündigungsschutzgesetz
LAG	Landesarbeitsgericht
LasthandhabV	Lastenhandhabungsverordnung
LPartG	Lebenspartnerschaftsgesetz
MA	Mitarbeiterin
MAV	Mitarbeitervertretung
MAVO	Mitarbeitervertretungsordnung
MHD	Malteser Hilfsdienst
MuSchG	Mutterschutzgesetz
MuSchArb	Europäische Verordnung zum Schutz der Mütter am Arbeitsplatz
MuSchRiV	Mutterschutzrichtlinienverordnung
MVG-EKD	Mitarbeitervertretungsgesetz
NLP	Neuro-Linguistisches Programmieren
Nr.	Nummer
NVwZ	Neue Zeitschrift für Verwaltungsrecht
NZA	Neue Zeitschrift für Arbeitsrecht
NZS	Neue Zeitschrift für Sozialrecht
OVG	Oberverwaltungsgericht
PflegeZG	Gesetz über die Pflegezeit
PKH	Prozesskostenhilfe
RR	Rechtssprechungsreport
SGB II	Zweites Buch Sozialgesetzbuch
SGB III	Drittes Buch Sozialgesetzbuch
SGB VII	Siebtes Buch Sozialgesetzbuch
SGB IX	Neuntes Buch Sozialgesetzbuch
sog.	sogenannt
SprAuG	Sprecherausschussgesetz
StGB	Strafgesetzbuch
TMG	Telemediengesetz
TKG	Telekommunikationsgesetz
TVöD	Tarifvertrag für den öffentlichen Dienst
TzBfG	Teilzeit- und Befristungsgesetz

u. a.	unter anderem
UrhG	Urhebergesetz
usw.	und so weiter
u. U.	unter Umständen
vgl.	vergleiche
VKA	Vereinigung kommunaler Arbeitgeberverbände
VO	Verordnung
WRV	Weimarer Reichsverfassung
z. B.	zum Beispiel

1. Abfindung nach § 1a KSchG

Fallbeispiel

Gabriele N. ist als Kindergartenhelferin in der Einrichtung „St. Theresia" beschäftigt. Ihr Arbeitsvertrag enthält eine Vereinbarung, nach der „die kirchlichen Arbeitsvertragsrichtlinien, Dienst- und Vergütungsordnungen (in Kraft gesetzte Beschlüsse der Bistums-KODA) des Bistums Fulda" in ihrer jeweils geltenden Fassung Bestandteil des Vertrages werden. Der Träger kündigt das Arbeitsverhältnis zum 30.6.2008 mit dem Hinweis auf betriebsbedingte Gründe, weil er die Trägerschaft für den Kindergarten endgültig aufgibt und die Einrichtung schließt.

Gabriele N. erhebt deshalb Kündigungsschutzklage. Im erstinstanzlichen Verfahren erweitert sie ihren Klageantrag auf hilfsweise Verurteilung des Trägers zur Zahlung einer Abfindung. Sie beruft sich auf § 9 der „Ordnung über den Rationalisierungsschutz im Bistum Fulda" (RaSchO), der Regelungen über Abfindungen enthält. Der Träger beantragt die Abweisung der Klage, da er der Auffassung ist, dass § 9 VIII RaSchO entgegensteht. Darin heißt es: *„Erhebt der/die Mitarbeiter/in Kündigungsschutzklage, so ist ein Anspruch auf Abfindung ausgeschlossen."*

Habe ich einen Anspruch auf eine Abfindung?

Einen gesetzlichen Anspruch auf eine Abfindung gibt es allein in der Form des § 1a KSchG. Mit der seit 1.1.2004 geltenden Norm hatte der Gesetzgeber zum Ziel, ein zusätzliches einfaches und kostengünstiges Instrument zur Beendigung von Arbeitsverhältnissen zur Verfügung zu stellen, das unnötige Kündigungsschutzklagen verhindert. Im Gegensatz zum Aufhebungsvertrag bzw. andere Entlassungsentschädigungen löst diese Möglichkeit, ein Arbeitsverhältnis einvernehmlich und außergerichtlich zu beenden, keine → Sperrzeit aus.

Nach dieser Norm hat die AN Anspruch auf eine Abfindung, wenn

- der AG wegen dringender betrieblicher Erfordernisse kündigt,
- in der Kündigungserklärung auf die Abfindung hinweist und
- die AN die Drei-Wochen-Frist zur Erhebung der Kündigungsschutzklage verstreichen lässt.

Wesentlicher Nachteil für den AG ist die während der Drei-Wochen-Frist bestehende Unsicherheit, ob die AN nicht doch Kündigungsschutzklage erheben wird. Das BAG hat hier jedenfalls folgende Verzichtserklärung der AN als rechtlich wirksam gebilligt: *„Ich erhebe gegen die Kündigung keine Einwendungen und werde mein Recht, das Fortbestehen des Arbeitsverhältnisses geltend zu machen, nicht wahrnehmen oder eine mit diesem Ziel erhobene Klage nicht durchführen."* (BAG, NZA 1986, 258)

Der Anspruch entsteht aber nicht etwa erst mit Ablauf der Klagefrist, sondern mit Ablauf der Kündigungsfrist der zugrunde liegenden betriebsbedingten Kündigung. (BAG, Urt. vom 10.5.2007 – 2 AZR 45/06)

Der Anspruch setzt den Hinweis des AG in der Kündigungserklärung voraus, dass die Kündigung auf dringende betriebliche Erfordernisse gestützt ist. Tatsächlich vorliegen müssen diese betrieblichen Gründe jedoch nicht, denn dies könnte ohnehin nur das Arbeitsgericht zweifelsfrei feststellen. Gerade das Arbeitsgericht soll durch diese Norm aber entlastet werden. Die Kündigung muss also lediglich als betriebsbedingt bezeichnet werden.

Das Gesetz schreibt weiterhin den Hinweis des AG an die AN vor, dass die AN bei Verstreichenlassen der Klagefrist die Abfindung beanspruchen kann. Der AG muss also streng darauf achten, die AN spätestens mit der Kündigung auf den Bestand einer entsprechenden Regelung oder auf die Möglichkeit hinzuweisen, eine Abfindung zu erhalten, wenn sie auf die Erhebung einer Kündigungsschutzklage verzichtet.

Im Fallbeispiel wurde der Klägerin vom Gericht eine Abfindung zugesprochen, obwohl sie Kündigungsschutzklage eingereicht hatte. Das BAG war nämlich der Ansicht, dass die Kenntnis der beiden Alternativen Voraussetzung eines Wahlrechtes zwischen Abfindungsanspruch und Einleitung einer Kündigungsschutzklage ist. Das ergäbe sich bereits aus dem Sinn der Abfindungsregelung, das Verhalten der AN zu steuern, indem der AG einen Anreiz schafft, keine Kündigungsschutzklage zu erheben. Im entschiedenen Fall habe der AG an keiner Stelle die AN auf ihren Abfindungsanspruch hingewiesen, so dass ihr Schritt zur Klageerhebung nicht auf ihrer bewussten Entscheidung für diese Alternative und gegen eine Abfindung beruhte, so dass sie einen Abfindungsanspruch hatte (BAG, Urt. vom 3.5.2006 – 4 AZR 189/05).

Auch ist der AG verpflichtet, die AN über die sozialrechtlichen Folgen (z. B. Sperrzeit, s. Tipp) vollständig und verständlich zu informieren. Unterlässt er dies, kann die Beendigungsvereinbarung unwirksam oder anfechtbar oder der AG zum Schadensersatz verpflichtet sein. (BAG, Urt. vom 10.2.2004 – 9 AZR 401/02)

In welcher Höhe kann ich nach § 1 a KSchG eine Abfindung verlangen?

Die Höhe der gesetzlichen Abfindung beträgt 0,5 Bruttomonatsverdienste für jedes Jahr des Bestehens des Arbeitsverhältnisses und höchstens zwölf Monatsverdienste. Bei der Ermittlung der Dauer des Arbeitsverhältnisses ist ein Zeitraum von mehr als sechs Monaten auf ein volles Jahr aufzurunden. Über diese gesetzlich vorgeschriebene Höhe hinaus können die Vertragsparteien auch eine höhere Abfindung vertraglich vereinbaren. Ob eine solche erhöhte Abfindung zur Auslösung einer → Sperrzeit führt, ist allerdings noch nicht entschieden.

Muss ich meine Abfindung versteuern?

Bis zum 31.12.2005 waren Abfindungen teilweise steuerbefreit. Dies ist mit Wirkung ab 1.1.2006 entfallen. Sie sind mit dem jeweiligen persönlichen Steuersatz zu versteuern. Der bei kirchensteuerpflichtigen Personen anfallende Kirchensteuerbetrag von 8–9 % kann im Einzelfall und auf Antrag teilerlassen werden. Hierzu genügt ein formloser schriftlicher Antrag beim zuständigen Kirchensteueramt.

Kann ich nicht erst einmal den Verlauf meiner Kündigungsschutzklage abwarten, ggf. diese noch zurücknehmen und eine Abfindung fordern?

Leider nicht. Die Rechtsprechung legt hier einen strengen Maßstab an: Zweck des § 1a KSchG sei es, gerichtliche Auseinandersetzungen der Arbeitsvertragsparteien zu vermeiden. Deswegen sei der AN eine Abfindung zu versagen, wenn sie eine gerichtliche Auseinandersetzung eingeleitet hat. Dies gilt beispielsweise auch für eine verfristete Klage, also eine Klage, die erst nach Ablauf der dreiwöchigen Klagefrist eingereicht wird. Deren Rücknahme kann nicht das Gegenteil bewirken, denn die AN solle gerade nicht zunächst den Verlauf des Kündigungsschutzprozesses abwarten und die Klage dann bei sich abzeichnender Erfolglosigkeit zurücknehmen dürfen, um doch noch in den Genuss der Abfindung zu kommen. (BAG, Urt. vom 13.12.2007 – 2 AZR 971/06 – und vom 20.8.2009 – 2 AZR 267/08)

Sind noch andere Fallgestaltungen denkbar, bei denen eine Abfindung gezahlt wird?

Ja. Im Falle einer gewonnenen Kündigungsschutzklage kommt es nicht selten vor, dass aufgrund von Äußerungen (Vorwürfe, Beleidigungen, etc.) des AG während des Prozesses die Fortsetzung des Arbeitsverhältnisses für die AN nicht mehr zumutbar ist. Die AN kann dann einen Antrag auf Auflösung des Arbeitsverhältnisses stellen, mit der Folge, dass auch eine angemessene Abfindung verlangt werden kann.

Tipp: Unter Berücksichtigung der Rechtsprechung des Bundessozialgerichtes löst der Anspruch nach § 1a KSchG auch keine Sperrzeiten für den Bezug von Arbeitslosengeld aus. Das bedeutet: Die gekündigte und abgefundene Arbeitnehmerin hat vom ersten Tag der Arbeitslosigkeit an Anspruch auf Arbeitslosengeld. Doch Vorsicht: Keine gesicherte Rechtslage zur Sperrzeit ist derzeit gegeben, wenn – was rechtlich möglich ist – per Aufhebungsvertrag ein höherer Abfindungsbetrag als der Regelsatz des § 1a KSchG vereinbart wird. In diesen Fällen ist die Hinzuziehung eines Anwaltes dringend anzuraten, um Nachteile zu vermeiden.

Verwandte Suchbegriffe:

- **Sperrzeit**
- **Kündigung**
- **Kündigungsschutz**

2. Abmahnung

Fallbeispiel

Simone L. ist Zweitkraft in der Kindertageseinrichtung „Wolkenreiter“ in P. Die in kommunaler Trägerschaft stehende viergruppige Einrichtung mit angeschlossener Krippe und Hort hat 18 Mitarbeiterinnen. Heute übergibt Leiterin Kerstin A. ihr ein mit „Abmahnung“ betiteltes Schreiben, das Gesa O., Gruppenleiterin und Vorgesetzte von Simone L., aufgesetzt und unterschrieben hat. Darin wird sie abgemahnt, weil sie wiederholt (die genauen Daten werden aufgelistet) während der Arbeitszeit private Telefonate auf ihrem Handy empfangen und geführt hat. Außerdem sei sie (die Daten werden ebenfalls akribisch aufgeführt) wiederholt zu spät zur Arbeit erschienen. Es folgt der Satz: *„Derartige arbeitsvertragliche Verstöße haben in Zukunft zu unterbleiben, worauf wir ausdrücklich hinweisen."* Das Schreiben trägt die Unterschriften von Gesa O. und Kerstin A.

Warum wird überhaupt abgemahnt?

Nach ständiger Rechtsprechung (BAG, NZA 2002, S. 968 ff.) hat eine Abmahnung zwei Funktionen. Zum einen hat sie den Sinn, der AN ihren Vertragsverstoß vor Augen zu führen – dies ist die sog. Beanstandungsfunktion. Gleichzeitig soll ihr die Abmahnung aufzeigen, dass sie im Wiederholungsfall mit arbeitsrechtlichen Konsequenzen, insbesondere mit einer → Kündigung des Arbeitsverhältnisses, rechnen muss – dies ist die sog. Warnfunktion einer Abmahnung.

Unterfällt der Betrieb dem → Kündigungsschutzgesetz, ist die Abmahnung notwendige Voraussetzung einer verhaltensbedingten → Kündigung. Damit soll dem Einwand der AN vorgebeugt werden, sie habe die Pflichtwidrigkeit ihres Verhaltens nicht erkennen bzw. nicht damit rechnen können, dass der AG ihr Verhalten als dermaßen schwerwiegend ansehe. Denn das Kündigungsschutzrecht unterliegt dem Verhältnismäßigkeitsgrundsatz (BVerfG, NZA 1999, S. 77). Aus ihm folgt, dass vor Ausspruch einer verhaltensbedingten Kündigung grundsätzlich eine einschlägige Abmahnung als milderes Mittel ausgesprochen werden muss. Der AG muss der AN mit einer Abmahnung die Gelegenheit geben, ihr Verhalten zu ändern. Dies gilt naturgemäß vor allem bei Vertragsverletzungen im Leistungsbereich, also

- Schlechtleistung,
- beharrlicher Verweigerung der Arbeitspflicht,
- häufige Unpünktlichkeit,
- sonstigem Fehlverhalten, dessen Fehlerhaftigkeit die AN nicht erkannt hat oder dessen Hinnahme durch den AG möglich erscheinen könnte.

Darf mich meine Leiterin denn überhaupt abmahnen, muss das nicht immer der Träger tun?

Abmahnungsberechtigt ist nicht nur, wer kündigungsberechtigt ist, sondern alle Mitarbeiterinnen, die nach ihrer Aufgabenstellung befugt sind,

Anweisungen hinsichtlich Ortes, Zeit sowie Art und Weise der zu verrichtenden Tätigkeit zu erteilen (BAG, BB 1980, S. 1269). Eine Erzieherin kann also durch eine stellvertretende Leitung oder eine Gruppenleitung abgemahnt werden. Die Delegierung des Abmahnrechts vom Träger auf Leiterin bzw. von Leiterin auf Gruppenleiterin muss auch nicht schriftlich erfolgen.

Aber vorher mit mir reden muss man doch wenigstens, oder?

Man könnte meinen, dass vor Erlass einer Abmahnung die betroffene AN das Recht hätte, angehört zu werden. Dies ist jedoch nach herrschender Meinung in der Rechtsliteratur nicht so. Nur wenn eine besondere Regelung (beispielsweise im Tarifvertrag) dies vorsieht, ist die AN vorher anzuhören. Der TVöD sieht ein solches Anhörungsrecht nicht vor.

Meine Leiterin hat mir neulich eine mündliche Abmahnung erteilt. Ist das rechtens?

Auch die Einhaltung einer bestimmten Form, also beispielsweise Schriftform, ist ebenfalls nur dann Wirksamkeitsvoraussetzung einer Abmahnung, wenn diese ausdrücklich, beispielsweise im Arbeitsvertrag, vorgeschrieben ist. Eine Abmahnung kann also auch mündlich erfolgen, allerdings werden dann Beweisprobleme auftreten, und in aller Regel wird auch dem Bestimmtheitserfordernis nicht Genüge getan sein.

Die Abmahnung muss das gerügte Fehlverhalten so genau und konkret wie möglich beschreiben. Pauschale Behauptungen wie „schlechte Arbeitsleistung“, „nicht hinnehmbares Verhalten“ oder „Unzuverlässigkeit“ genügen nicht (LAG Hamm, NZA 1997, S. 1056).

Deshalb werden Abmahnungen in der Regel immer schriftlich formuliert. Aus der Abmahnung muss hervorgehen:

- die Schilderung des Fehlverhaltens,
- Datum des Fehlverhaltens,
- Uhrzeit des Fehlverhaltens,
- klare Formulierung der Konsequenz: Kündigung bei Wiederholung.

Im Fallbeispiel fehlt es gerade an Letzterem: Mit keinem Wort wird die → Kündigung bei nochmaligem Zuspätkommen oder Privattelefonaten angedroht. Die Abmahnung ist daher wegen fehlender Bestimmtheit unwirksam. Eine auf sie gestützte → Kündigung wäre unwirksam.

Muss unser Betriebsrat vorher nicht angehört werden?

Nach ständiger höchstrichterlicher Rechtsprechung ist die Beteiligung des Betriebsrates an einer Abmahnung nicht einmal dann erforderlich, wenn sie eine Kündigung vorbereitet (BAG, DB 1990, S. 483 ff.).

Was ist, wenn mein Fehlverhalten schon längere Zeit zurückliegt. „Verjährt" es dann nicht?

Eine Ausschlussfrist für die Abmahnung gibt es nicht. Der AG darf also auch lange nach dem Fehlverhalten noch eine Abmahnung aussprechen. Ebenso verliert eine einmal ausgesprochene Abmahnung ihre Wirkung nicht mit Zeitablauf. Ob eine Abmahnung auch nach langer Zeit noch zur Kündigung berechtigt, hängt aber immer von den Umständen des Einzelfalles ab und wird im Streitfalle vom Gericht entschieden (BAG, Urt. vom 9.8.1984 – 2 AZR 400/83 –, NJW 1985, S. 823; BAG, Urt. vom 18.11.1986 – 7 AZR 674/84 –, NZA 1987, S. 418). Wie lange eine Abmahnung wirkt, hängt immer von der Schwere der Vertragsverletzung ab. Es kann also sein, dass bei schweren Vertragsverletzungen im Wiederholungsfall der AG auch nach längerer Zeit eine Kündigung ohne erneute Abmahnung aussprechen kann. Selbst bei einem Zeitablauf von dreieinhalb Jahren muss bei schweren Verletzungen die Abmahnung ihre Wirkung noch nicht verloren haben (BAG, Urt. vom 10.10.2002 – 2 AZR 418/01).

Ich konnte doch gar nichts dafür, dass ich ein paar Mal zu spät gekommen bin. Zählt das denn gar nicht?

Für die Wirksamkeit einer Abmahnung ist es – im Gegensatz zur Wirksamkeit einer verhaltensbedingten → Kündigung – nicht erforderlich, dass das abgemahnte Verhalten schuldhaft gewesen ist. Der AG ist also nicht verpflichtet, vor Erteilung einer Abmahnung etwa erst zu prüfen, ob eine Entschuldigungserklärung – etwa das defekte Auto oder die Stellwerkschwierigkeiten bei der Bahn – der Mitarbeiterin wahr ist und Nachforschungen zu betreiben.

Kann mich mein Arbeitgeber wegen desselben Sachverhalts zugleich abmahnen und kündigen?

Nein. Das ist nicht möglich. Macht der Arbeitgeber von seinem Abmahnungsrecht Gebrauch, beinhaltet dies gleichzeitig einen Verzicht auf die Kündigungsmöglichkeit.

Ist es für die Kündigung von Belang, aus welchen Gründen vorherige Abmahnungen ergangen sind?

Ja. Sind mehrere Abmahnungen aus verschiedenen Gründen ergangen, können sie keine kündigungsvorbereitende Wirkung entfalten. Zwischen Abmahnungsgrund und erneutem Fehlverhalten muss eine Gleichartigkeit gegeben sein.

Kann ich mich gegen eine Abmahnung wehren?

Wird die Abmahnung in die → Personalakte aufgenommen, was die Regel sein dürfte, steht der AN das Recht zu, eine Gegendarstellung abzugeben, die ebenfalls in die Akte aufzunehmen ist. Außerdem hat die AN das Recht, die Entfernung einer Abmahnung aus ihrer → Personalakte zu verlangen, wenn diese nachweisbar unwirksam ist. Dieser Anspruch folgt nach dem BAG aus den §§ 12, 862, 1004 BGB i.V.m. § 242 BGB nach dem Prinzip der Fürsorgepflicht des AG, die ihn verpflichtet, das Persönlichkeitsrecht der AN in Bezug auf Ansehen, soziale Geltung und berufliches Fortkommen zu achten.

Nach bisheriger Rechtsprechung war der Anspruch auf Entfernung einer Abmahnung aus der Personalakte regelmäßig ausgeschlossen, wenn das Arbeitsverhältnis beendet war. Mit Einführung der Datenschutz Grundverordnung (EU-DSGVO) hat sich dies geändert: AN können nun auch nach Beendigung des Arbeitsverhältnisses gemäß Art. 17 Abs. 1 EU-DSGVO die Löschung von Abmahnungen aus der Personalakte verlangen. (LAG Sachsen-Anhalt, Urt. vom 23.11. 2018 – 5 Sa 7/17)

Ist die Abmahnung nur teilweise berechtigt und einzelne Vorwürfe unrichtig, muss die gesamte Abmahnung aus der Akte entfernt werden. Dem AG steht aber das Recht zu, eine neue Abmahnung unter Weglassung der unrichtigen Vorwürfe auszusprechen.

Und schließlich kann die AN sogar die Entfernung einer vollkommen zu Recht erteilten Abmahnung aus ihrer Personalakte verlangen, wenn das gerügte Verhalten für das Arbeitsverhältnis in jeder Hinsicht bedeutungslos geworden ist. (BAG, Urt. vom 19.7.2012 – 2 AZR 782/11)

	Vor Beendigung des AV	**Nach Beendigung des AV**
Wirksame Abmahnung	Entfernung, wenn Vorwurf bedeutungslos	Entfernung
Unwirksame Abmahnung	Entfernung	Entfernung
Teilweise wirksame Abmahnung	Entfernung, aber Nachbesserung möglich	Entfernung

Unsere Leiterin mahnt uns ständig ab. Müssen wir das wirklich ernst nehmen?

Es passiert bei verhaltensbedingten Kündigungen oft, dass AG entweder zu früh zu kündigen (d.h. ohne vorausgegangene wirksame Abmahnung) oder ihr Abmahnungsrecht durch zu viele Abmahnungen zu verwirken. Wenn sich ausgesprochene Abmahnungen nur als leere Drohungen erweisen, weil der AG ständig nur mit einer Kündigung droht, ohne jemals arbeitsrechtliche Konsequenzen folgen zu lassen, wird die Warnfunktion einer Abmahnung erheblich beeinträchtigt. Im Arbeitsleben ist es weit verbreitet, dass einer Kündigung bei leichteren Vertragsverstößen mehrere – häufig drei – Abmahnungen vorausgehen. Das BAG hat hierzu festgestellt, dass in der Regel die dritte Abmahnung jedenfalls nicht schon entwertet ist (BAG, Urt. vom 16.9.2004 – 2 AZR 406/03 –, NZA 2004, S. 8). Ob dies auch für weitere Abmahnungen gilt, ist höchstrichterlich noch nicht entschieden.

Tipp: In vielen Rechtsratgebern im frühpädagogischen Bereich wird behauptet, eine Abmahnung sei nur binnen zweier Wochen nach dem Fehlverhalten der AN zulässig und zur Begründung wird § 626 Abs. 2 BGB angeführt. Lassen Sie sich hiervon nicht verwirren: § 626 BGB gilt ausschließlich für außerordentliche (fristlose)

Kündigungen, die ja gerade ohne Abmahnung wirksam sind. Zur Wirksamkeit einer Abmahnung sagt diese Norm nichts aus.

Verwandte Suchbegriffe:

- **Kündigung**
- **Personalakte, Einsicht in die**
- **Tarifvertrag**

3. AGB

Fallbeispiel

Lydia M., Leiterin der Einrichtung „Farbklecks“ ist aufgebracht: Obwohl ihr Träger ihr in den vergangenen zwei Jahren Weihnachtsgeld gezahlt hatte, ist eine Zahlung in diesem Jahr ausgeblieben. Auf ihre Nachfrage, wo denn ihr Geld bleibe, antwortet der Träger lapidar: Die Zahlung in den vergangenen Jahren war freiwillig und widerruflich, sie könne dies in ihrem Arbeitsvertrag nachlesen.

Was sind AGB?

AGB (= Allgemeine Geschäftsbedingungen) sind alle für eine Vielzahl von Verträgen vorformulierten Vertragsbedingungen, die eine Vertragspartei (= Verwender) der anderen bei Abschluss eines Vertrages stellt, d.h. einseitig auferlegt (§ 305 Abs. 1 BGB). Verstößt eine solche Vertragsbedingung gegen das Gesetz, ist die einzelne Klausel unwirksam und entfällt, nicht aber der gesamte Vertrag (§ 306 Abs. 1 BGB), es sei denn, hierdurch entstünde eine unzumutbare Härte für eine der Parteien (§ 306 Abs. 3 BGB). Nach BAG, NZA 2005, S. 465 muss die durch Wegfall entstehende Lücke durch ergänzende Vertragsauslegung geschlossen werden.

Eine Inhaltskontrolle von AGB ist seit dem 1.1.2002 grundsätzlich auch für Arbeitsverträge zulässig und seit dem 1.1.2003 auch für solche Arbeitsverträge erlaubt, die vor dem 1.1.2002 geschlossen wurden. BAG (Urt. vom 27.10.2005 – 8 AZR 3/05) und BGH (NJW 1998, S. 2280) haben jedoch ausdrücklich festgestellt, dass die gerichtliche Inhaltskontrolle von AGB nicht zu einem Schutz des Verwenders führen soll! Soweit also eine nach den §§ 305 ff. BGB unwirksame Klausel die AN begünstigt, kann sich der AG als Verwender nicht auf die Unwirksamkeit der Klausel berufen. Andererseits kann sich jedoch die AN gegenüber dem AG jederzeit auf die Unwirksamkeit der Klausel berufen.

Im Wesentlichen kennt das Arbeitsrecht drei Typen von AGB-Klauseln:

3.1 Widerrufsklauseln

In Arbeitsverträgen finden sich häufig Klauseln, nach denen Leistungen einseitig durch den AG widerrufen werden dürfen. Häufig findet man auch Klauseln, die wie im Fallbeispiel Freiwilligkeitsvorbehalte mit einer Widerrufsmöglichkeit kombinieren. Da heißt es dann z. B.: „Die Leistung erfolgt auch bei wiederholter Gewährung freiwillig, begründet keinen Rechtsanspruch für die Zukunft und kann jederzeit widerrufen werden."

Widerrufsklauseln dürfen für die AN jedoch nicht unzumutbar sein. Das BAG hat Kriterien aufgestellt, an denen Widerrufsvorbehalte zu messen sind (BAG, NZA 2005, S. 465). Demnach sind solche Vorbehalte zulässig, wenn die widerruflichen Leistungen weniger als 25 %, maximal 30 % des Gesamtverdienstes ausmachen und der Tariflohn nicht unterschritten wird. Lydia M. im Fallbeispiel wird diese Grenze wohl nicht erreicht haben, der Widerruf ist in ihrem Fall also zulässig.

Der Widerruf muss nicht an eine bestimmte Frist gebunden sein; eine Klausel ist also nicht deshalb schon unwirksam, weil sie keine Frist bestimmt und sie damit etwa zu unbestimmt wäre. Allerdings muss die Klausel Voraussetzung und Umfang des Widerrufsrechts bestimmen. Ansonsten verstößt sie gegen das Transparenzgebot des § 307 Abs. 1 Satz 2 BGB und ist für die AN unzumutbar (§ 308 Nr. 4 BGB). Voraussetzung und Umfang sind dann definiert, wenn die Leistung nach Art und Höhe klar bestimmt und der Grund des Widerrufs (z. B. wirtschaftliche Gründe) sowie der Grad der Störung konkretisiert ist (BAG, Urt. vom 12.1.2005 – 5 AZR 364/04).

3.2 Überstundenabgeltung

Viele Arbeitsverträge enthalten Klauseln, wonach Überstunden pauschal durch das Gehalt abgegolten sind. Eine solche Klausel ist deshalb problematisch, weil der AG durch Anweisung von → Überstunden den durchschnittlichen Stundenlohn absenken kann, weil er für mehr Arbeitsleistung dasselbe Gehalt zahlt. Eine solche sog. „unqualifizierte Abgeltungsklausel" ist nach überwiegender Literaturauffassung unwirksam. Etwas anderes kann für qualifizierte Klauseln gelten, die festlegen, wie viel Mehrarbeit durch das Grundgehalt abgegolten werden soll. Mangels BAG-Rechtsprechung können hier jedoch noch keine gesicherten Aussagen gemacht werden.

3.3 Doppelte Schriftformklausel

Doppelte Schriftformklauseln regeln, dass der Arbeitsvertrag und sämtliche Änderungen schriftlich geschlossen werden müssen; der Verzicht auf die Schriftform bedarf ebenfalls der Schriftform. Eine solche Klausel ist wegen des im Arbeitsrecht bestehenden Vorranges von Individualabreden problematisch: Denn wenn sich die Parteien einig sind, dass sie das Schriftformerfordernis durch mündliche Vereinbarung aufheben und den Vertrag mündlich ändern wollen, ist diese individuelle Abrede gem. § 305b BGB möglich (s. dazu auch → „Schlussbestimmungen").

Das BAG hat jedoch eine doppelte Schriftformklausel für wirksam erachtet, wenn es um Ansprüche aus → betrieblicher Übung geht (BAG, NZA 2003, S. 1145). Bei der betrieblichen Übung soll es sich danach zwar um einen vertraglichen Anspruch handeln, jedoch nicht um einen individuellen, sondern um einen kollektiven. Daher ist § 305b BGB nicht anwendbar. Vielmehr sei die betriebliche Übung als eine mündliche Nebenabsprache wegen § 125 BGB nichtig, wenn sie nicht dem Formerfordernis der doppelten Schriftformklausel genüge. Mit Urt. vom 20.5.2008 – 9 AZR hat das BAG seine Rechtsprechung diesbezüglich konkretisiert und anerkannt, dass sich die → betriebliche Übung stets gegen die doppelte Schriftformklausel durchsetzt, wenn letztere geeignet ist, nach Vertragsschluss getroffene Individualvereinbarungen zu unterlaufen, indem sie bei dem anderen Vertragsteil den Eindruck hervorrufen, die mündliche Abrede sei entgegen § 305b BGB unwirksam. Solche Klauseln sind geeignet, den Vertragspartner von der Wahrnehmung der ihm zustehenden Rechte abzuhalten (BAG, Urt. vom 20.5.2008 – 9 AZR 382/07).

Das bedeutet im Klartext: Ein AG, der sich auf § 305 b BGB beruft, um einer Individualabrede nicht Folge leisten zu müssen, muss sich immer an einer zwischenzeitlich erfolgten → betrieblichen Übung festhalten lassen.

Das ist ja sehr verwirrend. Geht es nicht ein bisschen konkreter?

Anrechnung von Tariflohnerhöhungen: Die Vereinbarung einer „freiwilligen, jederzeit widerruflichen und anrechenbaren" Zulage hält einer Inhaltskontrolle nach §§ 307 ff. BGB stand und berechtigt den AG zur Anrechnung etwaiger Tariflohnerhöhungen ohne Zustimmung der AN (BAG, Urt. vom 1.3.2006 – 5 AZR 363/05).

Ausschlussfrist: Eine formularmäßige Ausschlussfrist, die für die erstmalige Geltendmachung arbeitsvertraglicher Ansprüche eine Frist von weniger als drei Monaten vorsieht, ist unangemessen kurz (BAG, Urt. vom 28.9.2005 – 5 AZR 52/05).

Freiwilligkeitsvorbehalt: Ein Freiwilligkeitsvorbehalt bei → Sonderzuwendungen ist auch dann zulässig, wenn mit der Zahlung ausschließlich im Bezugszeitraum geleistete Arbeit zusätzlich vergütet werden soll (BAG, Urt. vom 30.7.2008 – 10 AZR 606/07).

Eine monatlich zu zahlende Leistungszulage dagegen kann in einem vorformulierten Arbeitsvertrag nicht unter einen Freiwilligkeitsvorbehalt gestellt werden (BAG, Urt. vom 25.4. 2007 – 5 AZR 627/06).

Jeweiligkeitsvorbehalt: Der in einem Arbeitsvertrag enthaltene Verweis auf eine Arbeitsordnung in der „jeweils gültigen Fassung" ist jedenfalls dann unwirksam, wenn dadurch nahezu sämtliche Arbeitsbedingungen einseitig durch den AG abänderbar sind, ohne dass hierfür konkrete Gründe in der Vereinbarung genannt werden (BAG, Urt. vom 11.2.2009 – 10 AZR 222/08).

Klageverzicht: Der formularmäßige Verzicht auf eine Kündigungsschutzklage stellt ohne kompensatorische Gegenleistung des AG eine überraschende Klausel und außerdem eine unangemessene Benachteiligung der AN gem. § 307 BGB dar (BAG, Urt. vom 12.7.2007 – 2 AZR 716/06 –; BAG, Urt. vom 25.9.2014 – 2 AZR 788/13).

Kündigungsfrist, verlängerte: Eine formularmäßige Vereinbarung, nach der die verlängerten Kündigungsfristen des § 622 Abs. 2 BGB auch für eine Kündigung durch die AN gelten sollen, ist zulässig (BAG, Urt. vom 28.5.2009 – 8 AZR 896/07).

Rückzahlungsverpflichtung: Eine wirksame Vereinbarung zur Rückzahlung von Ausbildungskosten für ein Vollzeitstudium setzt voraus, dass der AG der AN nach Abschluss der Ausbildung einen Beschäftigungsanspruch einräumt (BAG, Urt. vom 18.3.2008 – 9 AZR 186/07).

Eine vom AG vorformulierte Rückzahlungsvereinbarung für Fortbildungskosten hält bei einer Bindung der AN für drei Jahre dann einer AGB-Kontrolle stand, wenn sich die Fortbildung über mehr als sechs Monate erstreckt, er in dieser Zeit bezahlt freigestellt ist und der AG neben den Unterrichts- und Prüfungsgebühren die Kosten für die auswärtige Unterbringung und wöchentlichen Heimfahrten übernimmt (BAG, Urt. vom 5.6.2007 – 9 AZR 604/06).

Vertragsstrafe bei Nichtaufnahme, verspäteter. Aufnahme der Arbeit, Auflösung des Arbeitsverhältnisses ohne Einhaltung der maßgeblichen Kündigungsfrist, Arbeitsverweigerung, Veranlassung der außerordentlichen Kündigung: Eine in einem Arbeitsvertrag vorformulierte Vereinbarung einer Vertragsstrafe für eine vorzeitige Beendigung des Arbeitsverhältnisses ist wegen unangemessener Benachteiligung der AN unwirksam, wenn die Vertragsstrafe von einem Bruttomonatsentgelt höher ist als die Arbeitsvergütung, die für die Zeit zwischen der vorzeitigen tatsächlichen Beendigung des Arbeitsverhältnisses und dem Ablauf der maßgeblichen Kündigungsfrist an die AN zu zahlen gewesen wäre (BAG, Urt. vom 17.3.2016 – 8 AZR 665/14).

Tipp: Prüfen Sie einmal Ihren Arbeitsvertrag: Finden sich dort auch AGB? Sind diese möglicherweise unwirksam?

Verwandte Suchbegriffe:

- **Fortbildungskosten**
- **Schlussbestimmungen**
- **Überstunden**
- **Übung, betriebliche**

4. Altersteilzeit

Fallbeispiel

Gerlinde W. hat von ihrem Träger angeboten bekommen, in Altersteilzeit zu gehen. Eigentlich wäre es ihr tatsächlich lieber, nicht mehr so viel zu arbeiten, andererseits fürchtet sie, ihrer Rente verlustig zu gehen. Heute hat sie einen Termin bei einer Rentenberaterin, um mit ihr einmal durchzurechnen, ob sie durch diese Maßnahme nicht zu viel von ihrem Rentenanspruch einbüßt.

Was will das Altersteilzeitgesetz?

Das als Art. 1 des Gesetzes zur Förderung eines gleitenden Übergangs in den Ruhestand am 1.8.1996 in Kraft getretene Altersteilzeitgesetz sieht vor, das die Bundesagentur für Arbeit die Teilzeitarbeit älterer AN fördert, um ihnen einen gleitenden Übergang in den Vorruhestand zu ermöglichen. Gleichzeitig will das Gesetz die Einstellung arbeitsloser AN fördern.

Wann werde ich danach gefördert?

Leistungen nach dem Altersteilzeitgesetz werden gewährt für AN, die das 55. Lebensjahr vollendet haben, nach dem 14.2.1996 aufgrund einer Vereinbarung mit dem AG ihre Arbeitszeit spätestens ab 31.12.2009 auf die Hälfte der bisherigen wöchentlichen Arbeitszeit vermindern und innerhalb der letzten fünf Jahre vor der Altersteilzeit mindestens 1080 Kalendertage in der Arbeitslosenversicherung versicherungspflichtig beschäftigt waren.

Ich dachte, die Altersteilzeit ist ausgelaufen? Gibt es die doch noch?

Begann die Altersteilzeit vor dem 31.12.2010, erstattete die Bundesagentur für Arbeit die Aufstockungsbeträge und die Kosten für die zusätzlichen Beiträge zur Rentenversicherung. Zwar lief diese Erstattung am 31.12.2010 aus, allerdings heißt das nicht, dass die gesetzlichen Grundlagen für die Altersteilzeit nicht mehr bestehen.

Die Dauer der Altersteilzeit wird zukünftig schrittweise von zehn auf zwölf Jahre angehoben, womit der schrittweisen Anhebung der Regelaltersgrenze auf 67 Jahre Rechnung getragen werden soll. Zu beachten ist, dass die Anhebung nur bei Alterszeit im Teilzeitmodell (z.B. = zwölf Jahre halbtags) gilt. Im Blockmodell (= 1. Hälfte Arbeitsphase, 2. Hälfte Freistellungsphase) kann Altersteilzeit nur für einen Zeitraum von bis zu drei Jahren vereinbart werden. Tarifvertragliche Regelungen können hiervon aber Ausnahmen vorsehen. Zu beachten ist beim Blockmodell weiterhin, dass nach einem Urt. des BAG die AN nach Beendigung eines Altersteilzeitarbeitsverhältnisses im Blockmodell keinen Anspruch auf Abgeltung von Urlaub für die sog. Freistellungsphase hat, da sie mangels Arbeitspflicht keinen gesetzlichen Anspruch auf Erholungsurlaub hat. (BAG, Urt. vom 24.9.2019 – 9 AZR 481/18)

Was ist mit meiner Rente? Verringert die sich nicht dramatisch?

Das Altersteilzeitgesetz stellt sicher, dass der AN durch die Reduzierung ihrer Tätigkeit kaum rentenversicherungspflichtige Nachteile entstehen. Dazu sind freiwillige Beiträge des AG zur Rentenversicherung ab 1997 zur Hälfte steuerfrei (§ 3 Nr. 28 EStG).

Wie muss ich meine Arbeit denn dann einteilen?

Es bleibt AG und AN überlassen, die Arbeit so einzuteilen, wie es praktikabel ist: Die AN kann täglich mit verringerter Stundenzahl oder nur an einzelnen festgelegten Tagen der Woche arbeiten. Auch ein wöchentlicher oder monatlicher Wechsel ist zulässig. Es muss lediglich sichergestellt sein, dass über den Gesamtzeitraum von bis zu drei Jahren (Blockmodell) die Arbeitszeit im Durchschnitt halbiert wird. Tarifvertragliche Regelungen können zulassen, diesen Zeitraum auf bis zu zehn Jahre zu erweitern.

Tipp: Spielen auch Sie mit dem Gedanken, in Altersteilzeit zu wechseln, sollten Sie sich wie die Kollegin im Fallbeispiel bei einer Rentenberaterin vorab die Konsequenzen in Ihrem Einzelfall erklären lassen.

Verwandte Suchbegriffe:

- **Teilzeit**

5. Änderung von Arbeitsbedingungen, einseitige

Fallbeispiel

Dina M. ist Ergänzungskraft im Kindergarten „Kokopelli“, einer Einrichtung in Trägerschaft einer großen freigemeinnützigen Wohlfahrtsorganisation in Berlin. Als die Neuanmeldungen für ihre Einrichtung stark rückläufig sind, erhält sie ein Schreiben ihres Trägers. Ab dem nächsten Kindergartenjahr wird sie zu unveränderten Bedingungen in eine andere Einrichtung im angrenzenden Stadtteil versetzt.

Mein Arbeitgeber will mich versetzen, darf er das?

Nicht selten wollen AG die Arbeitsbedingungen, zu denen sie eine AN eingestellt haben, einseitig abändern. In Arbeitsverträgen finden sich daher häufig Klauseln, meist Versetzungs- oder sog. „Jeweiligkeitsklauseln", denen zufolge dem AG diese Abänderungen zugebilligt werden.

Einer rechtlichen Überprüfung halten allerdings nur die wenigsten stand, denn:

Jeder Arbeitsvertrag muss hinsichtlich Zeit, Ort und Inhalt der zu leistenden Arbeit hinreichend bestimmt sein. Kehrseite der Medaille ist, dass der AG damit festgelegt ist. Zwar hat er sein aus § 106 GewO folgendes → Direktionsrecht, dieses ist aber durch den → Arbeitsvertrag und auch durch → Tarifvertrag oder → Betriebsvereinbarung eingeschränkt. Ist eine AN in Berlin beschäftigt, kann sie nicht nach München versetzt werden. Dies kann nur durch eine entweder einvernehmliche Änderung des Arbeitsvertrages oder durch eine Änderungskündigung erreicht werden. Eine Änderungskündigung ist für den AG jedoch schwierig zu bewerkstelligen, da er sich mit ihr immer an § 2 KSchG messen lassen muss, an den das BAG hohe Anforderungen stellt. Weisungen hingegen unterliegen nicht so starken Kontrollen.

Ist die Arbeit aber erst einmal hinsichtlich Inhaltes, Ort und Zeit vertraglich festgelegt, können diese Bestandteile nur geändert werden, indem eine **Versetzungsklausel** greift. Doch auch eine solche unterliegt der Inhaltskontrolle des § 307 Abs. 1 Satz 2 BGB. Nach Empfehlung des BAG sollten Versetzungsklauseln stets vorsehen, dass der AG nur nach „billigem Ermessen" oder „unter Wahrung der Interessen der AN" handeln darf (BAG, NJW 2006, S. 3303). Selbst dann darf eine andere Tätigkeit nur dann zugewiesen werden, wenn diese gleichwertig ist. Fehlt die „Gleichwertigkeitsgarantie", ist die gesamte Versetzungsklausel unwirksam (BAG, NZA 2007, S. 145). Selbst wenn die Vergütung unverändert bleibt, darf keine geringwertigere Arbeit zugewiesen werden. (BAG, NZA 1996, S. 440).

Sind örtliche Versetzungen **innerhalb des Betriebs** – etwa in einen anderen Betriebsteil – noch unproblematisch zulässig, werfen örtliche Versetzungsklauseln **innerhalb des Unternehmens** wie im Fallbeispiel Probleme auf. Dina M. soll ja nicht den Betriebsteil, sondern den Betrieb wechseln. Solche Versetzungen sind durch das vom AG einzuhaltende „billige Ermessen" stark eingeschränkt. Die sozialen, familiären und persönlichen Bedürfnisse der AN sind dabei stets mit zu berücksichtigen.

Im Fallbeispiel wird man jedoch davon ausgehen müssen, dass die Versetzung in einen angrenzenden Stadtteil von Dina M. noch hinzunehmen sein wird.

Auch **Jeweiligkeitsklauseln** sind in Arbeitsverträgen nicht selten zu finden. Dies sind dynamische Verweisungen auf ein Regelwerk außerhalb des Arbeitsvertrages, beispielsweise einen Tarifvertrag. Derartige Klauseln sind uneingeschränkt zulässig, sofern sie global auf einen einschlägigen Tarifvertrag, etwa den TVöD verweisen. Die Rechtsprechung geht davon aus, dass hier eine Änderung der Arbeitsbedingungen nicht einseitig durch den AG, sondern im Konsens der Tarifparteien erfolgt. Daher ist nicht zu befürchten, dass sich die Arbeitsbedingungen einseitig zu Lasten der AN erheblich verschlechtern.

Hingegen sind Verweise auf die jeweils geltende „Urlaubsordnung" oder das „Mitarbeiterhandbuch" bereits unter dem Gesichtspunkt der Kontrolle von → AGB fragwürdig und stellen regelmäßig eine unangemessene Benachteiligung der AN i. S. v. § 307 Abs. 1 Satz 1 BGB dar: Sie sind deswegen nichtig. Dies gilt erst recht, wenn sich der AG durch die Klausel ein Recht zur Leistungsbestimmung hinsichtlich wesentlicher Vertragsbestandteile wie Zeit, Ort und Inhalt des Arbeitsverhältnisses, Dauer des Jahresurlaubes oder Vergütung vorbehält.

Die allgemeine Bezugnahme auf allgemeine Arbeitsanweisungen, wie z. B. die Richtlinien der Unfallkassen oder zum Verhalten im Betrieb, sind hingegen unproblematisch. Die einseitige Änderung eines Mitarbeiterhandbuches ist hingegen in der Regel unwirksam, da sie je nach Regelung der zwingenden Mitbestimmung durch den Betriebsrat unterliegt.

Tipp: Sie sollen versetzt werden? Dann ist es ratsam, Ihren Arbeitsvertrag zu prüfen bzw. durch eine Fachfrau prüfen zu lassen: Eine Versetzung ist nur dann rechtmäßig, wenn sie im Arbeitsvertrag festgeschrieben ist, Ihre Interessen angemessen berücksichtigt und eine Gleichwertigkeitsgarantie beinhaltet.

Verwandte Suchbegriffe:

- **AGB**
- **Arbeitsvertrag, Rechte und Pflichten aus dem**
- **Betriebsvereinbarungen**
- **Betriebsverfassungsrecht**
- **Direktionsrecht**
- **Tarifvertrag**

6. Änderungskündigung

Fallbeispiel

Irene J. arbeitet seit 15 Jahren als Gruppenleiterin in der Einrichtung „Glückskeks". Als die Neuanmeldungen dramatisch zurückgehen, lädt sie der Träger zum Gespräch. Er habe vor, sie von 39 auf 20 Stunden zurückzusetzen. Begründen könne er dies leicht mit den zurück gehenden Kinderzahlen. Als Irene J. einwendet, auf eine Vollzeitstelle angewiesen zu sein, da sie alleinerziehende Mutter von drei Kindern sei, wird der Träger massiv: Sie habe die Möglichkeit, ihren Job auf Grundlage von 20 Stunden zu behalten. Wenn sie damit nicht einverstanden sei, werde er ihr eben kündigen, sie solle einfach noch mal gründlich überlegen, ob sie ihre Stelle wirklich verlieren wolle.

Was bedeutet Änderungskündigung?

Nach ständiger Rechtsprechung ist eine Änderungskündigung dann gegeben, wenn der AG das Arbeitsverhältnis kündigt und gleichzeitig im Zusammenhang mit der ausgesprochenen → Kündigung die Fortsetzung des Arbeitsverhältnisses zu geänderten Konditionen anbietet

(BAG, Urt. vom 17.5.2001 – 2 AZR 460/0). Eine Änderungskündigung ist also zunächst einmal eine normale ordentliche Kündigung, verbunden mit dem Angebot eines neuen Arbeitsverhältnisses. In der Regel bedeuten die neuen Arbeitsbedingungen eine Verschlechterung für die AN, der AG will also mit der Kündigung bezwecken, andere – für ihn vorteilhaftere – Vertragsbedingungen zu erzielen. Mit seiner Änderungskündigung muss sich der AG am Kündigungsschutzgesetz messen lassen. Für AN, die unter besonderem Kündigungsschutz stehen, gelten andere Bedingungen. Sie können nur unter weiteren Voraussetzungen mit einer Änderungskündigung belegt werden.

Die Kündigung und das Angebot zur Fortsetzung unter geänderten Bedingungen können auf verschiedene Weise miteinander verbunden sein. Der AG kann zum einen eine unbedingte Kündigung aussprechen und daneben die Fortsetzung des Arbeitsverhältnisses zu abgeänderten Konditionen anbieten. Er kann zum anderen aber auch eine bedingte Kündigung erklären, wobei die Bedingung in der Ablehnung des Änderungsangebotes durch die AN liegt (BAG, Urt. vom 27.9.2001 – 6 AZR 404/00). Das Stellen einer Bedingung ist hier zulässig, weil der Bedingungseintritt vom Willen der Kündigungsempfängerin abhängt (BAG, Urt. vom 10.11.1994 – 2 AZR 207/94).

Die Änderungskündigung wird üblicherweise als ordentliche, fristgemäße Kündigung erfolgen. Sie kann aber auch als außerordentliche, fristlose Änderungskündigung erklärt werden (BAG, Urt. vom 27.9.2001 – 2 AZR 487/00). Denkbar ist sogar eine außerordentliche Kündigung mit Auslauffrist (BAG, Beschl. vom 21.6.1995 – 2 ABR 28/94).

Wann kommt eine Änderungskündigung in Betracht?

Die Änderungskündigung ist im Vergleich zu einer Beendigungskündigung immer das mildere Mittel. Lässt sich also eine Beendigungskündigung durch eine Änderungskündigung vermeiden, muss der AG zunächst den Weg der Änderungskündigung gehen, ansonsten ist eine Beendigungskündigung schon allein deswegen unwirksam. Außerdem ist eine Änderungskündigung unwirksam, wenn der AG mit ihr nur solche Vertragsbedingungen ändern will, die er ohne weiteres im bestehenden Vertrag schon durch Ausübung seines Direktionsrechtes (z. B. durch Versetzung oder Abordnung) durchsetzen könnte.

Gibt es Wirksamkeitsvoraussetzungen für die Änderungskündigung?

Wichtig ist die Formulierung der Änderungskündigung: Diese muss eine normale Kündigungserklärung zu einem bestimmten Zeitpunkt enthalten und außerdem die Fortsetzung des Arbeitsverhältnisses unter bestimmten, in dem Schreiben genau genannten Voraussetzungen und einem bestimmten Zeitpunkt anbieten. Nach ständiger Rechtsprechung des BAG sind an das mit der Änderungskündigung verbundene Vertragsangebot hohe Anforderungen zu stellen: So ist beispielsweise ein mit einer Änderungskündigung übermitteltes Vertragsangebot so konkret abzufassen, dass die AN es ohne weiteres annehmen kann. (BAG Urt. vom 26.1.2017 – 2 AZR 68/16)

Welche Möglichkeiten habe ich, auf eine Änderungskündigung zu reagieren?

Die von einer Änderungskündigung betroffene AN hat drei Möglichkeiten, zu reagieren:

- Sie nimmt den neuen Vertrag an.
- Sie nimmt den neuen Arbeitsvertrag unter der Bedingung an, dass die Änderung der Arbeitsbedingungen nach den Grundsätzen der Sozialauswahl sozial gerechtfertigt ist und lässt dies vom Arbeitsgericht mit einer sog. Änderungsschutzklage (Frist: 3 Wochen) überprüfen. Auf die Möglichkeit der Einreichung einer Änderungsschutzklage muss der AG die AN hinweisen.
- Sie nimmt den neuen Vertrag nicht an. Die Änderungskündigung wirkt dann wie eine Beendigungskündigung.

Worin liegt denn mein Vorteil, wenn ich unter Vorbehalt annehme?

Nimmt die AN die Änderungskündigung unter Vorbehalt an, hat sie den Vorteil, dass sie nach Ablauf der Kündigungsfrist im Betrieb weiter beschäftigt werden muss. Verliert sie den Änderungsschutzprozess, wird das Arbeitsverhältnis unter den geänderten Bedingungen fortgesetzt. Sie verliert ihren Arbeitsplatz nicht. Gewinnt die AN den Prozess, wird das Arbeitsverhältnis unter den alten Bedingungen fortgesetzt.

Nimmt die Arbeitnehmerin die Änderungskündigung nicht unter Vorbehalt an, bleibt es zwar bei den bisherigen Arbeitsbedingungen, die AN muss aber nach Ablauf der Kündigungsfrist den Betrieb verlassen. Hat sie innerhalb von drei Wochen nach Zugang Änderungsschutzklage beim Arbeitsgericht erhoben, muss sie den Prozess außerhalb des Betriebes weiterführen. Gewinnt sie den Prozess, wird das Arbeitsverhältnis unter den alten Bedingungen fortgesetzt. Verliert sie den Prozess, endet das Arbeitsverhältnis.

Muss unser Betriebsrat angehört werden?

Ist ein Betriebsrat vorhanden, ist dieser vor jeder Änderungskündigung zu hören, dies bestimmt § 102 BetrVG. Wird dies versäumt, ist die Kündigung allerdings dennoch wirksam, allerdings mit der Änderungsschutzklage anfechtbar. Die Änderungsschutzklage muss innerhalb von drei Wochen nach Zugang der Änderungskündigung beim Arbeitsgericht eingereicht sein.

Tipp: Das BAG hat für Änderungskündigungen strenge Anforderungen entwickelt: Fällt ein Arbeitsplatz weg, gibt es aber gleichzeitig mehrere freie Stellen im Unternehmen, muss der AG die Stelle anbieten, die im Vergleich zur bisherigen Position mit den geringsten Nachteilen verbunden ist. Seit einem Urteil des BAG vom 21.4.2005 hat das BAG seine bis dato ohnehin unübersichtliche Rechtsprechung zur Änderungskündigung weiter verkompliziert. Halten Sie eine Änderungskündigung in der Hand, ist es daher dringend zu empfehlen, anwaltlichen Rat einzuholen.

Verwandte Suchbegriffe:

- **Kündigung**
- **Kündigungsschutz**

7. Anerkennung von Berufsnachweisen ausländischer AN

Fallbeispiel

Solveig T. ist Erzieherin mit schweizerischer Staatsbürgerschaft. Als sie wegen ihrer Heirat mit einem Deutschen nach Deutschland zuwandert und hier eine Stelle in ihrem Beruf sucht, muss sie bestürzt feststellen, dass ihr schweizerischer Berufsabschluss zur Erzieherin in Deutschland nicht anerkannt wird.

Welche Aussichten habe ich, dass mein Abschluss hier anerkannt wird?

Die Berufsausübung und auch der Zugang zu den entsprechenden Anerkennungsverfahren waren lange Zeit bei zahlreichen Berufen an die deutsche Staatsangehörigkeit oder die Staatsangehörigkeit eines EU-Mitgliedsstaates geknüpft. Die guten beruflichen Qualifikationen und Abschlüsse, die Angehörige von Drittstaaten nicht selten haben, wurden nicht anerkannt, obwohl sie auf dem Arbeitsmarkt dringend gebraucht werden. Dies wurde mit dem seit 1.4.2012 gültigen sog. „Anerkennungsgesetz" geändert. Das Anerkennungsgesetz umfasst das sog. Berufsqualifikationsfeststellungsgesetz sowie Anpassungen in bereits bestehenden Regelungen zur Anerkennung von Berufsqualifikationen in rund 60 auf Bundesebene geregelten Berufsgesetzen und Verordnungen für die reglementierten Berufe, also z. B. für die akademischen und nichtakademischen Heilberufe und die Handwerksmeister.

Was habe ich davon?

Damit stehen AG und Betriebe nachvollziehbare und bundesweit möglichst einheitliche Bewertungen zu beruflichen Auslandsqualifikationen zur Verfügung. Das Gesetz schafft auch die Kopplung an die Staatsangehörigkeit weitgehend ab. Ausschlaggebend sind in den meisten Berufen lediglich der Inhalt und die Qualität der Berufsqualifikationen, nicht aber die Staatsangehörigkeit oder Herkunft.

Ein zentrales Element des Gesetzes ist die Einführung eines Rechtsanspruchs auf ein Bewertungsverfahren für die rund 350 nicht reglementierten Berufe (Ausbildungsberufe im dualen System nach dem Berufsbildungsgesetz und im Handwerk). Das Berufsqualifikationsfeststellungsgesetz schafft damit für Unionsbürger und Drittstaatsangehörige einen allgemeinen Anspruch auf eine individuelle Gleichwertigkeitsprüfung, den es bis dahin nur für Spätaussiedler gab. Für diese Berufe wird die Frage, ob die mitgebrachte Qualifikation gleichwertig ist, nach einheitlichen Kriterien und in einem einheitlich geregelten Verfahren beurteilt.

Wohin muss ich mich wenden?

Dieses Gleichwertigkeitsverfahren soll zügig durchgeführt werden. Die Entscheidung über die Gleichwertigkeit muss grundsätzlich innerhalb von drei Monaten ab Vorliegen aller zur Entscheidung erforderlichen Unterlagen ergehen. Um zusätzliche Bürokratie zu vermeiden, wurden die bereits bestehenden und funktionierenden Strukturen zur Bewertung von Auslandsqualifikationen genutzt.

(Quelle: BMBF)

Tipp: Begleitende Maßnahmen wie beispielsweise eine Internetseite mit Erstinformationen www.anerkennung-in-deutschland.de, eine Telefon-Hotline, mehrsprachige Informationsmaterialien und regionale Anlaufstellen, die auch Angebote zu Beratung und Verfahrensbegleitung vermitteln, können Sie jederzeit nutzen.

Verwandte Suchbegriffe:

- **Diskriminierungsverbot**
- **Stellenanzeige**
- **Vorstellungsgespräch**
- **Zeugnis**

8. Arbeit auf Abruf

Fallbeispiel

Gruppenleiterin Mia O. hat einen Arbeitsvertrag über 35 Stunden mit einer 20%-igen Absenkungsklausel auf bis zu 28 Stunden. Im Laufe des Kindergartenjahres macht der Träger von dieser Klausel Gebrauch und senkt die Arbeitszeit von Mia O. auf 31 Stunden. Im anschließenden Kindergartenjahr bietet er Mia O. einen Änderungsvertrag an: Danach sollen 30 Stunden gearbeitet werden, mit wiederum einer Absenkungsklausel von 20%, also 24 Stunden. Mia O. hält dies für rechtswidrig. Sie findet, ihr wird ein Übermaß an Flexibilität abverlangt, die dann auch noch dazu führt, dass sie Jahr für Jahr weniger verdient.

Was bedeutet Arbeit auf Abruf?

Die Arbeit auf Abruf wird im frühpädagogischen Bereich immer beliebter, denn sie gibt Kindertageseinrichtungen ein effektives Instrument in die Hand, dem unter Umständen heftig schwankenden Arbeitsanfall im Alltag flexibel zu begegnen.

Die Arbeit auf Abruf ist in § 12 Teilzeit- und Befristungsgesetz geregelt. Danach können AG und AN vereinbaren, dass die AN ihre Arbeitsleistung entsprechend dem Arbeitsanfall zu erbringen hat. Die Vereinbarung muss eine bestimmte Dauer der wöchentlichen und täglichen Arbeitszeit festlegen.

- Ist die Dauer der **wöchentlichen** Arbeitszeit vertraglich nicht festgelegt, gilt eine Arbeitszeit von zehn Stunden als vereinbart.
- Ist die Dauer der **täglichen** Arbeitszeit nicht festgelegt, hat der Arbeitgeber die Arbeitsleistung des Arbeitnehmers jeweils für mindestens drei aufeinander folgende Stunden in Anspruch zu nehmen.

Die AN ist nur zur Arbeitsleistung verpflichtet, wenn der AG ihr die Lage ihrer Arbeitszeit jeweils mindestens vier Tage im Voraus mitteilt.

Wie wird die 4-Tages-Frist berechnet?

Der AG muss die Lage der zugeteilten Arbeitszeit jeweils mindestens 4 Tage im Voraus mitteilen. Wichtig zu wissen ist: Zum einen geht das Gesetz dabei von Werktagen aus, d.h., Sonn- und Feiertage zählen nicht in die Frist hinein. Zum anderen wird der Tag, an dem die AN zur Arbeit erscheinen soll, nicht mitgezählt. Das bedeutet: Soll die Mitarbeiterin beispielsweise am Mittwoch zur Arbeit erscheinen, ist ihr spätestens am Freitag der Vorwoche Bescheid zu geben, denn der Samstag gilt insoweit als Werktag und der Mittwoch wird nicht in die Frist hineingezählt. Wird diese Frist versäumt, ist sie nicht verpflichtet, zur Arbeit zu erscheinen.

In welcher Form muss mir die Lage der Arbeitszeit mitgeteilt werden?

Dies ist gesetzlich nicht vorgeschrieben. Sie kann also auch formlos – mündlich – mitgeteilt werden, ebenso aber per Fax, E-Mail, Brief etc.

Kann mein Arbeitgeber also mit mir umspringen, wie er möchte?

Das Bundesarbeitsgericht hat für solche Verträge festgelegt, dass die Arbeitszeit bei Bedarf ohne Änderung des Vertrages vom AG um bis zu 20 % gekürzt oder aber bis zu 25 % erhöht werden kann. Die Richter betonen stets, dass es nicht darum gehen kann, das unternehmerische Risiko des AG einseitig auf die Beschäftigten abzuwälzen. Das Instrument müsse vielmehr so gehandhabt werden, dass eine ausgewogene Berücksichtigung beider Interessenlagen gegeben sei.

Im Praxisbeispiel bestehen hinsichtlich des ersten Vertrages keine Bedenken: Er wurde wirksam mit einer Absenkungsklausel von 20 % vereinbart.

Der zweite nunmehr angebotene Vertrag ist allerdings nicht wirksam, da der Träger seine Möglichkeiten – nämlich Absenkung auf 28 Stunden – nicht voll ausgeschöpft, sondern Mia O. nur auf 31 Stunden abgesenkt hat. Das Gesetz schreibt jedoch vor, dass der AG zunächst versucht, seinen veränderten Bedarf über diese vereinbarte Möglichkeit zu decken. Erst wenn der AG seine vertraglich vereinbarten Möglichkeiten vollumfänglich ausgeschöpft hat, kann er bei Bedarf weitere Maßnahmen ergreifen.

Was passiert, wenn ich an den angeforderten Tagen krank bin? Erhalte ich Entgeltfortzahlung?

Für den Krankheitsfall gelten die allgemeinen Grundsätze zur persönlichen Verhinderung ohne eigenes Verschulden nach § 611, 616 Bürgerliches Gesetzbuch: Hat der AG von seiner Abrufbefugnis Gebrauch gemacht, stehen die Tage also fest und wird die Mitarbeiterin dann während dieses Zeitraumes krank, erhält sie Entgeltfortzahlung im Krankheitsfall. Diese Zahlung kann der AG auch nicht dadurch umgehen, dass er seinen Abruf abändert. Anders verhält es sich nur dann, wenn die Mitarbeiterin bereits bei Erhalt des Abrufs weiß, dass sie an den Einsatztagen verhindert (krank) sein wird. Dann ist sie dazu verpflichtet, dem AG diesen Umstand mitzuteilen. Dem AG steht es dann frei, einen anderen Abruftermin festzusetzen.

Verwandte Suchbegriffe:

- **Arbeitsvertrag, Rechte und Pflichten**
- **Entgeltfortzahlung**
- **Grundrechte im Arbeitsrecht**

9. Arbeitsgerichtsverfahren

Fallbeispiel

Katja P., Erzieherin in der Kindertageseinrichtung „Luftballon", erhält heute eine verhaltensbedingte Kündigung, weil sie nachweisbar 90 private Telefonate auf Kosten der Einrichtung während ihrer Arbeitszeit geführt hat. Katja P. ist entsetzt: Schließlich ist sie seit 12 Jahren in der Einrichtung beschäftigt und noch nie konnte man ihr etwas vorwerfen. Außerdem handelte es sich bei den Telefonaten um eine Ausnahmesituation, weil sie damit ihre Tochter, die extreme Schulschwierigkeiten hat, fernmündlich bei den Hausaufgaben betreut hat.

Katja P. will sich diese Behandlung nicht gefallen lassen: Sie reicht Kündigungsschutzklage beim Arbeitsgericht ein und gewinnt.

Soll ich wirklich klagen? – Das bringt doch nur Scherereien!

Auf berechtigte Ansprüche zu verzichten, muss gut überlegt werden. Im Falle einer Kündigung steht immerhin Ihre wirtschaftliche Existenz auf dem Spiel. Sind Sie im Zweifel, ob eine arbeitsrechtliche Maßnahme Ihres AG rechtens ist, sollten Sie sich immer von einer sachverständigen Person – in der Regel ein Anwalt oder eine Anwältin – beraten lassen. Die meisten Anwälte/Anwältinnen bieten Ihnen zu sämtlichen Rechtsfragen eine sog. Erstberatung inklusive Sichtung mitgebrachter Unterlagen zu einem Pauschalpreis um die 50 € an, den Sie steuerlich geltend machen können. Hierfür erhalten Sie eine Kostenrisikoberechnung unter Einbeziehung aller bekannten und maßgeblichen Faktoren wie Erfolgsaussichten, Streitwert, anfallende Anwaltsgebühren und eventuelle Gerichtskosten. Auf dieser Basis können Sie dann zuverlässig entscheiden, wie Sie weiter vorgehen möchten.

Eine solche sog. Erstberatung durch einen Anwalt kann vielfach das gute Gefühl bescheren, auf der sicheren Seite zu sein und hilft in jedem Fall, eine rechtssichere Entscheidung darüber zu treffen, wie man sich in diesem Problem weiter verhalten sollte.

Das Arbeitsgericht ist zuständig für

- alle Rechtsstreitigkeiten zwischen AG und AN, die das Arbeitsverhältnis betreffen,
- Streitigkeiten zwischen Tarifvertragsparteien,
- Angelegenheiten aus dem Betriebsverfassungsgesetz,
- sonstige Fragen aus dem Arbeitsleben.

Nicht zuständig ist es für solche Rechtsverhältnisse, die dem kirchlichen Arbeitsrecht entstammen. Diese unterliegen vielmehr der kirchlichen Arbeitsgerichtsbarkeit.

Das Verfahren vor den Arbeitsgerichten ist im Arbeitsgerichtsgesetz geregelt.

Kommt es zum Arbeitsgerichtsprozess, entscheidet das Arbeitsgericht in erster Instanz. Dies ist besetzt mit einem Berufsrichter als Vorsitzendem und zwei ehrenamtlichen Richtern, die jeweils aus AG- und AN-Kreisen stammen. Zuständig ist das Arbeitsgericht, in dessen Bezirk der AG seinen Sitz hat. In zweiter Instanz entscheidet das Landesarbeitsgericht als Berufungsinstanz in der Besetzung mit einem Berufsrichter und zwei Laienrichtern. In der dritten Instanz entscheidet das BAG als Revisionsinstanz mit drei Berufsrichtern und zwei ehrenamtlichen Richtern. Nur in der zweiten und dritten Instanz besteht sog. Anwaltszwang, wobei es in der zweiten Instanz auch zulässig ist, sich statt der Hilfe einer Anwältin der eines Gewerkschaftsvertreters zu bedienen.

Und was kostet mich das Ganze?

Die Gerichtsgebühren vor dem Arbeitsgericht sind niedriger als vor den Zivilgerichten, auch muss ein Kostenvorschuss nicht entrichtet werden. Die Kosten des Rechtstreites richten sich nach dem Streitwert. Je höher der Streitwert, desto höher Gerichts- und Anwaltskosten. Gegenüber einem „normalen“ Zivilverfahren hat der Arbeitsgerichtsprozess die Besonderheit, dass hier in erster Instanz jede Partei ihre Kosten selbst trägt, unabhängig davon, ob sie obsiegt oder unterliegt. Damit soll sichergestellt werden, dass auch finanziell schwächere AN nicht aus Furcht vor der Kostenbelastung von der Durchsetzung ihrer Rechte absehen.

Die Kehrseite der Medaille ist, dass auch im Falle des Obsiegens in der ersten Instanz die AN auf ihren Kosten sitzen bleibt. In der zweiten und dritten Instanz gelten dann die allgemeinen Regeln des Zivilprozesses, nach denen die unterlegene Partei die Kosten des Verfahrens trägt, also alle Anwaltskosten sowie die Gerichtskosten.

Immer zu empfehlen ist es, sich vor Klageerhebung zu informieren, ob man Anspruch auf Prozesskostenhilfe (PKH) hat. Kann die AN ihre Aufwendungen nämlich nicht tragen, kann sie PKH erhalten, entweder ohne oder mit ratierlicher Rückzahlungspflicht. Hat das beabsichtigte Verfahren Aussicht auf Erfolg, wird dem PKH-Antrag in aller Regel stattgegeben.

Wie läuft das Verfahren?

Für jedes Arbeitsgerichtsverfahren sieht § 54 ArbGG zwingend die Durchführung einer Güteverhandlung vor. Dieser besonders ausgestaltete Sühneversuch findet vor dem Vorsitzenden statt, stellt den Beginn der mündlichen Verhandlung dar und endet ggf. in einem weiteren Termin, soweit möglich mit dem Abschluss eines Prozessvergleichs. Eine Einigung kann in der Rücknahme entweder der Kündigung oder der Klage sowie der Zahlung einer Abfindung bestehen. Anderenfalls schließt sich unmittelbar oder später die streitige mündliche Verhandlung an (§ 54 Abs. 4 ArbGG). Nach der Verhandlung verkündet der Richter das Urteil. Gegen das Urteil kann Berufung eingelegt werden. Die Berufungsfrist beträgt einen Monat ab Zustellung des Urteils.

Tipp: Sind Sie in einer Gewerkschaft oder einem Berufsverband organisiert, haben Sie auch automatisch eine Rechtschutzversicherung für Streitigkeiten aus dem Arbeits- und Sozialrecht. Darin ist enthalten, dass das Mitglied von einem Anwalt vertreten wird und keine Kosten für das Verfahren tragen muss.

Verwandte Suchbegriffe:

- **Abmahnung**
- **Kündigung**
- **Kündigungsschutz**

10. Arbeitslosengeld I

Fallbeispiel

Die 27-jährige Zweitkraft Gesine B. hält heute ihre → Kündigung in der Hand. Die alleinerziehende Mutter eines dreijährigen Sohnes fragt sich, was jetzt auf sie zukommt. Immerhin war sie noch nie arbeitslos und möchte unbedingt in ihrem Beruf weiterarbeiten.

Wann bekomme ich ALG I?

ALG I ist die Barleistung der Arbeitsförderung nach dem SGB III. Es ist nicht zu verwechseln mit dem → ALG II nach dem SGB II (Grundsicherung für Arbeitssuchende), das an die Stelle der früheren Arbeitslosenhilfe getreten ist. ALG I erhält auf Antrag, wer

- arbeitslos ist,
- sich bei der Agentur für Arbeit arbeitslos gemeldet hat,
- noch nicht das für die Regelaltersrente erforderliche Lebensjahr vollendet und
- die Anwartschaftszeit von mindestens 12 Monaten Tätigkeit in einem Versicherungs-pflichtverhältnis innerhalb von zwei Jahren, beginnend mit dem Tag vor der Erfüllung aller sonstigen Voraussetzungen für den Anspruch auf Arbeitslosengeld,

erfüllt hat.

Arbeitslos im Sinne des Gesetzes ist eine AN, die

- nicht in einem Beschäftigungsverhältnis steht oder
- nur eine Beschäftigung von weniger als 15 Stunden wöchentlich ausübt,
- sich bemüht, ihre Beschäftigungslosigkeit zu beenden und
- den Vermittlungsbemühungen der Agentur für Arbeit zur Verfügung steht.

Den Vermittlungsbemühungen der Agentur für Arbeit steht zur Verfügung, wer

- eine versicherungspflichtige, mindestens 15 Stunden wöchentlich umfassendezumutbare Beschäftigung unter den üblichen Bedingungen des Arbeitsmarktes ausüben kann und darf,
- Vorschlägen der Agentur für Arbeit zur beruflichen Eingliederung zeit- und ortsnah Folge leisten kann und
- bereit ist, jede zumutbare Beschäftigung anzunehmen und auszuüben bzw.
- an Maßnahmen zur Eingliederung in das Erwerbsleben teilzunehmen.

Zumutbar sind einer Arbeitslosen grundsätzlich alle ihrer Arbeitsfähigkeit entsprechenden Beschäftigungen, soweit nicht allgemeine oder personenbezogene Gründe der Zumutbarkeit einer Beschäftigung entgegenstehen (§§ 117 ff. SGB III).

Wie viel ALG I erhalte ich?

Das ALG I beträgt i. d. R. 60 % des letzten Nettoentgelts, mit mindestens einem Kind 67 %. Die Bezugsdauer – 6 bis 48 Monate – hängt von der Dauer der vorangegangenen versicherungspflichtigen Tätigkeit und dem Lebensalter ab (§§ 127 ff. SGB III). Seit einem Urteil des BSG steht auch fest: Eine nach § 1a KSchG gezahlte Abfindung wird nicht auf das Arbeitslosengeld angerechnet. (BSG, Urt. vom 8.12.2016 – B 11 AL5/15R)

Meine Kollegin ist arbeitslos, erhält aber kein ALG I. Angeblich „ruht" der Anspruch, was heißt denn das?

Bei Gewährung von anderen Sozialleistungen, insbesondere bei der Gewährung von Krankengeld, Verletztengeld, Mutterschaftsgeld und EU-Rente, ruht grundsätzlich der Anspruch auf Arbeitslosengeld nach § 142 SGB III. Außerdem ruht der Anspruch auf Arbeitslosengeld nach § 143 SGB III dann, wenn diese Leistung als Lohnersatz nicht benötigt wird, weil der Arbeitslose noch Vergütungsansprüche bzw. Ansprüche auf Urlaubsabgeltung hat.

Tipp: Um nicht eine Kürzung des ALG I hinnehmen zu müssen, sollten Sie unbedingt die Vorschriften zur → Meldepflicht einhalten.

Verwandte Suchbegriffe:

- **Kündigung**
- **Meldepflicht**
- **Wiedereinstieg in den Beruf**

11. Arbeitsschutzgesetz

Fallbeispiel

Linda J., Leiterin der Kita „Seepferdchen", ist verunsichert. Heute hat sie Post vom Träger bekommen. Nach § 7 ArbSchG i. V. m. der DGUV Vorschrift 1 soll sie den Aufgabenbereich „Sicherheitsbeauftragte" übernehmen bzw. eine Mitarbeiterin finden, die die Aufgaben einer Sicherheitsbeauftragten wahrnimmt. Ein entsprechendes Formular, das sie unterschreiben soll, ist beigefügt. Linda J. fragt sich, ob sie verpflichtet ist, dies zu unterschreiben.

Was sollen denn diese ganzen Arbeitsschutzvorschriften in einer Kindertagesstätte?

Der Arbeits- und Gesundheitsschutz soll die AN schützen, indem er die Einwirkungen ihres jeweiligen Arbeitsumfelds auf ihre gesundheitliche

Integrität abmildert oder sie verhindert. Ist das nicht möglich, sollen jedenfalls die negativen Folgen ausgeglichen werden.

Das ArbSchG vom 7.8.1996 dient neben der Umsetzung von EU-Richtlinien dazu, Sicherheit und Gesundheitsschutz der Beschäftigten bei der Arbeit durch Maßnahmen des AG zu sichern und zu verbessern. Es gilt mit wenigen Ausnahmen in allen Tätigkeitsbereichen. Geregelt werden insbesondere AG- und AN-Pflichten, deren Rechte und die Überwachung. Das Gesetz verpflichtet beispielsweise den AG, die Gefährdungen, denen die AN im Betrieb ausgesetzt sind, mithilfe einer → Gefährdungsbeurteilung zu ermitteln und entsprechende Schutzmaßnahmen zu ergreifen. Genaueres regelt die → Arbeitsstättenverordnung, die beispielsweise die Größe und Beschaffenheit des einzelnen Arbeitsplatzes vorschreibt. Weitere dem Arbeitsschutz dienende Gesetze sind das Arbeitszeitgesetz, das → Jugendarbeitsschutzgesetz, das → Mutterschutzgesetz sowie das Gesetz über den → Kündigungsschutz. Ergänzt wird das Arbeitsschutzgesetz durch die Regelungen des Arbeitssicherheitsgesetzes, das wiederum vom Regelwerk der Gesetzlichen Unfallkassen flankiert wird.

Kann der AG einen Teil seiner Aufgaben auf mich als Leiterin übertragen?

Ja. Wahrscheinlich wird sich Linda J. im Fallbeispiel nicht vorrangig als Unternehmerin bzw. Arbeitgeberin sehen, und im Prinzip stimmt das auch. In Kindertageseinrichtungen sind damit in erster Linie die Sachkostenträger gemeint. Diese haben resultierend aus dem Arbeitsschutz- und Arbeitssicherheitsgesetz und aus den Vorschriften der Gesetzlichen Unfallkassen einige Verpflichtungen, so z. B.:

- Durchführung von → Gefährdungsbeurteilungen für die MA,
- Beurteilung und notwendige Maßnahmen müssen dokumentiert werden,
- regelmäßige, mindestens jährliche Unterweisungen der MA,
- geltende Vorschriften zum Gesundheitsschutz müssen zugänglich gemacht werden,
- Bestellung eines Betriebsarztes und einer Fachkraft für Arbeitssicherheit,
- Bestellung eines Sicherheitsbeauftragten sowie dessen Aus- und Fortbildung.

Der AG kann einen Teil dieser Verantwortungsbereiche an die Leitung einer Kindertageseinrichtung delegieren, da die Leiterin die gesetzliche

Vertreterin einer Einrichtung ist. Im Fallbeispiel möchte dies der AG tun und hiergegen ist auch rechtlich nichts einzuwenden, solange er auch die notwendigen finanziellen Mittel zur Verfügung stellt. Im Fallbeispiel wäre für den Aufgabenbereich „Sicherheitsbeauftragte" ein Budget von etwa 500 Euro angemessen. Mit 500 Euro könnte man beispielsweise vier Gesundheitsstühle erwerben, wenn eine → Gefährdungsbeurteilung ergibt, dass das derzeitige Mobiliar für die Belegschaft rückenschädlich ist.

Warum muss ich das unterschreiben?

§ 7 ArbSchG bestimmt:

> *„Bei der Übertragung von Aufgaben auf Beschäftigte hat der AG je nach Art der Tätigkeiten zu berücksichtigen, ob die Beschäftigten befähigt sind, die für die Sicherheit und den Gesundheitsschutz bei der Aufgabenerfüllung zu beachtenden Bestimmungen und Maßnahmen einzuhalten."*

Und die DGUV Vorschrift 1 „Grundsätze der Prävention" schreibt in § 2 vor:

> *„Hat der Unternehmer der AN hinsichtlich der Verhütung von Arbeitsunfällen, Berufskrankheiten und arbeitsbedingten Gesundheitsgefahren obliegende Pflichten übertragen, so hat er dies unverzüglich schriftlich zu bestätigen. Die Bestätigung ist von der Verpflichteten zu unterzeichnen; in ihr sind der Verantwortungsbereich und die Befugnisse zu beschreiben. Eine Ausfertigung der schriftlichen Bestätigung ist dem Verpflichteten auszuhändigen."*

Mit der Aufforderung an Linda J., das Papier zu unterschreiben, kommt ihr Träger daher seinen Verpflichtungen aus den genannten Vorschriften nach. Indes: Linda J. muss nicht unterschreiben, wenn sie dies nicht will, denn niemand kann gegen seinen Willen beauftragt werden. Freilich wären dann in arbeitsrechtlicher Hinsicht wohl Weiterungen zu erwarten, indem sie über kurz oder lang mit einer Zurückstufung rechnen müsste, denn insgesamt ist festzustellen, dass der Aufgabenbereich, der ihr zugewiesen werden soll, dem beruflichen Anforderungsprofil einer Leiterin entspricht und sich nichts „Unzumutbares" dahinter verbirgt. Es handelt sich durchwegs um Tätigkeiten, die zu den Management-Aufgaben einer Leiterin gehören und die es rechtfertigen, dass sie ein höheres Gehalt bezieht als ihre Gruppenleiterinnen.

Tipp: Ein Mustervordruck für die „Bestätigung der Übertragung von Unternehmerpflichten“ kann beim für Ihre Einrichtung zuständigen Unfallversicherungsträger unter der Bestell-Nr. DGUV Information 211-003 bezogen werden.

Verwandte Suchbegriffe:

- **Arbeitsstättenverordnung**
- **Gefährdungsbeurteilung**
- **Jugendarbeitsschutzgesetz**
- **Kündigungsschutz**
- **Mutterschutz**
- **Unterweisung**

12. Arbeitsstättenverordnung

Fallbeispiel

Der Kindergarten „Villa Kunterbunt“ befindet sich in kommunaler Trägerschaft. Die dreigruppige Einrichtung hat insgesamt zehn Mitarbeiterinnen. Als der Stadtrat beschließt, das Angebot der Einrichtung um eine Kinderkrippe zu erweitern, ist wegen der damit einhergehenden Erhöhung des Personals die Planung eines Sozialraumes erforderlich.

Was bringt mir die Arbeitsstättenverordnung?

Die novellierte ArbStättV vom 12.8.2004 zählt neben der → BildscharbV, der → LasthandhabV und der BiostoffVO (→ Beschäftigungsverbot) zu den wichtigsten Arbeitsschutz-Verordnungen in Kindertageseinrichtungen. Sie verfolgt in erster Linie das Ziel, zur Verhütung von Arbeitsunfällen und Berufskrankheiten beizutragen und dient der menschengerechten Gestaltung der Arbeit.

Mit der Novellierung vom 18.10.2017 wurde die EG-Arbeitsstättenrichtlinie 89/654/EWG sowie andere EU-Normen umgesetzt und einheitlich die Anforderungen an das Einrichten und Betreiben von Arbeitsstätten im Interesse des Arbeits- und des Betriebsschutzes geregelt. Auf konkrete Maßzahlen und Detailanforderungen wurde verzichtet, um die Materie zu deregulieren und dem AG mehr Freiheit einzuräumen, wie er den gesetzgeberischen Vorgaben nachkommen und wie er seinen Betrieb und die Arbeitsstätten gestalten will.

Die VO betrifft Arbeitsstätten, d.h. Orte in Gebäuden oder im Freien, die zur Nutzung für Arbeitsplätze vorgesehen sind (§ 2 ArbStättV). Arbeitsstätten müssen danach so eingerichtet und betrieben werden, dass von ihnen keine Gefährdungen für die Sicherheit und die Gesundheit der Beschäftigten ausgehen (§ 3a ArbStättV). Als Arbeitsstätte gelten auch Verkehrs- und Fluchtwege, Notausgänge, Sanitär- und Nebenräume sowie Pausen- und Erste-Hilfe-Räume. Der AG hat für Nichtraucherschutz zu sorgen (§ 5 ArbStättV) sowie Sanitär-, Pausen- und Bereitschaftsräume zur Verfügung zu stellen (ArbStättV/Anhang Abschnitt 4).

Einzelheiten regelt der Anhang der VO:

1. Abschnitt: regelt die allgemeinen Anforderungen an die Beschaffenheit der Arbeitsstätte (z.B. Raumabmessungen, Fußböden, Dächer, Fenster, Türen, und Verkehrswege etc.);

2. Abschnitt: regelt den Schutz vor besonderen Gefahren wie Absturz und Entstehungsbränden sowie die Vorgaben für Flucht- und Rettungswege;

3. Abschnitt: regelt die wesentlichen Arbeitsbedingungen (z.B. Bewegungsfläche, Anordnung und Ausstattung der Arbeitsplätze, klimatische Verhältnisse mit Raumtemperatur und Lüftung, Beleuchtung, Lärm etc.);

4. Abschnitt: Vorschriften für Sanitär-, Pausen- und Erste-Hilfe-Räume

Tipp: Viele Kindergärten, die im Zuge des Ausbaus der Kindertagesbetreuung für unter Dreijährige eine Krippe eingerichtet haben, müssen aufgrund des damit verbundenen Personalzuwachses auch einen Sozialraum vorhalten, da sie wie im Fallbeispiel nun mehr als zehn Beschäftigte haben. 4.2 des Anhangs zur ArbStättVO besagt dann Näheres zur Beschaffenheit eines solchen Raumes.

Verwandte Suchbegriffe:

- **Arbeitsschutzgesetz**
- **Beschäftigungsverbot**
- **Bildschirmarbeitsverordnung**
- **Gefährdungsbeurteilung**
- **Lastenhandhabungsverordnung**
- **Unterweisung**

13. Arbeitsunfähigkeit

Fallbeispiel

Nina M. ist seit kurzem Kinderpflegerin im Kindergarten „Farbklecks", der in kommunaler Trägerschaft steht. Nach langer Jobsuche und vielen Enttäuschungen hat sie nun die Stelle gefunden, die sie sich immer gewünscht hat: Man überträgt ihr viel Verantwortung und lässt sie eigenständig mit den Kindern arbeiten. Gruppenleiterin Gisa P. traut ihr viel zu und fordert sie, was ihr sehr entgegenkommt. Als Nina M. wegen einer Nierenbeckenentzündung krankgeschrieben ist, lernt sie die andere Seite der Medaille kennen: Gisa P. ruft sie zuhause an und erkundigt sich, ob sich Nina M. „ausnahmsweise" in der Lage sehe, am morgigen Ausflug teilzunehmen, es stünden sonst nicht genügend Aufsichtspersonen zur Verfügung und der Ausflug müsse ins Wasser fallen.

Wann muss ich einen Krankenschein vorlegen?

Die AN ist verpflichtet, dem AG sowohl ihre Arbeitsunfähigkeit als auch deren voraussichtliche Dauer unverzüglich mitzuteilen. Ist die AN länger als drei Kalendertage arbeitsunfähig, so hat sie eine ärztliche Bescheinigung hierüber spätestens an dem darauffolgenden, also vierten, Arbeitstag vorzulegen (Arbeitsunfähigkeitsbescheinigung, AUB). Der AG kann unter Berücksichtigung des Grundsatzes der Gleichbehandlung auch eine frühere Vorlage, beispielsweise am ersten Tag, verlangen. Er muss sein Vorgehen auch nicht begründen. Solange die AN schuldhaft der Verpflichtung zur Vorlage der AUB nicht nachkommt, ist der AG berechtigt, die → Entgeltfortzahlung zu verweigern. Der Nachweis der Arbeitsunfähigkeit kann jedoch auch noch später mit jedem zulässigen Beweismittel erbracht werden (BAG, NZA 1999, S. 370).

Meine Leiterin sagt, Atteste von bestimmten Ärzten nimmt sie gar nicht mehr an, weil die unglaubwürdig seien. Geht das so einfach?

Die von der AN vorgelegte ärztliche AUB hat hohen Beweiswert, weil es der gesetzlich vorgesehene und wichtigste Beweis für die Tatsache der krankheitsbedingten Arbeitsunfähigkeit ist. Der AG kann daher die Richtigkeit des ärztlichen Attestes nicht ohne weiteres in Frage stellen und den Entgeltanspruch verweigern. Gelingt es ihm allerdings, den Beweiswert des ärztlichen Attestes zu erschüttern, indem er konkrete entgegensprechende Tatsachen vorweist, dann muss die AN grundsätzlich die begründeten Zweifel an der Arbeitsunfähigkeit ausräumen, um den Entgeltfortzahlungsanspruch nicht zu verlieren (BAG, NZA 1998, S. 372 ff.).

Ich war längere Zeit wegen eines Bandscheibenvorfalles krank. Nun wäre es mir wegen meiner Rückenprobleme lieber, ich würde nicht mehr so viel mit den Kindern arbeiten müssen und könnte eher z. B. die Büroarbeit erledigen. Würde das gehen?

Nach einer krankheitsbedingten Abwesenheit obliegt es der AN, ihre Arbeitsleistung anzubieten. Nimmt der AG dieses Angebot nicht an, befindet er sich im Annahmeverzug, vorausgesetzt, die angebotene Leistung ist die vertragsgemäße Leistung. Das Angebot einer anderen, nicht vertragsgemäßen Arbeit begründet keinen Annahmeverzug. Er kommt auch nicht in Verzug, wenn die Schuldnerin zur Zeit des Angebotes außerstande ist, die vertraglich vereinbarte Leistung zu bewirken (§ 297 BGB). Um nicht in Verzug zu geraten, muss der AG der AN jedoch die ihr mögliche und zumutbare leidensgerechte und ggfs. auch nicht vertragsgemäße Arbeit anbieten. Allerdings muss eine entsprechende Stelle auch frei sein. Unzumutbar ist beispielsweise ein Ringtausch mit anderen AN, also etwa mit der Leiterin, um deren Büroarbeiten erledigen zu lassen. Selbst wenn die AN anbietet, eine bestimmte andere oder generell jede Arbeit im Betrieb ausführen zu können und zu wollen, gerät der AG nur dann in Verzug, wenn es einen entsprechenden freien Arbeitsplatz oder eine entsprechend freie Arbeitskapazität gibt. Ist nach einer Krankheit unklar, ob die AN ihre vertragliche Arbeitsleistung erbringen kann, obliegt ihr die Pflicht, konkret zu benennen, welche Arbeiten sie ausführen kann und will. Tut sie dies nicht, gerät der AG nicht in Verzug (BAG, Urt. vom 27.8. 2008 – 5 AZR 16/08).

Meine Leiterin hat schon häufiger von mir gefordert, dass ich bei besonderen Anlässen trotz Krankheit zur Arbeit erscheine, um den Aufsichtsschlüssel einzuhalten. Darf ich denn überhaupt arbeiten, wenn ich einen Krankenschein habe?

Das Gesetz selbst schweigt sich zu diesem häufig vorkommenden Problem aus. Hat Ihr Arzt Sie krankgeschrieben, bedeutet das nicht unbedingt, dass Sie in dem genannten Zeitraum auch tatsächlich krank sein müssen, schließlich zeigt die Formulierung auf dem Krankenschein „voraussichtlich bis" schon, dass es sich um eine Prognoseentscheidung handelt. Kommen Sie vor diesem Zeitpunkt zu der Auffassung, dass Sie wieder arbeitsfähig sind, können Sie selbstverständlich auch Ihre Tätigkeit wieder aufnehmen. Nicht verkennen sollten Sie aber bei dieser Einschätzung, dass ein Arzt in der Regel besser beurteilen kann, ob Sie wieder topfit sind oder ob bei dieser speziellen Erkrankung eventuell eine gewisse Phase der Rekonvaleszenz mitberücksichtigt werden muss, ein Nur-Abklingen der Symptome also nicht ausreicht. Auf der sicheren Seite sind Sie immer dann, wenn der Arzt Sie wieder „gesundschreibt", also eine Unbedenklichkeitsbescheinigung ausstellt.

Ein verantwortungsvoller AG wird diese ohnehin von Ihnen fordern, denn: Nach ständiger Rechtsprechung ist ein AG zumindest dann, wenn

- die Arbeitsunfähigkeit der AN objektiv feststeht,
- dieses auch beiden Vertragsparteien bekannt ist,
- die AN aber sehenden Auges gleichwohl arbeiten will,

aus seiner Fürsorgepflicht heraus verpflichtet, die AN von dieser Arbeit abzuhalten (LAG Hamm, Urt. vom 10.11.1988 – 17 Sa 605/88). Das LAG folgt damit der Rechtsprechung des BAG, der zufolge eine Arbeitsunfähigkeit der AN wegen Erkrankung dann vorliegt, wenn ein Krankheitsgeschehen sie außerstande setzt, die ihr nach dem Arbeitsvertrag obliegende Verpflichtung zu verrichten oder wenn sie die Arbeit nur unter der Gefahr fortsetzen könnte, in absehbarer Zeit ihren Zustand zu verschlechtern.

Was passiert, wenn ich trotz Krankenschein arbeite und mein Zustand sich deswegen verschlimmert?

Wird die Arbeit trotz Fortbestehens der Arbeitsunfähigkeit wieder aufgenommen und tritt dann eine Verschlimmerung ein, wird es zu Problemen mit der Versicherung kommen. Die Versicherung wird für diesen weiteren

Schadensfall nicht eintreten und unter Umständen für bereits geleistete Zahlungen Regress nehmen. Schuldner dieses Regressanspruches wären sowohl Sie als auch Ihr AG. Nicht zuletzt ist auch Ihr Anspruch auf → Entgeltfortzahlung gefährdet, wenn Sie den ärztlichen Anweisungen nicht Folge leisten. Denn verzögern Sie durch eigenmächtige „Gesundung" den Zeitraum der Arbeitsunfähigkeit, verlieren Sie für den verlängerten Zeitraum den Anspruch.

Was passiert, wenn ich trotz Krankenschein arbeite und einen Wege- oder Arbeitsunfall habe?

Abzugrenzen hiervon ist der gesetzliche Versicherungsschutz der Berufsgenossenschaften. Diese weisen darauf hin, dass auch in den Fällen der früheren Rückkehr an den Arbeitsplatz der Versicherungsschutz im Falle eines Unfalles auf dem Weg zur oder von der Arbeit bzw. am Arbeitsplatz selbst besteht, vorausgesetzt, die Arbeitsaufnahme dient den betrieblichen Interessen. Den betrieblichen Interessen dient die Arbeitsaufnahme immer dann, wenn trotz Krankschreibung den gewöhnlichen Tätigkeiten oder einer Schontätigkeit nachgegangen wird.

Tipp: Sind Sie krankgeschrieben, fühlen sich aber fit und möchten früher als ursprünglich vorgesehen an Ihren Arbeitsplatz zurückkehren, sollten Sie sich hierfür das schriftliche Einverständnis Ihres Arztes geben lassen und auch die Krankenkasse entsprechend informieren.

Verwandte Suchbegriffe:

- **Arbeitsvertrag, Rechte und Pflichten aus dem**
- **Entgeltfortzahlung**
- **Unfallversicherungsschutz**

14. Arbeitsverhältnis im kirchlichen Dienst

Fallbeispiel

Conny L. ist seit Mitte der 1980-er Jahre Leiterin des Kindergartens „St. Elisabeth", der in der Trägerschaft der katholischen Kirche steht. 1994 trennt sie sich von ihrem Mann und lebt von 1995 an mit einem neuen Partner in einer außerehelichen Beziehung zusammen. Als der kirchliche Arbeitgeber davon erfährt und ihm zudem mitgeteilt wird, dass Conny L. ein Kind erwartet, führt der Dekan der Pfarrgemeinde im Juli 1997 zunächst ein Gespräch mit Conny L. Wenige Tage später spricht die Pfarrgemeinde die Kündigung des Arbeitsverhältnisses mit Wirkung ab April 1998 aus. Zur Begründung führt sie an, dass Conny L. gegen die Grundordnung der Katholischen Kirche für den kirchlichen Dienst im Rahmen kirchlicher Arbeitsverhältnisse verstoßen habe. Indem sie außerhalb der von ihr geschlossenen und noch immer bestehenden Ehe mit einem anderen Mann zusammenlebe und nun ein Kind erwarte, habe sie Ehebruch begangen und sich der Bigamie schuldig gemacht.

Hierauf legt Conny L. Kündigungsschutzklage beim Arbeitsgericht ein. Arbeitsgericht und LAG geben Conny L. Recht. Das BAG verweist die Sache zur erneuten Entscheidung an das LAG, das zu prüfen habe, ob nicht zuvor eine Abmahnung hätte ausgesprochen werden müssen. Das LAG weist die Klage im Februar 2000 ab. Die hierauf gerichtete Revision zum BAG bleibt erfolglos. Das BVerfG entscheidet im Juli 2002, die Verfassungsbeschwerde von Conny L. nicht zur Entscheidung anzunehmen. Am 11.1.2003 legt Conny L. Beschwerde beim EGMR ein und gewinnt.

(Fall nach EGMR, Urt. vom 23.10.2010, Beschwerde-Nr. 1620/03)

Wieso können die Kirchen festlegen, wie ich zu leben habe?

Ein „kirchliches Arbeitsrecht“ im engeren Sinne gibt es nicht. Ebenso wie das Handeln der öffentlichen Hand unterliegt auch das Handeln der Kirchen dem allgemeinen staatlichen Arbeitsrecht, soweit sich diese zur Durchführung ihrer Aufgaben dem Einsatz von AN bedienen. Die Begründung und Ausgestaltung von Arbeitsverträgen erfolgt auch hier nach den allgemeinen Regeln. Hiervon abzugrenzen ist die Beschäftigung der sog. „Glaubensträger“ (Pfarrer, Ordensschwestern, Diakonissen), die sich nach dem selbst gesetzten Recht der Religionsgemeinschaften richtet (vgl. Art. 137 Abs. 3 WRV). Es ist aber zu beachten, dass die Beschäftigten aufgrund des verfassungsrechtlich garantierten Selbstbestimmungsrechtes der Kirchen (Art. 4 Abs. 1, 2 GG; Art. 137 Abs. 3 WRV) umfassenderen Loyalitätspflichten unterworfen sind als andere AN. So war bislang in der deutschen arbeitsrechtlichen Rechtsprechung anerkannt, dass das außerdienstliche Verhalten einer kirchlichen Angestellten einen Kündigungsgrund darstellen kann, sofern es gegen grundlegende Glaubensüberzeugungen der betroffenen Religionsgemeinschaften verstößt (BAG, NJW 1984, S. 1917).

Ist es denn rechtens, dass die Kirchen ihre eigenen Arbeitsgesetze machen?

Aus dem Gesetz selbst ergibt sich keine Pflicht zur christlichen Lebensführung für AN der Kirchen. Häufig verwenden Kirchen aber detaillierte „Arbeitsvertragsrichtlinien“ oder „Arbeitsvertragsordnungen“. Hierbei handelt es sich nicht um Regelungen mit Gesetzeskraft oder Tarifverträge, sondern um allgemeine Arbeitsbedingungen, die nach allgemeinen gesetzlichen Regeln zum Gegenstand des individuellen Arbeitsvertrages gemacht werden müssen.

Voraussetzung hierfür ist:

1. Im Arbeitsvertrag wird auf diese Sonderregeln Bezug genommen.
2. Die Sonderregeln werden ausdrücklich zum Gegenstand des Arbeitsvertrages gemacht.
3. Beide Seiten unterschreiben den Vertrag.

Der Träger Ihrer Einrichtung kann also dann eine christliche Lebensführung von Ihnen verlangen, wenn Sie sich durch Unterschriftsleistung dazu verpflichtet haben. In diesem Fall arbeiten Sie in einem sog. → „Tendenzbetrieb“, der es dem AG erlaubt, die tragenden Grundsätze der kirchlichen Glaubens- und Sittenlehre zu beachten und nicht gegen fundamentale Verpflichtungen hieraus zu verstoßen.

Die katholische Kirche verweist zu dieser Thematik auf die Grundsätze der katholischen Glaubens- und Morallehre: Die Einhaltung dieser Grundsätze sei für kirchliche Mitarbeitende vergleichbar mit der Verfassungstreue im öffentlichen Dienst. Inhalt und Umfang der kirchlichen Loyalitätspflichten können entsprechend dem kirchlichen Selbstverständnis konkretisiert werden. Auf diesem Wege können Verpflichtungen aus dem Arbeitsvertrag bis ins Privatleben hineinreichen und diese beeinflussen. In katholischen Tendenzbetrieben beispielsweise können durch die „Grundordnung des kirchlichen Dienstes im Rahmen kirchlicher Arbeitsverhältnisse“ auch nichtkatholische AN dazu verpflichtet werden, die „Wahrheiten und Werte des Evangeliums“ zu achten. Katholische AN werden regelmäßig darauf verpflichtet, die „Grundsätze der katholischen Sitten- und Glaubenslehre“ zu beachten.

Wie sehen meine Loyalitätspflichten im Einzelnen aus?

Haben Sie sich in Ihrem Arbeitsvertrag zur Anerkennung der oben erwähnten „Arbeitsvertragsrichtlinien“ oder „Arbeitsvertragsordnung“ bzw. „Grundordnung“ und damit zur christlichen Lebensführung erst einmal verpflichtet, ist diese Verpflichtung bindend. Sie hat zur Folge, dass Sie nur marginale Mitbestimmungsrechte haben und Einschränkungen Ihrer grundgesetzlich verankerten Freiheitsrechte wie beispielsweise das aus Art. 1 Abs. 1 GG i. V. m. Art. 2 Abs. 1 GG abgeleitete allgemeine Persönlichkeitsrecht hinnehmen müssen. Diese Einschränkungen gelten gleichermaßen für dienstliches wie außerdienstliches Verhalten, beispielsweise sind Sie verpflichtet, einer bestimmten Konfession zuzugehören, vor Gründung einer Familie zu heiraten, Ihre Kinder christlich taufen zu lassen, die Ehe bis zum Tode fortzuführen, keine Scheidung mit anschließender Wiederverheiratung vorzunehmen etc. Als besonders schwerwiegende Verstöße gegen die christliche Wertordnung und arbeitsvertraglich begründeter Loyalitätspflichten hat das BVerfG anerkannt:

- Kirchenaustritt (BVerfGE 70, 138, 172),
- Schwangerschaftsabbruch und dessen öffentliche Befürwortung (BVerfGE 70, 138, 147 ff.),
- Verstoß gegen das kirchliche Eherecht (BVerfGE 70, 138).

Verstoßen Sie gegen diese Verpflichtungen, kann Ihnen nach vorausgegangener wirksamer Abmahnung gekündigt werden.

Das Pochen auf solcherlei Loyalitätspflichten wird auch keineswegs vom EGMR in Frage gestellt, wie eine jüngst ergangene Entscheidung zeigt: Eine Erzieherin arbeitete in einer Einrichtung in Trägerschaft der evangelischen Kirche. Weil sie in ihrer Religionsgemeinschaft der „Universalen Kirche/Bruderschaft der Menschheit“ Einführungskurse der einschlägigen Lehre anbot und weiterhin als Kontaktperson auf Anmeldeformularen für „Grundkurse für höhere geistige Lehren“ angegeben war, wurde ihr fristlos gekündigt. Ihr Arbeitsvertrag sah vor, dass auf das Arbeitsverhältnis die Arbeitsregelungen für Mitarbeitende der Evangelischen Landeskirche anwendbar sind. Diese enthalten u. a. Loyalitätspflichten gegenüber der EKD. Danach ist eine Mitgliedschaft oder Mitarbeit in einer Organisation untersagt, deren Grundauffassung oder Tätigkeit im Widerspruch zum Auftrag der Kirche steht. Der EGMR kam einstimmig zu der Überzeugung, dass die fristlose Kündigung mit Art. 9 der Europäischen Menschenrechtskonvention vereinbar ist, der zufolge jeder Mensch das Recht auf Gedanken-, Gewissens- und Religionsfreiheit hat. Die deutschen Gerichte der Vorinstanzen, die der Klägerin überwiegend nicht Recht gegeben hatten, hätten eine sorgfältige Interessenabwägung vorgenommen – das allein sei entscheidend. Das Ergebnis dieser Interessenabwägung – Vorrang der Interessen der Evangelischen Kirche im konkreten Fall – stehe mit Art. 9 der Menschenrechtskonvention nicht per se in Konflikt (EMGR, Urt. vom 3.2.2011 – Beschwerde-Nr. 18136/02).

Und wie unumstößlich sind diese Anforderungen?

In den letzten Jahren ist ein Bröckeln der Privilegien zu beobachten: So entschieden die EuGH-Richter im Jahre 2016, dass die Kündigung eines katholischen Chefarztes wegen erneuter Heirat eine verbotene Diskriminierung aufgrund der Religion darstellen könnte und gaben dem BAG auf, die Angelegenheit erneut zu prüfen. Dieses kam mit Urteil vom 20.2.2019 – 2 AZR 746/14 – auch tatsächlich zu dem Schluss, dass medizinische Fähigkeiten der Einhaltung des Ehe-Sakraments vorgehen.

Dieses und andere Urteile der Arbeitsgerichte, die den Freiraum der Kirchen als Arbeitgeber immer mehr eingeschränkt hatten, sowie Druck aus den eigenen Reihen führten im November 2022 zu einer Arbeitsrechtsreform in der katholischen Kirche, die eine weitgehende Liberalisierung brachte: Auf die private Lebensführung der Mitarbeitenden soll es in Zukunft nicht mehr ankommen. Angesichts der kritischen Haltung des Vatikans zu dieser Reform ist allerdings noch völlig offen, ob er diese mittragen wird.

Stimmt es, dass man in einer kirchlichen Einrichtung nicht einmal einen Betriebsrat haben darf?

Im Bereich der betrieblichen Mitbestimmung besteht eine besondere → Mitarbeitervertretung, deren Rechte in den Mitarbeitervertretungsordnungen geregelt sind. Diese Sonderform der betrieblichen Mitbestimmung gilt aber nur für sog. Tendenzbetriebe der Kirchen, also Betriebe, die nach § 118 BetrVG unmittelbar und überwiegend konfessionellen, karitativen und erzieherischen Bestimmungen dienen. Seit sich ein Schankkellner des oberbayerischen Klosters Andechs in den 80er Jahren durch sämtliche Instanzen klagte, weil er einen Betriebsrat für die klostereigene Brauerei durchsetzen wollte, steht aber zumindest fest: Die reinen Wirtschaftsbetriebe der Kirchen – wie beispielsweise Brauereien – unterliegen den weltlichen Mitbestimmungsgesetzen. Ansonsten, befanden die Richter, „müsste die Produktion alkoholischer Getränke unter das Gebot christlicher Nächstenliebe fallen."

Im AGG steht aber doch, dass niemand wegen seines Glaubens benachteiligt werden darf?

Zwar hat die EU-Kommission in einem Brief an die Bundesregierung den Umgang mit den Kirchenangestellten als „mangelhafte Umsetzung der europäischen Gleichstellungsrichtlinie" kritisiert: Die Kirchen könnten nach der geltenden Rechtslage bestimmte berufliche Anforderungen allein aufgrund ihres Selbstbestimmungsrechtes festlegen. Wünschenswert sei aber eine Verhältnismäßigkeitsprüfung in Abhängigkeit von der Art der Beschäftigung. Es müssten staatliche Vorgaben geschaffen werden, welche Kirchenregeln für Verwaltungsangestellte, Erzieherinnen und Sozialarbeiter einerseits und Priester und Ordensschwestern andererseits gelten sollen. Bis aber hier eine Umsetzung der Forderungen eingetreten ist, gilt die als „Kirchenklausel" bekannte Einschränkung des § 9 Antidiskriminierungsgesetzes:

> *„**Zulässige unterschiedliche Behandlung wegen der Religion oder Weltanschauung***
>
> *(1) Ungeachtet des § 8 ist eine unterschiedliche Behandlung wegen der Religion oder der Weltanschauung bei der Beschäftigung durch Religionsgemeinschaften, die ihnen zugeordneten Einrichtungen ohne Rücksicht auf ihre Rechtsform oder durch Vereinigungen, die sich die gemeinschaftliche Pflege einer Religion oder Weltanschauung zur Aufgabe machen, auch zulässig, wenn eine bestimmte Religion oder Weltanschauung unter Beachtung des Selbstverständnisses der jeweiligen Religionsgemeinschaft oder Vereinigung im Hinblick auf ihr Selbstbestimmungsrecht oder nach der Art der Tätigkeit eine gerechtfertigte berufliche Anforderung darstellt.*
>
> *(2) Das Verbot unterschiedlicher Behandlung wegen der Religion oder der Weltanschauung berührt nicht das Recht der in Absatz 1 genannten Religionsgemeinschaften, der ihnen zugeordneten Einrichtungen ohne Rücksicht auf ihre Rechtsform oder der Vereinigungen, die sich die gemeinschaftliche Pflege einer Religion oder Weltanschauung zur Aufgabe machen, von ihren Beschäftigten ein loyales und aufrichtiges*

Verhalten im Sinne ihres jeweiligen Selbstverständnisses verlangen zu können."

Über etwaige Sonderrechte der Kirchen bei Neueinstellungen wurde jahrelang heftig kontrovers diskutiert. Mit Urteil des BAG aus dem Jahre 2018 steht immerhin nunmehr fest: Die Kirchen dürfen die Konfessionszugehörigkeit jedenfalls dann nicht zur Einstellungsvoraussetzung machen, wenn dies für die Tätigkeit nicht objektiv geboten und damit wesentlich und entscheidend für die konkrete Arbeit ist (BAG, Urt. vom 25.10.2018 – 8 AZR 501/14).

Conny L. war doch schwanger. Gilt denn das MuSchG nicht für sie, weil sie in einem Tendenzbetrieb arbeitet?

Doch. Arbeitsrechtliche Schutzrechte, wie sie insbesondere für Schwangere nach dem Mutterschutzgesetz (MuSchG) gelten, darf der AG grundsätzlich nicht aushebeln. Dies gilt uneingeschränkt auch für Tendenzbetriebe. Insoweit wiegt das Kündigungsverbot für Schwangere nach § 9 MuSchG höher als das Interesse des AG an einer christlichen Lebensführung. Mit Eintritt einer Schwangerschaft genießen Sie auch ohne kirchliche Trauung den für alle werdenden Mütter geltenden Sonderkündigungsschutz und sind während der Schwangerschaft und der Mutterschutzfrist unkündbar.

Was ändert sich denn nun mit dem Urteil des EGMR?

Im Fallbeispiel hat das EGMR ausdrücklich festgestellt, dass die Katholische Kirche AN nicht „automatisch" entlassen darf, wenn diese die einmal eingegangene Ehe nicht aufrechterhalten, also nach dem Verständnis der Kirche Ehebruch begehen. Vielmehr müssen die Arbeitsgerichte den konkreten Fall daraufhin prüfen, ob ein anderweitiger Ausgleich der widerstreitenden Interessen erfolgen kann. Es ist dabei beispielsweise auch die konkrete Tätigkeit der AN zu berücksichtigen, das Recht der AN auf Achtung ihres Privat- und Familienlebens (Art. 8 EMRK) sowie ihre weiteren Chancen auf dem Arbeitsmarkt. Hinsichtlich der arbeitsvertraglichen Loyalitätspflichten erkannte der EGMR, dass auch die arbeitsvertragliche Unterwerfung unter die Loyalitätspflichten nicht dahingehend verstanden werden kann, dass nach einer etwaigen Trennung oder Scheidung die Führung eines gänzlich enthaltsamen Lebens versprochen worden sei, insbesondere nicht das Nichteingehen bzw. Nichtführen einer anderen Beziehung. Nach Auffassung des EGMR sind im entschiedenen Fall die Interessen des kirchlichen AG nicht gegen die Interessen der AN, insbesondere das Recht auf Achtung des Privat- und Familienlebens, abgewogen worden.

Tipp: Werden Sie von einem kirchlichen AG gekündigt, sollten Sie detaillierte Auskunft über die Kündigungsgründe von ihrem AG verlangen. Hat dieser eine vorherige Interessenabwägung entweder gar nicht oder mangelhaft vorgenommen, ist die Kündigung unwirksam.

Verwandte Suchbegriffe:

- **Abmahnung**
- **Kündigung**
- **Mitarbeitervertretung**
- **Mutterschutz**
- **Stellenanzeige**
- **Vorstellungsgespräch**

15. Arbeitsvertrag, Rechte und Pflichten

Fallbeispiel

Ein Schwelbrand hat in der Nacht zum Sonntag dazu geführt, dass die Kita „Zwergenhaus“ Opfer der Flammen wurde. Die Feuerwehr kommt aufgrund der Anzeichen zum Verlauf der Brandentwicklung zu dem Ergebnis, dass ein fehlerhaftes Kabel im Raum der Mäusegruppe Ursache des Brandes gewesen sein muss. Gruppenleiterin Kerstin O. kann sich das nicht erklären. Im Strafprozess gegen sie wegen fahrlässiger Brandstiftung lässt sie sich zu ihrer Verteidigung wie folgt ein: Zwar stimme es, dass ihr Träger sämtlichen Erzieherinnen die Einhaltung der Unfallkassenvorschriften nahegelegt habe. Sie wisse auch, dass hierzu eine regelmäßige Kontrolle der verwendeten Stromkabel gehöre. Sie habe aber kein defektes Kabel bemerkt. Im Übrigen habe sie einen umfangreichen Arbeitsauftrag und müsse entscheiden, welchen Inhalten sie sich primär widme. Und wenn sie nicht dazu käme, bei jeder Benutzung des Beamers zu prüfen, ob seine Kabel auch noch alle intakt sind, läge das daran, dass sie stattdessen Kita-Plätze zu verteilen oder die Vertretung kranker Kolleginnen in der Krippe zu organisieren habe oder mit unzufriedenen Eltern diskutiert oder mit dem JA wegen eines verwahrlosten Kindes gesprochen habe.

Daraufhin ergeht ein Beschluss des Strafgerichtes: „Zur Frage der Verursachung des Brandes durch Mangelhaftigkeit eines Stromkabels, der Offenkundigkeit eines eventuellen Mangels und damit einhergehender Vorhersehbarkeit des Schadenseintritts ist ein brandtechnisches Sachverständigengutachten einzuholen.“ Der Brandsachverständige kommt in seinem Gutachten zu dem Ergebnis, dass die Vermutung der Feuerwehr berechtigt war: Der Brand wurde von einem auf dem Laminatboden liegenden defekten Kabel verursacht. Der Defekt am Kabel musste nach dem Schadensbild offen zutage liegen (wird näher begründet), hätte also auch bei regelmäßiger Prüfung erkannt werden können. Durch rechtzeitige Auswechslung des Kabels hätte der Brand weiterhin mit an Sicherheit grenzender Wahrscheinlichkeit vermieden werden können.

Wie weiß ich denn, ob mein Arbeitsvertrag „richtig“ ist?

Ihr Arbeitsvertrag kommt, wie jeder Vertrag, durch zwei übereinstimmende Willenserklärungen – hier von Ihrem AG und von Ihnen – zustande. Im Arbeitsvertrag sollte enthalten sein:

- Bezeichnung der Vertragsparteien,
- Zeitpunkt des Beginns (und ggf. Ende) des Vertragsverhältnisses,
- bei befristeten Arbeitsverhältnissen die vorhersehbare Dauer,
- der Arbeitsort bzw. der Hinweis auf wechselnde Arbeitsorte,
- eine wenigstens allgemeine Tätigkeitsbeschreibung (Gruppenleiterin, Ergänzungskraft etc.),
- die Zusammensetzung und die Höhe des Arbeitsentgeltes einschließlich Zulagen, Zuschlägen, Prämien etc. und deren Fälligkeit (oder Eingruppierung),
- die vereinbarte wöchentliche Arbeitszeit,
- die Dauer des jährlichen Erholungsurlaubes,
- die Kündigungsfristen und
- ein in allgemeiner Form enthaltener Hinweis auf die Tarifverträge, Betriebsvereinbarungen oder Dienstvereinbarungen, die auf das Dienstverhältnis anzuwenden sind.

Und wenn etwas davon bei meinem Arbeitsvertrag fehlt?

Dann ist das zunächst einmal unschädlich. Ein Arbeitsvertrag, das BGB spricht in den §§ 611 ff. auch vom „Dienstverhältnis“, kann nämlich auch gänzlich formfrei, also auch mündlich geschlossen werden: Wer gegen

Bezahlung eine Leistung für einen anderen erbringt, hat mit ihm einen Arbeitsvertrag geschlossen, unabhängig davon, ob ein Schriftstück vorliegt.

Außerdem bestehen neben den sog. Vertragshauptpflichten, wie Arbeitspflicht der AN und Vergütungspflicht des AG, bei jedem Arbeitsvertrag nach ständiger höchstrichterlicher Rechtsprechung auch noch eine Reihe von sog. nebenvertraglichen Pflichten, die stets bestehen, gleichgültig, ob im Arbeitsvertrag auf sie Bezug genommen wurde oder nicht.

Im Einzelnen haben Sie resultierend aus Ihrem Arbeitsvertrag folgende Pflichten:

Pflichten der Arbeitnehmerin

1. Arbeitspflicht: Die Pflicht, die vereinbarte Arbeitsleistung persönlich zu erbringen.
2. Gehorsamspflicht: Den Weisungen des Arbeitgebers ist Folge zu leisten (→ Direktionsrecht).
3. Sorgfaltspflicht: Sorgfältige Erledigung der Aufgaben, sorgfältiger Umgang mit Maschinen und sonstigem Eigentum des AG, Einhaltung der Betriebsordnung und der Bestimmungen des Unfallschutzes.
4. Schweigepflicht (→ Schweigepflicht).
5. Wettbewerbsverbot.

Die AN muss ihre Arbeitsleistung persönlich erbringen. Anders als beim Ausbildungsverhältnis muss die AN beim Arbeitsvertrag die nötigen Kenntnisse und Fertigkeiten bereits mitbringen. Erbringt sie die volle Arbeitsleistung nach Einarbeitung nicht, kann ihr gekündigt werden, da sie ihrer Hauptpflicht aus dem Arbeitsvertrag nicht nachkommt.

Zu den Nebenpflichten einer jeden AN gehört es, dem AG nicht vorsätzlich oder grob fahrlässig Sach- oder Vermögensschäden zuzufügen. Wer aber wie Kerstin O. im Fallbeispiel wider besseren Wissens und anordnungswidrig die Vorschriften der Unfallkassen missachtet, handelt stets grob fahrlässig. Neben einer strafrechtlichen Verurteilung drohen Kerstin O. zivilrechtliche Schadensersatzansprüche (direkter Brandschaden an Gebäude und Ausstattungsgegenständen sowie Folgeschäden ihres AG durch Anmietung anderer Räume, Beitragseinbußen etc.) und letztlich arbeitsrechtliche Konsequenzen.

Den Vertragspflichten der AN korrespondieren die Pflichten des AG. Diese sind nach ständiger Rechtsprechung im Einzelnen:

Pflichten des Arbeitgebers

1. Vergütungspflicht.
2. Beschäftigungspflicht: Die AN muss mit den vertraglich vereinbarten Aufgaben im Rahmen des dem AG zustehenden → Direktionsrechtes beschäftigt werden.
3. Fürsorgepflicht: Einhaltung der gesetzlichen Bestimmungen zu Schutzgesetzen und Arbeitszeitgesetz, Gewährung von → Urlaub etc.; Schutz von Leben und Gesundheit der AN; Fürsorge für das Eigentum der AN; korrekte Berechnung und Abführung der Lohnsteuer; Erläuterung der Lohnberechnung.
4. Pflicht zur Ausstellung eines Zeugnisses.

Tipp: Kommt in Ihrer Einrichtung ein Kind zu Schaden, wird die zuständige Unfallkasse den Vorfall genau analysieren und auf Verstöße gegen die Unfallkassenvorschriften prüfen. Ergibt diese Prüfung, dass die Vorschriften nicht eingehalten wurden, werden die Einrichtung, also der Träger, sowie die Leitung und ggf. auch nachrangige Mitarbeiterinnen je nach Verschuldensgrad in Regress genommen. Bei schweren Verfehlungen kann der Einrichtung auch die Betriebserlaubnis entzogen werden. Es ist daher ratsam, die Vorschriften der Unfallkassen genau einzuhalten.

Verwandte Suchbegriffe:

- **Arbeitsschutzgesetz**
- **Arbeitsstättenverordnung**
- **Direktionsrecht**
- **Formvorschriften, gesetzliche**
- **Gefährdungsbeurteilung**
- **Unterweisung**
- **Urlaub**
- **Zeugnis**

16. Arbeitszeiterfassung

Fallbeispiel

Linda P. ist seit 30 Jahren in der in öffentlich-rechtlicher Trägerschaft stehenden Kita "Kinderhaus an der Saale" angestellt. Heute erhält sie die fristlose

Kündigung. Zur Begründung wird angeführt, dass sie mehrfach entgegen einer bestehenden Dienstvereinbarung ihre Rauchpausen nicht als Pause erfasst hat, sodass diese Zeiten im Arbeitszeitkonto als Arbeitszeiten verbucht wurden. So waren es im Januar 2019 an insgesamt sieben Tagen mehr als 20 Pausen, die zum Teil bis zu sechs Mal täglich nicht erfasst wurden. Linda P räumt die Vorwürfe bei der Anhörung ein und macht geltend, dass sie als Raucherin nikotinsüchtig sei und regelmäßig Zigarettenpausen benötige. Im Übrigen rauche sie seit Jahrzehnten während der Arbeitszeit, was bislang in der Praxis vom AG geduldet wurde. Deshalb habe sich eine betriebliche Übung herausgebildet, der zufolge ihr die Rauchpausen auch in Zukunft zustünden. Im Übrigen habe sie auch nie allein geraucht, sondern sei immer in Gesellschaft von Kollegen gewesen, die jedoch nicht gekündigt worden sein. Der AG kündigt ihr nach Anhörung des Personalrats fristlos, hilfsweise fristgerecht. Hiergegen erhebt Linda P Kündigungsschutzklage und verliert.

(Fall nach LAG Thüringen, Urt. vom 3.5.2022 – 1 Sa 18/21 –)

Kommt die Stechuhr zurück?

Das BAG hat mit Urt. vom 13.09.2022 –1 ABR 22/21 – entschieden, dass AG die Arbeitszeiten der Beschäftigten systematisch erfassen müssen. Diese Entscheidung des BAG gilt für alle Angestellten, also auch die im Bildungssektor, wie beispielsweise Kita-Personal. Das BAG folgt mit seinem Urteil einer Rechtsauffassung des EuGH vom Mai 2019, wonach die Mitgliedstaaten die AG dazu verpflichten müssen, ein objektives, verlässliches und zugängliches Arbeitszeiterfassungssystem einzurichten, mit dem die täglich geleistete Arbeitszeit der Beschäftigten gemessen werden kann. Hintergrund ist, dass nur auf diese Weise die Rechte aus der EU-Arbeitszeitrichtlinie umgesetzt werden können, also nachgehalten werden kann, ob die wöchentliche Höchstarbeitszeit sowie die täglichen und wöchentlichen Ruhezeiten eingehalten werden. Die Stechuhr kehrt damit aber nicht zurück. Der EuGH legt stellte in seinem Urteil klar, dass Zeiterfassung auch durch die eigene Erfassung, also durch Aufschreiben der Arbeitszeit oder elektronische Erfassung von außerhalb, erfolgen kann. Bislang war das Urteil des EuGH nicht in die nationale Gesetzgebung der BRD übergegangen. Mit dem Urteil des BAG ist das Arbeitsministerium nun gefordert, das EuGH-Urteil in nationales Recht umzusetzen. Die GEW hat bereits darauf hingewiesen, dass eine zukünftig gesetzlich festgelegte Pflicht zur Zeiterfassung nicht zur Leistungskontrolle und Überwachung der Beschäftigten führen darf und die Besonderheiten pädagogischer und wissenschaftlicher Arbeit bei der Arbeitszeiterfassung berücksichtigt werden müssen.

Kann man mich nach 30 Jahren wegen einer Lappalie bei der Arbeitszeiterfassung wirklich fristlos entlassen?

Nach einem Urteil des LAG Thüringen vom 3.5.2022 – 1 Sa 18/21 – können beharrliche Verstöße gegen die Arbeitszeiterfassungspflicht einen fristlosen Kündigungsgrund darstellen. Auch eine 30-jährige Beschäftigungszeit ändert hieran nichts. Entscheidend ist der mit der Pflichtverletzung verbundene schwere Vertrauensbruch, der darin liegt, dass (im Fallbeispiel) bis zu sechs Raucherpausen pro Tag entgegen der betrieblichen Regelung gemacht wurden. Ein solch beharrlicher Arbeitszeitbetrug und mehrfache Verstöße gegen betrieblich auferlegte Dokumentationspflichten können eine fristlose Kündigung rechtfertigen. Erst recht sei bei diesem Verhalten eine ordentliche Kündigung wirksam. Die von der Klägerin vorgetragene Nikotinsucht könne allenfalls die hohe Anzahl der Raucherpausen erklären, stelle aber keine Rechtfertigung für den beharrlichen Verstoß gegen Dokumentationspflichten dar. Da die Klägerin keinen Vortrag dazu machte, ob überhaupt und inwieweit die anderen rauchenden Kollegen ebenfalls gegen die Dienstvereinbarung zur Rauchpausenerfassung verstoßen hatten, geht der Einwand eines Verstoßes gegen den Gleichbehandlungsgrundsatz ins Leere. Die Verpflichtung zur Dokumentation der Raucherpausen hätte der Klägerin schriftlich vorgelegen, sie habe mit Unterschrift die Kenntnisnahme bestätigt. Daher habe sie wissen müssen, dass sie den AG täuschte, also vorsätzlich gehandelt. Wer aber bewusst betrügt, hat keinen Anspruch darauf, vor einer Kündigung durch eine Abmahnung erst gewarnt zu werden. Eine fristlose Kündigung ist daher zulässig.

Gegen das Urteil wurde Revision eingelegt.

Verwandte Suchbegriffe:

- **Abmahnung**
- **Kündigung**
- **Kündigungsschutz**

17. Aufhebungsvertrag

Fallbeispiel

Nachdem Linda P. zwölf Jahre lang vergeblich gewartet hat, ist es nun so weit: Ihre Freundin Pia schreibt ihr eine Nachricht, dass demnächst in Pias Kindertageseinrichtung die Stelle einer Gruppenleitung frei wird. Da nicht nur ihre beste Freundin dort arbeitet, sondern die Kita auch bei ihr um die Ecke liegt und das Betriebsklima dort wesentlich besser ist als in ihrer aktuellen Einrichtung, zögert Linda P. nicht lange: Sie vereinbart einen Termin mit der Leitung und bittet um ein Aufhebungsvertrag.

Kann jeder einfach so einen Aufhebungsvertrag schließen?

Das Arbeitsverhältnis kann durch einen Aufhebungsvertrag beendet werden. Mit ihm vereinbaren beide Arbeitsvertragsparteien einvernehmlich das Ausscheiden der AN außerhalb der gesetzlichen bzw. tarifvertraglichen Kündigungsfristen. Ein solcher Vertrag ist Ausdruck der im Zivilrecht steht geltenden Privatautonomie. Das bedeutet, den Vertragsparteien steht es frei, die Bedingungen, unter denen das Arbeitsverhältnis aufgelöst werden soll, festzulegen.

Für die Wirksamkeit eines Aufhebungsvertrages gelten die allgemeinen Regelungen des Vertragsrechts: Es müssen die übereinstimmenden Willenserklärungen der beiden Vertragsparteien vorliegen. Darüber hinaus bestimmt § 623 BGB die Schriftform. Der Gesetzgeber will hiermit die AN vor überhasteten Entscheidungen schützen, da die AN mit der Schließung eines Aufhebungsvertrages auf jeglichen Kündigungsschutz verzichtet.

Muss ich irgendeine Kündigungsfrist beachten?

Zwar bedarf der Aufhebungsvertrag der Schriftform, eine Kündigungsfrist ist jedoch nicht vorgesehen. Die AN verzichtet auf jeglichen Kündigungsschutz, das bedeutet, auch besondere Kündigungsschutzvorschriften etwa nach Mutterschutzgesetz oder Schwerbehindertengesetz gelten für den Aufhebungsvertrag nicht. Der AG kann sich auf diese Weise somit auch von schwerbehinderten oder schwangeren AN trennen.

Was habe ich davon, wenn ich einen Aufhebungsvertrag schließe?

Der Aufhebungsvertrag bietet für die AN gleich zwei Vorteile: sie kann sich als ungekündigt bezeichnen und erhält in aller Regel eine Abfindung.

Wann ist ein Aufhebungsvertrag sinnvoll?

Die Schließung eines Aufhebungsvertrages empfiehlt sich für AN nur in den Fällen, in denen sofort im Anschluss ein neuer Arbeitsplatz angetreten werden kann. Ist dies nicht der Fall, ist nach § 159 SGB III von der Agentur für Arbeit eine Sperrfrist von drei Monaten für den Bezug von Arbeitslosengeld zu verhängen, wenn das Arbeitsverhältnis ohne wichtigen Grund gelöst worden ist.

Verwandte Suchbegriffe:

- **Abfindung**
- **Kündigung**
- **Kündigungsschutz**

18. Befristung mit und ohne Sachgrund

Fallbeispiel:

Uta P., Leiterin der kommunalen Kindertagesstätte „Sonnenschein", macht sich Gedanken über die Personalstruktur der nächsten Jahre. Einerseits ist da die Gruppenleiterin Anna S., die immer wieder davon spricht, sich beruflich verändern zu wollen, andererseits Kassandra L., die äußerst engagierte und bei Kindern und Eltern beliebte Berufspraktikantin, die bereits Bewerbungen schreibt. Wäre nicht viel an zeitraubendem Einstellungsaufwand gespart, wenn man diese beiden Umstände miteinander verknüpfen würde? Uta P. möchte Kassandra L. im Anschluss an ihre Ausbildung befristet für ein Jahr einstellen. Falls Anna S. die Einrichtung verlassen wird, wäre schon Ersatz für sie da. Aber reicht das als Befristungsgrund aus?

Unser Träger stellt überhaupt nur noch befristet ein. Darf er das?

Seit Inkrafttreten des Gesetzes über Teilzeitarbeit vom 1.1.2001, das das Beschäftigungsförderungsgesetz von 1985 ersetzt hat, ist beim Abschluss befristeter Arbeitsverträge das „Gesetz über Teilzeitarbeit und befristete Arbeitsverträge" (TzBfG), umgangssprachlich oft auch „Teilzeitbefristungsgesetz" genannt, zu beachten. Im öffentlichen Dienst werden mittlerweile 59% aller Neueinstellungen befristet. Auch im Kitabereich operieren Träger verstärkt mit befristeten Anstellungsverträgen.

Rechtsgrundlage einer Befristung ist § 14 Abs. 1 Teilzeitbefristungsgesetz (TzBfG). Danach ist eine Befristung grundsätzlich nur zulässig, wenn sie durch einen sachlichen Grund gerechtfertigt ist. Ist ein solcher sachlicher Grund objektiv aber nicht gegeben und klagt eine Mitarbeiterin gegen die Befristung, ist die Befristung des Arbeitsverhältnisses unzulässig. Die AN kann sich dann binnen drei Wochen nach dem (vermeintlichen) Ende ihres Arbeitsvertrages mit einer sog. Entfristungsklage zu einem unbefristeten Arbeitsverhältnis verhelfen (§ 17 TzBfG).

Wann kann ich mich auf das Teilzeitbefristungsgesetz berufen?

Das Teilzeitbefristungsgesetz nennt einen → Schwellenwert: Der AG darf es nur anwenden, wenn er regelmäßig mehr als 15 AN beschäftigt. Entscheidend ist die Anzahl der regelmäßig vorhandenen Arbeitsplätze, nicht die Anzahl der aktuell Beschäftigten. Alle Beschäftigten werden nach Köpfen und nicht nach Quoten berücksichtigt. Das bedeutet: Teilzeit- oder geringfügig Beschäftigte werden – unabhängig von ihrer tatsächlich geleisteten Wochenarbeitsstundenzahl – voll mit 1 berechnet.

Meine Kollegin hat eine Zweckbefristung, ich eine Zeitbefristung. Was ist der Unterschied und womit steht man besser da?

Das Gesetz unterscheidet in § 3 Abs. 1 TzBfG die Zeit- von der Zweckbefristung:

Befristet beschäftigt ist eine AN mit einem auf bestimmte Zeit geschlossenen Arbeitsvertrag. Ein auf bestimmte Zeit geschlossener Arbeitsvertrag (befristeter Arbeitsvertrag) liegt vor, wenn seine Dauer kalendermäßig bestimmt ist (kalendermäßig befristeter Arbeitsvertrag) oder sich aus Art, Zweck oder Beschaffenheit der Arbeitsleistung ergibt (zweckbefristeter Arbeitsvertrag). Bei der Zweckbefristung muss zwar nicht der Sachgrund (s. dazu unten), wohl aber der konkrete Vertragszweck gem. § 14 Abs. 4 TzBfG schriftlich vereinbart werden (BAG, Urt. vom 21.12.2005 – 7 AZR 541/04). Diese Entscheidung macht deutlich, was bei der Zweckbefristung unter dem Schriftformerfordernis der Befristung nach § 14 Abs. 4 TzBfG zu verstehen ist: Die Wirksamkeitsvoraussetzungen der Zweckbefristung sind erheblich strenger als die der Zeitbefristung. Lässt sich der

Zweck nicht zweifelsfrei bestimmen, ist der AG erst dann auf der sicheren Seite, wenn er eine Doppelbefristung, also eine Kombination von kalendermäßiger Befristung und Zweckbefristung, vereinbart.

Ich hatte bei Arbeitsantritt noch gar keinen Vertrag in den Händen. Ist meine Befristung überhaupt wirksam?

Nein. In Kindertageseinrichtungen ist es häufige Praxis, dass Erzieherinnen kurz vor oder in den Sommerferien eingestellt werden, die zuständige Personalverwaltung aber bis zum Arbeitsantritt am ersten Tag des Kindergartenjahres noch keinen Vertrag ausgefertigt hat. Nach § 14 Abs. 4 TzBfG bedarf die Vereinbarung einer Befristung im Arbeitsvertrag aber stets der Schriftform. Wird beispielsweise ein Arbeitsvertrag zunächst mündlich geschlossen und nach Arbeitsantritt dann schriftlich abgefasst, sind hierin enthaltene Befristungen nach § 125 BGB unwirksam mit der Folge, dass ein unbefristeter Vertrag gegeben ist. Die formnichtige Befristung kann auch nicht nachträglich wirksam werden (BAG, Urt. vom 1.12.2004 – 7 AZR 198/04).

Ich musste bei Abschluss meines Arbeitsvertrages unterschreiben, dass ich auf die „Erhebung einer Befristungskontrollklage verzichte“. Ist das zulässig?

Nein. Ein gleichzeitig mit der Befristung vereinbarter Verzicht der AN auf die Erhebung einer Befristungskontrollklage ist nach §§ 22 Abs. 1, 17 TzBfG unwirksam (BAG, Urt. vom 13.6.2007 – 7 AZR 287/06).

Meine Kollegin hat einen befristeten Vertrag mit Sachgrund, ich habe einen ohne Sachgrund, ist das wirklich so wichtig?

Ja. Für die Wirksamkeit eines befristeten Arbeitsvertrages gilt es, zwischen befristetem Arbeitsvertrag mit und ohne Sachgrund zu unterscheiden:

- **Befristung mit Sachgrund**

Der Gesetzgeber geht in § 14 Abs. 1 TzBfG davon aus, dass es grundsätzlich immer erforderlich ist, die Befristung zu begründen. In Absatz 2 sind Ausnahmen geregelt, nach denen auch eine sog. sachgrundlose Befristung zulässig sein kann. Für diese gelten jedoch andere strenge rechtliche Anforderungen (s. dazu unten).

Die Befristung eines Arbeitsvertrages ist auch zulässig, wenn sie durch einen sachlichen Grund gerechtfertigt ist. An einem Sachgrund für die Befristung eines Arbeitsvertrages fehlt es, wenn der AN Daueraufgaben übertragen werden, die vom Stammpersonal wegen unzureichender Personalausstattung nicht erledigt werden können, so dass tatsächlich ein Dauerbedarf an der Arbeitsleistung der AN besteht (BAG, Urt. vom 17.3.2010 – 7 AZR 640/08).

Ein solcher Sachgrund liegt nach § 14 Abs. 1 TzBfG insbesondere vor, wenn

a) der betriebliche Bedarf an der Arbeitsleistung nur vorübergehend besteht.
b) Die Befristung im Anschluss an eine Ausbildung oder ein Studium erfolgt, um den Übergang der AN in eine Anschlussbeschäftigung zu erleichtern.
c) Die AN zur Vertretung einer anderen AN beschäftigt wird.
d) Die Eigenart der Beschäftigung die Befristung rechtfertigt.
e) Die Befristung zur Erprobung erfolgt.
f) In der Person der AN liegende Gründe die Befristung rechtfertigen.
g) Die AN aus Haushaltsmitteln vergütet wird, die haushaltsrechtlich für eine befristete Beschäftigung bestimmt sind und sie entsprechend beschäftigt wird oder
h) die Befristung auf einem Vergleich beruht.

Bei den im Gesetz genannten Befristungsgründen handelt es sich lediglich um Regelbeispiele, die Aufzählung ist also nicht abschließend gemeint. Auch andere sachliche Gründe können die Befristungsvereinbarung rechtfertigen.

Allerdings sind die Fälle a) – c) sowie e) – g) von besonderer praktischer Bedeutung für Kindertageseinrichtungen und werden daher im Folgenden dargestellt:

Grund a) Der vorübergehende Mehrbedarf

Hat Ihre Einrichtung einen nur vorübergehenden Mehrbedarf an Arbeitskräften (beispielsweise für eine Ferienbetreuung), kann sie einen befristeten Arbeitsvertrag mit Sachgrund nach § 14 Abs. 1 Nr. 1 TzBfG vergeben. Voraussetzung hierfür ist jedoch, dass der Bedarf zeitlich begrenzt ist. „Vorübergehend" bedeutet jedoch nicht unbedingt „kurzfristig", der Bedarf kann auch über Jahre andauern. Nach der Rechtsprechung des BAG ist aber für die Anwendbarkeit dieses Grundes stets eine exakte und detaillierte Prognose des AG darüber erforderlich, in welchem Umfang und für welche Dauer der erhöhte Arbeitsumfang gegeben sein wird. Der AG muss danach *„im Zeitpunkt des Vertragsschlusses aufgrund greifbarer Tatsachen mit hinreichender Sicherheit annehmen dürfen, dass der nur vorübergehende Arbeitskräftebedarf wieder wegfällt.*" Bloße Unsicherheit darüber, wie sich der Arbeitskräftebedarf in Ihrer Einrichtung zukünftig entwickeln wird, rechtfertigt also noch keine Befristung wegen vorübergehenden Bedarfs. Bei einer Zweckbefristung muss bestimmbar sein, wann das Arbeitsverhältnis enden soll. Eine Klausel wie etwa „mit Abschluss des Projektes" ist im Zweifel immer zu unbestimmt und nach der Rechtsprechung unwirksam.

Grund b) Anschluss an eine Ausbildung

§ 14 Abs. 1 Nr. 2 TzBfG ist der richtige Sachgrund, wenn Ihre Einrichtung Sie im Anschluss an Ihre Ausbildung einstellen will. Der „Grund der Tätigkeit im Anschluss an eine Ausbildung" soll den Berufsstart erleichtern. Im Fallbeispiel wäre dieser Befristungsgrund der richtige. Was aus dem Wortlaut des § 14 Abs. 1 Satz 2 TzBfG nicht hervorgeht: Die Befristung im Anschluss an eine Ausbildung soll nicht unbegrenzt möglich sein. In der Literatur werden Befristungen von höchstens ein bis zwei Jahren diskutiert. Die meisten AG bleiben bei unter einem Jahr und sind damit auf der sicheren Seite. Weiterhin stellt ein vorheriges Ausbildungsverhältnis nur dann einen wirksamen Sachgrund für eine Befristung dar, wenn sich das Arbeitsverhältnis unmittelbar anschließt. Die Norm rechtfertigt ausschließlich die Befristung des ersten Arbeitsverhältnisses nach einer Ausbildung oder einem Studium. Jeder Vertragsverlängerung muss einer der anderen Befristungsgründe zugrunde liegen (BAG, Urt. vom 10.10.2007 – 7 AZR 795/06).

Grund c) Vertretung eines verhinderten Arbeitnehmers

Der „Grund der Vertretung eines verhinderten Arbeitnehmers" nach § 14 Abs. 1 Nr. 3 TzBfG ist der wohl häufigste Fall der befristeten Einstellung und kommt beispielsweise bei Fällen in Betracht, in denen eine Mitarbeiterin ersetzt werden muss, die sich im Mutterschutz befindet. Es ist nicht erforderlich, dass die neue Mitarbeiterin unmittelbar an die Stelle der ausgefallenen Mitarbeiterin gesetzt wird. Auch die sog. „mittelbare Vertretung“ ist ausreichend. Diese ist nach ständiger Rechtsprechung des BAG immer dann gegeben, wenn der Ausfall der einen Mitarbeiterin der Grund für die Einstellung der neuen Mitarbeiterin gewesen ist. Die Vertretungsbefristung ist immer gegeben, wenn die Vertreterin eine Aufgabe zugewiesen bekommt, die der AG auch der Vertretenen kraft seines → Direktionsrechts übertragen könnte (BAG, Urt. vom 12.1.2011 – 7 AZR 194/09).

Darüber hinaus sind auch neu zugeschnittene Vertretungstätigkeiten erfasst, wenn der AG sie der Vertretenen nach ihrer Rückkehr tatsächlich und rechtlich zuweisen könnte. In Fällen von Um- und Neuverteilung von Arbeitsaufgaben ist dies gegeben, wenn die Vertreterin eine Tätigkeit ausübt, die auch der vorübergehend Vertretenen nach deren Rückkehr übertragen werden könnte. Hierfür muss der AG erkennbar darlegen, wie und in welchem Umfang er der Vertretenen die neu zugeschnittene Aufgabe gedanklich zuordnet (BAG, Urt. vom 15.2.2006 – 7 AZR 232/05).

Grund d) Befristung zur Erprobung

Ist beabsichtigt, der neuen Mitarbeiterin bei Bewährung ein Dauerarbeitsverhältnis anzubieten, ist der „Grund der Erprobung“ nach § 14 Abs. 1 Nr. 5 TzBfG der richtige sachliche Befristungsgrund.

Doch Vorsicht: Dieser Sachgrund kann nur dann vorliegen, wenn die Eignung der Mitarbeiterin nicht bereits bekannt ist – beispielsweise aufgrund eines bereits vorangegangenen Arbeits- oder auch Ausbildungsverhältnisses. Im Praxisbeispiel wäre also ein auf diesen Sachgrund gestützter befristeter Arbeitsvertrag unzulässig. Auch liegt nach Ansicht der Literatur eine Umgehung des Kündigungsschutzes bzw. Abweichung von der gesetzlichen Probezeit nach § 622 Abs. 3 BGB vor, wenn die Erprobungsphase länger als sechs Monate dauern soll.

Grund e) In der Person der AN liegende Gründe

Die Befristung eines Arbeitsvertrags kann auch durch in der Person der AN liegende Gründe sachlich gerechtfertigt sein, wenn das Interesse des AG, aus sozialen Erwägungen mit der betreffenden AN nur einen befristeten Vertrag abzuschließen, auch angesichts des Interesses der AN an einer unbefristeten Beschäftigung schutzwürdig ist, beispielsweise bei einer Anstellung bis zum Semesterbeginn und Aufnahme eines Studiums.

Dies ist der Fall, sofern es ohne den in der Person der AN begründeten sozialen Zweck überhaupt nicht zum Abschluss eines Arbeitsvertrages gekommen wäre (BAG, Urt. vom 21.1.2009 – 7 AZR 630/07).

Grund f) Begrenzte Haushaltsmittel

Diese Befristungsmöglichkeit steht ausschließlich der öffentlichen Hand zu. Privatrechtlich organisierte AG können sich selbst dann nicht auf diese Privilegierung berufen, wenn sie sich selbst oder ihre Projekte aus Haushaltsmitteln finanzieren. Ist eine Einrichtung in privater Trägerschaft und im Bedarfsplan der Kommune aufgenommen, erhält also Fördermittel, kann sie dennoch nicht Befristungen mit diesem Sachgrund aussprechen. Selbst wenn die Kommune selbst Träger der Einrichtung ist, ist Vorsicht geboten: Das BAG hat nämlich bislang noch nicht zu der Frage Stellung genommen, ob „Haushaltsmittel" nur diejenigen Mittel sind, die in einem Haushaltsgesetz ausgewiesen sind. Wäre dies der Fall, könnten sich Selbstverwaltungskörperschaften des öffentlichen Rechtes nicht darauf berufen. Denn ihr Haushaltsplan ist nicht Teil eines Haushaltsgesetzes, sondern wird von eigenen Organen aufgestellt. Befristungen von Arbeitsverhältnissen mit der öffentlichen Hand unterliegen nach der Rechtsprechung engen rechtlichen Anforderungen. Diesbezügliche Haushaltsmittel sind stets punktgenau und mit ausreichender Begründung für den nur vorübergehenden Bedarf im Haushaltsplan auszuweisen. Das BAG hat beispielsweise entschieden, dass ein kw – Vermerk („künftig wegfallend") eine wirksame Befristung allein nicht zu begründen vermag (BAG, Urt. vom 2.9.2009 – 7 AZR 162/08).

- **Befristung ohne Sachgrund**

Die sachgrundlose oder auch sog. erleichterte Befristung eines Arbeitsvertrages ist nur bei einer echten Neueinstellung zulässig. Sie ist ausgeschlossen, wenn mit demselben AG irgendwann einmal ein unbefristeter oder befristeter Arbeitsvertrag bestanden hat, unabhängig davon, ob ein sachlicher Zusammenhang mit der neuerlichen Beschäftigung besteht oder nicht. Mangels einschlägiger Rechtsprechung des BAG war hier lange Zeit davon auszugehen, dass wirklich jede Beschäftigung, also beispielsweise auch ein Schnupperpraktikum, selbst dann, wenn es lange zurück liegt, jede sachgrundlose Befristung unwirksam macht. Mit Urt. vom 6.4.2011 (NZA 2011 S. 905) hatte das BAG dann entschieden, dass eine frühere Beschäftigung bei demselben AG der erneuten sachgrundlosen Befristung eines Arbeitsverhältnisses im Rahmen des § 14 Abs. 2

TzBfG nicht entgegensteht, wenn die sog. „Zuvor-Beschäftigung“ länger als drei Jahre zurückliegt.

Unter Korrektur dieser Rechtsprechung hat das BAG mit Urt. vom 23.1.2019 nunmehr entschieden: Die sachgrundlose Befristung eines Arbeitsvertrags ist nicht zulässig, wenn zwischen der AN und dem AG bereits acht Jahre zuvor ein Arbeitsverhältnis von etwa eineinhalb Jahren Dauer bestanden hatte, das eine vergleichbare Arbeitsaufgabe zum Gegenstand hatte (Az. 7 AZR 733/16). Der Sinneswandel der BAG-Richter war das Resultat einer Entscheidung des BVerfG vom 6.6.2018 (NZA 2018, S. 774), die klargestellt hatte, dass das BAG durch die Annahme, eine sachgrundlose Befristung sei nur unzulässig, wenn eine Vorbeschäftigung weniger als drei Jahre zurückliege, die Grenzen der vertretbaren Auslegung gesetzlicher Vorgaben überschritten habe, weil der Gesetzgeber eine solche Karenzzeit erkennbar nicht habe regeln wollen.

Weiterhin darf die Gesamtdauer der Befristung von zwei Jahren nicht überschritten und höchstens dreimal verlängert werden, so dass etwa vier Arbeitsverträge mit jeweils sechsmonatiger Dauer wirksam sind. Allerdings wird das BAG zur Frage sog. Kettenarbeitsverträge eventuell seine Rechtsprechung ändern: Der EuGH hat mit Urt. vom 26.1.2012 – Az. C 586/10 – entschieden, dass Kettenarbeitsverträge grundsätzlich erlaubt sind. Im entschiedenen Fall war das Arbeitsverhältnis sogar 13 Mal verlängert worden. Der EuGH legt aber ausdrücklich fest, dass ein solcher Kettenarbeitsvertrag nur mit Sachgrund geschlossen werden darf. Für die Beurteilung sachgrundloser Verträge dürften sich aus diesem Urteil keine Änderungen ergeben. Weiteres bleibt jedoch abzuwarten.

Soll der sachgrundlos befristete Vertrag verlängert werden, ist darauf zu achten, dass auch wirklich **dieser** Vertrag verlängert wird. Ändern sich mit der Verlängerung nämlich auch die Arbeitsbedingungen (beispielsweise hinsichtlich des Entgeltes, der konkreten Tätigkeit oder des Arbeitsortes), ohne dass die AN hierauf einen Anspruch hat (beispielsweise durch Tariferhöhungen), handelt es sich nicht mehr um denselben Vertrag und damit auch nicht um eine Verlängerung i. S. d. § 14 Abs. 2 TzBfG.

Sofern eine Änderung der Arbeitsbedingungen, etwa hinsichtlich des Gehaltes oder der Arbeitszeit, erfolgt, geht das BAG zwar immer noch davon aus, dass es sich um einen befristeten Arbeitsvertrag handelt. Diese Befristung ist jedoch in diesem Fall dann nicht mehr ohne Sachgrund zulässig. Denn eine sachgrundlose Befristung ist nicht möglich, wenn mit demselben AG bereits zuvor ein befristetes oder unbefristetes Arbeitsverhältnis bestanden hat. Rechtlich gesehen wäre ein befristeter

Arbeitsvertrag zu geänderten Arbeitsbedingungen jedoch ein komplett neues Arbeitsverhältnis.

Ausnahmen von den oben dargestellten Grundsätzen gelten bei AN über 52 Jahre, anderslautenden tarifvertraglichen Regelungen und bei Unternehmensgründungen.

Tipp: Wird Ihr sachgrundloser Vertrag verlängert, sollten Sie genau prüfen, ob hierin nicht auch geänderte Arbeitsbedingungen festgeschrieben werden. Ist dies der Fall, sollten Sie umgehend Entfristungsklage erheben.

Verwandte Stichworte:

- **Änderung von Arbeitsbedingungen, einseitige**
- **Direktionsrecht**
- **Schwellenwerte**

19. Berufshaftpflicht

Fallbeispiel

Die sechsjährigen Kinder Tim, Kevin und Noah haben von einem schlecht einsehbaren Teil des Kindergartengeländes aus Steine auf außerhalb geparkte Fahrzeuge geworfen und diese dadurch beschädigt. Die Steine hatten sie vorher – ebenfalls unbemerkt – von einem anderen Teil des Geländes zusammengetragen. Das erkennende Gericht geht von einer Aufsichtspflichtverletzung der Gruppenleiterin Marita M. aus und führt dazu aus: Kinder, die sich in einer Gruppe auf dem Außengelände eines Kindergartens aufhalten, dürfen nicht über einen längeren Zeitraum (hier 15 bis 20 Minuten) unbeaufsichtigt bleiben. Kinder müssen zwar nicht auf „Schritt und Tritt" beaufsichtigt werden – es ist aber gerade bei Kindergruppen mit Gefahrenlagen zu rechnen, die bei einzelnen Kindern nicht zu erwarten sind. Deshalb ist bei Kindergruppen stets eine engmaschige Kontrolle im Abstand von wenigen Minuten geboten.

In einem Kindergarten haftet doch die DGUV für alles – oder nicht?

Der Schaden an den parkenden Pkw wird nicht von der DGUV übernommen, da diese nur Personenschäden von in der Einrichtung betreuten

Kindern und anderen Besuchern der Einrichtung übernimmt. Der Versicherungsschutz bezieht sich nämlich nach § 8 Abs. 1 und Abs. 2 Nr. 1 SGB VII auf „Unfälle von Versicherten infolge einer den Versicherungsschutz begründenden Tätigkeit." Bei Steinwürfen auf parkende Pkw handelt es sich aber weder um Unfälle noch gehören die Eigentümer der Pkw zum versicherten Personenkreis.

Für Schadensereignisse, die nicht in den Haftungsbereich der DGUV fallen, schließt der Träger einer Einrichtung in aller Regel eine Betriebshaftpflichtversicherung ab, die das Regressrisiko bei allen Schäden abdeckt, die im Zusammenhang mit der Führung der Einrichtung oder der pädagogischen Arbeit Kindern und Dritten schuldhaft zugefügt wird. Für alle Fälle, die nicht hierunter fallen, ist der Abschluss einer Berufshaftpflichtversicherung ratsam.

Tipp: Ob der Träger eine solche Betriebshaftpflichtversicherung abgeschlossen hat (bei kirchlichen Einrichtungen und einzelnen Trägerverbänden werden häufig sog. Sammelhaftpflichtversicherungen abgeschlossen), sollten Sie vor Arbeitsantritt unbedingt prüfen. Liegt keine solche Betriebshaftpflichtversicherung vor, können und sollten Sie sich über eine Berufshaftpflichtversicherung absichern.

Verwandte Suchbegriffe:

- **Entlassung wegen verletzter Aufsichtspflicht**
- **Haftung des Arbeitgebers**
- **Haftungsprivileg**

20. Beschäftigtendatenschutz

Fallbeispiel

Marie K. ist die neue Mitarbeiterin in der Einrichtung „Kükennest" in kommunaler Trägerschaft ihrer Gemeinde. Heute erhält sie per Post ein umfangreiches Formularpaket, das sie ausfüllen und zurücksenden soll. Neben dem Bewerbungsfragebogen muss sie auch den Personalbogen ausfüllen, sämtliche Schul- und Ausbildungszeugnisse beibringen, außerdem ein Führungszeugnis nach § 30a BZRG, ein ärztliches Attest zum

Impf- und Immunitätsstatus, ihre Lohnsteuerkarte, ihren Sozialversicherungsausweis und eine Mitgliedsbescheinigung ihrer Krankenkasse. Sie soll Angaben zur Vermögensbildung machen und ihr Gehaltskonto angeben, eine Schweigepflichts- sowie eine Datenschutzerklärung abgeben und sich zur Zusatzversorgungskasse anmelden. All diese Daten wandern in ihre Personalakte.

Wo steht denn eigentlich geschrieben, was mein AG alles über mich wissen darf?

Ein eigenes Gesetz zum Beschäftigtendatenschutz gibt es nicht. Vielmehr greifen insoweit die allgemeinen Vorgaben der Datenschutz-Grundverordnung (EU-DSGVO) sowie das damit korrespondierende neue Bundesdatenschutzgesetz (BDSG-neu). Dies führt in § 26 zahlreiche Neuregelungen zum Beschäftigtendatenschutz ein, die jedoch überwiegend in Form von Generalklauseln formuliert sind. Beispielsweise werden darin die spezifischen datenschutzrechtlichen Vorgänge, wie etwa die Erhebung von Daten anlässlich einer Einstellung, gesetzlich festgelegt und dem Einwilligungserfordernis besonders Rechnung getragen.

Im Grundsatz darf der AG auch ohne Einwilligung der AN solche personenbezogenen Daten verarbeiten, die für die Durchführung, Beendigung oder Aufnahme eines Dienstverhältnisses erforderlich sind. Hierzu gehören auch einige besondere Kategorien personenbezogener Daten wie beispielsweise Gesundheitsdaten (Art. 9 Absatz 2 lit. B DSGVO). Will der AG die Daten für darüberhinausgehende Zwecke verwenden, ist eine Einwilligungserklärung der AN erforderlich. Für Einwilligungen zur Verwendung von Gesundheitsdaten im Rahmen eines Verfahrens im → betrieblichen Eingliederungsmanagement gelten weitere Anforderungen.

Ist das nicht ein bisschen wenig Beschäftigtendatenschutz?

Die Konferenz der Datenschutzbehörden des Bundes und der Länder (DSK) hat im Mai 2022 ihre Forderung nach einem Beschäftigtendatenschutzgesetz veröffentlicht. Im Koalitionsvertrag der derzeitigen Ampelregierung ist die Ankündigung eines solchen Gesetzes ausdrücklich verankert. Es ist daher damit zu rechnen, dass das zuständige Bundesministerium für Arbeit und Soziales (BMAS) in naher Zukunft einen entsprechenden Entwurf vorlegen wird.

Tipp: Will Ihr Arbeitgeber ein Mitarbeiterfoto auf seiner Homepage, auf Social-Media-Plattformen oder in Imagebroschüren veröffentlichen, bedarf er dazu Ihrer Einwilligung. Er muss Sie auch – schriftlich – darauf hinweisen, dass Sie diese Einwilligung jederzeit widerrufen können und die Verweigerung der Einwilligung keinerlei negative Folgen für Sie hat.

Verwandte Suchbegriffe:

- **Beschäftigungsverbot**
- **Eingliederungsmanagement, betriebliches**
- **Grundrechte im Arbeitsrecht**
- **Mitarbeiterüberwachung**

21. Beschäftigungsverbot

Fallbeispiel

Sabine B. ist Leiterin der kommunalen Kindertagesstätte „Bienenhaus". Seit einigen Tagen schon beobachtet sie, dass eine der Gruppenleiterinnen regelmäßig an morgendlicher Übelkeit leidet. Sie führt dies auf eine bestehende Schwangerschaft zurück und fragt sich, ob sie die Mitarbeiterin darauf ansprechen soll und darf.

Wann kommt ein Beschäftigungsverbot in Betracht?

Schwangere und stillende Mütter, die in einem Arbeitsverhältnis stehen, sind durch das Gesetz über den → Mutterschutz und eine Reihe weiterer nationaler und supranationaler Regelungen vor Gefahren, Überforderung, Gesundheitsschäden und finanziellen Einbußen geschützt. Der AG ist verpflichtet, bei Bekanntwerden der Schwangerschaft eine sofortige → Gefährdungsbeurteilung des Arbeitsplatzes durchzuführen. Werden hierbei Gesundheitsgefährdungen für Mutter und Kind festgestellt, sind umgehend verschiedene, dem Gefährdungspotential entsprechende abgestufte Maßnahmen bis hin zum Beschäftigungsverbot zu ergreifen.

Das Mutterschutzgesetz normiert in § 3 MuSchG ein sog. individuelles Beschäftigungsverbot. Danach dürfen Schwangere an ihrem Arbeitsplatz nicht weiter beschäftigt werden, wenn dadurch das Leben oder die Gesundheit von Mutter oder Kind gefährdet ist. Die Schwangere soll sofort aufhören zu arbeiten, wenn, wie das OVG Koblenz in seiner Entscheidung vom 11.9.2003 – Az. 12 A 10856/03 –, NZA-RR 2004, S. 93, ausführt:

> *„auch nur das kleinste Risiko für sie oder das Kind besteht. Hinsichtlich des Ausmaßes der anzunehmenden Gefährdung muss dabei beachtet werden, dass die Beschäftigungsverbote des Mutterschutzgesetzes Instrumente der Gefahrenabwehr darstellen. Für die Bewertung der Wahrscheinlichkeit eines Schadenseintritts folgt hieraus nach den allgemeinen Grundsätzen des Rechts der Gefahrenabwehr, dass diese umso größer sein muss, je geringer der möglicherweise eintretende Schaden ist, und dass sie umgekehrt umso kleiner sein darf, je schwerer der etwaige Schaden wiegt (vgl. BVerwGE 62, 36 [39]; BVerwGE 88, 348 [351] = NVwZ-RR 1992, 516). Sofern ein besonders großer Schaden für besonders gewichtige Schutzgüter im Raum steht, reicht für die Bejahung einer hinreichenden Wahrscheinlichkeit bereits die entfernt liegende Möglichkeit eines Schadenseintritts. Die zuletzt genannte Situation ist bei den mutterschutzrechtlichen Beschäftigungsverboten gegeben, da hier die Schutzgüter des Lebens und der Gesundheit von Mutter und Kind und damit Rechtsgüter von sehr hohem Rang im Raum stehen (ebenso BVerwG [27.5.1993], NJW 1994, 401).“*

Wann liegt denn ein Risiko vor?

Ein Risiko besteht beispielsweise bei

- einer Risikoschwangerschaft,
- der Gefahr einer Frühgeburt,
- einer Mehrlingsschwangerschaft,
- Muttermundschwäche,
- besonderen Rückenschmerzen.

Muss auch eine Gefährdungsbeurteilung stattfinden?

Nach § 1 MuSchRiV ist jeder AG, also jeder Träger einer Kindertageseinrichtung, weiterhin verpflichtet, eine → Gefährdungsbeurteilung hinsichtlich des Arbeitsplatzes durchzuführen und etwa erforderliche Schutzmaßnahmen für seine Mitarbeiterinnen zu ergreifen. Hierbei muss er die nationalen Regelungen wie die BioStoffV, das ArbSchG sowie das MuSchG beachten, die Beschäftigungsverbote u. a. wegen fehlender Immunität gegen folgende Krankheiten vorsehen:

- Masern,
- Mumps,
- Röteln,
- Windpocken.

Darüber hinaus sind auch supranationale Regelungen wie die Europäische Verordnung zum Schutz der Mütter am Arbeitsplatz (MuSchArb) vom 15.4.1997 vom Träger zu beachten, welche vorschreibt, dass werdende Mütter Mikroorganismen der Risikogruppe 2–4 nicht ausgesetzt sein dürfen, wenn durch diese oder die dadurch notwendige Behandlung eine Gefährdung für Mutter und/oder Kind besteht. Eine solche Gefährdung besteht immer dann, wenn keine ausreichende Immunität gegen die o. g. Krankheiten und weiterhin gegen

- Ringelröteln und
- Zytomegalie

besteht.

Immer wieder wird in diesem Zusammenhang fälschlicherweise die Biostoffverordnung zitiert, aus der sich die Aufnahme dieser beiden Krankheiten in den Katalog aber gar nicht ergibt. Zutreffende Rechtsgrundlage ist vielmehr die genannte EU-Verordnung.

Weiterhin hat das BVerwG entschieden, dass für ein mutterschutzrechtliches Beschäftigungsverbot, mit dem der Gefahr einer Infektion mit Aids- oder Hepatitisviren vorgebeugt werden soll, bereits eine sehr geringe Infektionswahrscheinlichkeit genügt (BVerwG, Urt. vom 27.5.1993 – Az. 5 C 42/89).

Ab wann muss der Arbeitgeber tätig werden?

Mutterschutz beginnt, sobald dem AG der Eintritt einer Schwangerschaft einer Mitarbeiterin bekannt wird. Für das „Bekanntwerden" ist nicht erforderlich, dass dem AG die Schwangerschaft „offiziell" mitgeteilt wird. Hat also die Leiterin einer Einrichtung wie im Fallbeispiel nur die Vermutung, eine ihrer Mitarbeiterinnen könnte schwanger sein, ist sie verpflichtet, diese Vermutung mit ihr zu besprechen, um so früh wie möglich Schutzmaßnahmen einleiten zu können. Sie ist wegen ihrer Nähe zu den Mitarbeiterinnen als Vertreterin des AG verpflichtet, tätig zu werden, sobald sie die begründete Vermutung einer Schwangerschaft bei einer ihrer Mitarbeiterinnen hat. Im Fallbeispiel hat Sabine B. also die Verpflichtung, ihre Vermutung mit der betroffenen Mitarbeiterin zu besprechen und bei Bestätigung sofort Schutzmaßnahmen einzuleiten.

Was ist jetzt zu tun?

Wird dem Träger eine bestehende Schwangerschaft einer Erzieherin oder Kinderpflegerin bekannt, muss er ein (vorläufiges) Tätigkeitsverbot aussprechen, bis ihm der Immunitätsstatus für die oben angegebenen Krankheiten nachgewiesen wird.

Der Immunitätsstatus für die ersten vier Krankheiten (Masern, Mumps, Röteln, Windpocken) dürfte in der Regel bereits aus der Zeit vor Schwangerschaftseintritt bekannt sein, da gegen diese Krankheiten eine Impfung möglich ist. Gegen Ringelröteln und Zytomegalie hingegen ist eine Impfung nicht möglich, der Immunitätsstatus muss also nach Feststellung einer Schwangerschaft – und dann sofort! – überprüft werden.

Weiterhin ist eine sofortige Beurteilung der Arbeitsbedingungen dieser konkreten Mitarbeiterin durchzuführen. Diese → Gefährdungsbeurteilung des Arbeitsplatzes muss sich auf jede Tätigkeit erstrecken, die die Mitarbeiterin durchführt. Art, Ausmaß und Dauer der jeweiligen Tätigkeit sind genau aufzuführen. Mögliche Gefährdungen sind dabei beispielsweise Zwangshaltungen an niedrigen Tischen und Stühlen, Heben und Tragen von Kindern und/oder Möbeln etc.

Ergibt die Gefährdungsbeurteilung das Vorliegen von Gesundheitsgefahren, sind Schutzmaßnahmen in dieser Reihenfolge zu ergreifen:

1. Umgestaltung der Arbeitsbedingungen,
2. Umsetzung oder innerbetrieblicher Arbeitsplatzwechsel, falls möglich,
3. Beschäftigungsverbot/Freistellung

Nach einem Urteil des BAG kann auch beispielsweise → Mobbing ein Grund für ein individuelles Beschäftigungsverbot nach dem Mutterschutzgesetz sein, wenn psychisch bedingter Stress Leben oder Gesundheit von Mutter oder Kind gefährdet. Voraussetzung ist, dass der gefährdende Stress gerade durch die Fortdauer der Beschäftigung verursacht oder verstärkt wird (BAG, Urt. vom 21.3. 2001 – Az. 5 AZR 352/99).

Wie ist zu verfahren, wenn die Testergebnisse vorliegen?

Vom Ergebnis des Immunitätsstatus hängt es ab, wie weiter zu verfahren ist. Ist der Test positiv, besteht also Immunität, ist keine Gefahr (durch diese Krankheiten) vorhanden. Besteht keine Immunität, sind nach § 3 MuSchG individuelle Tätigkeitsverbote in Abhängigkeit von den Ergebnissen auszusprechen. Das bedeutet beispielsweise:

- Bei nicht ausreichender Immunität gegen Zytomegalie ist bei der Betreuung von Kindern unter drei Jahren ein Beschäftigungsverbot auszusprechen.
- Bei nicht ausreichender Immunität gegen Hepatitis A ist ein Beschäftigungsverbot für Tätigkeiten in Behindertenkindergärten auszusprechen.
- Bei fehlender Immunität gegen eine der anderen aufgeführten Krankheiten ist grundsätzlich ein Beschäftigungsverbot auszusprechen.

Wer zahlt die Untersuchungen?

Bei den Untersuchungen zur Feststellung des Immunitätsstatus handelt es sich nicht um diagnostische oder therapeutische Leistungen. Die Kosten für diese serologischen Untersuchungen und die damit verbundenen ärztlichen Leistungen sind daher vom Träger der Einrichtung zu zahlen, ebenso die Kosten von allen folgenden Immunitätskontrollen und von Impfungen, auf die der Träger hingewirkt hat. Manchmal übernimmt die jeweilige Krankenversicherung im Einzelfall aus Kulanz die Kosten.

Wer spricht das Beschäftigungsverbot aus?

Das Beschäftigungs-/Tätigkeitsverbot ist vom AG in Ausübung seiner Fürsorgepflicht auszusprechen, nicht vom Arzt, wie häufig fälschlicherweise zu lesen ist. Der Arzt ist in diesem Fall „nur“ für die medizinische Seite der Frage zuständig, also für die Feststellung des Immunitätsstatus, den die Patientin dann ihrem AG vorlegt. Im Sinne eines besonderen „Services“ kann der Arzt darüber hinaus eine ärztliche Stellungnahme abgeben, in der er darauf hinweist, dass Immunität gegen Ringelröteln, Zytomegalie etc. nicht gegeben ist und er aus diesem Grund die Fortsetzung der Tätigkeit nicht befürworte. Verpflichtet ist er dazu jedoch nicht.

Etwas anderes gilt nach einem Urteil des BAG in den Fällen, in denen der AG oder die zuständige Stelle die gebotene fachkundige Überprüfung der Unbedenklichkeit des Arbeitsplatzes einer schwangeren AN **nicht** vorgenommen hat und aus ärztlicher Sicht ernst zu nehmende Anhaltspunkte dafür bestehen, dass vom Arbeitsplatz Gefahren für Leben oder Gesundheit von Mutter und Kind ausgehen könnten: Hier darf der Arzt bis zu einer Klärung ausnahmsweise ein sog. „vorläufiges Beschäftigungsverbot“ aussprechen (BAG, Urt. vom 11.11.1998 – Az. 5 AZR 49/98).

Bei uns gehen die schwangeren Mitarbeiterinnen sofort in ein Beschäftigungsverbot, unabhängig vom Ergebnis ihres Impfstatus. Wieso ist das so?

In der Corona-Pandemie haben die Träger von Kindertageseinrichtungen auf Anweisung der jeweiligen Landesministerien ein besonderes Gefährdungsrisiko für jede einzelne Schwangerschaft unabhängig von Impfstatus angenommen. Zum derzeitigen Sachstand ist ungewiss, wie lange dies noch so gehandhabt wird.

Was ist mit meinem Urlaubsanspruch?

Mit Urt. vom 9.8.2016 – 9 AZR 575/15 hat das BAG entschieden, dass § 17 Satz 2 MuSchG den Untergang des Urlaubsanspruchs, der nach Festlegung des Urlaubszeitraums infolge eines mutterschutzrechtlichen Beschäftigungsverbots nicht genommen werden konnte, verhindert. Konkret bedeutet das: Ein bereits genehmigter Urlaub, der aufgrund eines in der Zwischenzeit eingetretenen Beschäftigungsverbots nicht angetreten werden kann, ist der AN wieder gutzuschreiben.

Verwandte Suchbegriffe:

- **EG-Arbeitsrecht**
- **Elterngeld**
- **Elternzeit**
- **Gefährdungsbeurteilung**
- **Mobbing**
- **Mutterschutz**
- **Sonderkündigungsschutz**

22. Betriebsrat

Fallbeispiel

Die AG betreibt im Stadtgebiet H mehrere Krankenhäuser, auf deren Gelände oder in unmittelbarer Nähe sich Kindertagesstätten befinden. Diese sind bis zur Privatisierung 2004 den Krankenhäusern zugeordnet und deren Leitungen unterstellt. Daraufhin werden sie zu einem Zentralen Dienst (ZD-Kita) zusammengefasst. Damit einher geht eine Öffnung der bisherigen Betriebskindergärten für die Aufnahme externer Kinder und ein Wechsel in das Kita-Gutschein-System der Stadt H. 2006 beschließt die Geschäftsführerin der AG förmlich, dass die öffentlichen Kindertagesstätten des ZD-Kita grundsätzlich alle Kinder aufnehmen und solche der Mitarbeiter nicht bevorzugt werden. Der Gesamtbetriebsrat der AG ist der Meinung, der ZD-Kita sei nach wie vor eine seiner Mitbestimmung nach § 87 Abs. 1 Nr. 8 BetrVG unterliegende Sozialeinrichtung und klagt auf Feststellung, dass dem so sei. Die Klage wird abgewiesen.

(Fall nach BAG, Beschl. vom 10.2.2009 – 1 ABR 94/07)

Was bringt mir ein Betriebsrat?

Der Betriebsrat ist das von den AN eines Betriebes gewählte Organ, das im Rahmen des → Betriebsverfassungsrechtes als Partner des AG im Zusammenwirken mit den im Betrieb vertretenen Gewerkschaften und Arbeitgebervereinigungen in den Angelegenheiten des Betriebes mitbestimmt und mitwirkt (§ 2 BetrVG). Betriebsratsfähig ist ein Betrieb mit mindestens fünf wahlberechtigten AN, von denen drei wählbar sind. Betriebsteile gelten bei räumlicher oder organisatorischer Selbstständigkeit als eigener Betrieb, durch → Tarifvertrag oder → Betriebsvereinbarung kann aber auch die Bildung eines unternehmenseinheitlichen Betriebsrates oder die Zusammenfassung von Betrieben bestimmt werden. Der Betriebsrat besteht in Betrieben mit fünf bis 20 wahlberechtigten AN aus einer Person, darüber hinaus gestaffelt nach der Anzahl der AN stets aus einer ungeraden Anzahl von Mitgliedern (→ Schwellenwerte). Die regelmäßige Amtszeit des in geheimer und unmittelbarer Wahl gewählten Betriebsrates beträgt vier Jahre. Der Betriebsrat hält regelmäßige Sprechstunden ab und wacht über die Einhaltung von Arbeitnehmerschutzgesetzen. Er informiert über seine Tätigkeiten in regelmäßigen vierteljährlichen Betriebsversammlungen.

Was darf ein Betriebsrat denn eigentlich?

Hauptaufgabe des Betriebsrates ist die Mitwirkung und Mitbestimmung in sozialen, personellen und wirtschaftlichen Angelegenheiten sowie bei der Gestaltung des Arbeitsplatzes und beim Arbeitsschutz sowie beim betrieblichen Umweltschutz.

Im Einzelnen:

- Mitbestimmung in sozialen Angelegenheiten wie beispielsweise Arbeitszeit, Urlaubsplanung, Sozialplan bei betriebsbedingten Kündigungen etc. Bei Streitigkeiten in diesen Angelegenheiten entscheidet eine eingerichtete Einigungsstelle.
- Eingeschränkte Mitbestimmung in personellen Angelegenheiten wie beispielsweise Einstellungen, Entlassungen, Versetzungen. Der Betriebsrat darf in diesen Angelegenheiten seine Zustimmung nur dann verweigern, wenn schwerwiegende Gründe vorliegen.
- Mitwirkung in wirtschaftlichen Angelegenheiten wie beispielsweise Stilllegungen, Rationalisierungen etc. Hier geht die unternehmerische Freiheit des AG vor: Der Betriebsrat hat keinerlei Gestaltungsrecht in diesen Angelegenheiten, er kann also eine unternehmerische Entscheidung nicht verhindern, muss jedoch vorab informiert und angehört werden.

Die Mitbestimmungsrechte sind in § 87 BetrVG aufgeführt. Immer wieder Schwierigkeiten bereitet Nr. 8 wie im Fallbeispiel, wo es heißt:

> *„Der Betriebsrat hat, soweit eine gesetzliche oder tarifliche Regelung nicht besteht, in folgenden Angelegenheiten mitzubestimmen: Form, Ausgestaltung und Verwaltung von Sozialeinrichtungen, deren Wir-*

kungsbereich auf den Betrieb, das Unternehmen oder den Konzern beschränkt ist.“

Das BAG hat klargestellt: Der AG und nicht ihr äußerer Schein legt den Zweck einer Sozialeinrichtung fest. Trifft der Wirkungsbereich einer solchen Einrichtung einen unbestimmten Personenkreis ohne jegliche Unterscheidung, ist ein Mitbestimmungsrecht des Betriebsrates nicht gegeben. Allerdings hat es das BAG versäumt, klare Abgrenzungskriterien für solche häufig bestehenden Sozialeinrichtungen festzulegen, an denen Externe und AN auf unterschiedliche Weise partizipieren.

Welche Mitbestimmungsrechte hat ein Betriebsrat in einem Betriebskindergarten?

In der Literatur wird ein Mitbestimmungsrecht des Betriebsrates in Sozialeinrichtungen des Unternehmens jedenfalls in den Fällen angenommen, in denen der AG Einfluss auf Form, Ausgestaltung und Verwaltung der Sozialeinrichtung hat. Die dann geltenden Mitbestimmungsrechte beziehen sich beispielsweise auf den Betreiber der Kantine, das pädagogische Konzept des Betriebskindergartens, die Öffnungszeiten und Benutzungsbedingungen dieser Sozialeinrichtungen, deren Ausstattung und Verwaltung.

Gibt es nicht auch einen Betriebsrat für Jugendliche?

Doch. Zusätzlich zum Betriebsrat sieht das Betriebsverfassungsgesetz auch die Einrichtung einer Jugendvertretung vor, da Jugendliche im Betrieb andere Problemlagen haben. Sie bringt ihre Anliegen über den Betriebsrat vor und hat ein Teilnahmerecht an Betriebsratssitzungen. Sie hat insbesondere die Aufgabe, in ständiger enger Zusammenarbeit mit dem Betriebsrat die Interessen der jugendlichen AN im Betrieb wahrzunehmen (§§ 60–71 BetrVG).

Muss der Betriebsrat auch bei Gehaltsanpassungen angehört werden?

Nein. Individuelle Lohngestaltungen sind grundsätzlich mitbestimmungsfrei. Die Gehaltshöhe kann der AG grundsätzlich frei bestimmen. Dies gilt ebenso bei Lohnerhöhungen und -reduzierungen. Lässt der AG allerdings eine Gleichmäßigkeit vermissen und bevorzugt einzelne Vergütungsgruppen unangemessen, kann ein Mitwirkungsrecht des Betriebsrates vorliegen.

Tipp: Unter www.betriebsrat.com finden Sie alles Wissenswerte zur Tätigkeit als Betriebsrätin.

Verwandte Suchbegriffe:

- **Betriebsvereinbarungen**
- **Betriebsverfassungsrecht**
- **Mitarbeitervertretung**
- **Personalrat**
- **Schwellenwerte**
- **Tarifvertrag**

23. Betriebsvereinbarungen

Fallbeispiel

Mechthild P. ist als Erzieherin in der Einrichtung „Sonnenland" tätig. Trägerin der Einrichtung ist eine als gGmbH organisierte Firmengruppe mit 750 MA, die auf dem Gebiet der Jugendhilfe tätig ist. Die komplette Entgeltstruktur der Firmengruppe wurde mit dem Betriebsrat verhandelt und in einer Betriebsvereinbarung festgelegt. Anfang des Jahres wird Mechthild P. eine Zusatzfunktion als Sicherheitsbeauftragte mit entsprechender zusätzlicher Vergütung von 15 % der durchschnittlichen Gesamtvergütung übertragen. Die geltende Betriebsvereinbarung sieht vor, dass die Zuweisung entsprechender Funktionen jederzeit widerrufbar ist. Zusätzlich wurde eine arbeitsvertragliche Zusatzvereinbarung geschlossen, der zufolge Mechthild P. die Zusatzfunktion jederzeit einseitig widerrufbar zugewiesen wurde. Als sie nun aufgrund von Umstrukturierungen und damit verbundenen Versetzungen den Widerruf ihrer Zusatzfunktion als Sicherheitsbeauftragte erhält, ist Mechthild P. der Ansicht, er sei unwirksam.

Bei uns gilt eine Betriebsvereinbarung. Was ist das eigentlich?

Eine Betriebsvereinbarung ist ein privatrechtlicher Vertrag zwischen AG und dem → Betriebsrat, der die gegenseitigen Pflichten, Angelegenheiten des Betriebes und der → Betriebsverfassung zum Gegenstand hat. Während Tarifverträge in der Regel für eine Vielzahl von Betrieben einer Sparte gelten, passen Betriebsvereinbarungen eher tarifvertragliche Regelungen in einem Einzelbetrieb an.

Betriebsvereinbarungen gelten zwingend und unmittelbar, sie können also nicht vom Eintreten bestimmter Bedingungen, beispielsweise der Zustimmung der Belegschaft, abhängig gemacht werden (BAG, Beschl. vom 28.7.2020 – 1 ABR 4/19).

Nach § 77 BetrVG bedarf die Betriebsvereinbarung der Schriftform. Vertragspartner sind der AG und die durch den → Betriebsrat vertretenen AN des Betriebes. Die Betriebsvereinbarung gilt nur für den Betrieb, für den sie abgeschlossen wurde, aber für alle seine AN, unabhängig davon, ob sie gewerkschaftlich organisiert sind oder nicht (Ausnahme: die ausgeschiedenen und die im Ruhestand lebenden AN).

Die Betriebsvereinbarung kann immer nur solche Angelegenheiten zum Inhalt haben, die zum Aufgabenbereich des Betriebsrates gehören. Sie enthält in der Regel Bestimmungen über Inhalt, Abschluss und Beendigung von Arbeitsverhältnissen in diesem Betrieb und regelt betriebliche und betriebsverfassungsrechtliche Fragen. Sie ist vom → Tarifvertrag zu unterscheiden, hat aber mit ihm insbesondere gemeinsam, dass sie einen schuldrechtlichen und einen normativen Teil haben kann. Schuldrechtlich können bestimmte Pflichten der Vertragspartner begründet werden, normativ, also wie ein Gesetz auf den Inhalt des Arbeitsverhältnisses wirkend, können Bestimmungen über Abschluss, Inhalt und Beendigung des Arbeitsverhältnisses und Regelungen von betrieblichen und betriebsverfassungsrechtlichen Fragen getroffen werden. Beispielsweise wird wie im Fallbeispiel die Höhe der Bezahlung nicht selten durch Betriebsvereinbarungen festgelegt.

Und worin besteht dann der Unterschied zum Tarifvertrag?

Gegenüber der Betriebsvereinbarung besteht ein Vorrang des Tarifvertrages insbesondere insoweit, als Arbeitsentgelte und sonstige Arbeitsbedingungen üblicherweise durch Tarifvertrag geregelt werden (und zwar selbst dann, wenn sie im konkreten Einzelfall nicht durch Tarifvertrag geregelt sind); in diesem Rahmen ist eine Betriebsvereinbarung nach § 77 Abs. 3 BetrVG unzulässig und nach § 134 BGB nichtig, es sei denn, sie ist im Tarifvertrag ausdrücklich zugelassen.

Nach der Rechtsprechung des BAG bestehen zum Tarifvertrag auch wichtige Unterschiede: So sind tarifliche Klauseln, nach denen Ansprüche nach drei Monaten verfristen (sog. Ausschlussklauseln), wirksam, dieselbe Regelung in einer Betriebsvereinbarung jedoch nicht. Danach schränkt eine dreimonatige Ausschlussfrist in einer freiwilligen Betriebsvereinbarung die AN in ihrer allgemeinen Handlungsfreiheit unverhältnismäßig stark ein (BAG, Urt. vom 12.12.2006 – 1 AZR 96/06).

Ferner fallen Regelungen in Betriebsvereinbarungen nicht unter die Kontrolle der → AGB. Das gilt auch dann, wenn Regelungen aus Betriebsvereinbarungen nochmals wortgleich im Arbeitsvertrag enthalten sind (§ 310 Abs. 4 Satz 1 BGB). Dies gilt insbesondere für Widerrufsvorbehalte: Diese sind auch in einer Betriebsvereinbarung wirksam, soweit der widerrufliche Teil am Gesamtverdienst unter 25–30 % liegt und der Tariflohn nicht unterschritten wird. Mechthild P. wird daher den Widerruf ihrer Zusatzfunktion hinnehmen müssen.

Tipp: Nachrechnen lohnt sich also. Bei einer Überschreitung von 25 % am Gesamtverdienst ist der Widerruf einer Zusatzfunktion auf Grundlage einer Betriebsvereinbarung in der Regel unwirksam.

Verwandte Suchbegriffe:

- **AGB**
- **Gesamtzusage**
- **Tarifvertrag**
- **Übung, betriebliche**

24. Betriebsverfassungsrecht

Fallbeispiel

Karen P. ist als angestellte Gruppenleiterin im sechsgruppigen Kindergarten „ABC-Kinderhaus Bambi“ angestellt. Zu dem Kinderhaus, das von Rita P. geleitet wird, gehören eine Krippe mit 15 Plätzen sowie eine Hortgruppe, die sich in einem separaten Gebäude befindet. Die gesamte Einrichtung steht in Trägerschaft des großen freigemeinnützigen Trägers „ABC-Kinderland“, der in der Stadt mehrere Einrichtungen betreibt. Das „ABC-Kinderland“ beschäftigt in der BRD rund 5.000 Mitarbeitende.

Was bringt mir das Betriebsverfassungsgesetz?

Prinzipiell steht nach unserer Rechtsordnung dem Inhaber eines Betriebes das Recht zu, sämtliche Entscheidungen hinsichtlich Organisation und Führung des Betriebes zu treffen. Da die meisten dieser Entscheidungen aber auch mittelbare oder unmittelbare Auswirkung auf die im Betrieb beschäftigen AN haben, haben diese ein Interesse daran, möglichst viel Einfluss auf diese Entscheidungen auszuüben. Mindestens aber wollen sie über sie informiert werden. Diese widerstreitenden Interessen will das Betriebsverfassungsgesetz ausgleichen: Es schränkt die Macht des AG ein und erkennt den einzelnen Beschäftigten das Recht auf innerbetriebliche Mitbestimmung zu. Diese umfasst das:

- Informations- und Anhörungsrecht in allen sie persönlich betreffenden Angelegenheiten,
- Beschwerderecht, falls sie sich ungerecht behandelt fühlen, sowie das
- Recht auf Einsichtnahme in die → Personalakte.

Außerdem räumt das Betriebsverfassungsgesetz dem → Betriebsrat als Organ der Belegschaft zahlreiche abgestufte Beteiligungsrechte ein.

Was ist denn überhaupt ein Betrieb?

Zwar ist der Begriff des Betriebes der Zentralbegriff des Betriebsverfassungsrechtes, eine gesetzliche Definition fehlt jedoch. Einigkeit besteht nur darüber, dass die Begriffe „Unternehmen" und „Betrieb" jedenfalls nicht identisch sind. Ein Betrieb als arbeitsrechtlicher Begriff ist eine Organisation, in der unter einheitlicher Leitung Personen in Dienst- oder Arbeitsverhältnissen und Sachen zusammengefasst sind. Der Betrieb kann ein Produktions-, Verkaufs-, Dienstleistungs- oder Verwaltungsbetrieb sein. Dem Gegenstand nach kann er sein:

- Gewerbebetrieb (fortgesetzte, auf ständigen Gewinn gerichtete Tätigkeit),
- freiberuflicher Betrieb (Privatklinik, Anwaltskanzlei),
- Tendenz-Betrieb (eingerichtet zu politischen, gewerkschaftlichen, konfessionellen, karitativen, erzieherischen, wissenschaftlichen oder künstlerischen Zwecken) oder
- Betrieb einer juristischen Person des öffentlichen Rechts.

Im Fallbeispiel wäre das Bambi-Kinderhaus mitsamt Krippe und Hort, selbst wenn dieser sich in einem separaten Gebäude befindet, also als ein einziger Betrieb zu verstehen, da er sich in der Leitung einer Person befindet.

Ein Betrieb kann im Einzelfall aus mehreren Teilen, sog. Betriebsteilen, bestehen, insbesondere dann, wenn er auf mehrere räumlich voneinander getrennte Betriebsstätten verteilt ist. Der Hort des Bambi-Kinderhauses ist demnach ein Betriebsteil. Und schließlich können mehrere Betriebe zu einem Unternehmen zusammengefasst sein, wenn sie in der Hand einer natürlichen oder juristischen Person und in ihrer Zweckbestimmung miteinander verbunden sind. Die Einrichtungen des ABC-Kinderlandes bilden demnach miteinander das Unternehmen „ABC-Kinderland".

Und welche Einheit wird zugrunde gelegt, wenn es um Schwellenwerte geht?

Für Betriebe und Betriebsteile gilt der → Schwellenwert von fünf AN nach §§ 1 bzw. 4 BetrVG: Ist er erreicht, kann ein → Betriebsrat gewählt werden. Erreichen Betriebsteile den Schwellenwert nicht, können sie an der Wahl zum Betriebsrat im Hauptbetrieb teilnehmen (§ 4 Abs. 1 BetrVG).

Ich bin in einem kommunalen Kindergarten beschäftigt. Gilt das BetrVG auch für mich?

Nein. Nach § 130 BetrVG findet das BetrVG auf Verwaltungen und Betriebe des Bundes, der Länder und Gemeinden sowie sonstige juristische Personen des öffentlichen Rechts keine Anwendung. Dort gilt das Personalvertretungsrecht, nach dem ein → Personalrat zu wählen ist. Eine Ausnahme hiervon gilt für privatisierte Betriebe des öffentlichen Dienstes: Mit dem „Gesetz zur Errichtung eines Bundesaufsichtsamtes für Flugsicherung und zur Änderung und Anpassung weiterer Vorschriften" wurden zum 04.08.2009 auch AN des öffentlichen Dienstes einschließlich der zu ihrer Berufsausbildung Beschäftigten, die in Betrieben privatrechtlich organisierter Unternehmen tätig sind, an § 5 Abs. 1 BetrVG und damit an seinen Geltungsbereich angefügt.

Ich bin in einem Kindergarten in Trägerschaft der katholischen Kirche beschäftigt. Gilt das BetrVG auch für mich?

Nein. Nach § 118 Abs. 2 BetrVG findet das Gesetz weiterhin keine Anwendung auf alle Religionsgesellschaften und ihre karitativen und erzieherischen Einrichtungen ohne Rücksicht auf deren Rechtsform. Diese Ausnahmeregelung ist eine Konsequenz aus der in Art. 140 GG i. V. m. Art. 137 WRV verfassungsrechtlich garantierten Kirchenautonomie (→ Arbeitsrecht im kirchlichen Dienst). Bei diesen kirchlichen Einrichtungen bestehen häufig → Mitarbeitervertretungen.

Tipp: Entgegen einer weit verbreiteten Auffassung gibt das Betriebsverfassungsgesetz nicht nur Betriebsräten Anspruchsgrundlagen an die Hand, es gilt auch für jede einzelne Mitarbeiterin. Die §§ 81–84 sowie 86a BetrVG geben Ihnen Ansprüche auf Anhörung, Einsichtnahme, Unterbreitung von Vorschlägen, Erörterung und Beschwerde.

Verwandte Suchbegriffe:

- **Betriebsrat**
- **Mitarbeitervertretung**
- **Personalakte, Einsicht in die**
- **Personalrat**
- **Schwellenwerte**

25. Beurteilungen, dienstliche

Fallbeispiel

Simone L., 41 Jahre alt, Erzieherin, möchte sich beruflich verändern. Ihr bisheriger beruflicher Werdegang ist vielfältig und kann sich sehen lassen: Nach dem Berufspraktikum in einer Einrichtung ihrer Heimatstadt wurde sie nach bestandener Probezeit als Zweitkraft übernommen und schaffte drei Jahre später den Sprung zur Gruppenleitung. Nach wiederum drei Jahren übernahm sie den Posten der ständigen stellvertretenden Leiterin in einer anderen Einrichtung der Kommune und nach weiteren fünf Jahren folgte die Berufung zur Leiterin der städtischen Kinderkrippe, was sie nun seit acht Jahren ausübt. Nun möchte sie als Fachberaterin im Bereich Qualitätsmanagement in Kindertageseinrichtungen in die freie Wirtschaft gehen und bittet ihren Arbeitgeber um ein Zeugnis.

Wann und wie oft muss ich mich beurteilen lassen?

Dienstliche Beurteilungen sind zu erstellen am Ende jeder Probezeit sowie bei Übernahme einer anderen Tätigkeit bzw. bei Versetzung. Im Fallbeispiel stünden demnach sieben dienstliche Beurteilungen als Entscheidungsgrundlage für das abzufassende Zeugnis zur Verfügung, nämlich:

1. Ablauf Probezeit Berufspraktikum
2. Ablauf Berufspraktikum
3. Ablauf Probezeit Zweitkraft
4. Ablauf Tätigkeit Zweitkraft
5. Ablauf Tätigkeit Gruppenleitung
6. Ablauf Tätigkeit ständige stellvertretende Leiterin
7. Ablauf Tätigkeit Leiterin Kinderkrippe

Was muss drinstehen?

Dienstliche Beurteilungen finden nur Anwendung im innerbetrieblichen Bereich. Das unterscheidet sie vom Zeugnis, das ja stets für einen Außenstehenden geschrieben wird. Genau wie das Zeugnis ist aber auch die dienstliche Beurteilung dem Wahrheitsgrundsatz verpflichtet und kann deswegen auch negative Aussagen beinhalten.

Grundsätzlich gilt für Form und Inhalt einer jeden dienstlichen Beurteilung:

- Die Beurteilung bezieht sich immer auf die konkrete Arbeitssituation, sie ist daher in der Gegenwart (im Präsens) abzufassen.
- Sie ist mit Computer (Schreibmaschine) zu schreiben.
- Die dienstliche Beurteilung ist an der Stellenbeschreibung auszurichten. Was diese nicht verlangt, muss auch nicht beurteilt werden.
- Sie ist wahr, klar und neutral abzufassen.
- Sie beschreibt den Ist-Zustand und vermeidet Prognosen. Auch die Entwicklung in der Vergangenheit ist nicht ihr Thema.
- Aussagen über die Bewährung der Mitarbeiterin haben die konstante Leistung zu erfassen, Ausreißer nach oben oder unten bleiben unberücksichtigt.
- Je besser die Leistungen beurteilt werden, desto detaillierter müssen sie dargelegt werden.
- Die zugrunde gelegten Maßstäbe sind weder zu streng noch zu mild und jeweils an der Funktion der Mitarbeiterin als Zweitkraft, Gruppenleiterin, Leiterin etc. auszurichten.
- Die Beurteilung bildet das komplette Tätigkeitsfeld der Mitarbeiterin ab und trifft verbindliche und aussagekräftige Feststellungen.

Meine Leiterin will ein Beurteilungsgespräch mit mir führen – Was sollte ich beachten?

Jeder Beurteilung sollte ein Beurteilungsgespräch vorausgehen, in dem ausführlich auf die einzelnen Aussagen eingegangen werden kann und der AN ihre Entwicklungsmöglichkeiten dargestellt werden. In dem Gespräch muss Ihnen ausreichend Gelegenheit gegeben werden, Ihre Fragen und Eindrücke anzubringen sowie Enttäuschung und Kritik zu äußern. Aussagen der Beurteilenden sind nur dann wirklich fundiert und seriös, wenn sie sie nachvollziehbar erklären und begründen kann. Das Gespräch sollte von beiden Seiten unbedingt dazu genutzt werden, die getätigten Bewertungen zweifelsfrei zu klären und auch zu überprüfen, ob die Aufgaben und Ziele, die vorgegeben waren, klar kommuniziert worden sind, denn nur dann ist die Beurteilung fair und gerecht.

Unbedingt sollte in diesem Gespräch auch bereits die Chance ergriffen werden, die Ziele für die Zukunft zu formulieren und festzulegen, bis wann diese erreicht werden sollen und wie die Zielerreichung gemessen werden wird.

Tipp: Insbesondere für den Bereich der dienstlichen Beurteilung gilt die Prämisse der klaren Kommunikation von Zielen und Erwartungen sowie der Transparenz von zugrunde liegenden Kriterien. Diese sollten eindeutig, zeitnah und verbindlich allen Mitarbeiterinnen im Rahmen von Teambesprechungen mitgeteilt werden.

Verwandte Suchbegriffe:

- **Zeugnis**

26. Bewerbungsunterlagen

Fallbeispiel

Karin P. ist Leiterin der kommunalen Kindertagesstätte „Arche Noah". Seit einiger Zeit sucht die Tageseinrichtung eine neue Gruppenleiterin für die Regenbogen-Gruppe. Karin P. hat aus diesem Grund mehrere Stellenanzeigen geschaltet, in denen es heißt: *„Bitte senden Sie Ihre aussagekräftigen Unterlagen an den Kindergarten Arche Noah, z. Hd. Frau Karin P., Mustergasse 3 in A-Stadt."* Sie sammelt nun die bei ihr eingehenden Bewerbungsunterlagen, um eine Vorauswahl von infrage kommenden Bewerberinnen zu treffen. Anschließend will sie sich mit dem Träger beraten, wer zu einem Bewerbergespräch eingeladen wird. Da ruft Mechthild B. an und fragt, ob sie ihre Bewerbungsunterlagen zurückbekommen könne. Sie habe seit Wochen nichts von der Einrichtung dazu gehört und außerdem nun einen anderen Job gefunden.

Auf Nachfrage wurde mir gesagt, meine Unterlagen seien nicht mehr auffindbar. Muss ich mich damit abfinden?

Der AG ist verpflichtet, zugeschickte Bewerbungsunterlagen sorgfältig zu behandeln und aufzubewahren. Delegiert er die Verantwortung für die In-Empfangnahme und erste Sichtung an eine Mitarbeiterin, gilt diese Verpflichtung ebenso für sie. Die Leiterin einer Einrichtung ist als Vertreterin des Trägers also ebenso wie der Träger selbst für den sorgfältigen Umgang mit Bewerbungsunterlagen verantwortlich und kann für Verlust oder Beschädigung haftbar gemacht werden.

Gehen Unterlagen verloren, haften Träger und Leiterin aber grundsätzlich nur, wenn sie ihre Sorgfaltspflichten hinsichtlich der Unterlagen schuldhaft verletzt haben. Es gelten hier die Grundsätze des Anscheinsbeweises: Gehen Unterlagen in der Einrichtung unter, besteht eine gesetzliche Vermutung dafür, dass der Träger bzw. seine Hilfsperson daran ein Verschulden trifft, weil „einfach alles danach aussieht". Diese können sich aber entlasten (exkulpieren), wenn sie den – schwierigen – Nachweis erbringen, dass sie mit den Unterlagen stets sorgfältig umgegangen sind.

Muss man mir nicht wenigstens bestätigen, dass meine Unterlagen eingegangen sind?

Eine Verpflichtung des Empfängers, der Bewerberin den Eingang der Bewerbung in der Einrichtung zu bestätigen, besteht nach Auffassung der Arbeitsgerichte nicht. Sollten die Unterlagen also – wie im Fallbeispiel vermutlich geschehen – bereits auf dem Postweg verloren gegangen sein, haftet weder Träger noch Vertreterin.

Bis wann muss man mir meine Bewerbungsunterlagen spätestens zurücksenden?

Kommt das Arbeitsverhältnis mit der Bewerberin nicht zustande, sind die Bewerbungsunterlagen unverzüglich zurückzusenden. Der Jurist versteht unter „unverzüglich" *ohne schuldhaftes Zögern*, das bedeutet, der AG muss den frühestmöglichen Zeitpunkt für den Rückversand wählen. Dieser wird immer dann gegeben sein, wenn die Entscheidung zugunsten einer anderen Bewerberin ausgefallen ist. Daraus folgt: Spätestens dem Absagebrief sind die Bewerbungsunterlagen beizufügen. Nicht selten will ein AG die Unterlagen auch behalten, um sie beispielsweise für spätere

Neueinstellungen zu verwenden. Dazu muss er allerdings die Einwilligung der Bewerberin einholen.

Darf der AG meine Unterlagen kopieren?

Viele AG heben Kopien der Bewerbungsunterlagen so lange auf, bis die Geltendmachungsfrist für Schadensersatz und Entschädigung nach dem AGG von zwei Monaten nach Zugang der Ablehnung abgelaufen ist. Dies ist zulässig, da allein mit dieser Maßnahme es dem AG möglich ist zu beweisen, dass ein anderer Grund als ein Diskriminierungsmerkmal – etwa die Qualifikation der Bewerberin – für die erfolgte Absage entscheidend gewesen ist und keine entschädigungspflichtige Benachteiligung nach dem AGG vorliegt.

Ich habe meine Blindbewerbung nicht zurückerhalten. Muss ich mir das gefallen lassen?

Werden dem AG Bewerbungsunterlagen ohne Aufforderung übersandt, gilt § 690 BGB. Danach haftet der Träger bzw. die Leiterin nur in abgeschwächter Form nach den Grundsätzen für „unentgeltliche Verwahrung" für den Verlust der Unterlagen. Das bedeutet: Der Empfänger hat nur für diejenige Sorgfalt einzustehen, welche er in eigenen Angelegenheiten anzuwenden pflegt. In der Praxis bedeutet das: Mit diesen Unterlagen kann die Einrichtung umgehen wie mit allen anderen. Sie ist auch nicht verpflichtet, sie zurückzusenden. Zwar bleiben sie das Eigentum der Bewerberin, Eigentum ist aber eine sog. „Holschuld": Legt die Bewerberin also Wert darauf, die Unterlagen zurückzuerhalten, muss sie die Unterlagen in der Einrichtung abholen bzw. auf eigene Kosten den Rücktransport organisieren. Die Einrichtung muss lediglich sicherstellen, dass sie das Herausgabeverlangen jederzeit erfüllen kann, indem die Leiterin dafür Sorge getragen hat, dass die Unterlagen an einem eigens eingerichteten verschlossenen Platz (Datenschutz!) lagern. Nach einer angemessenen Zeit von circa einem Jahr dürfen die Unterlagen auch vernichtet werden, da dann nicht mehr mit einem Herausgabeverlangen der Bewerberin zu rechnen sein wird.

Darf eigentlich jeder meine Bewerbungsunterlagen einsehen?

Eine häufig auftretende Frage in Kindertageseinrichtungen ist die, inwieweit der Elternbeirat Einsichtnahme in die Unterlagen von Bewerberinnen erhalten darf. Gesetzlich verankert ist ein solches Recht auf Einsichtnahme nicht. Im Gegenteil sind hier die schutzwürdigen Belange der Bewerberinnen auf vertrauliche Behandlung ihrer Daten nach dem BDSG sowie den Datenschutzgesetzen der Länder vorrangig.

Ist ein → Betriebsrat vorhanden, kann dieser jedoch verlangen, dass ihm nicht nur die Unterlagen aller Bewerberinnen, sondern auch die vom AG oder Dritten erstellten Unterlagen zu der konkreten Bewerbung (Personalfragebögen, Tests, Interview- oder Prüfungsergebnisse, schriftliche Protokolle etc.) überlassen werden (BAG, Beschl. vom 14.12.2004 – 1 ABR 55/03 –, NZA 2005, S. 827). Denn der AG ist bei geplanten personellen Einzelmaßnahmen wie Einstellung, Versetzung, Ein- und Umgruppierung verpflichtet, dem → Betriebsrat sämtliche Unterlagen zur Verfügung zu stellen, die ihm vorliegen. Anderenfalls läuft er Gefahr, dass sein Antrag auf Zustimmung zu der geplanten Maßnahme als offensichtlich unvollständig angesehen wird. In diesem Fall kann der → Betriebsrat seine Zustimmung verweigern. Die Unterrichtungspflicht des AG gegenüber dem Betriebsrat bezieht sich auch keineswegs nur auf die Person des Bewerbers, der eingestellt werden soll, sondern auch auf all die Bewerber, die vom AG nicht berücksichtigt werden (BAG, Beschl. vom 14.4.2015 – 1 ABR58/13). Die Vorlagepflicht bezieht sich nicht auf Ergebnisse medizinischer Einstellungsuntersuchungen.

Tipp: Für Bewerbungen genügen Kopien Ihrer Zeugnisse. Diese müssen auch nicht beglaubigt sein. Die Kopien sollten aber beste Qualität haben!

Verwandte Suchbegriffe:

- **Betriebsrat**
- **Stellenanzeige**
- **Vorstellungsgespräch**

27. Bildschirmarbeitsverordnung

Fallbeispiel

Carmen N., Leiterin des viergruppigen Zwergenhauses, darf sich freuen: Im Zuge des Anbaues einer Kinderkrippe an ihre Einrichtung erhält sie ein neues Büro. Der Träger gestattet ihr, Einrichtung und Ausstattung ihrer neuen Wirkungsstätte im Rahmen eines bestimmten vorgegebenen Budgets selbst auszuwählen. Carmen N. weiß auch schon, worin sie investiert: Sie möchte endlich einen PC-Arbeitsplatz, der sowohl rücken- als auch augenfreundlich ist.

Was bringt mir diese Verordnung?

Die BildscharbV nebst Anhang zählt neben der ArbStättV, in die sie auf Betreiben des BMAS eingegliedert wurde, der → Lastenhandhabungs-VO und der BiostoffVO (→ Beschäftigungs-verbot) zu den wichtigsten Arbeitsschutz-Verordnungen in Kindertageseinrichtungen. § 4 ArbSchG verpflichtet den Träger einer Kindertageseinrichtung, sie zu beachten.

Sie bestimmt beispielsweise, dass

- die Tastatur ergonomisch gestaltet und variabel aufstellbar sein muss, Nr. 7 Anhang;
- ein Auflegen der Hände vor der Tastatur möglich sein muss, Nr. 7 Anhang;
- die Zeichen auf dem Bildschirm gut lesbar sein müssen, Nr. 1 Anhang;
- die eingesetzte Software bei der Erledigung der Aufgaben unterstützen muss, Nr. 21.1 Anhang;
- die Helligkeit der Bildschirmanzeige und der Kontrast zwischen den Zeichen und dem Zeichenuntergrund den Verhältnissen der Arbeitsumgebung angepasst sein müssen, Nr. 3 Anhang;
- das auf dem Bildschirm dargestellte Bild frei von Flimmern und Verzerrungen sein muss, Nr. 2 Anhang;
- der Bildschirm frei von störenden Reflexionen und Blendungen sein muss, Nr. 4 Anhang;
- das Bildschirmgerät frei und leicht drehbar und neigbar sein muss, Nr. 5 Anhang;
- der Vorlagehalter so stabil und verstellbar angeordnet sein muss, dass unbequeme Kopf- und Augenbewegungen so weit wie möglich eingeschränkt werden, Nr. 12 Anhang;
- und vieles mehr.

Tipp: Möchten Sie als Leiterin einen neuen rücken- und augenfreundlichen Büroarbeitsplatz, gibt Ihnen die BildschArbVO reichlich Argumente für die Verhandlungen mit dem Träger an die Hand.

Verwandte Suchbegriffe:

- **Arbeitsschutzgesetz**
- **Gefährdungsbeurteilung**
- **Lastenhandhabungsverordnung**

28. Dienstschlüssel

Fallbeispiel

Miriam S. ist die neue Gruppenleiterin in der Einrichtung „Regenbogen". Heute tritt sie ihren Dienst an und erhält von einer Vertreterin des Trägers einen Generalschlüssel für die komplizierte und aufwändige Schließanlage der Einrichtung. Im Gegenzug soll sie ein Formular unterschreiben, das den Erhalt des Schlüssels quittiert und erklärt, dass sie sich bewusst sei, dass sie bei Verlust des Dienstschlüssels haftbar gemacht werde und Ersatz von ihr zu leisten sei. Miriam S. fühlt sich unwohl dabei und möchte das Formular eigentlich nicht unterschreiben. Sie sieht auch keinen Grund dafür, denn ihre Arbeitszeiten liegen so, dass sie einen Schlüssel gar nicht braucht.

Muss ich mich privat gegen den Verlust meines Dienstschlüssels versichern?

Nein. Eine solche Pflicht zur privaten Versicherung kennt das Arbeitsrecht nicht. Eine andere Frage ist es, ob eine Mitarbeiterin für den durch Verlust eines Schlüssels entstandenen Schaden haftet. Ob eine Mitarbeiterin einer Kita für einen Schaden haftet, der durch den Verlust eines Dienstschlüssels entsteht, ist nach den Regeln über den sogenannten innerbetrieblichen Schadensausgleich zu beurteilen und hängt im konkreten Einzelfall immer vom Grad ihres Verschuldens ab.

Als Faustregel gilt: Für leichteste Fahrlässigkeit haftet die AN nie. Für Vorsatz und grobe Fahrlässigkeit haftet die AN immer. Für Arbeitsverträge, die unter den TVöD fallen, ist dies explizit in § 3 Abs. 6 und 7 verankert.

Vorsätzlich handelt diejenige, die mit Wissen und Wollen den rechtswidrigen Erfolg herbeiführt. Auch bedingter Vorsatz ist ausreichend. Bedingt vorsätzlich handelt diejenige, der es zwar nicht auf die Herbeiführung eines rechtswidrigen Erfolges ankommt, diesen aber billigend in Kauf nimmt, um ein anderes Ziel zu erreichen.

Fahrlässig handelt diejenige, die die Sorgfalt außer Acht lässt, zu der sie nach ihren persönlichen Kenntnissen und Fähigkeiten verpflichtet und auch imstande ist. Fahrlässig handelt sowohl, wer den rechtswidrigen Erfolg zwar voraussieht, aber hofft, er werde nicht eintreten (sog. bewusste Fahrlässigkeit), als auch diejenige, die den Erfolg nicht voraussieht, ihn aber bei Anwendung der verkehrsüblichen Sorgfalt hätte voraussehen können (sog. unbewusste Fahrlässigkeit). Bei bewusster Fahrlässigkeit liegt oftmals grobe Fahrlässigkeit nahe, muss aber nicht in jedem Fall gegeben sein.

Grob fahrlässig handelt diejenige, die die erforderliche Sorgfalt in besonders schwerem Maße missachtet und schon einfachste, ganz naheliegende Überlegungen nicht anstellt.

Geringfügige, entschuldbare Pflichtverletzungen führen also nicht zu einer Haftung. Leichteste Fahrlässigkeit liegt beispielsweise vor, wenn die Leiterin einer Einrichtung zwar den Schlüssel in ihrem Büro aufbewahrt hat, einem Kind der Schlüssel aber dennoch in die Hände gerät und es diesen in die Toilette spült. Grobe Fahrlässigkeit wäre anzunehmen, wenn der Schlüssel regelmäßig im Schloss stecken gelassen wird, er also nicht ordnungsgemäß aufbewahrt wird.

Mein Arbeitgeber wirft mir mittlere Fahrlässigkeit vor. Was bedeutet das?

In den Fällen der sogenannten mittleren Fahrlässigkeit wird wieder grob noch leicht fahrlässig gehandelt. Hier kommt nach der Rechtsprechung eine anteilige Haftung unter Abwägung von Billigkeits- und Zumutbarkeitskriterien in Betracht. Diese können beispielsweise sein:

- Hätte der AG das Schadensrisiko versichern können?
- Wie ist das Verhältnis von Schadensersatz und Verdiensthöhe?
- Betriebszugehörigkeit der Mitarbeiterin.
- Hat die Mitarbeiterin einen solchen Schaden schon einmal verursacht?
- Wurde der Schaden umgehend gemeldet und die Umstände freiwillig und vollständig mitgeteilt?
- Hat sich die Mitarbeiterin selbst um Schadensbegrenzung bemüht?

Der Versicherbarkeit der Schadensrisikos kommt erhebliche Bedeutung zu. Denn hat der AG es unterlassen, dieses Schadensrisiko (Schlüsselverlust) zu versichern, obwohl es versicherbar ist (der Verlust eines Schlüssels ist grundsätzlich versicherbar), dann muss er sich nach Schadenseintritt nach ständiger Rechtsprechung so behandeln lassen, als habe er zumutbare und übliche Versicherungen abgeschlossen. Die anteilige Haftung der Mitarbeiterin beschränkt sich in diesen Fällen auf den üblichen Selbstbeteiligungsanteil, auch wenn der AG keine solche Versicherung abgeschlossen hat (BAG, Urt. vom 24.11.1987 – AZR 66/82).

Nach ständiger Rechtsprechung des BAG stellen diese Grundsätze zur Verteilung des Haftungsumfanges zwingendes Arbeitnehmerschutzrecht dar, mit der Folge, dass anderslautende arbeitsvertragliche Abreden jedenfalls dann nicht zulässig sind, wenn sie die AN schlechter stellen. Der AG kann sich im Schadensfalle dann nicht auf sie berufen.

Tipp: Generell gilt die Empfehlung, einen Generalschlüssel nur dann anzunehmen, wenn er zur Ausübung Ihres Dienstes wirklich erforderlich ist. In diesem Fall müssen die Haftungsfragen eindeutig geklärt sein: Hat der AG keine Versicherung abgeschlossen, ist die Annahme des Schlüssels nur zu empfehlen, wenn Ihre Berufshaftpflichtversicherung Schadensersatz bei Schlüsselverlust einbezieht. Sind Sie dagegen nicht versichert, sollte der AG für eine Versicherung Sorge tragen.

Verwandte Suchbegriffe:

- **Haftung des AG**
- **Haftungsprivileg**

29. Dienstverhinderung durch höhere Gewalt

Fallbeispiel

Mareike T., Erzieherin in der Einrichtung „Stoppelhopser", erscheint heute nicht zum Dienst, denn sie sitzt fest: Das Dorf Stuben im Vorarlberg, in dem Mareike T. ihren bis vorgestern währenden Winterurlaub verbracht hat, ist seit ein paar Tagen von der Außenwelt abgeschnitten. Per Telefon gibt sie Leiterin Sonja R. die neusten Informationen zur gegenwärtigen Lage.

Was gilt bei höherer Gewalt, die mich an meiner Arbeitsleistung hindert: Bekomme ich mein Gehalt trotzdem?

Vom Grundsatz „ohne Arbeit kein Lohn" gibt es einige Ausnahmen, die der AN ihren Lohnanspruch trotz nicht geleisteter Arbeit sichern:

- bezahlter Erholungsurlaub (§ 1 BUrlG),
- Entgeltfortzahlung im Krankheitsfall (§ 3 EFZG),
- vom AG zu vertretende Unmöglichkeit der Arbeitsleistung (§ 326 Abs. 2 BGB),
- Annahmeverzug des AG (§ 615 BGB),
- vorübergehende Dienstverhinderung der AN (§ 616 BGB).

Ob Vulkanasche, Pilotenstreik oder Lawinengefahr: Können Sie Ihren Urlaubsort nicht verlassen und müssen Ihrer Arbeit fernbleiben, stellt sich die Frage, ob dies als vorübergehende Dienstverhinderung zu werten ist mit der Folge, dass der Entgeltanspruch nicht entfällt.

Eine solche Dienstverhinderung setzt allerdings einen Hinderungsgrund in der Person der AN, also ein rein subjektives Leistungshindernis voraus. Dies kann beispielsweise gegeben sein bei einem persönlichen Unglücksfall der AN, einem Wohnungsbrand oder Einbruch, ein plötzlich auftretender Defekt am Kfz, etc.

Objektive Leistungshindernisse, die zur selben Zeit für mehrere AN gleichzeitig bestehen, erfüllen den Tatbestand des § 616 BGB hingegen nicht. In diesen Fällen ist die Dienstverhinderung durch höhere Gewalt verursacht, der Entgeltanspruch entfällt. Die Rechtsprechung definiert höhere Gewalt als ein unvorhersehbares und unbeherrschbares, von außen kommendes Ereignis, das auch durch äußerste Sorgfalt nicht verhütet bzw. abgewendet werden kann. (Erdbeben, Pandemie, Seuche, Überschwemmung, Orkan, Krieg, Bürgerkrieg, Revolution etc.). So hat das BAG entschieden, dass § 616 BGB nicht eingreift, sofern die AN wegen der Witterungsverhältnisse oder eines witterungsbedingten Fahrverbotes ihren Arbeitsplatz nicht erreichen kann (BAG, NJW 1983 S. 1078). Kann die AN also aus objektiven Gründen ihren Urlaubsort nicht verlassen und ihre Arbeitsleistung nicht erbringen, kann sie sich nicht auf § 616 BGB berufen. Der Einwand des § 615 Satz 3 BGB ist ihr ebenfalls verwehrt: Dieser betrifft nämlich das Betriebsrisiko, das nach dieser Norm der AG zu tragen hat. Von diesem Betriebsrisiko ist das Wegerisiko jedoch strikt zu trennen. Jede AN ist selbst dafür verantwortlich, dass sie den Betrieb erreicht. Der AG hat daher für den Zeitraum einer unfreiwilligen Urlaubsverlängerung der AN kein Entgelt zu zahlen. In diesem Fall gilt: Kann die AN ihrer Arbeitsverpflichtung aufgrund höherer Gewalt nicht nachkommen, schuldet der AG das vereinbarte Entgelt nicht. Und auch ein Streik bzw. die Ankündigung eines solchen wird von der Rechtsprechung als höhere Gewalt gewertet, mit der Folge, dass das Unternehmen von der Verpflichtung zur Leistung einer Ausgleichszahlung befreit ist (BGH, Urt. vom 21.8.2012 – XZR 138/11 – u. –X ZR 146/11).

Kann mich mein Arbeitgeber im Falle einer Dienstverhinderung wegen höherer Gewalt abmahnen?

Nein. Eine → Abmahnung kommt nicht in Betracht, denn diese dient ja dazu, der AN anzukün-digen, dass sie bei wiederholtem gleichartigen Fehlverhalten ihren Arbeitsplatz verliert (Warnfunktion). Bei einer Verhinderung durch höhere Gewalt kann eine → Abmahnung diese Warnfunktion aber nicht erfüllen, denn der Verhinderung liegt ja kein steuerbares Verhalten der AN zugrunde. Etwas anderes gilt aber, wenn die AN eine ihr zumutbare anderweitige Heimreisemöglichkeit nicht wahrnimmt.

Muss ich sonst noch etwas beachten?

Die AN hat im Verhältnis zum AG – resultierend aus ihrem → Arbeitsvertrag – neben ihrer Hauptleistungspflicht auch Treuepflichten. Aus § 241 Abs. 2 BGB ergibt sich beispielsweise die Pflicht der AN, ihren AG über ihre Dienstverhinderung und deren voraussichtliche Dauer zu informieren. Diese Information unterliegt keinen Formvorschriften. Verletzt die AN ihre Informationspflichten, kommen ein Anspruch des AG gegen die AN auf Schadensersatz nach §§ 280 Abs. 1, 241 Abs. 2 BGB sowie eine → Abmahnung in Betracht. Eine → Kündigung wird jedoch im Regelfall mangels erforderlicher Schwere des Verstoßes ausscheiden.

Tipp: Die Information an den AG sollten Sie aus Beweisgründen immer besser schriftlich abfassen oder fernmündlich dann aber unter Zeugen.

Verwandte Suchbegriffe:

- **Abmahnung**
- **Arbeitsvertrag, Rechte und Pflichten aus dem**
- **Kündigung**
- **Urlaub**

30. Direktionsrecht

Fallbeispiel

Cordula S. ist seit ein paar Wochen Zweitkraft in der Einrichtung „Kokopelli“. Die Euphorie, die mit dem Wechsel von einer kleinen zweigruppigen Einrichtung in einen großen Betrieb mit acht Gruppen, Hort und Krippe verbunden war, ist mittlerweile völlig verflogen. Konnte sie in ihrer ehemaligen Einrichtung noch weitgehend selbstständig auch pädagogische Arbeit mit den Kindern leisten und bei Krankheit oder anderweitigem Ausfall der Gruppenleiterin eigenständig arbeiten, ist ihr Tätigkeitsbereich nun auf den typischen Zweitkraft-Job zusammengeschrumpft: Ihr Arbeitsalltag besteht aus Schlafwache, Windelwechseln, Küchen- und Reinigungsarbeiten, Materialvorbereitung, etc. Die gute Personalausstattung des großen Betriebes macht es so gut wie nie erforderlich, dass sie einmal eine Gruppenleiterin ersetzen müsste. Genervt wendet sich Cordula S. an Leiterin Petra L. und bittet sie, sie auch einmal für pädagogische Arbeit und Elterngespräche einzusetzen. Petra L. bedauert es zwar, dass sich Cordula S. an ihrem Arbeitsplatz nicht wohl fühlt und sich ihre Erwartungen nicht bestätigt haben. Eine Änderung in den Einsatzplanungen aber kommt für sie nicht in Betracht. Sie bietet aber an, dass Cordula S. bei Bedarf die Kinder beaufsichtigen könne, die wegen schlechten Benehmens auf dem Strafplatz in der Garderobe zu sitzen hätten. Dies komme ja immer mal wieder vor. Cordula S. ist empört: Sie findet dieses Strafsitzen wegen des damit verbundenen Prangereffektes pädagogisch fragwürdig und will sich keinesfalls dafür hergeben, auch noch die Aufsicht darüber zu führen!

Was darf mein Arbeitgeber mir vorschreiben?

Im → Arbeitsvertrag verpflichtet sich die AN lediglich, die Arbeitsleistung an sich zu erbringen. In welcher Form sie diese zu leisten hat, wird in der Regel nicht detailliert festgelegt, sondern nur fachlich umschrieben, also „Gruppenleitung", „ständige stellvertretende Leitung", „Ergänzungskraft" etc. In diesen Fällen kann der AG sämtliche Arbeiten zuweisen, die sich innerhalb des vereinbarten Berufsbildes halten.

Hier hilft das Gesetz weiter: § 106 Satz 1 GewO i. V. m. § 315 Abs. 3 BGB bestimmt, dass die AN zur Übernahme jeder Aufgabe verpflichtet ist, wenn sich die Weisung des AG im Rahmen des Arbeitsvertrages und der Billigkeit hält und nicht gegen Gesetz oder Kollektivvereinbarung verstößt. So ist es beispielsweise auch zulässig, eine AN, die vertraglich als Springerkraft mit verschiedenen Einsatzorten beschäftigt wird, per Direktionsrecht an Orte einzusetzen, die erst nach Vertragsschluss benannt werden. Einer Versetzung oder Änderungskündigung bedarf es in diesen Fällen nicht mit der Folge, dass sie unzulässig sind (LAG Rheinland-Pfalz, Urt. vom 13.2.2020 – 2 Sa 424/18). Denn erst, wenn das Direktionsrecht nicht greift, darf der AG zur Änderungskündigung greifen.

Wie mit unbilligen Weisungen zu verfahren ist, war lange Zeit innerhalb der Richterschaft des BAG umstritten: Während der 5. Senat bisher die Rechtsauffassung vertreten hatte, dass sich eine AN selbst im Fall einer unbilligen Ausübung des Weisungsrechts zunächst der Weisung beugen müsse (anschließend könne sie den Rechtsweg beschreiten und die Billigkeit bzw. die Unbilligkeit vom Arbeitsgericht feststellen lassen), vertrat der 10. Senat die Auffassung, unbillige Weisungen des AG müssten von der AN nicht befolgt werden. Der 5. Senat hat mit Beschl. vom 14.9.2017 – Az. 5 AS 7/17 – mitgeteilt, dass er an seiner Auffassung nicht länger festhält.

Dem AG steht nach § 315 BGB die Weisungsbefugnis bei der konkreten Ausführung der geschuldeten Tätigkeit zu. Das bedeutet, der AG hat das Recht, folgende Leistungspflichten seiner Mitarbeiterinnen festzulegen:

- Zeitpunkt der zu erbringenden Leistung,
- Ort der Leistung,
- Art der Leistung.

Dieses auch Direktionsrecht genannte Recht hat der Träger einer Tageseinrichtung als AG. Er überträgt es auf die Leitung. Telefoniert beispielweise eine Mitarbeiterin während der Arbeitszeit häufig privat und kommt ihrer eigentlichen Aufgabe nicht lückenlos nach, kann der AG aufgrund seines ihm zustehenden Direktionsrechtes einschreiten und dies unterbinden. Aber auch die Weigerung, vorübergehend in einer nahegelegenen anderen Einrichtung desselben Trägers (also AG) auszuhelfen, kann unter Berücksichtigung dieser Weisungsbefugnis als Arbeitsverweigerung gelten und – nach vorheriger → Abmahnung – zur fristlosen → Kündigung führen.

Außerdem umfasst das Direktionsrecht auch das Recht, sog. arbeitsbegleitende Anweisungen zu geben. Das sind Verhaltensregeln für die Durchführung der Arbeit, beispielsweise

- Rauchverbot,
- Tragen von Schutzkleidung,
- Hygienevorschriften etc.

Darf mich meine Leitung dann auch kontrollieren?

Wurde einer bekanntermaßen unzuverlässigen Mitarbeiterin eine Anweisung erteilt, kann der AG deren Einhaltung mit angemessenen Mitteln kontrollieren. Beispielsweise wäre es zulässig, die Einhaltung eines Rauchverbotes während einer Pause auf dem Einrichtungsgelände durch Sichtkontrolle zu überprüfen. Folgt die Mitarbeiterin der erteilten Anweisung nicht, kann der AG die AN abmahnen. Kommt es trotz → Abmahnung wiederholt zu demselben Verstoß, ist – als letztes Mittel – auch eine → Kündigung möglich.

Und wo sind die Grenzen des Direktionsrechts?

Allerdings darf ein AG nicht jegliche Weisung mit Anspruch auf Durchführung erteilen. In der Praxis von Kindertagesstätten sind hier vor allem Elemente der „schwarzen Pädagogik“ zu nennen. Wo repressive Erziehungsmaßnahmen angeordnet werden, wonach die Erwachsenen Herrscher des abhängigen Kindes sind, wonach man dem Kind so früh wie möglich seinen eigenen Willen nehmen soll und dabei alle Mittel zur Unterdrückung legitim sind, kann die einzelne Mitarbeiterin schnell in einen Gewissenskonflikt kommen, will sie ihren Verpflichtungen aus dem Arbeitsvertrag nachkommen. Hier gilt: Wie bereits oben ausgeführt, ist die AN nach § 315 BGB zur Übernahme jeder Aufgabe verpflichtet, wenn sich die Weisung des AG im Rahmen des Arbeitsvertrages und der Billigkeit hält und nicht gegen Gesetz oder Kollektivvereinbarung verstößt. Die in dieser Norm geforderte Billigkeit wird inhaltlich auch durch das Grundrecht der Gewissensfreiheit aus Art. 4 Abs. 1 GG bestimmt. Als Gewissenentscheidung ist nach einer Definition des BVerfG *„jede ernste, an den Kategorien von ‚Gut‘ und ‚Böse‘ orientierte Entscheidung zu respektieren, die der Einzelne in einer bestimmten Lage als für sich bindend erfährt, so dass er nicht ohne ernste Gewissensnot gegen sie handeln kann“.*

Verbietet der einzelnen Mitarbeiterin also das Gewissen die Befolgung einer Dienstanweisung, ist dies unter Umständen geeignet, das Direktionsrecht des AG zu begrenzen.

Tipp: Wegen des Risikos einer Fehlbeurteilung der Zulässigkeit der Arbeitsverweigerung ist es jedoch selbst nach der oben dargestellten Meinungsänderung des 5. Senats ratsam, der Weisung, die Sie für unzulässig halten, unter dem Vorbehalt einer gerichtlichen Klärung zunächst nachzukommen. Freilich wird hierdurch gerade bei Gewissensentscheidungen das Dilemma entstehen, dass die AN die Gewissensentscheidung nach der Definition der Gerichte als für sich „bindend und unbedingt verpflichtend" erfahren muss, so dass sie gegen sie nicht ohne ernste Gewissensnot handeln kann. Dieser innere Zwang begründet gerade die erforderliche Unzumutbarkeit der Weisungsbefolgung, so dass die Mitarbeiterin, die sich darauf beruft, konsequenterweise auch das Risiko einer Fehlbeurteilung tragen müsste. Anderenfalls wäre die Unzumutbarkeit der Weisungsbefolgung zumindest sehr fraglich. Zur Auflösung dieses Dilemmas gibt es leider nur den Weg, im konkreten Einzelfall eine Eilentscheidung der Gerichte herbeiführen zu lassen.

Verwandte Suchbegriffe:

- **Abmahnung**
- **Arbeitsvertrag, Rechte und Pflichten aus dem**
- **Kündigung**

31. Diskriminierungsverbot

Fallbeispiel

Die Klägerin war als Erzieherin in einer vom beklagten Land betriebenen Kindertagesstätte beschäftigt. Mit dem Stellenpoolgesetz vom 9.12.2003 errichtete das beklagte Land den sog. Stellenpool als Landesbehörde. Zu dieser wurden die Landesbeschäftigten versetzt, die von ihrer Dienst- oder Personalstelle dem „Personalüberhang" zugeordnet worden waren. Die Auswahl der zuzuordnenden Beschäftigten erfolgte aufgrund einer Verwaltungsvorschrift anhand eines Punkteschemas. Für die in einem Eigenbetrieb zusammengefassten Kindertagesstätten war die Auswahl auf Erzieherinnen beschränkt, welche am 1.10.2006 das 40. Lebensjahr vollendet hatten. Die Klägerin, die zum Stichtag älter als 40 Jahre war, wurde dem Personalüberhang zugeordnet und ab 1.1.2007 zum Stellenpool versetzt. Sie hat wegen einer unzulässigen Benachteiligung aufgrund ihres Alters ein angemessenes Schmerzensgeld verlangt.

(Fall nach BAG, NZA 2009, S. 945)

Gilt das AGG auch für mich?

Das Diskriminierungsverbot findet eine nähere Ausgestaltung im arbeitsrechtlichen Teil des AGG. Im Arbeitsrecht sollen damit unzulässige Benachteiligungen aus Gründen der Rasse, der ethnischen Herkunft, des Geschlechts, der Religion oder Weltanschauung, einer Behinderung, des Alters oder der sexuellen Identität verhindert werden (§ 1 AGG). Das AGG gilt für alle AG, unabhängig von dessen gewählter Rechtsform, es gibt auch keinen → Schwellenwert. Der Diskriminierungsschutz gilt für sämtliche Beschäftigte, also die eigenen AN des AG, Azubis, arbeitnehmerähnliche Personen sowie Leiharbeitskräfte.

Wann ist eine Ungleichbehandlung denn rechtswidrig?

Eine unzulässige Ungleichbehandlung liegt nur vor, wenn vier Voraussetzungen erfüllt sind:

1. Es bedarf einer Ungleichbehandlung, durch die in die Rechte bzw. Ansprüche von AN eingegriffen wird.
2. Es bedarf einer Ungleichbehandlung mindestens in mittelbarer Form (s. u.).
3. Die Ungleichbehandlung ist nicht durch § 10 AGG (zulässige Formen der Ungleichbehandlung wegen Alters) gerechtfertigt (s. u.).
4. Es liegt keine anerkannte positive Maßnahme zur Förderung einer benachteiligten Gruppe vor (§ 5 AGG).

Das AGG unterscheidet vier verschiedene Benachteiligungsformen, nämlich die unmittelbare (§ 3 Abs. 1 AGG), die mittelbare (§ 3 Abs. 2 AGG), die allgemeine Belästigung (§ 3 Abs. 3 AGG) und die sexuelle Belästigung (§ 3 Abs. 4 AGG). Die allgemeine Belästigung ist letztlich eine besondere Form des → Mobbings, das im Zusammenhang mit einem Diskriminierungsmerkmal steht.

Kann eine Ungleichbehandlung nicht sogar nach dem Gesetz gerechtfertigt sein?

Hinsichtlich einer möglichen Rechtfertigung einer Benachteiligung ist zwischen den einzelnen Benachteiligungsformen zu differenzieren. Sexuelle und allgemeine Benachteiligungen sind stets unzulässig, sie können grundsätzlich nicht gerechtfertigt werden. Auch unmittelbare Benachteiligungen sind normalerweise rechtswidrig, wobei nach einem Urteil des EuGH eine unmittelbare Diskriminierung auch dann vorliegt, wenn ein AG öffentlich äußert, keine AN einer bestimmten ethnischen Herkunft einstellen zu wollen. Auch ohne identifizierbare beschwerte Person ist demnach eine Diskriminierung gegeben (EuGH, Urt. vom 10.7.2008 – C-54/07).

Das Gesetz sieht hiervon in § 8 AGG eine allgemeine Ausnahme vor. Demnach ist eine unmittelbare Benachteiligung ausnahmsweise zulässig, wenn das Vorhandensein oder die Abwesenheit eines bestimmten Diskriminierungsmerkmales eine wesentliche und entscheidende berufliche Anforderung darstellt. Somit kann etwa ein AG die Bewerberauswahl auf Muttersprachler mit bestimmter Herkunft beschränken, sofern der Arbeitsplatz zwingend den Einsatz gerade eines Muttersprachlers erfordert und dies entsprechend nachgewiesen werden kann. Für Altersdiskriminierung sieht das AGG ferner eine generalklauselartige Rechtfertigung vor (§ 10 Satz 1 AGG). Danach können unterschiedliche Behandlungen wegen des Alters zulässig sein, wenn sie im Ergebnis verhältnismäßig sind. In § 10 Nr. 1 bis Nr. 8 AGG finden sich hierfür einige Regelbeispiele, in denen das Gesetz die Möglichkeit einer verhältnismäßigen Differenzierung besonders hervorhebt. Widersprüchlich ist insbesondere die Regelung des § 10 Nr. 6 AGG, die Regelungen zur Sozialauswahl enthält, obwohl das Gesetz für Kündigungen an sich gar nicht gelten soll. Besondere Rechtfertigungsmöglichkeiten bestehen des Weiteren für Religionsgemeinschaften und deren Untergliederungen (§ 9 AGG). Sie können im Ergebnis von ihren Beschäftigten Konformität mit der jeweiligen Glaubensüberzeugung der Einrichtung verlangen.

Mittelbare Benachteiligung können gerechtfertigt sein, wenn die betroffene Regelung einem legitimen Ziel dient und sie zur Erreichung dieses Ziels erforderlich und angemessen ist, woran die Gerichte einen strengen Maßstab legen.

Manche Eltern mobben unsere türkische Mitarbeiterin. Muss der Träger da nicht eingreifen?

AG sind verpflichtet, bei Diskriminierungsfällen im Betrieb aktiv einzugreifen und die Störung in angemessener Weise zu unterbinden. Dies kann im Einzelfall auch arbeitsrechtliche Sanktionen gegen den „Diskriminierer“ (etwa einem Vorgesetzten oder Mobber) bis hin zur Kündigung des Störers erfordern. Schließlich müssen geeignete Maßnahmen gegen eine mögliche Diskriminierung durch Dritte getroffen werden. Welche Maßnahmen im Einzelfall zu treffen sind, sagt das Gesetz jedoch nicht.

Wie gehe ich vor, wenn ich diskriminiert werde?

Alle AN haben das Recht, sich jederzeit wegen einer Diskriminierung zu beschweren (§ 13 Abs. 1 AGG). Die zur Entgegennahme solcher Beschwerden zuständigen Stellen müssen den AN bekannt gegeben werden (§ 12 Abs. 5 AGG), der AG ist aber nicht verpflichtet, eigens Beschwerdestellen einzurichten. Es reicht auch aus, wenn er vorhandene Personen zur Entgegennahme und ggf. auch Verbescheidung der Beschwerde ermächtigt und diese Ermächtigung den Beschäftigten nach § 12 Abs. 5 AGG mitteilt. Eine Beschwerde hat der AG in jedem Fall zu prüfen und das Ergebnis dem Betroffenen mitzuteilen. Das „Wie“ der Prüfung steht dem AG aber ebenfalls frei. Ein Mitbestimmungsrecht des Betriebsrates auch bei der Einrichtung einer Beschwerdestelle und bei der Durchführung des Verfahrens hat das BAG abgelehnt (BAG, Beschl. vom 21.7.2009 – 1 ABR 42/08). Der Betriebsrat kann lediglich die Einführung eines standardisierten Beschwerdeverfahrens verlangen.

Was kann ich geltend machen?

Eine diskriminierte AN kann Schadensersatz und Schmerzensgeld verlangen (§ 15 Abs. 2 AGG). Jedenfalls für Letzteres ist auch kein Verschulden des AG erforderlich. Und: Ein Entschädigungsanspruch entfällt nicht dadurch, dass der AG den diskriminierend abgelehnten Bewerber dann tatsächlich doch einstellt (BAG, Urt. vom 18.3.2010 – 8 AZR 1044/08). Ansprüche nach den §§ 15 Abs. 1 und 2 AGG müssen von den Betroffenen spätestens innerhalb von zwei Monaten schriftlich gegenüber dem AG geltend gemacht und innerhalb weiterer drei Monate bei Gericht eingeklagt werden. Vor Gericht besteht eine Beweislastumkehr zugunsten der Beschäftigten: Legt die AN Umstände dar, die eine Diskriminierung vermuten lassen, muss der AG beweisen, dass er im Einklang mit dem AGG gehandelt hat. Nach einem Urteil des EuGH hat eine abgelehnte Bewerberin auch keinen Anspruch auf Einsicht in die Unterlagen ihrer Konkurrenten. Weiterhin hat sie auch kein Recht zu erfahren, ob überhaupt ein anderer Mitbewerber eingestellt worden ist. Verweigert aber der AG jegliche Auskunft über das Bewerbungsverfahren, kann dies in einem späteren Gerichtsverfahren über mögliche Diskriminierungen zu seinen Lasten gewertet werden (EuGH, Urt. vom 19.4.2012 – Az. C-415/10).

Was die Höhe eines eventuellen Schadensersatzes angeht, hat das BAG entschieden, dass bei einer Diskriminierung von Stellenbewerbern im Normalfall eine Entschädigung von 1,5 Monatsgehältern angemessen ist (BAG, Urt. vom 16.9.2020 – 8 AZR 170/19). Nach Auffassung der Richter wird der Kläger mit dieser Entschädigung angemessen für den immateriellen Schaden entschädigt, den er durch die Diskriminierung erlitten hat. Dieser Betrag sei erforderlich, aber auch ausreichend, um die notwendige abschreckende Wirkung zu erzielen. Kann die Klägerseite weitere erschwerende Begleitumstände über das mindestens eine Diskriminierungsindiz hinaus anführen, kann der Betrag höher ausfallen.

Ein Urteil der 17. Kammer des ArbG Stuttgart vom 15.4.2010 – 17 Ca 8907/09 – zeigt jedoch auch, dass die Diskriminierungsverbote des AGG nicht grenzenlos gelten: Im zugrunde liegenden Fall hatte sich die aus der ehemaligen DDR stammende und noch vor der Wende übergesiedelte Klägerin erfolglos beworben. Auf dem an sie zurückgesendeten Lebenslauf befand sich u. a. der Vermerk „OSSI“. Das Gericht entschied, dass Ostdeutsche keine Entschädigung nach dem AGG verlangen können, wenn sie im Bewerbungsverfahren wegen ihrer ostdeutschen Herkunft benachteiligt werden. Ostdeutsche seien keine eigene Ethnie und könnten sich damit im Falle einer Benachteiligung nicht auf das Diskriminierungsmerkmal „ethnische Herkunft“ des § 1 AGG berufen.

Diskriminierungsverbot in Einzelfällen:

1. **Altersdiskriminierung**

Eine tarifvertragliche Regelung, der zufolge jüngere AN im öffentlichen Dienst weniger **Urlaubanspruch** haben als ältere, ist altersdiskriminierend (BAG, Urt. vom 20.3.2012 – 9 AZR 529/10).

Eine Höchstbetragsklausel, die in einem Sozialplan eine absolute Obergrenze für **Abfindungen** festsetzt, ist rechtmäßig, da sie alle AN gleichbehandelt, so dass keine Altersdiskriminierung vorliegt (BAG, NZA 2008, S. 848).

Es bedeutet keine Altersdiskriminierung, wenn der AG im Rahmen eines Personalabbaus nur jüngeren AN den Abschluss von **Aufhebungsverträgen mit Abfindungen** anbietet. Da es keinen Rechtsanspruch auf einen

Aufhebungsvertrag bzw. eine Abfindung gibt, kann mangels Rechtsverstoßes keine Diskriminierung vorliegen (BAG, NZA 2010, S. 561).
Eine Regelung, der zufolge **Beschäftigungszeiten** vor dem 25. Lebensjahr bei der Berechnung der Kündigungsfrist nicht zu berücksichtigen sind, sind europarechtswidrig, weil altersdiskriminierend (EuGH, NZA 2010, S. 85).
Die Versetzungen von über 40-jährigen Erzieherinnen in einen **Stellenpool** wie im Fallbeispiel führen zu einer Verjüngung der Belegschaft und sind damit altersdiskriminierend (BAG, NZA 2009, S. 945).
Auch eine Dienstvereinbarung, die ältere AN vor **Versetzungen** schützt, diskriminiert wohl jüngere Kolleginnen. Bislang ist nur erwiesen, dass die physische Belastbarkeit mit zunehmendem Alter abnimmt, ob dies auch für die psychische Belastbarkeit zutrifft, die regelmäßig von Versetzungen betroffen ist, muss das Berufungsgericht klären (BAG, NZA 2010, S. 327).
Die übliche Tarifregelung, nach der das Arbeitsverhältnis mit Ablauf des Monats endet, mit dem die AN das 65. Lebensjahr vollendet, ist eine nach § 10 Satz 3 Nr. 5 AGG gerechtfertigte Ungleichbehandlung, da die Regelung zum einen berücksichtigt, dass die AN mit Ausscheiden aus dem Erwerbsleben eine **Rente** beziehen kann und zum anderen sicherstellt, dass in Betrieben einer ausgewogene Altersstruktur gegeben ist sowie die Einstellung jüngerer AN begünstigt (BAG, NZA 2011, S. 586).
Nimmt der AG von einem **freiwilligen Abfindungsprogramm** ältere AN aus, liegt darin keine verbotene Benachteiligung wegen des Alters (BAG, Urt. vom 25.2.2010 – 6 AZR 911/08).
Eine tarifliche Regelung, die für Kleinbetriebe **einheitliche Kündigungsfristen** für sämtliche Beschäftigte ohne Berücksichtigung der Betriebszugehörigkeit oder des Alters vorsieht, ist rechtmäßig (BAG, Urt. vom 23.4.2008 – 2 AZR 21/07).

2. **Geschlechtsdiskriminierung**
Bei der Besetzung von **Nachtdiensten** in einem Mädcheninternat darf der AG die Bewerberauswahl von vornherein auf weibliche Bewerberinnen beschränken (BAG, Urt. vom 28.5.2009 – 8 AZR 536/08). Das Diskriminierungsmerkmal (hier: Geschlecht) muss nicht objektiv unverzichtbar sein. Es reicht aus, wenn es ein wesentliches Merkmal ist, um die ausgeschriebene Tätigkeit im Hinblick auf berechtigterweise verfolgte unternehmerische Interessen sinnvoll und effektiv erledigen zu können.
Die bloße Tatsache, dass der AG eine schwangere AN für eine **Beförderungsstelle** ablehnt, begründet noch keine Vermutung für eine ge-

schlechtsbezogene Benachteiligung (BAG, Urt. vom 24.4.2008 – 8 AZR 257/07).

Da die Maßnahmen zur Vorbereitung und Durchführung einer **in-vitro-Fertilisation** ausschließlich Frauen betreffen, führt die Kündigung einer AN, die hauptsächlich aus dem Grund erfolgt, dass sie beabsichtigt, sich dieser Behandlung zu unterziehen, ebenfalls zu einer unmittelbaren Geschlechtsdiskriminierung (BAG, Urt. vom 26.3.2015 – 2 AZR 237/14).

Wird im Rahmen einer Auskunft nach dem **Entgelttransparenzgesetz** vom Arbeitgeber mitgeteilt, dass eine Arbeitnehmerin ein geringeres Entgelt erhält als eine männliche Vergleichsperson, begründet dies die Vermutung einer Benachteiligung beim Entgelt wegen des Geschlechts. Es obliegt dem Arbeitgeber, diese Vermutung zu widerlegen. (BAG, Urt. vom 21.1.2021 – 8 AZR 488/19).

3. **Schwerbehindertendiskriminierung**

Die Aufforderung des AG gegenüber einer Bewerberin, sie solle sich im Hinblick auf eine bestimmte Erkrankung vor Vertragsunterzeichnung röntgen lassen, kann ein Indiz für eine Diskriminierung wegen einer **angenommenen Behinderung** darstellen (BAG, Urt. vom 17.12.2009 – 8 AZR 670/08). Diese Haftungsfalle kann der AG nur vermeiden, wenn er nachweisen kann, dass bestimmte persönliche Merkmale oder körperliche Voraussetzungen eine wesentliche und entscheidende berufliche Anforderung für den ausgeschriebenen Arbeitsplatz i. S. v. § 8 AGG darstellen. An diesen Nachweis stellen die Gerichte allerdings hohe Anforderungen. Nimmt ein AG bei der Besetzung freier Stellen nicht rechtzeitig gem. § 81 Abs. 1 Satz 2 SGB IX **Kontakt mit der Agentur für Arbeit** auf, rechtfertigt das grundsätzlich die Vermutung einer behinderungsbedingten Diskriminierung (BAG, Urt. vom 12.9.2006 – 9 AZR 807/05). Die mangelnde Kontaktaufnahme hat beweislastumkehrende Wirkung und ist für öffentliche und private AG relevant.

Tipp: Gegenwärtig stehen einige Entscheidungen des EuGH in Fällen aus, die das BAG vorgelegt hat, beispielsweise zur Zulässigkeit einer Altersbeschränkung in einer Stellenanzeige oder zur möglichen Diskriminierung von Teilzeitbeschäftigten, denen nach tarifvertraglichen Regelungen ein Überstundenzuschlag erst ab Überschreiten der regelmäßigen Arbeitszeit von Vollzeitbeschäftigten zusteht. Es lohnt sich, die weiteren Rechtsentwicklungen zu beobachten.

Verwandte Suchbegriffe:

- **Mutterschutz**
- **Schwerbehinderung**
- **Stellenanzeige**
- **Tarifvertrag**
- **Tendenzbetrieb**
- **Überstunden**
- **Vorstellungsgespräch**

32. EG-Arbeitsrecht

Fallbeispiel

Meret Z., Erzieherin in der Einrichtung „Tausendfüßler" ist schwanger. Als eine Kollegin ihr rät, ihren Impfstatus überprüfen zu lassen, winkt sie ab: Sie sei gegen Mumps, Röteln, Windpocken sowie Masern geimpft, es könne also nichts passieren. Als die Kollegin fragt, wie es denn mit ihrem Impfstatus hinsichtlich Ringelröteln und Zytomegalie bestellt sei, denn diese seien für den Fötus ebenso gefährlich, wird Meret Z. blass. Von diesen Krankheiten hat sie noch nie etwas gehört.

Was hat das mit mir zu tun?

Im deutschen Arbeitsrecht gibt es kaum einen Bereich, der nicht wesentlich durch EG-Arbeitsrecht (mit-)geprägt wird. Da die Richtlinien des EG-Rechtes aber immer der Umsetzung in den Mitgliedstaaten bedürfen, bleibt ihre Wirkkraft nicht selten der einzelnen AN in ihrem Praxisalltag verborgen. Dennoch hat es vorrangige Bedeutung vor dem Recht der Mitgliedstaaten.

Man unterscheidet unmittelbar und mittelbar geltendes Gemeinschaftsrecht (EG-Recht), je nachdem, welche Auswirkungen es auf das nationale Recht hat. **Unmittelbar geltendes EG-Recht** findet ohne besonderen Umsetzungsakt im nationalen Recht Anwendung, also auch im Verhältnis von AG und AN. Wichtigste Normen sind der Grundsatz des gleichen Entgelts für Frauen und Männer (Art. 141 EG), die Freizügigkeit (Art. 39 EG) sowie die Niederlassungs- und Dienstleistungsfreiheit (Art. 43, 49 EG). Aus Art. 141 EG leitet die Rechtsprechung insbesondere ein Verbot der mittelbaren → Diskriminierung ab. Eine solche Diskriminierung liegt nach ständiger Rechtsprechung des EuGH immer dann vor, wenn ein Geschlecht von einer geschlechtsneutralen Regelung faktisch stärker betroffen und der Anteil der nachteilig Betroffenen erheblich höher als der Anteil der Begünstigten ist (EuGH, NZA 2003, S. 1137). In jüngster Zeit erlangte diese Rechtsprechung praktische Bedeutung vor allem bei nachteiligen Regelungen für Teilzeitbeschäftigte, die in Deutschland mehrheitlich Frauen sind (z. B. hinsichtlich des Ausschlusses aus einem bestehenden Rentensystem). Nachdem der Gesetzgeber § 4 Abs. 1 TzBfG geschaffen hat, ist ein Rückgriff auf Art. 141 EG jedoch nicht länger notwendig. Dort heißt es:

> *„Ein teilzeitbeschäftigter Arbeitnehmer darf wegen der Teilzeitarbeit nicht schlechter behandelt werden als ein vergleichbarer vollzeitbeschäftigter Arbeitnehmer, es sei denn, dass sachliche Gründe eine unterschiedliche Behandlung rechtfertigen. Einem teilzeitbeschäftigten Arbeitnehmer ist Arbeitsentgelt oder eine andere teilbare geldwerte Leistung mindestens in dem Umfang zu gewähren, der dem Anteil seiner Arbeitszeit an der Arbeitszeit eines vergleichbaren vollzeitbeschäftigten Arbeitnehmers entspricht."*

Entsprechendes gilt nach Absatz 2 der Norm auch für befristet Beschäftigte.

Mittelbar geltendes EG-Recht sind vor allem Richtlinien. Richtlinien verpflichten den Gesetzgeber zur Umsetzung in nationales Recht innerhalb bestimmter Fristen und geben ihm bestimmte Ziele bzw. Ergebnisse vor. Die Wahl der Form und Mittel zur Zielerreichung ist den Mitgliedstaaten überlassen, allerdings muss die Umsetzung durch Gesetz erfolgen. Richtlinien wirken zwischen den Arbeitsvertragsparteien grundsätzlich nur im Rahmen der erlassenen nationalen Umsetzungsvorschriften. Die Umsetzungsvorschriften wiederum sind stets richtlinienkonform, d. h. im Geiste der Richtlinien und unter Berücksichtigung ihrer besonderen Zwecksetzung auszulegen (BAG, NZA 2004, S. 375). Die Anzahl arbeitsrechtlich relevanter Richtlinien wächst ständig und ist kaum noch überschaubar. Die wohl bekannteste Richtlinie ist die Mindestlohnrichtlinie 2022/2041 vom 19.10.2022. Große Bedeutung im Tätigkeitsfeld von Kindertageseinrichtungen hat insbesondere die EU – Richtlinie 92/85/EWG, die mit der Europäischen Verordnung zum Schutz der Mütter am Arbeitsplatz (MuSchArb) vom 15.4.1997 umgesetzt wurde – und die Meret Z. im Fallbeispiel vor den schädlichen Auswirkungen einer Infektion mit Ringelröteln und Zytomegalie schützt – sowie die Anti-Diskriminierungsrichtlinien 2000/43/EG und 2000/78/EG.

Wird eine Richtlinie nicht innerhalb der gesetzten Umsetzungsfrist umgesetzt, kann sie zum Schutz der AN ausnahmsweise doch wirken, wenn sie hinreichend klare und justiziable Rechtspositionen enthält. Der Jurist spricht insoweit von der unmittelbaren Drittwirkung. Eine solche unmittelbare Drittwirkung kommt aber nur im Verhältnis Bürger–Staat in Betracht. Auf eine solche Drittwirkung können sich z. B. AN berufen, die beim Staat oder bei einem staatlich kontrollierten AG beschäftigt sind (Bund, Land, Kommunen usw.).

Tipp: Eine Drittwirkung für AN in rein privatrechtlichen Arbeitsverhältnissen gibt es dagegen nicht. Sie können allenfalls den Staat wegen etwaiger Schäden aus der mangelnden Umsetzung einer Richtlinie verklagen.

Verwandte Suchbegriffe:

- **Beschäftigungsverbot**
- **Diskriminierungsverbot**
- **Teilzeit**

33. Eingliederungsmanagement, betriebliches

Fallbeispiel

Magdalene K. ist als Kinderpflegerin in der Einrichtung „Marienkäfer" tätig, die in Trägerschaft einer großen freigemeinnützigen Organisation steht. Über einen Zeitraum von mehreren Jahren erkrankt sie überdurchschnittlich häufig an einem Bandscheibenvorfall. Der Träger weist ihr daraufhin mehrere unterschiedliche Tätigkeiten, zuletzt vornehmlich als Schlafwache und Hausaufgabenbetreuung, zu. Schließlich kündigt er ihr das Arbeitsverhältnis aus personenbedingten Gründen. Magdalene K. ist der Ansicht, es habe vor Ausspruch der Kündigung kein BEM gegeben, die Kündigung sei daher unwirksam.

Was ist ein BEM?

Ist eine Mitarbeiterin länger oder wiederholt krank, ist ihr AG seit dem 1.5.2004 verpflichtet, ihr ein „betriebliches Eingliederungsmanagement"

(BEM) anzubieten. Die zugrunde liegende Rechtsvorschrift verbirgt sich im Schwerbehindertenrecht des SGB IX, dort im § 167 Abs. 2 SGB IX. Das darf aber nicht zu Irrtümern verleiten: Sie gilt für alle AG und AN. Ein BEM ist immer durchzuführen, wenn eine AN innerhalb von 12 Monaten mehr als sechs Wochen arbeitsunfähig ist. Dies gilt für alle Beschäftigten und nicht nur für Schwerbehinderte (BAG, Urt. vom 12.7.2007 – 2 AZR 716/06).

Was ist Sinn eines BEM?

Grundgedanke der Regelung ist es, die Zeit der Arbeitsunfähigkeit dazu zu nutzen,

- die Wiedereingliederung in den Betrieb zu fördern,
- mögliche arbeitsplatzbedingte Krankheitsursachen zu erkennen und
- den drohenden Verlust des Arbeitsplatzes zu verhindern.

Das BAG hat das Verfahren eines BEM in zwei Urteilen (NZA 2010, S. 639 und NZA 2010, S. 398) konkretisiert und Mindeststandards benannt. Danach sind vom Gesetz weder bestimmte Mittel vorgegeben noch bestimmte Ergebnisse abgefordert. Es benennt keine Personen oder Stellen, denen die Leitung des BEM anzuvertrauen wäre und statuiert auch keine Verpflichtung, eine Verfahrensordnung aufzustellen.

Demnach ist das BEM ein formloses Verfahren mit großem Spielraum für alle Beteiligten. In einem unverstellten, verlaufs- und ergebnisoffenen Suchprozess sollen

- die gesetzlich vorgesehenen Stellen (Interessenvertretungen, Reha-Träger, Integrationsämter etc.) und Personen (die betroffene AN, der AG, ggf. der Betriebsarzt) unterrichtet und beteiligt,
- zusammen mit ihnen eine an den gesetzlichen Zielen des BEM orientierte Klärung ernsthaft versucht und
- von ihnen eingebrachte Lösungsvorschläge erörtert werden, wobei
- ein bestimmtes Ergebnis nicht von vornherein ausgeschlossen werden darf.

Habe ich einen Rechtsanspruch auf ein BEM?

Seit einem Urt. des BAG vom 7.9.2021 – 9 AZR 571/20 – steht fest, dass der AG zwar gesetzlich zum BEM verpflichtet ist, dass diese objektiv bestehende Pflicht aber nicht zu einem subjektiven Rechtsanspruch der Beschäftigten auf Durchführung eines BEM führt.

Was gilt, wenn mein Arbeitgeber kein BEM durchführt oder es falsch durchführt?

Sind die genannten Voraussetzungen nicht eingehalten, ist das BEM fehlerhaft. Bietet der AG kein BEM an, muss er vor allem mit einer Einschränkung krankheitsbedingter Kündigungsmöglichkeiten rechnen. Allerdings schließt auch ein unterbliebenes BEM die Kündigung nicht aus, wenn wie im Fallbeispiel feststeht, dass die Kündigung durch ein BEM nicht mehr hätte verhindert werden können.

Bei fehlerhaftem BEM genügt die AN ihrer Darlegungs- und Beweislast im Kündigungsschutzprozess bereits, wenn sie schlicht behauptet, dass sie bei anderen Arbeitsbedingungen nicht mehr oder weniger häufig krank sein wird. Es ist dann Sache des AG, darzulegen und zu beweisen, dass sowohl der Einsatz auf dem bisherigen Arbeitsplatz als auch dessen leidensgerechte Anpassung ausgeschlossen ist und die AN nicht auf einem anderen Arbeitsplatz bei geänderter Tätigkeit eingesetzt werden kann. Gelingt ihm dieser Nachweis nicht, ist die Kündigung sozial ungerechtfertigt. Gelingt dem AG hingegen der Vortrag, muss die AN darlegen und beweisen, wie sie sich selbst eine leidensgerechte Beschäftigung im Betrieb vorstellt.

Bei ordnungsgemäßer Durchführung eines BEM genügt der AG seiner Darlegungs- und Beweislast, wenn er darauf hinweist, dass die Arbeitsunfähigkeit der AN nach den Erkenntnissen des BEM nicht durch eine Änderung der Arbeitsbedingungen oder eine Versetzung reduziert werden kann. Es ist dann Aufgabe der AN, darzulegen und zu beweisen, welche Alternativen zum bestehenden Arbeitsplatz bestehen, die entweder im BEM nicht erörtert wurden oder sich erst nachfolgend ergeben haben.

Was kann ein BEM mir bringen?

Verständigen sich die Teilnehmer eines BEM auf einen Vorschlag, ist der AG verpflichtet, diesen umzusetzen, indem er den Arbeitsplatz leidensgerecht umgestaltet. Ergibt das BEM, dass die AN auf einem anderen Arbeitsplatz leidensgerecht beschäftigt werden kann, ist dieser zu räumen, ggf. durch Versetzung der dort Beschäftigten. Hierzu ist der AG allerdings nur dann verpflichtet, wenn diese Möglichkeit im BEM erörtert wurde.

Kündigt der AG trotz eines positiven Ergebnisses, muss er darlegen und beweisen, warum die empfohlene Maßnahme undurchführbar war bzw. bei Umsetzung der Maßnahme keine Reduzierung der Ausfallzeiten erreicht worden wäre.

Als Schwerbehinderte bin ich doch immer gekündigt, falls das Integrationsamt zustimmt. Was nützt mir da dann noch ein BEM?

Paradoxerweise sind die Anforderungen an ein BEM bei nicht behinderten Beschäftigten höher als bei schwerbehinderten AN. Denn nach einer Entscheidung des BAG (NZA 2007, S. 617) ist ein fehlendes oder fehlerhaftes BEM praktisch folgenlos, wenn das Integrationsamt der Kündigung zugestimmt hat. Da bei nicht behinderten Beschäftigten die Einschaltung des Integrationsamtes nicht erfolgen muss, ist hier allein auf das BEM abzustellen – mit all seinen Unwägbarkeiten für den AG.

Bin ich verpflichtet, an einem BEM teilzunehmen?

Nein. Die AN kann beim BEM mitwirken, eine Verpflichtung dazu besteht jedoch nicht. Da im Sozialrecht stets das Postulat der Freiwilligkeit gilt, muss die AN in die Durchführung des BEM einwilligen. Ohne Einwilligung kann das Verfahren nicht durchgeführt werden, denn der Begriff der Selbstbestimmung ist bei den Zielbestimmungen des SGB IX von zentraler Bedeutung. Auch innerhalb des Verfahrens ist zu jedem weiteren Schritt zunächst die freiwillige Zustimmung der Betroffenen einzuholen. Verweigert sie die Mitarbeit, scheitert das BEM. Welche Auswirkungen ein solches Verhalten für die Pflichten des AG hat, sind noch nicht abschließend höchstrichterlich entschieden und bleibt abzuwarten. Höchstrichterlich entschieden sind diesbezüglich bislang erst zwei Fallvarianten:

1. Hat der AG ein BEM angeboten und die AN nicht eingewilligt, kommt es darauf an, ob der AG sie vorab nach § 84 Abs. 2 Satz 3 SGB IX ordnungsgemäß über Ziele des BEM und Art und Umfang der erhobenen und verwendeten Daten aufgeklärt hat. Nur wenn die AN trotz ordnungsgemäßer Belehrung ablehnt, ist die Nichtdurchführung eines BEM ohne Einfluss auf den Kündigungsschutzprozess (BAG, Urt. vom 24.3.2011 – 2 AZR 170/10).
2. Ist ein BEM mit positivem Ergebnis durchgeführt und bedarf es zur Umsetzung des Ergebnisses der Einwilligung oder Initiative der AN,

muss der AG die AN hierzu auffordern. Für den Verweigerungsfall muss die Kündigung ausdrücklich in Aussicht gestellt werden, damit eine anschließende Kündigung nicht unverhältnismäßig ist (BAG, Urt. vom 10.12.2009 – 2 AZR 400/08).

Wie öffentlich wird meine Krankheit denn dann?

Eine interessante Frage ist es, ob der AG die im Rahmen eines BEM erlangten Daten beispielsweise über Ursachen, Verlauf, Heilungschancen etc. für eine spätere krankheitsbedingte Kündigung verwenden darf. In der Literatur sind bereits entsprechende Stimmen zu vernehmen. Sollte sich die Rechtsprechung dem anschließen, dürfte die Bereitschaft von AN, an einem BEM teilzunehmen, allerdings erheblich sinken.

Tipp: Das BEM führt zu einer Beweislastumkehr im Kündigungsschutzprozess bei Langzeiterkrankten und ist faktisch Voraussetzung für eine wirksame Kündigung. Unterbleibt ein BEM, sind Sie als AN klar im Vorteil.

Verwandte Suchbegriffe:

- **Beschäftigtendatenschutz**
- **Kündigung**
- **Schwerbehinderung**

34. Elterngeld

Fallbeispiel

Bettina D. ist als Erzieherin in einer kommunalen Kindertageseinrichtung der Stadt F. beschäftigt. Nach einer Erziehungszeit für ein älteres Kind wird sie ab Juni 2006 wieder beschäftigt. Am 20.2.2007 wird sie Mutter eines weiteren Kindes. Aus Anlass der Geburt bezieht sie als im Mutterschutzzeitraum nur Familienversicherte kein Mutterschaftsgeld. Seit Juli 2006 hat die Arbeitgeberin Bettina D. kein Gehalt mehr ausgezahlt und das Arbeitsverhältnis gekündigt. Ab 1.7.2006 bezieht Bettina D. Arbeitslosengeld. Im Rahmen der arbeitsgerichtlichen Kündigungsschutzklage kommt es am 5.9.2007 zu einem Vergleich, nach dessen Inhalt das Arbeitsverhältnis mit dem Ende der Elternzeit von Bettina D. beendet war und das Arbeitsverhältnis ordnungsgemäß bis zum Beginn der Elternzeit abgerechnet sowie entsprechende Beträge an Bettina D. ausgezahlt werden sollten. Die Nachzahlung der Gehälter für Juli 2006 bis Januar 2007 einschließlich „Zuschuss zur Mutterschaft" für die Monate Januar bis März 2007 an Bettina D. erfolgte im Oktober 2007. Für 2006 bescheinigte ihr die Arbeitgeberin einen Bruttoarbeitslohn von 14.888,70 Euro.

Auf ihren Leistungsantrag gewährt ihr der beklagte Freistaat mit Bescheid vom 28.3.2007 Elterngeld in Höhe des Grundbetrages von 300 Euro monatlich für zwölf Monate. Zur Begründung führt er an, im Bemessungszeitraum von Februar 2006 bis Januar 2007 sei anrechenbares Einkommen nur im Monat Juni 2006 vorhanden. Die Gehaltsnachzahlung sei nicht im Bemessungszeitraum zugeflossen und daher nicht zu berücksichtigen.

(Fall nach BSG, Urt. vom 18.8.2011 – B 10 EG 5/11 R)

Wann bekomme ich Elterngeld?

Nach dem Bundeselterngeld- und Elternzeitgesetz (BEEG) hat Anspruch auf Elterngeld, wer mit einem Kind, für das ihm die Personensorge zusteht, in einem Haushalt lebt, dieses Kind selbst betreut und erzieht und keine oder keine volle Erwerbstätigkeit ausübt. Das Elterngeld steht damit Eltern sowie Ehe- und Lebenspartner/innen sowie – in Ausnahmefällen – auch Verwandten bis zum dritten Verwandtschaftsgrad (Großeltern, Tanten, Onkel, Geschwister) zu, wenn sie ihr eigenes oder ein nicht eigenes Kind oder ein Adoptivkind betreuen. Das Gesetz ist am 1.7.2007 in Kraft getreten und gilt für alle Kinder, die nach diesem Zeitpunkt geboren werden. Beim Elterngeld handelt es sich um eine einkommensabhängige Ersatzleistung, die Erwerbstätige beziehen können, sofern sie ihre Tätigkeit aufgrund der Geburt unterbrechen oder auf höchstens 30 Wochen-Arbeitsstunden reduzieren. Der Anspruch steht Männern und Frauen gleichermaßen zu. Das so genannte Basis-Elterngeld kann in der Zeit vom Tag der Geburt bis zur Vollendung des 14. Lebensmonats des Kindes bezogen werden. Ein Elternteil kann höchstens für 12 Monate Elterngeld beziehen. Voraussetzung für die volle Ausschöpfung des Bezugszeitraumes ist, dass der Vater des Kindes mindestens zwei Monate der Elternzeit ableistet. Die Vorschriften des BEEG sind zwingendes Recht, das bedeutet, sie können nicht durch Vertrag, auch nicht durch Tarifvertrag, abweichend geregelt werden.

Wie hoch ist das Elterngeld?

Elterngeld wird in Höhe von 67% des in den 12 Kalendermonaten vor dem Monat der Geburt durchschnittlich erzielten monatlichen Einkommens aus Erwerbstätigkeit gedeckelt auf 1.800 Euro monatlich gezahlt. Im Fallbeispiel ist Bettina D. vom AG gekündigt worden, sodass sie im entscheidenden Zeitraum kein Einkommen hatte und ihr deshalb lediglich der Grundbetrag von 300 Euro Elterngeld gewährt wurde. Das BSG hat in dem Fall entschieden, dass die Gehaltsnachzahlung, die sie in einem arbeitsgerichtlichen Verfahren aufgrund eines Vergleiches für die fragliche Zeit erhalten hatte, als im Bemessungszeitraum vor der Geburt des Kindes erzieltes Einkommen aus Erwerbstätigkeit anzusehen ist. Deshalb musste es bei der Berechnung der Höhe des Elterngeldes berücksichtigt werden.

Was ist ElterngeldPlus?

Wollen Eltern bereits während des Elterngeld-Bezugs wieder in Teilzeit arbeiten, erhalten sie ElterngeldPlus. ElterngeldPlus können sie doppelt so lange bekommen wie das Basis-Elterngeld: Ein Monat Basiselterngeld entspricht zwei Monaten ElterngeldPlus. Eltern, die sich auf ein partnerschaftliches Betreuungsmodell einigen, erhalten darüber hinaus einen Partnerschaftsbonus: Sie bekommen vier zusätzliche ElterngeldPlus-Monate, wenn sie in dieser Zeit gleichzeitig zwischen 25 und 30 Wochenstunden arbeiten. Dies gilt auch für getrennt erziehende Eltern, die als Eltern gemeinsam in Teilzeit gehen. Alleinerziehenden steht der gesamte Partnerschaftsbonus zu (Quelle: BMFSFJ).

Mein Mann verdient wesentlich mehr als ich, kann aber nicht in Elternzeit gehen, weil wir das Geld brauchen. Gibt es da keinen Ausweg?

Der Berechnung wird immer das Nettogehalt der beantragenden Betreuungsperson zugrunde gelegt, nicht das gemeinsame Einkommen. Es ist daher stets günstiger, wenn derjenige Elternteil mit dem höheren Einkommen das Elterngeld beantragt, auch wenn sich dies in der Praxis schwerlich mit der Lebenswirklichkeit von Familien in Einklang bringen lässt. Kann auch in Ihrer Familie der Hauptverdiener nicht längere Zeit aus dem Arbeitsleben aussteigen, kann sich ein Wechsel der Steuerklasse im Kalenderjahr vor der Geburt des Kindes für den anderen Elternteil, der das geringere Nettoeinkommen bezieht, lohnen: Wechselt die berechtigte Person beispielsweise von Steuerklasse V zur Steuerklasse III oder IV, erhöht sich automatisch ihr Nettogehalt, während es beim anderen Elternteil sinkt. Dieses so erhöhte Nettogehalt ist dann die Berechnungsbasis für das Elterngeld. Ein Steuerverlust entsteht dadurch nicht, da am Jahresende über den Lohnsteuerjahresausgleich bzw. die Einkommensteuererklärung die Besteuerung wieder ausgeglichen wird. Die Gerichte stehen einer solchen „Elterngeldgestaltung" zustimmend gegenüber: Das Sozialgericht Dortmund hat bereits in einigen Entscheidungen darauf hingewiesen, dass Eltern auch Vorteile daraus erwachsen können, dass sie einmal jährlich die Steuerklasse wechseln dürfen. Denn was steuerlich zulässig sei, könne nicht rechtsmissbräuchlich sein.

Muss ich das Elterngeld versteuern?

Das Elterngeld selbst ist steuerfrei (§ 3 Nr. 67 EStG), unterliegt aber als Einkommensersatzleistung dem Progressionsvorbehalt (§ 32 b EStG).

Tipp: Es ist ratsam, als wesentliches Element der Familienplanung beizeiten die Frage zu klären, wer das Elterngeld beziehen soll. Ein frühzeitiger Wechsel in eine andere Steuerklasse kann sich lohnen. Unter www.familienportal.de können Sie Ihren Anspruch mit dem Elterngeldrechner unverbindlich berechnen.

Verwandte Suchbegriffe:

- **Elternteilzeit**
- **Elternzeit**

35. Elternteilzeit

Fallbeispiel

Heidi K. ist als Erzieherin in der „Sternschnuppe", einer Einrichtung in freier Trägerschaft, tätig. Infolge Betriebsüberganges am 30.5.2006 verbleiben bei der Trägerin nur zwei Erzieherstellen, die durch andere AN besetzt sind. Die Trägerin bietet Heidi K. daraufhin eine Stelle als Erzieherin in einer anderen Betriebsstätte mit einer wöchentlichen Arbeitszeit von 27,5 Stunden an, welche Heidi K. nicht annimmt. Sie informiert die Trägerin vielmehr am 10.7.2006 über ihre Absicht, ab dem 5.9.2006 Elternzeit nach § 15 Abs. 1 BEEG in Anspruch zu nehmen und beantragt zugleich die Verkürzung ihrer Arbeitszeit von 38,5 auf 30 Wochenstunden. Die Trägerin lehnt den Antrag ab mit Hinweis auf die fehlende Möglichkeit, die AN infolge des Betriebsüberganges auf ihrem bisherigen Arbeitsplatz zu beschäftigen. Hiergegen klagt Heidi K.

(Fall nach BAG, Urt. vom 15.4.2008 – 9 AZR 380/07)

Unter welchen Voraussetzungen habe ich einen Anspruch auf Teilzeitarbeit während der Elternzeit?

Für den Teilzeitanspruch ist zunächst zu unterscheiden, ob es sich dabei um eine Teilzeitbeschäftigung während oder nach der Elternzeit handelt. Den Teilzeitanspruch nach der Elternzeit regeln die allgemeinen Vorschriften des Gesetzes über Teilzeit- und befristete Arbeitsverträge (TzBfG) abschließend. Beim Teilzeitanspruch während der Elternzeit ist darüber hinaus das BEEG zu beachten, das den Zweck hat, Vätern und Müttern eine Teilerwerbstätigkeit während der Elternzeit zu erleichtern. Der Anspruch einer AN auf Verkürzung ihrer regelmäßigen Arbeitszeit ist in den §§ 8, 9 TzBfG festgeschrieben. Bei dem Anspruch handelt es sich um zwingendes Recht, d. h., der Anspruch kann nicht durch (Tarif-)Vertrag ausgeschlossen oder eingeschränkt werden. Er ist einklagbar.

Das TzBfG ist anwendbar, wenn in der Einrichtung regelmäßig mehr als 15 AN beschäftigt sind. Entscheidend ist die Anzahl der regelmäßig vorhandenen Arbeitsplätze, nicht die Anzahl der aktuell Beschäftigten. Alle Beschäftigten werden nach Köpfen und nicht nach Quoten berücksichtigt, das bedeutet, Teilzeit- oder geringfügig Beschäftigte werden – unabhängig von ihrer tatsächlich geleisteten Wochenarbeitsstundenzahl – voll mit 1 berechnet.

Hat Ihre Einrichtung weniger als 15 AN, haben die AN keinen Anspruch auf Teilzeitarbeit. In diesen Fällen kommt allein der Weg über einen einvernehmlichen Aufhebungsvertrag plus geändertem neuen Vertrag in Betracht.

Nach einem Urt. des BAG vom 19.4.2005 – 9 AZR 233/04 – können AN Anträge auf Teilzeitbeschäftigung auch noch **nach Antritt** der Elternzeit stellen. Zur Begründung führt das BAG an, das die Betroffenen bei Geburt eines Kindes oft Umfang und Dauer der erforderlichen Betreuung nicht absehen können.

Mein Träger sagt, es stünden dringende betriebliche Gründe entgegen. Was bedeutet das?

§ 15 Abs. 7 Nr. 4 BEEG bestimmt, dass der Anspruch auf Teilzeitarbeit nur abgelehnt werden darf, wenn ihm dringende betriebliche Gründe entgegenstehen. Nach ständiger höchstrichterlicher Rechtsprechung müssen die Ablehnungsgründe für eine Beschäftigung während der Elternzeit zwar keine unüberwindbaren, aber doch besonders gewichtigen Hindernisse für die beantragte Verkürzung und Umverteilung der Arbeitszeit sein (BAG, Urt. vom 15.12.2009 – 9 AZR 72/09). Nach bisheriger Rechtsprechung ist die Ablehnung nur zulässig, wenn zum Zeitpunkt des Teilzeitverlangens bereits eine Ersatzkraft fest eingestellt ist, die den frei gewordenen Arbeitsplatz „blockiert", oder – sofern die Arbeitsaufgaben infolge der Elternzeit vollständig entfallen – im Betrieb überhaupt nicht mehr ausgeführt werden.

So verhält es sich im Fallbeispiel: Das Gericht hat die Klage abgelehnt und zur Begründung ausgeführt, dass die AN zwar grundsätzlich berechtigt ist, zeitgleich mit der → Elternzeit auch die Verkürzung ihrer Arbeitszeit zu beanspruchen. Jedoch sind → Elternzeit und Elternteilzeit sachlich voneinander zu trennen. Die → Elternzeit führt zum vollständigen Ruhen der Beschäftigungspflicht der AG, die bei Teilzeitarbeit wieder einsetzt. Das Merkmal der „dringenden betrieblichen Gründe" bezieht sich daher nicht auf die Verringerung der Arbeitszeit infolge Teilzeitarbeit gegenüber vorheriger Vollzeitbeschäftigung, sondern auf die wiederauflebende Beschäftigungspflicht der AG und damit die → Erhöhung der Arbeitszeit. Die AG wird durch diese gesetzliche Gestaltung vor einer betrieblich nicht verwertbaren Beschäftigung geschützt. Im Fallbeispiel fehlte es infolge des Betriebsüberganges an Beschäftigungsbedarf für die AN. Die AG konnte sich daher auf entgegenstehende dringende betriebliche Gründe berufen.

Muss mein AG mir nicht ein wenig entgegenkommen?

Ist der durch die Elternzeit frei gewordenen Arbeitsplatz durch eine (interne oder externe) Vertretung zwischenzeitlich blockiert, muss der AG prüfen, ob er die Arbeit nicht vielleicht anders verteilen könnte. Sind andere Erzieherinnen beispielsweise mit einer Reduzierung ihrer Arbeitszeit einverstanden oder ist die eingestellte Ersatzkraft bereit, ihre Arbeitszeit freiwillig zu reduzieren und sie dem Teilzeitwunsch der Mitarbeiterin anzupassen? Erst dann, wenn kein anderer Aufteilungsmodus zu finden ist, kann der AG den Anspruch aus dringenden betrieblichen Gründen ablehnen. Im Fallbeispiel musste die AG dem Personalüberhang auch nicht dadurch entgegenwirken, dass sie unter den für die Stelle in Frage kommenden Personen eine → Sozialauswahl vornimmt, da es schon mangels Beschäftigungspflicht der AG in Elternzeit an der Vergleichbarkeit der AN fehlt.

Ist eine Arbeitszeitreduzierung auch rückwirkend möglich?

Unter Umständen ist eine mehrjährige gerichtliche Auseinandersetzung um Teilzeitarbeit während der Elternzeit erst nach Ablauf der Elternzeit rechtskräftig beendet. Das BAG hat erkannt, dass die Beschäftigten schutzlos gestellt wären, wenn man eine rückwirkende Anerkennung ihrer Ansprüche nicht anerkennen wollte. Es erkennt daher prinzipiell an, dass es möglich ist, einen AG zu verurteilen, einen in Elternzeit befindliche AN in Teilzeit zu beschäftigen, wenn der Zeitraum, für den die Teilzeitbeschäftigung verlangt worden ist, bereits verstrichen ist. Folge einer solchen Verurteilung ist die Verpflichtung des AG, für den verstrichenen Zeitraum rückwirkend Annahmeverzugslohn zu zahlen, da er sich mit der Annahme der angebotenen Arbeitsleistung in Verzug befindet.

Einmal Teilzeit, immer Teilzeit?

Nach einem Urt. des BAG vom 27.4.2004 – 9 AZR 522/03 – kann eine AN, die während der Elternzeit lediglich Teilzeit arbeitet, regelmäßig nach Beendigung der Elternzeit auf Antrag weiterhin Teilzeit arbeiten. Damit können sich AN einen dauerhaften Teilzeitanspruch besonders aussichtsreich über die Elternzeit erstreiten: Denn dringende betriebliche Gründe können nicht entgegenstehen, hat doch die Praxis bereits gezeigt, dass der Betrieb auch mit verringerten Arbeitsstunden in der Elternzeit ebenfalls funktioniert hat.

Tipp: Wollen Sie Elternzeit und Elternteilzeit gleichzeitig beantragen, sollten Sie dies in Anbetracht des im Fallbeispiel besprochenen Urteils immer nur gegenseitig bedingt tun, also die Inanspruchnahme der Elternzeit unter die Bedingung stellen, dass Ihr AG auch Ihrem Antrag auf Elternteilzeit entspricht.

Verwandte Suchbegriffe:

- **Elternzeit**
- **Erhöhung der Arbeitszeit**
- **Teilzeit**

36. Elternzeit

Fallbeispiel

Melanie P. ist seit Dezember 2006 in der Einrichtung „Struwwelpeter" als Erzieherin beschäftigt. Ihr Arbeitsvertrag sieht als „freiwillige soziale Leistung" die Zahlung einer Weihnachtsgratifikation in Höhe eines Bruttomonatsgehaltes vor, es sei denn, das Arbeitsverhältnis endet vor dem Auszahlungszeitpunkt oder ist gekündigt, wobei betriebsbedingte Kündigungen nicht zählen. Die Gratifikation ist ferner zurückzuzahlen, wenn die AN durch Eigenkündigung bzw. wegen außerordentlicher oder ordentlicher verhaltensbedingter Kündigung bis zum 31. März des Folgejahres ausscheidet. Entsprechendes gilt bei einer Aufhebung des Arbeitsverhältnisses. Die AN ist seit dem 5.10.2011 in Mutterschutz und danach in Elternzeit. Der AG zahlt allen AN die Gratifikation für 2011 – außer Melanie P. Diese ist der Ansicht, ihr stehe die Gratifikation ebenso zu und klagt.

(Fall nach BAG, Urt. vom 10.12.2008 – 10 AZR 35/08 –)

Gibt es ein Recht auf Elternzeit?

Ja. Jeder nicht selbstständig beschäftigte Elternteil hat Anspruch auf Elternzeit. Der Anspruch besteht bis zur Vollendung des dritten Lebensjahres. Die Elternzeit kann von jedem Elternteil allein oder auch anteilig von beiden Elternteilen gemeinsam genommen werden (§ 15 BEEG).

Wie lange dauert die Elternzeit maximal?

Maximal drei Jahre, Elterngeld gibt es jedoch nur im ersten Jahr nach der Geburt.

Darf der Chef dem Vater den Zeitpunkt für die Elternzeit vorschreiben?

Nein. Der Zeitpunkt für die Elternzeit liegt nicht im Ermessen des AG.

Haben Mitarbeiterinnen in Elternzeit einen Kündigungsschutz?

Ja. Mitarbeiterinnen in Elternzeit darf nicht gekündigt werden. Dies gilt nach einem Urteil des Verwaltungsgerichts Augsburg auch für homosexuelle Erzieherinnen, die bei der Katholischen Kirche angestellt sind (AZ 3 K 12.266). Jedoch können die Mitarbeiterinnen ihrerseits mit einem Sonderkündigungsrecht von drei Monaten zum Ende der Elternzeit kündigen.

Ich bin derzeit in Elternzeit. Habe ich ein Recht auf Weiterbildung?

Ja, sofern die AN möchte, hat sie ein Recht auf Weiterbildung. Der AG muss die Weiterbildung finanzieren. Andersherum kann der AG aber nicht die Teilnahme an einer Weiterbildung während der Elternzeit verlangen.

Habe ich als Arbeitnehmerin in Elternzeit Anspruch auf Weihnachtsgeld?

Ja. Nach einem Urt. des BAG vom 10.12.2008 sind Weihnachtsgratifikationen grundsätzlich auch während der Elternzeit zu zahlen, wenn dies ausdrücklich geregelt ist. Dies ergibt sich aus dem arbeitsrechtlichen → Gleichbehandlungsgrundsatz. Da die Inanspruchnahme der Elternzeit den Bestand des Arbeitsverhältnisses nicht berührt, insbesondere keinen Unterfall der Kündigung darstellt, und nur die Hauptpflichten aus dem Arbeitsvertrag vorübergehend entfallen, haben auch die AN Anspruch auf Weihnachtsgratifikation, die sich in Elternzeit befinden. Etwas anderes gilt nur dann, wenn ausdrücklich und unterlegt mit sachlichen Gründen in der Gratifikationsregelung in Elternzeit befindliche AN oder solche, die Elternzeit beantragt haben, ausgenommen werden. Der BGH hat insoweit als sachliches Argument anerkannt, dass in Elternzeit befindliche AN kurz- bzw. auch langfristig keine weitere Betriebstreue bzw. Arbeitsleistung erwarten lassen. In einer Vielzahl von Fällen werde nämlich das Arbeitsverhältnis im Anschluss an die Elternzeit nicht fortgesetzt. Mit dieser Begründung ist ein Zahlungsausschluss von AN in Elternzeit grundsätzlich zulässig.

Gibt es auch einen Anspruch auf „Großelternzeit"?

Seit dem Ersten Gesetz zur Änderung des BEEG haben auch Großeltern die Möglichkeit, in einem Arbeitsverhältnis Elternzeit zu beantragen, sofern die Freistellung der Betreuung eines Enkelkindes dient (§ 15 Abs. 1a BEEG). Anspruch auf Elternzeit haben AN auch, wenn sie mit ihrem Enkelkind in einem Haushalt leben und dieses Kind selbst betreuen und erziehen und ein Elternteil des Kindes minderjährig ist oder ein Elternteil des Kindes sich im letzten oder vorletzten Jahr einer Ausbildung befindet, die vor Vollendung des 18. Lebensjahres begonnen wurde und die Arbeitskraft des Elternteils im Allgemeinen voll in Anspruch nimmt. Mit der Regelung soll Großeltern die Möglichkeit gegeben werden, ihren Kindern in der oft schwierigen Situation einer „Teenager-Schwangerschaft" zu helfen. Der Anspruch besteht nur für Zeiten, in denen keiner der Elternteile des Kindes selbst Elternzeit beansprucht. Großeltern haben keinen Anspruch auf Elterngeld.

Ich will eine neue Arbeitsstelle antreten. Darf mein alter Arbeitgeber im Zeugnis meine beanspruchten Elternzeiten auflisten?

In der Praxis stellt sich bei der Abfassung von Arbeitszeugnissen häufig die Frage, inwieweit eine gewährte Elternzeit der AN im Zeugnis erwähnt werden darf oder muss. Mit Urt. vom 10.5.2005 – 9 AZR 261/04 – hat das BAG entschieden, unter welchen Voraussetzungen ein AG die Elternzeit einer AN im Arbeitszeugnis erwähnen kann. Danach darf – und muss – der AG in einem Zeugnis die Elternzeit einer AN nur erwähnen, sofern sich die Ausfallzeit als eine wesentliche tatsächliche Unterbrechung der Beschäftigung darstellt. Die Unterbrechung ist dann wesentlich, wenn sie

1. nach Dauer erheblich ist, also beispielsweise ein Viertel bis ein Drittel oder mehr der gesamten Anstellungszeit ausmacht und
2. bei Nichterwähnung für Dritte der falsche Eindruck entstünde, in der gesamten im Zeugnis genannten Anstellungszeit sei eine Arbeitsleistung erbracht worden.

Insbesondere darf im Zeugnis nicht der Eindruck erweckt werden, die beurteilte AN habe eine Berufserfahrung erworben, die sie wegen der

Fehlzeiten gar nicht erreichen konnte. Der AG setzt sich sonst der Gefahr aus, dass er den nachfolgenden AG über das Maß der erlangten Berufserfahrung der AN täuscht. Dieser könnte dann Regressansprüche stellen.

Ich will für mein zweites Kind Elternzeit beantragen, so dass sich die Elternzeiten einander anschließen. Geht das?

Ja. Das BAG hat mit Urt. vom 21.4.2009 – 9 AZR 391/08 – festgelegt, unter welchen Voraussetzungen der AG einer vorzeitigen Beendigung der Elternzeit und Übertragung auf einen anderen Zeitraum zustimmen muss, wenn sich Elternzeiten für zwei Kinder überschneiden. Das Gesetz sieht vor, dass eine AN die Elternzeit wegen der Geburt eines weiteren Kindes vorzeitig beenden kann (§ 15 BEEG). Der AG kann eine solche Beendigung nur innerhalb von vier Wochen aus dringenden betrieblichen Gründen schriftlich ablehnen (§ 16 Abs. 3 Satz 2 BEEG). Den durch die vorzeitige Beendigung verbleibenden Anteil von bis zu zwölf Monaten kann die AN mit Zustimmung des AG auf die Zeit nach Vollendung des dritten bis zur Vollendung des achten Lebensjahres des Kindes übertragen (§ 15 Abs. 2 Satz 4 BEEG).

Geklagt hatte eine AN, die für ihre im Juli 2004 geborene Tochter Elternzeit bis Juli 2007 beantragt hatte. Als ihr Sohn im Juli 2006 zur Welt kam, beantragte sie Elternzeit bis 2009. Die Elternzeit für die Tochter beendete sie und wollte sie an das Ende der Elternzeit für den Sohn anschließen, so dass die Elternzeit insgesamt bis Juli 2010 gedauert hätte. Der AG lehnte die Zustimmung zur vorzeitigen Beendigung sowie die Übertragung auf einen späteren Zeitraum ohne Angabe von Gründen ab. Hiergegen klagte die AN mit Erfolg.

Das BAG hat in dem Urteil festgestellt, dass nach § 16 Abs. 3 Satz 2 BEEG in seiner neuen Fassung der AG einer vorzeitigen Beendigung der Elternzeit nicht mehr zustimmen muss, wie es noch in der alten Fassung erforderlich war. Vielmehr steht dem AG nunmehr nur noch ein Ablehnungsrecht zu, das innerhalb einer Vier-Wochen-Frist geltend zu machen ist. Diese Frist habe der Beklagte nicht eingehalten. Darüber hinaus habe der Beklagte auch keine dringenden betrieblichen Gründe dargelegt, aus denen eine vorzeitige Beendigung unmöglich sei. Nach § 15 Abs. 2 Satz 4 BEEG ist weiterhin die Übertragung der Elternzeit nur mit Zustimmung des AG möglich. Zwar schweigt das Gesetz dazu, unter welchen Voraussetzungen der AG die Zustimmung verweigern darf oder erteilen muss. Allerdings folgt daraus nicht, dass die Entscheidung über die Zustimmung in sein freies Belieben gestellt ist. Sie hat sich vielmehr an den Grundsätzen des § 315 BGB zu orientieren, nach der eine Interessenabwägung vorgenommen werden soll. Hierbei war für die AN ins Feld zu führen, dass die flexibilisierte Elternzeit nach dem Willen des Gesetzgebers zur besseren Vereinbarkeit von Familie und Beruf beitragen und die berufliche Motivation junger Eltern erhöhen soll. Dies hat der AG bei seiner Entscheidung immer zu berücksichtigen und im vorliegenden Fall versäumt. Sein Einwand, die Klägerin entferne sich zu weit von der Praxis, half ihm nicht, da das Gericht anerkannte, dass die Einarbeitungszeit, die die Klägerin bei ihrer Rückkehr benötige, nach sechs Jahren kaum höher sein dürfte als bei fünf Jahren Elternzeit.

Wie ist die Rechtslage, wenn ich während der Elternzeit erneut schwanger werde?

Der Wortlaut des BEEG verbietet zwar derzeit eine Unterbrechung der Elternzeit, allerdings ist dieser Passus aufgrund eines Urt. des EuGH vom 20.9.2007 – C-116/06 – europarechtswidrig. Die einschlägigen Ausführungsbestimmungen des Bundesinnenministeriums sehen daher bis zur Gesetzesänderung folgendes Verfahren vor:

Wird eine AN während der Elternzeit erneut schwanger, hat sie Anspruch auf Unterbrechung der Elternzeit, ohne dass der AG zustimmen muss. Unterbricht die AN ihre Elternzeit, erhält sie sechs Wochen vor der Geburt und acht Wochen nach der Geburt Mutterschaftsgeld und Zuschuss zum Mutterschaftsgeld durch den AG. Wer die Elternzeit-Unterbrechung in Anspruch nehmen will, teilt dies seinem AG rechtzeitig schriftlich unter Angabe des Beginns und voraussichtlichen Endes der Mutterschutzfristen mit.

Was geschieht mit meinem Urlaub, den ich wegen der Elternzeit nicht nehmen konnte?

Nach § 17 BEEG muss der AG den Resturlaub nach der Elternzeit im laufenden oder im nächsten Urlaubsjahr gewähren. Das gilt auch in den

Fällen, in denen sich nach einer Elternzeit ohne Unterbrechung eine weitere Elternzeit anschließt (BAG, Urt. vom 25.5.2008 – 9 AZR 219/07).

Endet das Arbeitsverhältnis während der Elternzeit oder wird es im Anschluss an die Elternzeit nicht fortgesetzt, so hat der AG den noch nicht gewährten Urlaub abzugelten.

Erhalte ich in der Elternzeit meine Weihnachtsgratifikation?

Ja. Mit Urt. vom 10.12.2008 – 10 AZR 35/08 – hat das BAG entschieden, dass es zwar grundsätzlich zulässig ist, dass während der Elternzeit die Weihnachtsgratifikation entfällt bzw. gekürzt wird. Allerdings muss dies im Arbeitsvertrag, einer Betriebsvereinbarung oder in einem Tarifvertrag ausdrücklich geregelt sein. Der Arbeitgeber kann sich in diesen Fällen aber dann nicht auf einen etwaigen Freiwilligkeitsvorbehalt berufen, wenn er an andere AN die Weihnachtsgratifikation auszahlt.

Ich erwarte Zwillinge. Bekomme ich mehr Elternzeit?

Der Anspruch auf Elternzeit beträgt höchstens drei Jahre, beginnt mit der Geburt und endet mit der Vollendung des dritten Lebensjahres des Kindes. Der Anspruch besteht für jedes Kind einzeln. Wird die Elternzeit in diesem dreijährigen Zeitraum genommen, braucht der AG nicht zuzustimmen. Auch ist es möglich, einen beliebigen Zeitraum von bis zu 12 Monaten der insgesamt dreijährigen Elternzeit flexibel über den dritten Geburtstag des Kindes hinaus bis zum achten Lebensjahr des Kindes zu nehmen, wenn der AG hierzu sein Einverständnis erteilt. Dies ist besonders interessant bei Mehrlingsgeburten oder kurzer Geburtenfolge. Bei Zwillingen können so maximal fünf Jahre, bei Drillingen maximal sechs Jahre zusammenhängende Elternzeit genommen werden.

Haben Arbeitnehmerinnen mit Kindern ein Recht auf einen Betriebskindergartenplatz?

Nein. Betriebskindergärten sind eine freiwillige Leistung des AG. Ob die einzelne Mitarbeiterin ein Recht auf einen Platz hat, regelt im Zweifel der Arbeits- oder → Tarifvertrag oder eine entsprechende → Betriebsvereinbarung.

Tipp: Sind Sie im kirchlichen Dienst tätig und ist Ihr Arbeitgeber einverstanden, haben Sie Anspruch auf Sonderurlaub, wenn Sie ein Kind unter 14 Jahren erziehen. Bis zum 18. Lebensjahr des Kindes besteht darüber hinaus ein Anspruch auf befristete Teilzeit aus familiären Gründen. Diese Ansprüche sind Regelungen, die nur für Angestellte im kirchlichen Dienst gelten (s. §§ 28, 11 ABD, Teil A, 1.).

Verwandte Suchbegriffe:

- **Arbeitsverhältnis im kirchlichen Dienst**
- **Betriebsvereinbarungen**
- **Sonderzuwendungen**
- **Tarifvertrag**
- **Zeugnis**

37. Entgeltfortzahlung

Fallbeispiel

Edith P., Leiterin der Einrichtung „Bärenbande", unternimmt heute mit der Sektion ihres Alpenvereins eine Bergtour. An einer besonders steilen Stelle passiert es: Edith P. gerät mit ihrem Bergschuh in eine Felsspalte und erleidet einen komplizierten Drehbruch des rechten Fußgelenks und Wadenbeines. Nach der OP ist sie noch acht Wochen krankgeschrieben.

Wann bekomme ich im Falle einer Krankheit mein Gehalt weitergezahlt?

Für alle AN, also Angestellte, Arbeiter sowie die zur Berufsausbildung Beschäftigten regelt das Entgeltfortzahlungsgesetz (EFZG) vom 26.5.1994 einheitlich die Fortzahlung des Arbeitsentgeltes im Krankheitsfall. Wird eine AN nach mindestens vierwöchiger ununterbrochener Dauer des Arbeitsverhältnisses durch Arbeitsunfähigkeit infolge Erkrankung an ihrer Arbeitsleistung gehindert, ohne dass sie hieran ein Verschulden trifft, so verliert sie dadurch nicht den Anspruch auf Arbeitsentgelt. Als unverschuldete Arbeitsunfähigkeit gelten nach §§ 3 Abs. 2, 9 EFZG auch

- nicht rechtswidrige Sterilisation
- Schwangerschaftsabbruch
- Kur

Allerdings sind die Fehlzeiten bei der Arbeit selbst verantwortet, die durch eine In-vitro-Fertilisation entstehen. Das BAG hat mit Urt. vom 26.10.2016 – 5 AZR 167/16 – entschieden, dass eine eingeschränkte Zeugungsfähigkeit des Partners keine Krankheit ist und ein etwaiger dennoch bestehender Kinderwunsch auf einer persönlichen Lebensentscheidung beruht.

Was passiert, wenn ich die Wartezeit nicht einhalten kann?

Die vierwöchige Wartezeit muss nach dem Wortlaut des § 3 Abs. 3 EFZG auch bei einem Arbeitsunfall erfüllt sein. Nach ganz h.M. führt eine Erkrankung vor Ablauf dieser Wartezeit nur zu einer Verschiebung des Beginns und nicht zu einer entsprechenden Verkürzung des sechswöchigen Entgeltfortzahlungszeitraumes des § 3 Abs. 1 EFZG (BAG, DB 1999, S. 2268). Dies gilt auch bei einer Entgeltfortzahlung nach § 8 EFZG bei einer wirksamen Kündigung aus Anlass der Erkrankung.

Kann der Anspruch entfallen, wenn ich selbst an der Krankheit schuld bin?

Die AN darf nach dem Gesetzeswortlaut zwar kein Verschulden an ihrer Krankheit treffen. Ein echtes Verschulden im Sinne einer Pflichtverletzung des Schuldners gegenüber dem Gläubiger kann damit aber nicht gemeint sein. Schließlich hat die AN gegenüber dem AG keine gesetzlich auferlegte Schuldnerpflicht, sich unter allen Umständen gesund zu halten. Es handelt sich deshalb nach überwiegender Auffassung in der Literatur um ein sog. „Verschulden gegen sich selbst“. Welche Sorgfalt aber muss eine AN vernünftigerweise aufwenden, um sich im eigenen Interesse vor Krankheiten zu bewahren? Es ist ja keinesfalls so, dass jedermann in seiner Freizeit jeglichen Gefahren aus dem Weg geht: Sportarten wie Fußball, Skifahren, Bergsteigen etc. sind durchaus mit Verletzungsgefahren behaftet. Und auch sonst wäre es eine übertriebene Bevormundung, wenn man die AN verpflichten würde, zum Schutz ihrer Gesundheit etwa nicht zu rauchen, keinen Alkohol zu trinken und abends nicht zu spät ins Bett zu gehen.

Um diese Schwierigkeiten zu vermeiden, ist der Entgeltfortzahlungsanspruch abweichend vom Gesetzeswortlaut nach ganz herrschender Meinung nur dann ausgeschlossen, wenn die AN am Eintritt der Krankheit ein grobes Verschulden trifft, dessen Folgen auf den AG abzuwälzen objektiv unbillig wäre (BAG, NZA 1992, S. 69). Im Bergsteigen wie im Fallbeispiel liegt noch kein grobes Verschulden, so dass Edith P. ihre Arbeitsunfähigkeit nicht verschuldet hat.

Ich habe mir die Krankheit bei meinem Nebenjob zugezogen, ist das schlimm?

Während früher der Entgeltfortzahlungsanspruch teilweise abgelehnt wurde, wenn die Krankheit aus der Sphäre einer anderen Erwerbstätigkeit herrührte, ist es nach heute ganz herrschender Meinung grundsätzlich unerheblich, wann und bei welcher Gelegenheit die AN erkrankt.

Wie lange habe ich Anspruch auf Entgeltfortzahlung?

Der AN ist bis zur Dauer von sechs Wochen das ihr zustehende Arbeitsentgelt fortzuzahlen, § 4 Abs. 1 EFZG. Hierzu zählen auch regelmäßig anfallende Zuschläge, nicht aber das zusätzlich für Überstunden gezahlte Entgelt. Überstunden liegen aber nicht schon bei Überschreitung der vereinbarten, betriebsüblichen oder tariflichen Arbeitszeit vor. Entscheidend ist vielmehr die regelmäßige persönliche Arbeitszeit der AN, die bei Überschreitung der vertraglich vereinbarten Arbeitszeit in der Regel anhand eines Vergleichszeitraumes von 12 Monaten vor Beginn der Arbeitsunfähigkeit festzustellen ist. Hat die AN innerhalb dieses Zeitraums mit einer gewissen Stetigkeit und Dauer über die vereinbarte oder tarifliche Arbeitszeit hinaus gearbeitet, so ist diese längere Arbeitszeit als die regelmäßige Arbeitszeit (= Zeitfaktor) maßgeblich (BAG, Urt. vom 21.11.2001 – 5 AZR 296/00). Die zusätzlich für Überstunden bezahlten Zuschläge (= Geldfaktor) bleiben dagegen auch dann außer Betracht, wenn sie in einer Überstundenpauschale enthalten sind.

Mein AG verweigert mir die Zahlung, geht das überhaupt?

Gegenüber dem Entgeltfortzahlungsanspruch steht dem AG nach Maßgabe des § 7 EFZG so lange ein Leistungsverweigerungsrecht zu, bis die

AN die ihr nach § 5 EFZG obliegenden Verpflichtungen, insbesondere die Nachweispflicht durch Vorlage einer ärztlichen Arbeitsunfähigkeitsbescheinigung, erfüllt.

Wie ist die Rechtslage, wenn meine Arbeitsunfähigkeit länger als sechs Wochen dauert, weil mittlerweile eine neue Krankheit vorliegt?

Mit Urt. vom 18.1.2023 – 5 AZR 93/22 – hat das BAG die Anforderungen an die Darlegungslast der AN erschwert. Danach muss die AN eine ärztliche Bescheinigung über die neue Erkrankung vorlegen, die grundsätzlich vom vorherigen Arzt ausgestellt wurde. Eine Erstbescheinigung von einem anderen Arzt hat danach grundsätzlich keinen Darlegungswert darüber, dass keine Fortsetzungserkrankung vorliegt. Bestreitet der AG daraufhin das Vorliegen einer neuen Krankheit, muss die AN umfassend darlegen, welche gesundheitlichen Beeinträchtigungen und Beschwerden mit welchen Auswirkungen auf ihre Arbeitsfähigkeit bestanden und darüber hinaus die behandelnden Ärzte von der Schweigepflicht entbinden. Kommt sie diesen Pflichten nicht nach, wird eine Fortsetzungserkrankung angenommen mit der Folge, dass der Lohnfortzahlungsanspruch bei längerer Arbeitsverhinderung als sechs Wochen entfällt.

Ich bin bei einem Autounfall verletzt worden, an dem der andere Verkehrsteilnehmer die volle Schuld trägt. Wer zahlt mir jetzt mein Arbeitsentgelt?

Hat ein Dritter die Arbeitsunfähigkeit verschuldet, so geht der Schadensersatzanspruch, den die geschädigte AN gegen den Dritten wegen Verdienstausfalles geltend machen könnte, kraft Gesetzes gem. § 6 Abs. 1 EFZG insoweit auf den AG über, als dieser an die AN Entgeltfortzahlung nach dem EFZG geleistet und Sozialversicherungsbeiträge abgeführt hat. Die geleistete Entgeltfortzahlung muss bei der Ermittlung des der AN entstandenen Schadens selbstverständlich außer Betracht bleiben. Um die Realisierung des Rückgriffsanspruches des AG gegen den Schädiger zu ermöglichen, muss die AN dem AG gem. § 6 Abs. 2 EFZG die erforderlichen Angaben machen.

Tipp: Sind Sie gesetzlich krankenversichert, haben Sie auch einen Anspruch auf Leistungen aus der gesetzlichen Krankenkasse in Form von Krankengeld nach § 45 SGB V zur Pflege eines erkrankten Kindes, wenn es nach ärztlichem Zeugnis erforderlich ist, dass sie zur Pflege des Kindes der Arbeit fernbleiben müssen – eine andere im Haushalt lebende Person das Kind nicht beaufsichtigen, pflegen oder betreuen kann und das Kind das zwölfte Lebensjahr noch nicht vollendet hat. Die Bezugsdauer beträgt für jedes Kind längstens zehn Tage, für Alleinerziehende längstens 20 Tage. Für Versicherte mit mehr als zwei Kindern sind jedoch Grenzen gesetzt. Sie können sich für maximal 25 Tage, Alleinerziehende maximal 50 Tage freistellen lassen. Für die Dauer des Anspruchs auf Krankengeld muss der AG der AN unbezahlte Freistellung gewähren.

Verwandte Suchbegriffe:

- **Arbeitsunfähigkeit**
- **Arbeitsvertrag, Rechte und Pflichten aus dem**

38. Entlassung wegen verletzter Aufsichtspflicht

Fallbeispiel

„Es stellt sich die Frage, ob man ein vierjähriges Kind allein mit einem Seil durch die Gegend ziehen lässt“, mit diesen Worten leitet der Strafrichter die Begründung seines Urteiles ein, mit der er die 45 Jahre alte Erzieherin Gabi L. wegen fahrlässiger Tötung zu zwei Jahren Freiheitsstrafe auf Bewährung verurteilt. Der vierjährige Franz war mit einem Seil um den Hals auf die Rutsche gestiegen und hatte sich stranguliert. Zwei Mädchen im Alter von drei und fünf Jahren hatten den leblosen Körper entdeckt und die Erzieherinnen gerufen. Einen Tag nach der Urteilsverkündung erhält Gabi L. die fristlose Kündigung.

Was käme im Falle einer Aufsichtspflichtverletzung arbeitsrechtlich auf mich zu?

Neben zivil- und strafrechtlichen Folgen wie Verpflichtung zum Schadensersatz aus Regressansprüchen der Unfallkassen und einem Strafurteil hat eine Aufsichtspflichtverletzung auch arbeits- und disziplinarrechtliche Folgen, denn die Verletzung der Aufsichtspflicht ist zugleich auch eine Verletzung der Dienstpflicht. In Betracht kommen hier:

- die Zurückstellung von einer Beförderung;
- die Entziehung einer Leitungsfunktion;
- eine Abmahnung;
- die fristlose Kündigung.

Der AG kann also nicht nur seine Missbilligung zum Ausdruck bringen, sondern unter Umständen auch die Beendigung des Arbeitsverhältnisses herbeiführen. Insbesondere bei presseträchtigen Vorkommnissen, bei denen der AG einem starken Handlungsdruck unterliegt, kommen Kündigungen vor. Immerhin sind Erziehung und Beaufsichtigung der der Kindertagesstätte anvertrauten Kinder der wichtigste Bestandteil des Arbeitsverhältnisses einer Erzieherin.

Tipp: Immer wieder trifft man in der Praxis auf den weit verbreiteten Irrtum, dass das → Haftungsprivileg auch vor Folgen schützt, die durch eine lasche Aufsichtsführung entstanden sind. Es kann gar nicht genug betont werden: Dem ist **nicht** so. Die Bandbreite der möglichen Folgen einer solchen Verletzung der Dienstpflichten ist groß und vor Dienstpflichtverletzungen jeglicher Art kann an dieser Stelle nur gewarnt werden.

Verwandte Suchbegriffe:

- **Abmahnung**
- **Arbeitsvertrag, Rechte und Pflichten aus dem**
- **Berufshaftpflicht**
- **Haftungsprivileg**
- **Kündigung**

39. Erhöhung der Arbeitszeit

Fallbeispiel

Margret D. ist Gruppenleiterin in der Kindertageseinrichtung „Palotti“. Die zweigruppige Einrichtung in kommunaler Trägerschaft der 3000-Seelen-Gemeinde hat derzeit 35 Kinder auf den vorhandenen 50 Plätzen. Diese werden betreut von vier Mitarbeiterinnen, deren wöchentliche Arbeitszeit 30 Stunden (Gruppenleiterinnen) bzw. 25 Stunden (Zweitkräfte) beträgt. Als nun durch die Ausweisung eines neuen Baugebietes die Nachfrage nach Betreuungsplätzen in der Gemeinde stark ansteigt, will die Gemeinde dem Andrang der Kinder mit Erhöhung der wöchentlichen Arbeitsstunden begegnen und erhöht die Wochenarbeitszeit einer Kollegin von Margret D. um vier Stunden. Margret D. ist der Ansicht, die Erhöhung um vier Wochenarbeitsstunden sollte ihr zugutekommen, hilfsweise will sie wenigstens zwei Wochenstunden Erhöhung haben.

(Fall nach BAG, Urt. vom 13.2.2007 – 9 AZR 575/05 –)

Mein AG muss meine Arbeitszeit doch erhöhen, wenn ich das will, oder?

§ 9 TzBfG sieht vor, dass eine AN Anspruch auf Teilzeitverlängerung hat, wenn sie ihrem AG mitteilt, dass sie aufstocken will und es einen entsprechenden anderen Arbeitsplatz gibt, der frei ist. Ist dies der Fall, hat der AG die AN sogar bevorzugt zu berücksichtigen, es sei denn, dringende betriebliche Gründe oder Arbeitszeitwünsche anderer AN stehen entgegen. Was aber ist ein entsprechender Arbeitsplatz? Das BAG hat mit Urt. vom 8.5.2007 – 9 AZR 874/06 – die Anforderung dahingehend präzisiert, dass auf dem zu besetzenden freien Arbeitsplatz die gleiche oder zumindest vergleichbare Tätigkeit auszuüben ist, wie sie die teilzeitbeschäftigte AN schuldet, die den Wunsch nach Verlängerung der Arbeitszeit angezeigt hat. Eignung und Qualifikation der AN müssen den objektiven Anforderungen dieses Arbeitsplatzes genügen.

Was kann denn in einer Tageseinrichtung ein dringender betrieblicher Grund sein?

In der Kindertagesbetreuung tendieren AG dazu, möglichst viele Teilzeitarbeitsplätze zu schaffen, um besser auf Schwankungen in den Anmeldezahlen reagieren zu können. Noch nicht höchstrichterlich entschieden ist, ob dieses Interesse einen dringenden betrieblichen Grund i. S. v. § 9 TzBfG darstellt. Wichtig in diesem Zusammenhang ist auch die kürzlich wieder bestätigte Auffassung des BAG (Urt. vom 16.10.2007 – 9

AZR 321/06), dass hinsichtlich Arbeitszeitkürzungen in Kindertageseinrichtungen die Arbeitsgerichte die pädagogische Konzeption der Einrichtungen zu respektieren haben. Sieht diese nämlich vor, die Kinder möglichst immer von derselben Person betreuen zu lassen, steht dies einer Arbeitszeitverkürzung und damit der Schaffung weiterer Teilzeitstellen entgegen.

Meine Arbeitszeit wurde befristet erhöht. Geht das?

Ja. Die befristete Aufstockung ist zulässig, beispielsweise, wenn die Arbeitszeit einer Erzieherin für die Dauer der Elternzeit einer anderen Erzieherin befristet erhöht wurde oder wenn wegen Langzeiterkrankung der Leiterin die ständige stellvertretende Leiterin mehr Wochenarbeitsstunden bis zur Genesung der Leiterin erhält. Hält sich der AG an die Vorgaben des TzBfG, ist auch eine solche Befristung zulässig (BAG, Urt. vom 8.8.2007 – 7 AZR 855/06).

In unserer Einrichtung haben mehrere MA Aufstockung beantragt. Wer hat die besten Aussichten?

Nach § 9 TzBfG ist ein AG zwar verpflichtet, eine teilzeitbeschäftigten AN, die ihm den Wunsch nach einer Verlängerung ihrer vertraglich vereinbarten Arbeitszeit angezeigt hat, bei der Besetzung eines entsprechenden freien Arbeitsplatzes bei gleicher Eignung bevorzugt zu berücksichtigen, sofern dringende betriebliche Gründe oder Arbeitszeitwünsche anderer AN nicht entgegenstehen. Bei seiner Entscheidung, welcher teilzeitbeschäftigten AN er eine Arbeitszeiterhöhung anbietet, unterliegt der AG aber keiner rechtlichen Bindung. Er ist hierbei insbesondere auch nicht an die Grundsätze billigen Ermessens gebunden. Das Gebot billigen Ermessens betrifft nur das Weisungsrecht des AG (§ 106 Abs. 1 GewO), nicht dagegen die Änderung eines bestehenden Arbeitsvertrages. Soweit kein neuer Arbeitsplatz eingerichtet wird, kann der AG daher frei entscheiden, welcher Teilzeitbeschäftigten er eine Verlängerung der Arbeitszeit anbietet. § 9 TzBfG verpflichtet ihn auch nicht, das gestiegene Arbeitszeitvolumen auf alle interessierten Teilzeitbeschäftigten gleichmäßig zu verteilen. Margret D. im Fallbeispiel hat daher wenig Aussicht auf Erfolg ihrer Klage.

Ich arbeite nun schon seit Monaten mehr Stunden als in meinen Vertrag stehen. Das erhöht doch mein Wochenarbeitspensum stillschweigend, oder?

Leider nicht. Es ist in der Praxis keine Seltenheit, dass teilzeitbeschäftigte AN von Beginn ihrer Tätigkeit an mit einem erhöhten Arbeitsvolumen eingesetzt werden. Gehen die Anmeldezahlen dann einmal zurück, kann die geleistete Mehrarbeit ohne weiteres auf das vertraglich vereinbarte Stundendeputat zurückgefahren werden. Das BAG hat mit Urt. vom 25.4.2007 – 5 AZR 504/06 – entschieden, dass sich allein aus der Tatsache, dass die AN vom AG längere Zeit unter deutlicher Überschreitung der vertraglich vorgesehenen Arbeitszeit eingesetzt wird, noch keine Vertragsänderung ergibt. Das BAG schließt mit diesem Urteil zwar die Möglichkeit einer dauerhaften stillschweigenden Vertragsänderung nicht aus. Es stellt hieran aber im Ergebnis so hohe Anforderungen, dass praktisch keine AN in der Lage sein wird, entsprechende, auf eine Arbeitszeiterhöhung gerichtete stillschweigende Willenserklärungen nachzuweisen.

Ist die Erhöhung meiner Arbeitszeit mitbestimmungspflichtig?

Die Erhöhung der wöchentlichen Arbeitszeit kann durchaus mitbestimmungspflichtig sein. Entscheidend ist, in welchem Umfang die wöchentliche Arbeitszeit erhöht werden soll. Nach der bisherigen Rechtsprechung des BAG liegt in einer nach Dauer und Umfang nicht unerheblichen Erhöhung der regelmäßigen wöchentlichen Arbeitszeit einer AN eine Einstellung i. S. v. § 99 BetrVG. Eine Arbeitszeiterhöhung ist danach dann eine mitbestimmungspflichtige Einstellung nach § 99 BetrVG, wenn sie für mehr als einen Monat vorgesehen ist und mindestens zehn Stunden pro Woche beträgt (BAG, Urt. vom 9.12.2008 – 1 ABR 74/07). Hingegen ist die dauerhafte Erhöhung der vertraglichen Wochenarbeitszeit einer AN nicht mitbestimmungspflichtig, wenn es sich um eine unerhebliche Erhöhung handelt und der AG die Stelle nicht ausgeschrieben hat oder hätte ausschreiben müssen (BAG, Urt. vom 15.5.2007 – 1 ABR 32/06).

Eine Herabsetzung der vertraglichen Arbeitszeit fällt demgegenüber nicht unter den Mitbestimmungstatbestand.

Tipp: Bei Veränderungen Ihrer persönlichen Situation wird sich vielleicht einmal die Notwendigkeit ergeben, die Arbeitszeit aufzustocken.

Das Aufstockungsbegehren sollten Sie frühzeitig melden. Es lohnt sich daher, im Auge zu behalten, welche Stellen Ihr Träger ausschreibt und zu prüfen, ob die ausgeschriebene Stelle mit der Ihren vergleichbar ist.

Verwandte Suchbegriffe:

- **Betriebsrat**
- **Elternteilzeit**
- **Teilzeit**

40. Erste-Hilfe-Leistung, Haftung bei

Fallbeispiel

Dicke Luft im „Hexenhaus“: Erzieherin Elke L. wurde von Ninas Mutter lautstark darüber aufgeklärt, wie teuer die Brille war, die sie heute versehentlich beschädigt hat. Nina war vom Klettergerüst gefallen und hatte sich dabei am Knie verletzt. Als Elke L. herbeistürzte, um ihr schnell Erste Hilfe zu leisten, ist sie auf die Brille getreten, die von allen unbemerkt im Gras lag. Auf ihrer Heimfahrt fragt sich Elke L., ob sie sich den Ton, den Ninas Mutter ihr gegenüber angeschlagen hat, wirklich bieten lassen muss und außerdem, ob sie tatsächlich für eine neue Brille aufkommen muss.

Wenn ich keine Erste Hilfe leiste, mache ich mich doch strafbar, oder?

Ja. Das Unterlassen von Hilfeleistung ist strafbar. § 323c StGB bestimmt insoweit:

> *„Wer bei Unglücksfällen oder gemeiner Gefahr oder Not nicht Hilfe leistet, obwohl dies erforderlich und ihm den Umständen nach zuzumuten, insbesondere ohne erhebliche eigene Gefahr und ohne Verletzung anderer wichtiger Pflichten möglich ist, wird mit Freiheitsstrafe bis zu einem Jahr oder mit Geldstrafe bestraft.“*

Das Gesetz nennt selbst die Ausnahmegründe, bei denen die Hilfeleistung im Einzelfall einmal nicht in Betracht kommen kann, weil sie unzumutbar wäre:

1. Der Hilfeleistende ist nicht verpflichtet, sich selbst erheblich zu gefährden (z. B. als Nichtschwimmer einen Ertrinkenden zu retten).
2. Der Hilfeleistende ist nicht verpflichtet, andere wichtige Pflichten zu verletzen (z. B. eine Gruppe von Kindern unbeaufsichtigt im Wald zurückzulassen, um ein ausgebüxtes Kind zu suchen).

Was passiert mir, wenn ich bei der Ersten-Hilfe-Leistung einen Fehler mache oder einen Schaden anrichte?

Hat die Hilfeleistende die Erste-Hilfe nach bestem Wissen und Gewissen geleistet und dabei die Empfehlungen der Unfallkassen bzw. der von den Unfallkassen zur Ausbildung von Ersthelfern autorisierten Stellen (ASB, DRK, JUH, MHD etc.) beachtet, entfällt die Schadensersatzverpflichtung selbst dann, wenn sich die Beschwerden durch die Erste- Hilfe-Leistung verschlimmern sollten oder der Verunfallte verstirbt. Die gesetzliche Unfallkasse (GUK) kommt dann für die durch die Erste Hilfe verursachten Schäden auf.

Hinsichtlich etwaiger Sachschäden an der Kleidung des Verletzten gilt: Das zu schützende Interesse (Unversehrtheit des Verletzten) überwiegt das sog. beeinträchtigte Interesse (Unversehrtheit der Kleidung). Schneidet die Erzieherin beispielsweise die Hose des verunfallten Kindes auf, um eine Kniewunde besser versorgen zu können bzw. ein schmerzhaftes Herunterstreifen der Hose über die Wunde zu vermeiden, ist dies ohne Folgen für sie zulässig. Sie hätte nicht einmal dann Schadensersatzansprüche zu befürchten, wenn sie beim Aufschneiden der Hose dem Kind eine Schnittverletzung am Schienbein beibringt. Entsprechendes gilt auch beispielsweise für eine Brille, die bei der Erste-Hilfe-Leistung beschädigt wird.

Und wenn ich mir dabei meine Kleidung oder meinen Pkw beschmutze?

Nicht selten werden auch bei der Hilfeleistung Rechtsgüter des Hilfeleistenden verletzt, wenn beispielsweise die Kleidung blutverschmiert ist oder man sich beim Versuch, in unebenem Gelände zum Verletzten zu kommen, das Fußgelenk verstaucht. Da die Gefahr der Eigenschädigung es jedoch nicht rechtfertigt, Erste Hilfe zu unterlassen, sind folgerichtig auch erlittene Körper- und Sachschäden in der Gesetzlichen Unfallkasse versichert, um zu verhindern, dass eine Erste Hilfe nur deswegen nicht geleistet wird, weil der für die Erste Hilfe in Betracht kommende eigene Schäden oder Vermögenseinbußen fürchtet. Die Gesetzliche Unfallkasse erstattet insoweit insbesondere:

1. erlittene Körperschäden,
2. erlittene Sachschäden,
3. weitere Aufwendungen.

Tipp: Die dargestellten Grundsätze zum Versicherungsschutz gelten im Übrigen für alle Ersthelfer unabhängig von einer versicherten Tätigkeit. Selbst wenn Sie als Privatfrau unterwegs sind und einem Verunfallten Hilfe leisten, sind Sie in der dargestellten Weise versichert, denn es gilt der Grundsatz, dass der Hilfeleistende unabhängig von einem Beschäftigungsverhältnis beitragsfrei in der gesetzlichen Unfallversicherung versichert ist.

Verwandte Suchbegriffe:

- **Haftung des AG**

41. Existenzgründung

Fallbeispiel

Zoe F., Gruppenleitung in einem Kinderhaus, wird in letzter Zeit immer unzufriedener mit ihren Arbeitsbedingungen. Die Leitung überträgt so gut wie keine Verantwortung auf ihre Mitarbeiterinnen und hat einen chaotischen Führungsstil, der schon häufig zu erheblichen Problemen in Zoes Arbeitsalltag geführt hat. Sie spielt daher schon längere Zeit mit dem Gedanken, ihre eigene Kita zu eröffnen.

Kann ich mich als Erzieherin überhaupt selbständig machen?

Ja. Das Einkommensteuergesetz benennt in § 18 Abs. 1 die selbstständig ausgeübte erzieherische Tätigkeit ausdrücklich zu den sogenannten Katalogberufen, die Einkünfte aus selbständiger Arbeit erzielen können. Sogar eine Teilselbstständigkeit ist möglich, wenn beispielsweise parallel zu einer Festanstellung eine Nebentätigkeit auf Honorarbasis aufgenommen wird.

Kann ich als Privatperson Träger einer Kita sein?

Es gibt verschiedene Rechtsformen der Selbstständigkeit, in der eine Kita-Trägerschaft in Betracht kommt. Die Rechtsformen unterscheiden sich beispielsweise in der Anzahl der notwendigen Gesellschafter, in der Höhe der Mindestkapitalausstattung, in der Ausgestaltung des Haftungsrisikos etc. Es ist ratsam, sich im Rahmen einer Existenzgründungsberatung mit den Vor- und Nachteilen der jeweiligen vertraut zu machen sowie Finanzierungs- und Versicherungsfragen zu klären.

- Gesellschaft bürgerlichen Rechts (GbR)
- Gemeinnützige Gesellschaft mit beschränkter Haftung (gGmbH)
- Partnerschaftsgesellschaft (PartGG)
- Eingetragener Verein (e. V.)

Der eingetragene Verein ist sicher die am meisten verbreitete Form, eine Kita ins Leben zu rufen. Der eingetragene Verein ist eine juristische Person und ist somit rechtsfähig, d. h., er kann rechtsgeschäftlich handeln. Er ist in den §§ 21 ff BGB geregelt. Ist der Verein durch das zuständige Finanzamt als gemeinnützig anerkannt, genießt er zum einen steuerliche Vorteile, zum anderen ist auch berechtigt, Spendenquittungen auszustellen.

Die Gründung eines Vereins verläuft in den folgenden sieben Schritten:

1. Gründungsmitglieder finden
2. Gründungsversammlung abhalten und Vorstand wählen
3. Satzung beschließen
4. Gründungsprotokoll schreiben
5. Satzung auf Gemeinnützigkeit prüfen lassen
6. Verein eintragen lassen
7. Bankkonto eröffnen

Zahlreiche Internetquellen wie beispielsweise www.deutsches ehrenamt.de geben nützliche Tipps und Musterformulare zum Prozedere. Die hierfür anfallenden Kosten sind mit ca. 100 Euro vergleichsweise gering

Und wie gehts weiter?

Will der gemeinnützige eingetragene Verein eine Tageseinrichtung für Kinder oder Jugendliche betreiben, benötigt er nun eine Betriebserlaubnis nach § 45 SGB VIII. Ist diese erteilt, kann die Einrichtung eröffnet werden.

Und wie komme ich an Fördergelder?

Unbedingt zu empfehlen ist es, den Eröffnungstag zu protokollieren, denn mit ihm beginnt die Frist von drei Jahren nach § 75 Abs. 2 SGB VIII zu laufen. Denn eine Einrichtung der Kinder und Jugendhilfe muss mindestens drei Jahre auf diesem Gebiet tätig sein, um einen Antrag auf Anerkennung als Träger der freien Jugendhilfe stellen zu können. Dieser Status wird benötigt, um Fördermittel zu beantragen. Das Antragsverfahren, die zuständige Antragsbehörde und die Höhe der Fördermittel bestimmen sich nach dem jeweiligen Landesrecht.

Tipp: Da in den ersten drei Jahren der Tätigkeit keine Fördermittel fließen, ist es ratsam, frühzeitig Kontakt zu einem bereits anerkannten Träger der freien Wohlfahrtspflege zu knüpfen, um gegebenenfalls unter dessen Label den Anerkennungszeitraum zu überbrücken.

42. Formvorschriften, gesetzliche

Fallbeispiel

Svenja D. tritt heute am ersten Tag des Kindergartenjahres ihre neue Stelle als Ergänzungskraft in der Einrichtung „St. Leonhard“ an. Ihre Einstellung war eine „Blitzlösung“ in der letzten Woche des abgelaufenen Kindergartenjahres: Da eine Kollegin überraschend gekündigt hatte, hat Leiterin Beate M. händeringend einen schnellen Ersatz gesucht, um über die Sommerferien den ohnehin „auf Kante genähten“ Anstellungsschlüssel und die damit verbundenen Fördermittel nicht zu gefährden. Da aber die Personalabteilung des Trägers über die Sommerferien nur sehr eingeschränkt besetzt war, hält Svenja D. heute bei Arbeitsantritt noch immer keinen schriftlichen Arbeitsvertrag in Händen. Sie macht sich aber keine

Sorgen. Schließlich hat sie die Stelle befristet für ein Jahr und irgendwann in dieser Zeit wird der Arbeitsvertrag schon eintreffen.

Brauche ich unbedingt einen schriftlichen Arbeitsvertrag?

Nein. Ihr Arbeitsvertrag kann sowohl schriftlich als auch mündlich abgeschlossen werden. In beiden Fällen ist er rechtsgültig. Allerdings empfiehlt sich schon allein aus Beweisgründen die Schriftform, um bei eventuellen späteren Meinungsverschiedenheiten die eigene Rechtsposition belegen zu können.

Gibt es von diesem Grundsatz auch Ausnahmen?

Ja. Für einige Sondertatbestände sieht das Arbeitsrecht besondere gesetzliche Formvorschriften vor. Diese Formvorschriften können weder durch → Arbeitsvertrag noch durch → Betriebsvereinbarung oder durch → Tarifvertrag abbedungen werden. Ihnen kommt in der Praxis eine erhebliche Bedeutung zu. Zu ihnen gehören:

§ 623 BGB: Für die Beendigung eines Arbeitsverhältnisses durch → Kündigung oder → Aufhebungsvertrag ist die Schriftform zwingend vorgeschrieben. § 126 BGB legt fest, dass immer dann, wenn wie im Fall des § 623 BGB die Schriftform gesetzlich vorgesehen ist, die Urkunde vom Aussteller eigenhändig durch Namensunterschrift unterzeichnet werden muss. Eine Kündigung muss daher stets von der Partei, die kündigt, unterschrieben werden, anderenfalls ist die Kündigung nach § 125 BGB nichtig. Ebenfalls nichtig sind mündliche Kündigungen. Dies gilt für ordentliche und außerordentliche („fristlose") Kündigungen. Zur Angabe des Kündigungsgrundes verpflichtet § 623 BGB hingegen nicht.

Der Schriftform kommt hierbei in erster Linie eine Warnfunktion zu. Sie soll

- die Rechtssicherheit fördern und
- AG und AN vor unbedachten „Spontankündigungen" schützen.

Bei der **Änderungskündigung** ist Folgendes zu beachten: Sie besteht aus zwei Willenserklärungen (Kündigung und Änderungsangebot), ist aber wie ein einheitliches Rechtsgeschäft zu betrachten. Daher bedarf nicht nur die Kündigung, sondern auch das Änderungsangebot der Schriftform. Die

Annahme des Änderungsangebotes durch die AN ist dann jedoch nicht mehr Bestandteil der Kündigung nach § 623 BGB und deshalb auch nicht formbedürftig.

Auch **Aufhebungsverträge** müssen schriftlich mit der eigenhändigen Namensunterschrift beider Vertragsparteien abgeschlossen werden. Der Formvorschrift kommt ebenfalls Warn- und Beweisfunktion zu.

§ 14 Abs. 4 TzBfG: Nach dieser Norm bedarf der Abschluss eines befristeten Arbeitsvertrages oder seine Änderung, wie z. B. eine Verlängerung, zwingend der Schriftform. Nicht formbedürftig ist dagegen eine sog. „Nichtverlängerungsmitteilung“ bei befristeten Arbeitsverträgen, also die Mitteilung, dass der befristete Arbeitsvertrag nicht weitergeführt werden soll.

Wie aber, wenn die Befristung nicht schriftlich vorliegt? An dieser Stelle taucht in der Praxis regelmäßig die besondere Problematik auf, dass im Arbeitsvertragsrecht auch ein nicht schriftlich geschlossener Arbeitsvertrag voll gültig ist. Ist die Befristung unwirksam, weil ihr wie im Fallbeispiel das Schriftformerfordernis bei Antritt der Stelle fehlt, besteht ein unbefristetes Arbeitsverhältnis, das nach allgemeinen Grundsätzen gekündigt werden kann. § 16 Abs. 1 TzBfG bestimmt insoweit, dass der befristete Arbeitsvertrag mit dem vereinbarten Ende als auf unbestimmte Zeit geschlossen gilt, er kann frühestens zum vereinbarten Ende ordentlich gekündigt werden, sofern nicht die ordentliche Kündigung zu einem früheren Zeitpunkt vertraglich vereinbart ist. Ist die Befristung nur wegen des Mangels der Schriftform unwirksam, kann der Arbeitsvertrag auch vor dem vereinbarten Ende ordentlich gekündigt werden, § 16 Abs. 2 TzBfG.

Die Formunwirksamkeit der Befristung muss innerhalb der Frist des § 17 Satz 1 TzBfG (drei Wochen) nach Auslaufen der Befristung durch Feststellungsklage geltend gemacht werden. Wird das Arbeitsverhältnis fortgesetzt, obwohl das vereinbarte Ende erreicht ist, so beginnt die Frist nach § 17 Satz 1 TzBfG mit dem Zugang der schriftlichen Erklärung des AG, dass das Arbeitsverhältnis aufgrund der Befristung beendet sei (§ 17 Satz 2 TzBfG).

Ein gerichtlich protokollierter Vergleich über die einvernehmliche Beendigung des Arbeitsverhältnisses erfüllt das Schriftformerfordernis des § 623 BGB ebenso wie die Schriftform mit Namensunterschrift.

Tipp: Liegt Ihnen bei Arbeitsantritt die Befristung lediglich mündlich, aber noch nicht schriftlich vorl, haben Sie schon gewonnen. Ihr Arbeitsverhältnis gilt als auf unbestimmte Zeit geschlossen. Ihr AG ist an die gesetzlichen Kündigungsfristen gebunden.

Verwandte Suchbegriffe:

- **Arbeitsverhältnis, Rechte und Pflichten aus dem**
- **Aufhebungsvertrag**
- **Befristung mit und ohne Sachgrund**
- **Kündigung**

43. Fortbildungskosten, Rückzahlung von

Fallbeispiel

Konstanze L., Gruppenleiterin im „Spatzennest“, einer Kindertagesstätte in freier Trägerschaft der Elterninitiative H., ist entsetzt. Heute hat sie Post von ihrer Arbeitgeberin bekommen. Darin wird ausgeführt, sie habe ja nun zum nächsten Ersten gekündigt, um eine Stelle als Leiterin in einer kommunalen Einrichtung anzutreten. Daher sei der von H. aufgewendete Betrag für sämtliche Fortbildungsmaßnahmen der letzten fünf Jahre von ihr zu erstatten, da H. durch die hierdurch erlangten Qualifikationen nun keinen Vorteil erlangen könne. Es folgt eine detaillierte Aufstellung der besuchten Maßnahmen, hierunter Fortbildungen zu den Themen Kinder mit Verhaltensauffälligkeiten, Portfolioarbeit, Krippeneltern professionell und kompetent begleiten, Burn-Out, Sicherheitsmanagement, Partizipation im Kindergarten und Hort, Kirchenraumpädagogik, qualifizierte Praxisanleitung, praktische Anwendung der QM-Systeme etc. H. errechnet sich so einen Erstattungsbetrag von 5.483 Euro, zahlbar binnen 14 Tagen.

Muss ich meine Fortbildungskosten zurückzahlen, wenn ich kündige?

Das Gesetz schweigt sich zur Rückzahlungsverpflichtung von Fortbildungsmaßnahmen bei Kündigung aus. § 611 BGB legt als vertragliche Pflichten des Dienstvertrages lediglich die Erbringung der Arbeitsleistung und im Gegenzug die Zahlung der vereinbarten Vergütung fest. Darüberhinausgehende Pflichten des Dienstvertrages sind durch das Richterrecht – also ständige Rechtsprechung des BAG und der arbeitsgerichtlichen Obergerichte – entwickelt worden. Hierunter fällt auch die Rückzahlung von Fortbildungskosten. Lediglich aus § 624 BGB folgt, dass eine Rückzahlungsverpflichtung keinesfalls für Fortbildungen gelten kann, die länger als fünf Jahre zurückliegen.

Wird eine Fortbildungsmaßnahme durch den zuständigen Vertreter des AG – je nach Organisationsform ist dies beispielsweise der Bürgermeister (bei einer kommunalen Einrichtung), der Vorstand des Trägervereins (bei einer freien Einrichtung) oder der Pfarrer als Vorstand der Kirchenverwaltung (bei einer kirchlichen Einrichtung) – genehmigt, wird in der Regel auch eine sog. Maßnahmevereinbarung getroffen, die das Nähere bestimmt, z. B. in welchem Umfang die AN für die Maßnahme freigestellt wird, wer die Kosten übernimmt etc. Ist nicht bereits im → Tarifvertrag, in den arbeitsvertraglichen Richtlinien, im → Arbeitsvertrag selbst oder in einer → Betriebsvereinbarung geregelt, wie eine Kostenrückerstattung für den Fall erfolgen soll, dass die AN ihr erweitertes und vertieftes Wissen nicht mehr bei dem die Fortbildung zahlenden AG einbringen kann, weil sie den Arbeitsvertrag kündigt, gehört diese Absprache ebenfalls in die Maßnahmevereinbarung. Dies ist nicht nur zu Beweiszwecken empfehlenswert, sondern ist auch in den Fällen, in denen nach dem → Arbeitsvertrag oder → Tarifvertrag Nebenabreden der Schriftform bedürfen, zwingend erforderlich.

Nach ständiger Rechtsprechung des BAG sind die Kriterien für eine Zumutbarkeit der Rückzahlung seitens der AN:

- **Vorteilserlangung**
Die AN muss einen geldwerten Vorteil erlangt haben, sie muss also eine angemessene Gegenleistung für die Rückzahlungsverpflichtung erhalten haben. Auf AG-Seite muss die Rückzahlungsverpflichtung aber auch begründet sein. Wird die Zahlungsverpflichtung des AN beispielsweise allein dadurch ausgelöst, dass der AG kündigt, kann dies ein Verstoß gegen den Grundsatz von Treu und Glauben und damit unwirksam sein. In aller Regel setzt nämlich die Rückzahlungsverpflichtung nur dann ein, wenn der AN die Beendigung des Arbeitsverhältnisses herbeigeführt hat, also entweder gekündigt oder einen Aufhebungsvertrag im eigenen Interesse geschlossen hat. Darüber hinaus kommt eine Rückzahlungsverpflichtung

in den Fällen in Betracht, in denen eine berechtigte verhaltensbedingte AG-Kündigung vorliegt.

- **Umfang und Dauer der Bildungsmaßnahme**
Die Dauer der Fortbildung ist nach der Rechtsprechung ein starkes Indiz für die Qualität der erworbenen Qualifikation. Fortbildungs- und Bindungsdauer müssen daher in einem angemessenen Verhältnis stehen. Als Richtsatz führt das BAG aus: Bei einer Lehrgangsdauer von bis zu zwei Monaten ohne jegliche Verpflichtung zur Arbeitsleistung darf im Regelfall höchstens eine einjährige Bindung vereinbart werden. Hiervon darf nur im Einzelfall abgewichen werden, wenn etwa der AG erhebliche Mittel aufgewendet hat und die Teilnahme an der Fortbildung dem AN erhebliche Vorteile bringt. Umgekehrt kann auch bei längerer Dauer der Fortbildung lediglich eine verhältnismäßig kurze Bindung gerechtfertigt sein, etwa, wenn der AG verhältnismäßig wenig Mittel aufwendet und die Teilnahme an der Fortbildung dem AN geringe Vorteile bringt.

- **Verhältnismäßigkeit**
Zudem müssen die Vorteile der Ausbildung und die Dauer der Bindung in einem angemessenen Verhältnis zueinander stehen. Anderenfalls ist die Rückzahlungsklausel nach § 307 Abs. 1 BGB unwirksam. Welche Bindungsdauer im Einzelfall zulässig ist, kann nur anhand einer Güterabwägung nach Maßgabe des Verhältnismäßigkeitsgrundsatzes unter Heranziehung aller Umstände des Einzelfalles ermittelt werden. (BAG, Urt. vom 14.1.2009 – 3 AZR 900/07).

Muss ich dann den vollen Betrag zurückzahlen?

Hier ist zu unterscheiden zwischen der vereinbarten Rückzahlungssumme und den tatsächlichen Kosten der Maßnahme, denn keinesfalls darf der vereinbarte Rückzahlungsbetrag höher als die tatsächlichen Kosten der Maßnahme sein. Hier kann sich Nachrechnen lohnen! Die tatsächlichen Kosten errechnen sich aus den Schulungsgebühren zuzüglich evtl. Fahrt- und Materialkosten sowie dem Entgeltwert für die Freistellung von der Arbeitsverpflichtung. Ist der AG selbst Maßnahmeträger, ist hier insbesondere zu prüfen, ob dem AG tatsächlich Dozentenkosten entstanden sind. Sind so die tatsächlichen Kosten ermittelt, werden diese um den Betrag gemindert, der durch die abgelaufene Bindung bereits „abgearbeitet“ wurde. Besteht beispielsweise eine einjährige Bindung, weil der Lehrgang zwei Monate andauerte und eine gänzliche Freistellung erforderte, liegt er aber zum Zeitpunkt des Ausscheidens der Mitarbeiterin schon ein halbes Jahr zurück, wird er auch nur zur Hälfte rückzahlbar sein.

Was gilt für die Rückzahlung von Fortbildungen in der Probezeit?

Eine Vereinbarung über die Rückzahlung von Fortbildungskosten bei einer Probezeitkündigung kann nur für den Fall getroffen werden, dass entweder die AN selbst das Arbeitsverhältnis kündigt oder die AN die Kündigungsentscheidung des AG durch vertragswidriges Verhalten provoziert (BAG, Urt. vom 24.6.2004 – 6 AZR 383/03).

Tipp: Bei der Gestaltung entsprechender Klauseln sollten Sie unbedingt darauf achten, dass nicht nur die Verantwortungsbereiche im Hinblick auf die Beendigung des Arbeitsverhältnisses genau geregelt sind, sondern auch die Bindungsdauer nach bestandener Abschlussprüfung rechtswirksam festgelegt werden. Außerdem sollten Sie darauf achten, dass sich die Rückzahlungsverpflichtung nicht auf Fälle erstreckt, in denen das Arbeitsverhältnis aus Gründen endet, auf die Sie keinen Einfluss nehmen können. Insbesondere eine pauschale Rückzahlungsverpflichtung für „alle Fälle“ der Beendigung des Arbeitsverhältnisses dürfte regelmäßig unwirksam sein und sollte nicht toleriert werden.

Verwandte Suchbegriffe:

- **Fortbildungskosten, steuerliche Geltendmachung von**

44. Fortbildungskosten, steuerliche Geltendmachung von

Fallbeispiel

Verena S., Leiterin der Einrichtung „Sonnenland“, hat soeben die einjährige Ausbildung zum NLP-Practitioner abgeschlossen. Als sie die Kosten hierfür im Rahmen ihrer Einkommensteuererklärung beim zuständigen Finanzamt geltend macht, werden diese nicht berücksichtigt. Auf ihren eingelegten Widerspruch führt das Finanzamt aus, es gäbe zwar vielfältige Bildungseinrichtungen, die NLP-Kurse anböten. Da sich diese aber jeweils an beliebige Teilnehmer mit beliebigen Inhalten richteten, seien sie nichts anderes als allgemeine Lebenshilfe für die verschiedensten Problem- und Wechselfälle des Lebens.

Verena S. klagt vor dem Finanzgericht und begründete ihre Klage gegen den Steuerbescheid damit, eine Weiterbildung im Bereich NLP (Neurolinguistisches Programmieren) vermittele ihr die Kommunikationstechniken, die es ihr ermöglichen, mit dem erforderlichen Einfühlungsvermögen und Geschick pädagogische und psychologische Problembereiche bei den Eltern anzusprechen und positive Veränderungen zu bewirken. Im Übrigen sei der Kurs speziell für Erzieher, Sozialpädagogen und Pädagogen entwickelt und wende sich mit dem Titel „NLP-Weiterbildung für soziale, pädagogische, psychologische und medizinische Berufe" in erster Linie an diese Zielgruppe.

(Fall nach FG Köln, Urt. vom 13.1.1999 – 4 K 9082/97 –, EFG 1999 S. 599)

Wie kann ich Fortbildungskosten steuerlich geltend machen?

Das Gericht im Fallbeispiel hat der Klägerin Recht gegeben. Seit diesem Urteil ist gesicherte Rechtsprechung, dass es für die Absetzbarkeit der Kosten einer Fortbildungsmaßnahme als Werbungskosten ausreicht: „ ... dass Aufbau und Inhalt des Kurses auf die beruflichen Bedürfnisse des Teilnehmers zugeschnitten sind und sich der Teilnehmerkreis im Wesentlichen gleichartig zusammensetzt."

Dies sei dann gegeben, wenn sich der Kurs

1. speziell an eine bestimmte Berufsgruppe richtet,
2. die Anwendung der vermittelten Techniken auf die spezifischen Fragestellungen der betreffenden Berufsgruppe konzentriert,
3. die in diesen Berufsfeldern schwerpunktmäßig auftretenden Problemfelder behandelt und sich
4. durch entsprechende Homogenität auszeichnet.

Tipp: Es ist daher ratsam, bei Fortbildungen immer auch die Programmübersicht zur Steuererklärung beizufügen, aus der der Adressatenkreis der Maßnahme und die in ihr behandelten Schwerpunkte ersichtlich sind.

Verwandte Suchbegriffe:

- **Fortbildungskosten, Rückzahlung von**

45. Freizeit- und Sportveranstaltungen, betriebliche

Fallbeispiel

Die ABC-Gruppe, ein großer freigemeinnütziger Träger von Tageseinrichtungen, hat sich zur Aufgabe gemacht, die Gesundheit ihrer Mitarbeiterinnen zu steigern und vor allem berufsspezifische Belastungen durch Sportprogramme abzumildern. Aus diesem Grund finden im Rahmen eines neu aufgelegten „Betriebssportprogramms“ regelmäßige abendliche Angebote in einer eigens angemieteten Turnhalle statt: Yoga, Rückenschule, Stretching, Pilates und Tai-Chi werden geboten, um die körperlichen und seelischen Belastungen, die der Beruf der Erzieherin zuhauf mit sich bringt, auszugleichen und abzumildern. Zugang zu den Angeboten, deren Kosten die ABC-Gruppe vollumfänglich übernimmt, haben allein ihre Mitarbeiterinnen. Als sich Kerstin M. auf dem Weg dorthin am Abend unglücklich eine Sehne reißt, fragt sie sich, ob dies nun ein Arbeitsunfall gewesen ist.

Ich gehe regelmäßig zum Betriebssport. Bin ich da versichert?

Ein Unfall ist immer dann ein Arbeitsunfall, wenn der Gesundheitsschaden gerade im sachlichen Zusammenhang mit der Tätigkeit der AN steht. Das BSG unterscheidet im Zusammenhang mit betrieblichen Freizeit- und Sportveranstaltungen vor allem zwei Fallgruppen:

1. Fallgruppe:

Nach ständiger Rechtsprechung stehen Verletzungen im Betriebssport immer dann im sachlichen Zusammenhang mit der beruflichen Tätigkeit der AN, wenn

- die sportliche Betätigung zumindest objektiv geeignet ist, die mit der Tätigkeit einhergehende körperliche Belastung auszugleichen,
- der Betriebssport regelmäßig stattfindet,
- Übungszeit und Übungsdauer im Zusammenhang mit der beruflichen Tätigkeit stehen,
- das Angebot unternehmensbezogen organisiert ist und
- der Teilnehmerkreis im Wesentlichen auf Betriebsangehörige beschränkt ist.

Im Fallbeispiel liegt all das vor, so dass der Unfall von Kerstin M. zweifelsfrei als Arbeitsunfall zu werten ist.

2. Fallgruppe:

Problematisch wird die Sache aber insbesondere dann, wenn Sportarten mit Wettkampfcharakter ausgeübt werden, denn hier kann es unter Umständen an einem inneren Zusammenhang mit der betrieblichen Tätigkeit der daran teilnehmenden Beschäftigten fehlen. Hier differenziert das BSG danach, ob die Wettkämpfe im Rahmen regelmäßiger Übungsstunden ausgetragen werden (dann Betriebssport) oder stattfinden, ohne zeitlich und örtlich mit der versicherten Tätigkeit verbunden zu sein, wie beispielsweise ein mehrtägiger Skiausflug in die Berge (dann kein Betriebssport), s. BSG, NJW 2007, S. 399. Ein Fußballturnier ist nur dann eine betriebliche Gemeinschaftsveranstaltung und damit unfallversichert, wenn es im Rahmen einer Veranstaltung stattfindet, die alle Betriebsangehörigen einbezieht (BSG, Urt. vom 7.12.2004 – B 2 U 47/03).

Was gilt denn für unseren Betriebsausflug?

Unfälle im Rahmen von betrieblichen Gemeinschaftsveranstaltungen wie Betriebsausflug und Betriebsfeier unterliegen ebenfalls dem Versicherungsschutz, wenn Zweck, Organisation und Gestaltung der Unternehmung bestimmten Anforderungen genügen. Das Unternehmen muss mit der Durchführung der Veranstaltung gerade darauf abzielen, die Verbundenheit zwischen Unternehmensleitung und Beschäftigten untereinander zu pflegen. Deswegen muss die Veranstaltung auch allen Beschäftigten offenstehen und sollte jedenfalls im Hinblick auf die tatsächlich teilnehmenden Beschäftigten nicht völlig außer Verhältnis zur Zahl der Gesamtbelegschaft stehen (BSG, NZS 2005, S. 657). Das Programm sollte so gestaltet sein, dass es alle Beschäftigten und nicht etwa nur einen besonders sportlichen Teil anspricht. Letztlich muss sich die Organisation der Gesamtveranstaltung auch auf das Unternehmen zurückführen lassen und von der Autorität der Unternehmensleitung getragen sein (BSGE 1, 179, 182).

Bei Einhaltung dieser Anforderungen ist jede Verletzung während der Veranstaltung sowie auch auf dem Hin- und Rückweg vom Versicherungsschutz umfasst.

Tipp: Veranstaltungen Ihres Trägers sollten Sie immer auf diese Voraussetzungen hin prüfen und darüber hinaus den Abschluss einer privaten Unfallversicherung erwägen.

Verwandte Suchbegriffe:

- **Arbeitsunfähigkeit**
- **Entgeltfortzahlung**

46. Führungszeugnis, erweitertes

Fallbeispiel

Gisa U., Leiterin der Kindertageseinrichtung „Hexenhaus", findet heute einen Brief vom Träger der Einrichtung, einer freigemeinnützigen Organisation, in der Post vor. Von nun an, so heißt es dort, sei bei Neueinstellungen unbedingt darauf hinzuweisen, dass die Bewerberin ein sog. „erweitertes Führungszeugnis" vorlegen müsse. Außerdem solle sie, Gisa U., darauf hinwirken, dass sämtliche Reinigungskräfte und Hausmeister sowie alle ehrenamtlich in der Einrichtung Tätigen ein solches Führungszeugnis binnen sechs Wochen vorweisen.

Was steht im erweiterten FZ drin?

Nach § 72a SGB VIII ist von der Tätigkeit in einer Kindertageseinrichtung ausgeschlossen, wer wegen Verletzung der Fürsorge- und Erziehungspflicht (§ 171 StGB), Straftaten gegen die sexuelle Selbstbestimmung (§§ 174, 174a bis c, 176 bis 184e StGB) oder wegen Misshandlung von Schutzbefohlenen (§ 225 StGB) rechtskräftig verurteilt wurde. Somit wird beispielsweise auch eine Verurteilung zu 60 Tagessätzen wegen Verbreitung von Kinderpornographie oder Exhibitionismus im erweiterten Führungszeugnis erscheinen. Bislang erhielt der Arbeitgeber von einer solchen Verurteilung durch ein Führungszeugnis keine Kenntnis.

Aus diesem Grund verlangen Träger bei jeder Neueinstellung, zunehmend jedoch nun auch bei Altverträgen, die Vorlage eines sog. erweiterten Führungszeugnisses nach § 30a BZRG, das eben diese Verurteilungen ausweist.

In unserer Einrichtung müssen auch alle Ehrenamtlichen ein solches Zeugnis vorlegen. Muss das wirklich sein?

Ja. Nach dem Wortlaut der Norm unterliegen „alle Beschäftigten" einer Kindertagesstätte dem Erfordernis. Das bedeutet: Ein erweitertes Führungszeugnis muss in Zukunft jeder vorlegen, der

- in einer Kindertagestätte beschäftigt ist und weiterhin
- der Weisungsbefugnis des Trägers der Einrichtung unterliegt.

Auch Hausmeister und Reinigungskräfte sowie ehrenamtlich Tätige haben demnach ein erweitertes Führungszeugnis vorzulegen, wenn sie im Rahmen ihrer Tätigkeit in Kontakt mit den Kindern der Einrichtung kommen. Dies ist regelmäßig dann nicht der Fall, wenn ihre Arbeitszeiten außerhalb der Betreuungszeiten liegen, was in der Regel für Hausmeister und Reinigungskräfte zutrifft. Im Fallbeispiel ist die Aufforderung hinsichtlich dieser Berufsgruppen daher nur dann rechtmäßig, wenn die Arbeitszeiten mit den Betriebszeiten zusammenfallen sollten.

Bei ehrenamtlich Tätigen gilt es zu unterscheiden: Wer selbstständig und (auch nur zeitweise) allein, also ohne direkte Aufsicht einer hauptamtlichen Kraft, in einer Kindertageseinrichtung Kinder betreut oder beaufsichtigt, benötigt ein erweitertes Führungszeugnis.

Die Pflicht gilt demnach nicht nur für Vollzeitkräfte: Auch ehrenamtliche Aushilfskräfte oder im Rahmen von Frühförderung Tätige haben ein solches Zeugnis vorzulegen.

Die Pflicht gilt für sämtliche Kindertageseinrichtungen unabhängig von der Trägerschaft. Da aber freie und privatgewerbliche Träger in eigener Organisationshoheit agieren und aus verfassungsrechtlichen Gründen nicht ohne weiteres den Maßgaben der örtlichen Träger der öffentlichen Jugendhilfe Folge leisten müssen, ist die Rechtmäßigkeit der Forderung, ein solches Führungszeugnis vorzulegen, vom Vorliegen einer Sicherstellungsvereinbarung nach § 72a Satz 3 SGB VIII abhängig.

Wie stelle ich den Antrag?

Die Stellung des Antrages richtet sich nach § 30a BZRG. Dieser bestimmt in seinem Absatz 1, dass einer Person auf Antrag ein erweitertes Führungszeugnis erteilt wird, wenn das Führungszeugnis benötigt wird für

- die Prüfung der persönlichen Eignung nach § 72a SGB VIII,
- eine sonstige berufliche oder ehrenamtliche Beaufsichtigung, Betreuung, Erziehung oder Ausbildung Minderjähriger oder
- eine Tätigkeit, die in einer Buchstabe b vergleichbaren Weise geeignet ist, Kontakt zu Minderjährigen aufzunehmen.

Absatz 2 stellt klar, dass derjenige, der einen Antrag auf Erteilung eines erweiterten Führungszeugnisses stellt, eine schriftliche Aufforderung vorzulegen hat, in der die Person, die das erweiterte Führungszeugnis vom Antragsteller verlangt, bestätigt, dass diese Voraussetzungen nach Absatz 1 vorliegen. Der Träger einer Einrichtung muss also eine schriftliche Bestätigung ausstellen, der zufolge der Antragsteller dem betroffenen Personenkreis nach Absatz 1 angehört.

Meine Leitung hat gesagt, dass ich das Führungszeugnis direkt an sie schicken lassen soll. Muss ich das?

§ 30 Abs. 5 BZRG bestimmt, dass ein Führungszeugnis, das zur Vorlage bei einer Behörde beantragt wird, dieser Behörde unmittelbar zu übersenden ist. Allerdings ist weder der Träger einer Tageseinrichtung noch eine Kindertageseinrichtung selbst eine „Behörde“ im Sinne dieses Gesetzes, sodass das – einfache und erweiterte – Führungszeugnis zunächst und ausschließlich dem Antragsteller selbst zu übersenden ist.

Muss ich nun jedes Jahr ein Führungszeugnis einreichen?

Das vorgelegte Führungszeugnis muss aktuell, d.h. nicht älter als sechs Monate sein. Nach Ansicht der Rechtslehre kann der Träger während des Beschäftigungsverhältnisses in regelmäßigen Abständen ein neues erweitertes Führungszeugnis verlangen. Der Zeitraum des „regelmäßigen Abstandes“ liegt nach herrschender Auffassung derzeit bei fünf Jahren.

Was geschieht mit meinem Führungszeugnis?

Nach dem Gesetzeswortlaut ist das Führungszeugnis vorzulegen. Vorlage ist schon begrifflich etwas anderes als Archivierung. Den gesetzlichen Anforderungen ist somit genüge getan, wenn das Führungszeugnis vorgelegt und dies in der Personalakte mit Datum und Unterschrift dokumentiert wird. Die Anfertigung von Kopien ist nur mit Einwilligung des Betroffenen zulässig. Wird das Führungszeugnis bzw. entsprechende Kopien zu den Personalakten genommen, hat der Betroffene das Recht, Eintragungen, die nicht relevante Straftaten betreffen, zu schwärzen. Wie dies nicht beachtet, liegt aufseiten des Trägers eine unzulässige Datenspeicherung vor.

Verwandte Suchbegriffe:

- **Beschäftigtendatenschutz**
- **Vorstellungsgespräch**

47. Gefährdungsbeurteilung

Fallbeispiel

Kindergartenleiterin Martina M. schließt erschöpft die Tür zu ihrem Büro. Endlich kann sie nach anstrengenden zwei Stunden Osterbasteln im Gruppenraum auf einem ergonomischen Bürostuhl Platz nehmen. Ihr Rücken schmerzt vom langen gekrümmten Sitzen am Kindertisch auf niedrigen Stühlen. Der Arzt hat ihr erst neulich wieder gesagt, wenn sie so weiter mache wie bisher, werde sie bald einen Bandscheibenvorfall erleiden.

Welche Rechte habe ich beim Thema Gesundheitsschutz?

Seit dem im Jahre 2009 erzielten Tarifergebnis im Sozial- und Erziehungsdienst hat jede dort Beschäftigte einen individuellen Rechtsanspruch auf Gefährdungsbeurteilung ihres Arbeitsplatzes. Bei der Durchführung der Gefährdungsbeurteilung ist sie einzubeziehen, über das Ergebnis ist sie zu unterrichten, etwaige vorgesehene Maßnahmen sind mit ihr zu erörtern. Meinungsverschiedenheiten über erforderlichen Maßnahmen ist die sog. betriebliche Kommission zu befassen, die zur Hälfte durch den AG und zur Hälfte durch den → Personalrat bzw. → Betriebsrat besetzt ist. Haben mehr als die Hälfte der AG-Vertreter einer Maßnahme zugestimmt, ist der AG verpflichtet, die Maßnahme umzusetzen. Eine Ablehnung der Maßnahme kann der AG nur unter Darlegung seiner Beweggründe vornehmen. Der betrieblichen Kommission sind die erforderlichen und zur Verfügung stehenden Unterlagen zugänglich zu machen. Die betriebliche Kommission kann beispielsweise zeitlich befristete Gesundheitszirkel zur Gesundheitsförderung einrichten, die die Belastungen am Arbeitsplatz und deren Ursachen analysieren sowie Lösungsansätze zur Verbesserung der Arbeitssituation erarbeiten.

Was bringt mir mein Anspruch auf Gefährdungsbeurteilung?

Gem. § 5 ArbSchG sind die Gefährdungen bei der Arbeit zu beurteilen und Maßnahmen des Arbeitsschutzes zu ermitteln. Dort heißt es: *„Der Arbeitgeber hat durch eine Beurteilung der für die Beschäftigten mit ihrer Arbeit verbundenen Gefährdung zu ermitteln, welche Maßnahmen des Arbeitsschutzes erforderlich sind."* Auf diese Weise können Unfälle oder arbeitsbedingte Erkrankungen noch vor ihrer Entstehung erkannt und verhindert werden. Dies dient der Sicherheit und Gesundheit aller AN. Darüber hinaus ist die in § 6 ArbSchG vorgeschriebene Dokumentation der Ermittlungsergebnisse und der abgeleiteten Schutzmaßnahmen eine gute Basis für → Unterweisungen. Denn nach ständiger höchstrichterlicher Rechtsprechung ist eine aufgabenbezogene Unterweisung ohne Gefährdungsbeurteilung nicht möglich.

Verantwortlich für die Durchführung der Gefährdungsbeurteilung ist der Träger, der verantwortliche Personen – beispielsweise Fachkräfte für Arbeitssicherheit – mit der Gefährdungsbeurteilung beauftragen kann. Diese untersuchen anlässlich einer Begehung gemeinsam mit der Leitung und den AN die Arbeitsplätze vor Ort auf mögliche Gefahren. In welcher Weise dies vorzunehmen ist, ist gesetzlich nicht geregelt. Es existieren aber Empfehlungen der Unfallkassen, die eine Gefährdungsbeurteilung anhand der folgende acht Schritte vorsehen:

1. Vorbereiten
   Dem Träger obliegt die Gesamtverantwortung für die Gefährdungsbeurteilung, er wird sie auch durch Delegation auf Fachkräfte für

Arbeitssicherheit nicht los. Ein Auftrag an eine fachkundige Person muss schriftlich abgefasst sein und genau beschreiben, welche Aufgaben übertragen werden. Die Erledigung dieser Aufgaben muss der AG kontrollieren.

2. Ermitteln
   Nun werden mögliche Gefährdungen und Risiken, einschließlich physischer, chemischer und biologischer Gefahren, identifiziert und beschrieben. Insbesondere Gefahrstoffe nach der Biostoffverordnung für werdende Mütter sind zu ermitteln. Diese systematische Ermittlung erfolgt durch verschiedene Methoden wie beispielsweise Begehungen der Arbeitsplätze, Gespräche mit dem Personal sowie Auswertung der Unfallanzeigen und des Verbandbuches.

3. Bewertung
   Nun wird das Ausmaß der Gefährdung bewertet, indem die Wahrscheinlichkeit und die Schwere eines möglichen Schadens beurteilt werden. Bei sehr hohen Risiken muss unverzüglich gehandelt werden.

4. Festlegen
   Weiterhin werden notwendige Maßnahmen auf Grundlage der Beurteilung des Risikos festgelegt. Beispielsweise werden Sturz- und Stolperstellen beseitigt, mindestens aber gekennzeichnet und gesichert.

5. Durchführen
   Anschließend wird sichergestellt, dass die festgelegten Maßnahmen innerhalb eines festgelegten Zeitrahmens durchgeführt und eingehalten werden.

6. Überprüfen
   Die Wirksamkeit der Maßnahme muss kontrolliert werden. Sind die getroffenen Maßnahmen geeignet und ausreichend? Ergeben sich nicht aus ihnen womöglich neue Gefährdungen? Erweisen sich die Maßnahmen als nicht ausreichend, müssen alle Schritte erneut durchlaufen werden.

7. Fortschreiben
   Als fortlaufender Prozess ist die Gefährdungsbeurteilung regelmäßig zu aktualisieren, um sicherzustellen, dass die Arbeitsbedingungen sicher und gesund bleiben.

8. Dokumentation
   Nach dem ArbSchG muss der AG über eine Dokumentation verfügen, die das Ergebnis der Gefährdungsbeurteilung, die festgelegten

Maßnahmen sowie das Ergebnis ihrer Überprüfung beinhaltet. Wie die Dokumentation zu fassen ist, ist nicht vorgeschrieben.

Tipp: Ihren Rechtsanspruch auf Gefährdungsbeurteilung sollten Sie ernst nehmen. Es liegt an den Beschäftigten, ihn mit Leben zu füllen.

Verwandte Suchbegriffe:

- **Arbeitsvertrag, Rechte und Pflichten aus dem Betriebsrat**
- **Personalrat**
- **Streikrecht**
- **TarifvertragUnterweisung**

48. Gesamtzusage

Fallbeispiel

Die XY GmbH, eine große Trägerorganisation von bilingualen Kindertageseinrichtungen, erlebt derzeit einen Boom: Das Konzept, ein Angebot an wissenschaftlichen Inhalten aus den Bereichen Physik, Chemie, Maschinenbau, Medizin etc., ergänzt um sprachliche Kurse wie Englisch, Chinesisch und Spanisch sowie wöchentlich wechselnde Angebot aus dem Bereich Kunst und Kultur vorzuhalten, findet bei den Eltern sensationellen Anklang. Um die Mitarbeiterinnen an dem Boom teilhaben zu lassen, erteilt der Vorstand heute per Rundschreiben eine Gesamtzusage an alle Einrichtungen: Von nun an soll es Urlaubsgeld geben.

Was ist denn eine Gesamtzusage?

Als Gesamtzusage bezeichnet man ein vom AG einseitig aufgestelltes Versprechen über die Gewährung sozialer oder geldwerter Leistungen (13. Monatsgehalt, Urlaubsgeld etc.), das für alle Beschäftigten eines Betriebes oder für bestimmte Gruppen von ihnen gelten soll und das der AG in allgemeiner Form bekannt macht (Intranet, Rundschreiben, Aushang am schwarzen Brett etc.). Aufgrund der breiten Wirkungsweise spricht man auch von arbeitsvertraglichen Einheitsregelungen oder allgemeinen Arbeitsbedingungen.

Kann ich mich auf eine solche Zusage verlassen?

Gesamtzusagen sind rechtsverbindlich und begründen arbeitsvertragliche Ansprüche. Ist die Zusage einmal erteilt, kann der AG sie nicht wieder zurücknehmen. Zulässig ist allerdings, dass er den Bezug einer Leistung in der Bekanntmachung von bestimmten Voraussetzungen abhängig macht (etwa Zugehörigkeit zu einer bestimmten Personengruppe, Erfüllung der Wartezeit, Mindestalter). Auch Widerrufsvorbehalte oder Freiwilligkeitsvorbehalte werden grundsätzlich für zulässig erachtet. Entsprechende Einschränkungen unterliegen als arbeitsvertragliche Einheitsregelungen jedoch der Inhaltskontrolle nach den §§ 305 ff. BGB. Außerdem dürfen sie nicht gegen den → Gleichbehandlungsgrundsatz oder andere → Diskriminierungsverbote verstoßen.

Und wenn die Zusage eine Verschlechterung für mich bedeutet?

Wichtig ist: Die AN kann sich durch Gesamtzusagen immer nur verbessern. Eine Verschlechterung von individuellen Rechtspositionen durch Gesamtzusage oder arbeitsvertragliche Einheitsregelung ist nur dann möglich, wenn Sie ausdrücklich ihre Zustimmung hierzu erteilen. Eine Ausnahme liegt nach Ansicht des BAG nur dann vor, wenn die AN schweigend weiterarbeitet, obwohl nach der Verkehrssitte unter Berücksichtigung aller Umstände des Einzelfalls ein Widerspruch der AN zu erwarten gewesen wäre, da die Veränderung nachteilig für sie ist (BAG, NZA 2005, S. 349). Will der AG die in einer Gesamtzusage erteilten Rechte wieder beseitigen, ist dies nur einvernehmlich oder durch Änderungskündigung möglich. Außerdem kommt eine Ablösung von Gesamtzusagen durch → Betriebsvereinbarungen in Betracht.

Tipp: Schweigendes und duldsames Weiterarbeiten ist hier somit nicht anzuraten. Werden Zusagen aus der Gesamtzusage nicht eingehalten, sollten Sie dies umgehend monieren, um nicht der Rechte verlustig zu gehen.

Verwandte Suchbegriffe:

- AGB
- Arbeitsvertrag, Rechte und Pflichten aus dem
- Übung, betriebliche
- Betriebsvereinbarungen
- Diskriminierungsverbot
- Gleichbehandlungsgrundsatz, allgemeiner
- Sonderzuwendungen

49. Gewerkschaft

Fallbeispiel

Lena U., Leiterin der Einrichtung „Unterm Regenbogen“ erhält heute ein Mailing von ver.di. Das ist nichts Neues: Ver.di nutzt immer wieder mal die betrieblichen E-Mail-Adressen der MA der Kommune, in dessen Trägerschaft die Kindertageseinrichtung steht. Ver.di will auf diesem Weg die MA über ihren Standpunkt zu dem von der AG geplanten Umsetzungskonzept, das zu Standortschließungen und Versetzungen führen soll, informieren. Die gleichlautenden E-Mails informieren insbesondere über den Einsatz von ver.di für einen Firmentarifvertrag, über Verhandlungsziele, die gewerkschaftlichen Verhandlungsführer sowie Kontaktmöglichkeiten. Doch nun ist das Maß voll: Die AG erhebt Klage auf Unterlassung der unaufgeforderten Mitgliederwerbung über die betrieblichen E-Mail-Adressen.

(Fall nach BAG, Urt. vom 20.01.2009 – 1 AZR 515/08)

Ich erhalte öfter Mailings meiner Gewerkschaft. Ist das etwa verboten?

Die durch das → Grundrecht aus Art. 9 Abs. 3 GG geschützte Betätigungsfreiheit der Gewerkschaften umfasst auch die Mitgliederwerbung und die Information von AN. Dem Recht der Gewerkschaft auf gewerkschaftliche Betätigungsfreiheit steht das Recht des AG auf wirtschaftliche Betätigungsfreiheit (Art. 14 Abs. 1, 2 Abs. 1, 12 Abs. 1 GG) gegenüber. Hier ist eine Interessenabwägung vorzunehmen, wobei insbesondere auch das besondere Verhältnis zwischen AG und tarifzuständiger Gewerkschaft zu berücksichtigen ist. Zwar werden das Eigentum des AG sowie seine wirtschaftliche Betätigungsfreiheit durch die Nutzung der betrieblichen E-Mail-Adressen berührt. Allerdings ist diese Beeinträchtigung nur geringfügig. Art. 9 Abs. 3

GG löst daher eine Duldungspflicht nach Maßgabe der §§ 1004 Abs. 2, 823 Abs. 1 BGB aus (BAG, Urt. vom 20.1.2009 – 1 AZR 515/08).

Zu beachten ist in diesem Zusammenhang auch, dass ein AG nach einem Urteil des Arbeitsgerichts Bonn (Urt. vom 23.5.2022 – 2 Ca 93/22) nicht verpflichtet ist, Informationen einer Gewerkschaft an die dienstlichen E-Mail-Adressen der bei ihm beschäftigten Arbeitnehmer zu weiterzuleiten. Das Gericht hat es damit abgelehnt, dem AG eine aktive Handlungspflicht aufzuerlegen und ihn quasi als „digitalen Boten" einer Gewerkschaft anzusehen.

Tipp: Das Gericht hat ausdrücklich festgestellt, dass diese Entscheidung nur für tarifzuständige Gewerkschaften gilt. Erhalten Sie also Mailings nicht tarifzuständiger Gewerkschaften, ist Ihr AG zur Duldung nicht verpflichtet.

Verwandte Suchbegriffe:

- **Arbeitsvertrag, Rechte und Pflichten aus dem**
- **Grundrechte im Arbeitsrecht**
- **Tarifvertrag**

50. Gleichbehandlungsgrundsatz, allgemeiner

Fallbeispiel

Die Gemeinde Kunzelsdorf hat zu Beginn des Jahres ein großes Neubaugebiet ausgewiesen. Ziel ist die Ansiedlung von Familien in dem immer stärker vergreisenden Dorf. Die attraktiven Bauplätze finden viel Interesse bei kaufwilligen jungen Familien. Das bekommt auch der ortsansässige Kindergarten zu spüren: Nicht nur steigt die Zahl der Neuanmeldungen. Um der regen Nachfrage Herr zu werden, müssen auch viele Elternabende, Info-Veranstaltungen und Tage der offenen Tür organisiert werden. Täglich kommen drei Schnupperkinder in die Einrichtung. Da eine neue Gruppe eingerichtet werden muss, sind auch Vorstellungsgespräche mit zukünftigen Mitarbeiterinnen zu führen. Die Kirchenstiftung „St. Margarethe" als Träger der Einrichtung möchte zum Ende des arbeits- und ereignisreichen Kindergartenjahres den Mitarbeiterinnen als Zeichen der Anerkennung und Wertschätzung der geleisteten Arbeit eine Sonderzahlung in Höhe von 250 Euro zuwenden. Mesner Konrad Z. fühlt sich benachteiligt: Er erhält keine Sonderzahlung, obwohl er genau wie die Mitarbeiterinnen des Kindergartens Angestellter der Kirchenstiftung ist.

Wann kann ich mich auf den allgemeinen Gleichbehandlungsgrundsatz berufen?

Die Rechtsansprüche mit arbeitsrechtlichem Bezug sind in den verschiedensten Rechtsquellen normiert. Eine Fülle an europarechtlichen, verfassungsrechtlichen, einfachgesetzlichen und richterrechtlichen Quellen macht es für den juristischen Laien nahezu unmöglich, den Überblick zu behalten. Neben Schutzgesetzen wie dem → Arbeitsschutzgesetz, dem → Mutterschutzgesetz, dem → Jugendarbeitsschutzgesetz, dem → Kündigungsschutzgesetz etc. gibt es Normen im Kollektivarbeitsrecht wie → Tarifverträge und → Betriebsvereinbarungen. Darüber hinaus sind weitere Rechtsquellen und Rechtsgrundsätze wie der Allgemeine Gleichbehandlungsgrundsatz zu beachten.

Der Allgemeine Gleichbehandlungsgrundsatz verbietet dem AG insbesondere eine sachfremde Schlechterstellung einzelner AN gegenüber anderen AN, die sich in vergleichbarer Lage befinden. Während die → betriebliche Übung eine Gleichbehandlung „in der Zeit" bewirkt, ist der allgemeine Gleichbehandlungsgrundsatz auf eine Gleichbehandlung „in der Person" gerichtet. Er erstreckt sich aber prinzipiell nur auf AN desselben Unternehmens. Gleichbehandlungsansprüche kommen genau wie bei der → betrieblichen Übung überall dort in Betracht, wo Leistungen des AG vertraglich regelbar sind bzw. wären. In der Praxis sind dies in erster Linie Entgeltfragen. Und genau wie bei der → betrieblichen Übung scheiden auch Ansprüche auf Gleichbehandlung aus, falls der AG Leistungen nur irrtümlich aufgrund einer unwirksamen → Betriebsvereinbarung gewährt: Die AN hat nämlich keinen Anspruch auf Gleichbehandlung im Irrtum oder im Unrecht. Der Unterschied zur → Gesamtzusage und → betrieblichen Übung besteht darin, dass ein Freiwilligkeitsvorbehalt Gleichbehandlungsansprüche nicht ausschließt.

Wann darf mich mein Arbeitgeber denn anders behandeln als meine Kolleginnen?

Als sachliche Gründe für eine Ungleichbehandlung hat die Rechtsprechung beispielsweise die Bindung bestimmter AN-Gruppen an den Betrieb oder den Ausgleich besonderer Belastungen für einzelne AN anerkannt.

Somit ist die Nichtberücksichtigung von Konrad Z. bei der Gewährung der Sonderzahlung mangels Sonderbelastung seiner Person im Fallbeispiel gerechtfertigt. Auch die häufig praktizierte Vereinbarung zusätzlicher Abfindungsleistungen für AN, die anlässlich eines Personalabbaues auf die Erhebung einer Kündigungsschutzklage verzichten (sog. Turbo-Prämie) ist zulässig. Noch nicht abschließend geklärt ist allerdings die Frage, wann der AG die sachlichen Gründe für eine Ungleichbehandlung gegenüber seinen Beschäftigten offenlegen muss. Die Rechtsprechung gestattet dem AG, die Kriterien für die Differenzierung auch erst nachträglich vorzubringen, da Gleichbehandlungspflichten in der Praxis oft erst anlässlich einer gerichtlichen oder außergerichtlichen Auseinandersetzung erkennbar werden (BAG, Urt. vom 23.2.2011 – 5 AZR 84/10).

Tipp: Der Grundsatz der Vertragsfreiheit hat im Hinblick auf die Vergütung nur dann Vorrang vor dem Allgemeinen Gleichbehandlungsgrundsatz, wenn es sich um individuell vereinbarte Gehälter handelt. Werden in Ihrer Einrichtung Gehälter durch eine betriebliche Einheitsregelung angehoben, darf der AG nach Auffassung des BAG (Urt. vom 17.3.2010 – 5 AZR 168/09) einzelne AN aus unsachlichen Gründen nicht von der Erhöhung ausnehmen.

Verwandte Suchbegriffe:

- **Arbeitsschutzgesetz**
- **Betriebsvereinbarungen**
- **Jugendarbeitsschutzgesetz**
- **Mutterschutz**
- **Tarifvertrag**
- **Übung, betriebliche**

51. Grundrechte im Arbeitsrecht

Fallbeispiel

Hannah Z. ist Erzieherin in der Einrichtung „Die kleinen Strolche“, die neben Kindergarten- und Hortbetreuung auch 15 Krippenplätze anbietet. Seit sie am vergangenen Donnerstag mit einem Leserbrief in der örtlichen Tageszeitung ihre ablehnende Haltung zur frühkindlichen Betreuung in Krippen veröffentlicht hat, hat sie Ärger mit ihrem Träger. Bei dem steht das Telefon nämlich nicht mehr still: Besorgte Eltern rufen an und erkundigen sich, ob eine Erzieherin, die Krippenbetreuung ablehnt, wirklich in die Einrichtung passt.

Was nützen mir denn meine Grundrechte an meinem Arbeitsplatz?

Für das Arbeitsverhältnis sind vor allem folgende grundrechtliche Gewährleistungen bedeutsam:

- Art. 2 Abs. 1/Art. 1 Abs. 1 GG: Allgemeines Persönlichkeitsrecht
- Art. 3 Abs. 1 GG: Allgemeiner Gleichbehandlungsgrundsatz
- Art. 4 GG: Glaubens- und Gewissensfreiheit
- Art. 5 Abs. 1 GG: Meinungsfreiheit
- Art. 9 Abs. 3 GG: Koalitionsfreiheit
- Art. 10 Abs. 1 GG: Fernmeldegeheimnis
- Art. 12 Abs. 1 GG: Berufsfreiheit

Zu beachten ist aber, dass Grundrechte in erster Linie Abwehrrechte gegenüber dem Staat sind, also im Verhältnis von AN zu AG erst einmal nicht greifen. Anerkannt ist aber, dass sie aufgrund ihrer „Ausstrahlungswirkung" im Arbeitsrecht jedenfalls mittelbar anwendbar, d. h. bei der Anwendung und Auslegung von Generalklauseln zu beachten sind. Eine Ausnahme bildet die Gewährleistung der Koalitionsfreiheit in Art. 9 Abs. 3 GG, die gem. der ausdrücklichen Anordnung in Art. 9 Abs. 3 Satz 2 GG auch gegenüber Privatpersonen wirkt.

In der Praxis sind die häufigsten Einbruchstellen für Grundrechte das Direktionsrecht des AG (§ 106 GewO) und die Konkretisierung von gegenseitigen Verhaltens- und Rücksichtnahmepflichten (§§ 241 Abs. 2, 242 BGB).

Kollidieren bei der Auslegung von Generalklauseln, wie beispielsweise das „billige Ermessen" des § 106 GewO, Grundrechte der AN mit verfassungsrechtlich geschützten Rechtspositionen des AG, so ist im Rahmen einer umfassenden Interessenabwägung zu bestimmen, welches Interesse im Einzelfall Vorrang verdient. Das Gericht bemüht sich dann um die Herstellung sog. „praktischer Konkordanz". Teilt etwa ein AG seiner AN mit, dass das Tragen von Kopfbedeckungen jeder Art in seinen Verkaufsräumen unzulässig sei, so kann diese Anordnung gegen die Glaubensfreiheit gläubiger Muslime verstoßen (BAG, NZA 2003, S. 483), denn bei der Ausübung des Direktionsrechts nach billigem Ermessen muss der AG berechtigte Interessen seiner Beschäftigten beachten.

Im Fallbeispiel wäre also zu überlegen, ob das berechtigte Interesse von Hannah Z. an freier Meinungsäußerung dem des Trägers an störungsfreiem Ablauf seines Geschäftsbetriebes vorgeht. Darüber kann man sicher geteilter Meinung sein. Einerseits darf der AG ein gewisses Maß an Loyalität erwarten. Man wird aber zugestehen müssen, dass ein Leserbrief wie der von Hannah Z. keinen schwerwiegenden Eingriff in den Betriebsablauf oder den Betriebsfrieden darstellt.

Tipp: Möchten Sie dienstlich oder außerdienstlich von Ihrer Meinungsfreiheit Gebrauch machen, sollten Sie sicherstellen, dass Ihre Meinungsäußerung in angemessener Weise auf die Belange Ihres Trägers, der Kinder und Eltern Ihrer Einrichtung Rücksicht nimmt.

Verwandte Suchbegriffe:

- **Betriebsrat**
- **Gewerkschaft**
- **Gleichbehandlungsgrundsatz, allgemeiner**
- **Kopftuch**
- **Whistleblowing**

52. Haftung des Arbeitgebers

Fallbeispiel

In der Kindertageseinrichtung „Pfiffikus" laufen die Vorbereitungen für den Martinsumzug auf Hochtouren. Erzieherin Paula K. hat dafür extra auf Bitten von Leiterin Lisa S. eine tragbare Mikrofon- und Lautsprecheranlage von zuhause mitgebracht, die den Martinsliedern am heutigen Abend das nötige Klangvolumen verleihen soll. Als die Einrichtung um 16.00 Uhr schließt, stellt Paula K. die Anlage in die Küche, da sie dort sicher ist und auch dem Reinigungspersonal nicht im Wege steht. Als sich die Mitarbeiterinnen am Abend treffen und die Anlage in Betrieb nehmen wollen, gibt diese leider keinen Ton mehr von sich: Was genau passiert ist, lässt sich nicht mehr aufklären. Sicher ist nur, dass die Anlage durch erhebliche Mengen Wasser zerstört wurde.

Wer bezahlt mir meinen Schaden?

Sind von Erzieherinnen mitgebrachte Gegenstände abhandengekommen oder beschädigt worden, besteht ein Schadensersatzanspruch der Geschädigten gegen den Schädiger. Ist dieser nicht zu ermitteln und kommt auch die Hausratversicherung für den Schaden nicht auf, stellt sich die Frage, inwieweit der AG für den Schaden eintreten muss. Als Nebenverpflichtung aus dem Arbeitsvertrag erwächst dem AG nämlich gegenüber seinen Angestellten eine besondere Fürsorgepflicht. Wesentliches Element der Fürsorgepflicht des AG ist die Pflicht zum Schutz von Vermögen und eingebrachten Sachen der AN: Er hat dafür zu sorgen, dass notwendigerweise mitgebrachte Sachen sicher aufbewahrt werden können.

Zu unterscheiden ist hierbei zwischen

- persönlich unentbehrlichen Sachen (Mantel, Handtasche),
- unmittelbar arbeitsdienlichen Sachen (Fachbücher, technische Geräte),
- mittelbar arbeitsdienlichen Sachen (privateigene Verkehrsmittel) und
- Sachen, die nicht im Zusammenhang mit dem Arbeitsverhältnis stehenden (MP3-Player, Schmuck).

Für die **persönlich unentbehrlichen** Gegenstände hat der AG geeignete Verwahrungsmöglichkeiten vorzuhalten. Dies kann beispielsweise ein abschließbarer Schrank oder Schreibtisch sein (LAG Hamm, DB 1990, S. 1467).

Für **unmittelbar arbeitsdienliche** Gegenstände muss der AG in gleicher Weise wie für die persönlich unentbehrlichen Sachen der AN sorgen. Voraussetzung ist aber, dass der AG von der Einbringung wie im Fallbeispiel Kenntnis hatte bzw. den Umständen nach damit rechnen musste.

In Bezug auf die nur **mittelbar arbeitsdienlichen** Sachen wie Pkw und Fahrräder trifft den AG die Pflicht, die berechtigterweise auf das Betriebsgelände mitgebrachten Sachen der AN durch zumutbare Maßnahmen vor Beschädigungen durch Dritte zu schützen. Wie weit diese Pflicht geht, ist im Einzelfall nach Treu und Glauben unter Berücksichtigung der betrieblichen und örtlichen Verhältnisse zu bestimmen. Der AG haftet bei schuldhafter Pflichtverletzung auf Schadensersatz (BAG, Urt. vom 25.5.2000 – 8 AZR 518/99).

Alle anderen Gegenstände, die nicht im Zusammenhang mit dem Arbeitsverhältnis stehen, unterfallen nicht der Fürsorgepflicht des AG.

Hält der AG Sicherungsmöglichkeiten vor, werden diese aber nicht oder nicht bestimmungsgemäß gebraucht (z. B. unzureichend verschlossen), haftet die geschädigte AN wegen Mitverschuldens nach § 254 BGB in der Höhe ihres Anteils am Schaden. Ein Mitverschulden kommt auch in Betracht, wenn die AN die Weisungen des AG betreffend die Art und

Weise der Aufbewahrung nicht beachtet. Im Fallbeispiel wäre es Paula K. zuzumuten gewesen, die Anlage erst am Abend mitzubringen. Mindestens wird man aber sagen müssen, dass Feuchträume wie eine Küche generell nicht geeignet sind, technische Geräte auch nur vorübergehend zu lagern.

Tipp: Es ist ratsam, mittelbar arbeitsdienliche Gegenstände nur dann in die Einrichtung mitzubringen, wenn die Leitung ausdrücklich darum gebeten hat. Außerdem sollten Sie sich davon überzeugen, dass ausreichende Sicherungsmöglichkeiten für den konkreten Gegenstand gegeben sind und ihn nach Feierabend wieder mit nach Hause nehmen.

Verwandte Suchbegriffe:

- **Arbeitsvertrag, Rechte und Pflichten aus dem**
- **Dienstschlüssel**

53. Haftungsprivileg

Fallbeispiel

Linda K. ist Gruppenleiterin in der Kita „Klitzeklein", einer Einrichtung in kommunaler Trägerschaft. Als die sechsjährige Kim und ihre Freundin gegen 10.00 Uhr den Wunsch äußern, heute in der Turnhalle der Einrichtung zu spielen, begleitet Linda K. sie dorthin und gibt ihnen auf Wunsch eine Wippe zum Spielen aus dem Geräteraum heraus. Daraufhin entfernt sie sich. Kim und weitere dort befindliche Kinder bauen aus Wippe und Kasten eine Rutsche, indem sie die Wippe umgedreht auf den Kasten legen. Während ein anderes Kind diese Rutsche benutzt, liegt Kim darunter. Bei der Benutzung durch die Spielgefährtin fällt die Wippe vom Kasten und prallt Kim ins Gesicht, wodurch diese sich Verletzungen im Kiefer- und Zahnbereich zuzieht, die chirurgisch versorgt werden müssen.

Kim macht gegen die beklagte Stadt als Trägerin der Kindertagesstätte Schmerzensgeld und Feststellung der Ersatzpflicht bezüglich künftiger Schäden aus dem Unfall geltend. Sie hält ein Schmerzensgeld von mindestens 2.500 Euro für angemessen. Zudem begehrt sie Feststellung der Ersatzpflicht für zukünftige Schäden, da Spätschäden nicht ausgeschlossen werden könnten. Kim ist der Auffassung, Linda K. hätte ihre Aufsichtspflicht verletzt, indem sie Kim und ihre Spielgefährten mit den Geräten unbeaufsichtigt spielen ließ. Die beklagte Stadt ist der Auffassung, eine Haftung ihrerseits scheitere bereits an der mit der gesetzlichen Unfallversicherung einhergehenden Haftungsprivilegierung. Im Übrigen sei der Aufsichtspflicht angesichts des Alters der Klägerin und ihrer Vertrautheit mit jenen Geräten genügt worden.

Muss ich ständig fürchten, von den Eltern verklagt zu werden?

Der Gesetzgeber hat Erzieherinnen und Lehrerinnen von Haftungsansprüchen bei fahrlässig verursachten Unfällen freigestellt, um den Frieden in Kindergärten und Schulen nicht durch gegenseitige Ansprüche zu stören.

Das Haftungsprivileg der §§ 2, 104 Abs. 1, 106 Abs. 1 SGB VII versichert alle Kinder in Kindertageseinrichtungen in der gesetzlichen Unfallversicherung gegen Unfälle, die sie im Rahmen des Besuches der Einrichtung erleiden (§ 2 Abs. 1 Nr. 8 SGB VII).

Unabhängig von der Verschuldensfrage tritt in diesen Fällen die gesetzliche Unfallversicherung stets in die Leistungspflicht ein, wenn das Kind während des Besuches der Tageseinrichtung oder einer Veranstaltung der Tageseinrichtung zu Schaden gekommen ist. In diesem Fall stellt die gesetzliche Unfallversicherung den Träger und sämtliche Beschäftigte gem. §§ 105, 106 SGB VII von der Haftung frei. Dies soll dem Betriebsfrieden in Kindertageseinrichtungen dienen. Dem geschädigten Kind steht auf diese Weise außerdem stets ein leistungsfähiger Schuldner gegenüber, der nur im Falle von Vorsatz oder grober Fahrlässigkeit anschließend den Schädiger in Regress nehmen wird, dies erlaubt § 110 SGB VII.

Das sozialrechtliche Haftungsprivileg hat aber auch einen Nachteil, der darin liegt, dass der Ausgleich immaterieller Schäden ausgeschlossen ist. Zwar leistet die gesetzliche Unfallkasse Schadensersatz, niemals aber Schmerzensgeld. Ein solcher ist – auch gegen den Schädiger – nach § 104 Abs. 1 Satz 1 SGB VII ausgeschlossen, was von den Zivilgerichten nach § 108 SGB VII zu beachten ist.

Im Fallbeispiel hat das Gericht die Klage des Kindes folgerichtig abgewiesen und ausgeführt, es könne offenbleiben, ob Linda K. eine Aufsichtspflichtverletzung begangen habe. Denn selbst wenn eine Verletzung der Aufsichtspflicht vorläge, scheitere eine Haftung der Beklagten jedenfalls am Haftungsprivileg der §§ 104 Abs. 1, 106 Abs. 1 SGB VII, da der Unfall während des bestimmungsgemäßen Besuches der Kindertagesstätte durch Kim geschehen sei. Ein vorsätzliches Herbeiführen des Versicherungsfalles, das auch die Verletzungsfolgen mit umfassen müsste, liege nicht vor. Die Haftungsbeschränkung erstreckt sich auf Schadensersatzansprüche aus unerlaubter Handlung inklusive Amtspflichtverletzungen, wobei auch Schmerzensgeldansprüche erfasst werden.

Tipp: Wegen der immer bestehenden Gefahr einer Regressforderung seitens der DGUV gegen Sie sollten Sie prüfen und sich ggf. nachweisen lassen, ob Ihre Einrichtung eine Betriebshaftpflichtversicherung abgeschlossen hat. Liegt diese nicht vor, ist es ratsam, eine → Berufshaftpflicht abzuschließen.

Verwandte Suchbegriffe:

- **Berufshaftpflicht**
- **Entlassung wegen verletzter Aufsichtspflicht**
- **Haftung des AG**

54. Infektionsrisiko

Fallbeispiel

Gesine M. ist neu in der Einrichtung „Zappelphillip“. Ihrem AG ist bekannt, dass sich in der Einrichtung, die sich in einem sozialen Brennpunkt der Stadt F. befindet, zahlreiche Kinder von drogen- und hartdrogenabhängigen Eltern befinden, wovon zumindest Letztere zu 80 % auch HCV-Träger sind. Bei der Wundversorgung der Kinder besteht ein erhöhtes Infektionsrisiko, worüber Gesine M. vom AG jedoch nicht informiert wird. Als sie eine Platzwunde am Kopf des dreijährigen Justin versorgt, infiziert sie sich mit dem Hepatitis-C-Virus.

(Fall nach BAG, Urt. vom 14.12. 2006 – 8 AZR 628/05.–)

Wozu ist mein Träger verpflichtet?

AG müssen AN über erhöhte Gefährdungen ihrer Gesundheit, ihres Lebens und wohl auch anderer Schutzgüter informieren, wenn sie eine Haftung ausschließen wollen. Darüber hinaus müssen sie ihnen Verhaltensanordnungen und Schutzkleidung/-mittel an die Hand geben, um die Gefahren auch tatsächlich abzuwehren. Informiert der AG nicht über das erhöhte Infektionsrisiko und ergreift keine Schutzmaßnahmen, macht er sich gegenüber der AN schadensersatzpflichtig. Außerdem kann sie Schmerzensgeld einfordern (BAG, Urt. vom 14.12.2006 – 8 AZR 628/05).

Tipp: Ihr Träger ist verpflichtet, Schutzkleidung bereitzustellen, beispielsweise Einweghandschuhe zum Wickeln vorzuhalten. Sieht das pädagogische Konzept Ihrer Einrichtung gar das Wickeln ohne Handschuhe vor, sind alle betroffenen Mitarbeiterinnen über die damit verbundenen Gefahren zu belehren. Finden sich die Mitarbeiterinnen dazu bereit, dieses Konzept mitzutragen, sind wegen des erhöhten Handwaschzwanges aber mindestens Hautschutzmittel vorzuhalten.

Verwandte Suchbegriffe:

- **Beschäftigungsverbot**
- **Haftung des AG**
- **Jugendarbeitsschutzgesetz**

55. Internetnutzung, private

Fallbeispiel

Uta P. ist Leiterin der Kindertageseinrichtung „Sonnenschein“. Ihr Ehemann, der derzeit arbeitslos ist und sich zuhause als Hobbykoch betätigt, schreibt ihr wie jeden Nachmittag eine Mail mit einer Liste der heute benötigten Lebensmittel, damit sie diese auf dem Heimweg einkaufen kann.

Unser Träger hat uns die Privatnutzung des Internets untersagt. Ist das zulässig?

Ja. Ein umfassendes Verbot privater Nutzung von E-Mail und Internet am Arbeitsplatz hat für den AG sogar Vorteile bei der Datenerfassung und Kontrolle der von der AN geführten Korrespondenz: Besteht nämlich ein

Privatnutzungsverbot, hat der AG nach überwiegender Literaturauffassung ein umfassendes Kontrollrecht im Hinblick auf die geschäftliche E-Mail-Korrespondenz und geschäftlichen Internetrecherchen, da er alleiniger Inhaber des Zugangs ist. Außerdem hat er das Recht zur Aufzeichnung und Abfragung der äußeren Verbindungsdaten verbotswidrig geführter privater Kommunikation. Nicht selten wird aus Gründen der Virenhygiene aber auch nur das Öffnen von Anhängen an privaten E-Mails am beruflichen PC untersagt.

Wie weit darf der AG gehen, um die Einhaltung seines Verbotes zu kontrollieren?

Mit Urt. vom 5.9.2017 – Az. 61496/08 – hat der EGMR die Anforderungen an Überwachungsmaßnahmen seitens des AG deutlich verschärft. Nunmehr gilt: Nur aus der Tatsache, dass die private Internetnutzung verboten ist, muss der AN noch nicht schließen, dass der AG dessen Einhaltung durch Kontrollen überprüft. Will ein AG Kontrollen durchführen, muss er die Möglichkeit der Überwachung sowie deren Art und Umfang vorher ankündigen. Verstößt er gegen diese Pflicht, verletzt er das Recht der AN auf Achtung des Privatlebens aus Art. 8 EMRK und riskiert ein Beweisverwertungsverbot im Kündigungsschutzprozess.

Unser Träger hat uns die Privatnutzung des Internets gestattet. Gilt das uneingeschränkt?

Eine AN kann immer dann davon ausgehen, dass die Nutzung des Internets zu privaten Zwecken erlaubt ist, wenn

- dies entweder im Arbeitsvertrag ausdrücklich vereinbart wurde oder
- eine entsprechende Betriebsvereinbarung mit dem Betriebsrat vorliegt oder
- der AG diese Erlaubnis im Betrieb mündlich öffentlich verkündet hat.

Ist die Privatnutzung gestattet, hat der AG nach überwiegender Meinung zusätzlich die Bestimmungen des TKG und TMG zu beachten. Diese Vorschriften sehen strenge Geheimhaltungspflichten und ein generelles Zugriffsverbot auf Verbindungsdaten und Kommunikationsinhalte vor. Auch eine Differenzierung zwischen einer Privatnutzung von Kommunikationsmitteln und deren betrieblicher Verwendung findet in diesem Fall nicht statt. Die genannten Verbote sind auf sämtliche Kommunikationsvorgänge anzuwenden. Eine Ausnahme gilt nur, sofern die AN im Voraus schriftlich ihre Einwilligung erteilt hat, die nach datenschutzrechtlichen Grundsätzen aber auch jederzeit widerrufen werden kann. Diese Rechtslage führt zu der verqueren Folge, dass der AG bei einer erlaubten Privatnutzung, die er nicht gestatten müsste (!), die von ihm zur Verfügung gestellten Arbeitsmittel und Arbeitsabläufe nicht mehr hinreichend kontrollieren kann. Praktisch bleibt ihm daher eigentlich keine andere Wahl, als die Privatnutzung völlig auszuschließen.

Kann der Arbeitgeber die Erlaubnis wieder zurücknehmen?

Die Rücknahme der Gestattung ist nicht ohne weiteres möglich, wenn die Zustimmung im Arbeitsvertrag enthalten ist, denn eine Änderung des Arbeitsvertrages kann nur einvernehmlich vorgenommen werden.

Für eine Änderungskündigung dürfte es am Erfordernis eines dringenden betrieblichen Grundes fehlen. Ist die private Nutzung hingegen in einer Betriebsvereinbarung geregelt, kann diese Gestattung der Privatnutzung durch Kündigung der Betriebsvereinbarung beseitigt werden. Um sich alle Möglichkeiten offen zu halten, nehmen daher viele AG hinsichtlich der Privatnutzung Widerrufsvorbehalte in den Arbeitsvertrag auf. Bei Vorliegen eines sachlichen Grundes (z. B. unangemessene Kostenbelastung) kann dann ein Widerruf erfolgen.

Unser Träger hat die Privatnutzung weder gestattet noch verboten. Was gilt denn dann?

Ist die Privatnutzung weder gestattet noch verboten, kann immer noch eine konkludente, das bedeutet „stillschweigende“ Duldung der Nutzung durch den AG vorliegen. Von einer solchen Duldung kann die AN dann ausgehen, wenn der AG von der privaten Nutzung des Internets weiß, aber über einen längeren Zeitraum – ca. acht bis zwölf Monate lang – nichts dagegen unternimmt. Diese Gestattung durch den AG ist wie eine freiwillige Sozialleistung auch freiwillig, d. h., sie kann jederzeit wieder zurückgenommen werden.

Im Fallbeispiel kann Uta P. ihrem Arbeitsvertrag nähere Auskunft darüber entnehmen, ob ihre private Nutzung des Einrichtungs-PC erlaubt ist. Schweigt sich der Vertrag darüber aus, kann sie zumindest dann von einer stillschweigenden Duldung durch den Träger ihrer Einrichtung ausgehen, wenn dieser seit längerer Zeit ihre Privatmails duldet. Liegt eine solche

Duldung vor, kann diese allerdings jederzeit durch den AG beendet bzw. widerrufen werden.

Was kann mir passieren, wenn ich mich nicht an das Verbot halte?

Auch die gestattete private Nutzung muss sich in einem angemessenen Rahmen bewegen, dies gilt erst recht, wenn Zeitlimits vorgegeben sind. Ausschweifendes Surfen ist genauso eine Verletzung der Arbeitspflicht wie ausschweifendes privates Telefonieren. Ein Verstoß gegen die Anweisungen des AG kann zur außerordentlichen Kündigung führen. So hat das BAG in einer Entscheidung vom 7.7.2005 festgestellt, dass ein wichtiger Grund zur außerordentlichen Kündigung vorliegen kann, wenn die AN das Internet während der Arbeitszeit zu privaten Zwecken in erheblichem zeitlichem Umfange („ausschweifend") benutzt und damit ihre arbeitsvertraglichen Pflichten verletzt.

Folgende Fälle können laut BAG eine außerordentliche Kündigung rechtfertigen:

- Herunterladen einer erheblichen Datenmenge, insbesondere wenn damit die Gefahr von Virusinfizierungen verbunden ist oder das Herunterladen von Daten, bei deren Rückverfolgung es zu Rufschädigungen des AG kommen könnte, bspw. bei strafbaren Inhalten;
- wenn dem AG Zusatzkosten entstehen;
- bei Privatnutzung während der Arbeitszeit, weil die AN während des Surfens ihre Arbeitsleistung nicht erbringt.

In dem konkreten Fall hatte die AN zumindest an zwei Tagen über die maximale Pausenzeit hinaus das Internet in erheblichem Umfang privat genutzt und damit ihre Arbeitspflicht verletzt. Selbst wenn kein ausdrückliches betriebliches Verbot zur Privatnutzung existiere, müsse der AG allenfalls eine kurzfristige entsprechende Nutzung während der Arbeitszeit hinnehmen, so das BAG. Eine AN könne allerdings auch dann nicht ernsthaft mit einer Duldung rechnen, wenn keine klarstellenden Nutzungsregelungen bestünden.

Tipp: Damit bei allen Beteiligten Rechtssicherheit gegeben ist, sollte die Internetnutzung durch eine klare (Betriebs-) Vereinbarung, die zwischen E-Mail und Internetnutzung unterscheidet, geregelt sein. So können oftmals langwierige Rechtsstreitigkeiten und Kündigungsschutzverfahren verhindert werden. Der AG kann z.B. von vornherein auf dem Server bestimmte Web- oder Mailadressen sperren lassen. Auch kann der Download von Dateien ab einer bestimmten Größe gesperrt werden. Diese Reglementierungen bedürfen jedoch stets der Mitsprache und u. U. auch der Zustimmung des Betriebsrates.

Verwandte Suchbegriffe:

- **AGB**
- **Betriebsrat**
- **Betriebsvereinbarungen**
- **Mitarbeiterüberwachung**

56. Jugendarbeitsschutzgesetz

Fallbeispiel

Jolanda P., 17 Jahre, ist als Vorpraktikantin in der in Trägerschaft der katholischen Kirche stehenden Einrichtung „St. Jakobus" beschäftigt. Leiterin Ramona E., die heute mit ihrem Team einen Elternabend veranstaltet, würde Jolanda P. gerne mit dabeihaben, doch das geht ja nicht, oder?

Wann gilt das Jugendarbeitsschutzgesetz?

Das Jugendarbeitsschutzgesetz gilt für alle Jugendlichen unter 18 Jahren. Wichtig zu wissen ist: Es gelten andere Altersgrenzen als im übrigen Recht. So ist nach § 2 JArbSchG Kind bzw. Jugendlicher:

> *„(1) Kind im Sinne dieses Gesetzes ist, wer noch nicht 15 Jahre alt ist.*
> *(2) Jugendlicher im Sinne dieses Gesetzes ist, wer 15, aber noch nicht 18 Jahre alt ist.*
> *(3) Auf Jugendliche, die der Vollzeitschulpflicht unterliegen, finden die für Kinder geltenden Vorschriften Anwendung."*

Da im Arbeitsschutzrecht demnach Kind ist, wer noch nicht 15 (!) Jahre alt ist, ist für § 5 JArbSchG diese Altersgrenze maßgebend, wenn es dort heißt:

> *„Die Beschäftigung von Kindern ist verboten."*

Für die Altersklasse bis 15 Jahre gilt vielmehr die Kinderarbeitsschutzverordnung, die eine Tätigkeit von Kindern erst ab 13 Jahren und dann nur in den Ausnahmefällen des § 2 KArbSchVO (Austragen von Zeitungen, Haustierbetreuung, Botengänge, Einkaufsdienst etc.) und § 5 Abs. 2 JArbSchG (Therapie, Praktikum, richterliche Weisung) erlaubt.

Und was sind die Unterschiede zum Arbeitsschutzgesetz für Erwachsene?

Jugendliche im Arbeitsleben haben bestimmte Rechte, die über die eines Erwachsenen hinausgehen. In der folgenden Grafik sind diese aufgelistet:

Was	Erwachsene	Jugendliche
Arbeitszeit	Im Durchschnitt höchstens 8 Stunden täglich und 48 Stunden in der Woche.	Höchstens 8 Stunden täglich (bei Schichtarbeit bis 11 Stunden) und 40 Stunden wöchentlich. Nicht mehr als 5 Tage die Woche. Keine Beschäftigung vor einem vor 9 Uhr beginnenden Unterricht. Das gilt auch für Personen, die über 18 Jahre alt und noch berufsschulpflichtig sind. Weiterhin keine Beschäftigung an Schultagen, wenn die Schule mehr als 5 Unterrichtsstunden von mindestens 45 Minuten dauert.
Ruhepausen	Bei 6–9 Stunden Arbeitszeit mindestens 30 Minuten, bei längerer Arbeitszeit mindestens 45 Minuten.	Bei 5,4–6 Stunden Arbeitszeit mindestens 30 Minuten, bei längerer Arbeitszeit mindestens 60 Minuten.

Was	Erwachsene	Jugendliche
Freizeit, Nachtruhe	Täglich mindestens 11 Stunden.	Täglich mindestens 12 Stunden. Keine Beschäftigung vor 6 und nach 20 Uhr (Ausnahmen ab 16 Jahren in Bäckereien und Gaststätten).
Wochenende	Beschäftigung nur, wenn Arbeit an Werktagen nicht durchgeführt werden kann. 15 Sonntage im Jahr müssen frei bleiben.	Beschäftigung an Samstagen nur in Betrieben mit regelmäßiger Samstagsarbeit (z. B. Friseure). Dafür muss ein Wochenende freigegeben werden. Keine Beschäftigung an Sonn- und Feiertagen (Ausnahmen aber in Hotels, Gaststätten und in der Alten- und Krankenpflege). 2 Sonntage im Monat müssen frei bleiben.
Urlaub	Mindestens 24 Werktage (Samstag gilt als Werktag).	Nach Alter gestaffelt. Für 15-jährige 30 Werktage, für 16-jährige 27 Werktage, für 17-jährige 25 Werktage.
Beschäftigungsverbote		Keine Arbeiten, die die Leistungsfähigkeit übersteigen (z. B. Akkordarbeit). Keine gefährlichen Arbeiten außer zu Ausbildungszwecken (Schornsteinfeger etc.).

Was	Erwachsene	Jugendliche
Ärztliche Untersuchung		Erste Untersuchung frühestens 9 Monate vor Beginn der Beschäftigung. Nachuntersuchung in den letzten 3 Monaten des ersten Jahres.

Insbesondere die Vorschriften zu Freizeit und Nachtruhe sind bei der Tätigkeit in einer Kindertageseinrichtung von erheblicher Bedeutung. Eine Beschäftigung Minderjähriger ist nur innerhalb der angegebenen Zeiten zulässig. Jolanda P. kann somit nicht am Elternabend teilnehmen.

Gibt es sonst noch etwas zu beachten?

Da das JArbSchG auch vor Gefahren schützen soll, die mit der Ausübung der Tätigkeit einhergehen, gilt hinsichtlich der erhöhten Ansteckungsgefahr in einer Kita: Sind die minderjährigen Mitarbeiterinnen noch **vollzeitschulpflichtig**, dürfen sie keiner höheren Infektionsgefährdung als die Allgemeinbevölkerung ausgesetzt sein. Sie müssen rechtzeitig vor Aufnahme der Tätigkeit über ausreichende Schutzmaßnahmen sowie Hygiene- und Verhaltensregeln unterwiesen (Händehygiene) und darauf hingewiesen werden, dass sie bestimmten Beschäftigungseinschränkungen unterliegen. So dürfen sie keinen direkten Kontakt mit Körperflüssigkeiten/Ausscheidungen der Kinder haben, den Kindern also nicht beim Toilettengang helfen, Erbrochenes aufwischen oder Wunden versorgen und sie sollen Körperkontakt möglichst meiden. Zulässig ist es aber, mit den Kindern zu basteln oder zu spielen und in der Küche oder bei der Essensausgabe zu helfen. Bricht in der Einrichtung eine Krankheit aus, gegen die eine minderjährige Beschäftigte keinen Impfschutz besitzt, hat der AG ihr gegenüber ein sofortiges Beschäftigungsverbot auszusprechen. Werden die Beschäftigungsbeschränkungen eingehalten, ist eine arbeitsmedizinische Voruntersuchung nicht erforderlich

Nicht vollzeitschulpflichtige Minderjährige dürfen wie eine Vollkraft eingesetzt werden, wenn dies zur Erreichung ihres Ausbildungsziels erforderlich ist und sie dabei unter Aufsicht eines Fachkundigen stehen. Werden diese Tätigkeiten regelmäßig ausgeübt, muss der AG in diesen Fällen eine arbeitsmedizinische Vorsorgeuntersuchung einschließlich

Impfangebot nach der ArbMedVV veranlassen. Bei einem schulischen Kurzpraktikum trifft dies in der Regel aber nicht zu.

Verwandte Suchbegriffe:

- **Praktikum**
- **Sonn- und Feiertagsarbeit**

57. Kündigung

Fallbeispiel

In der Schatzkiste, einer kleinen Einrichtung mit vier Mitarbeiterinnen, die in privater Trägerschaft steht, dreht sich das Personalkarussell: Zweitkraft Nadine K. wurde letzte Woche fristgemäß ohne Angabe von Gründen zum Ablauf des übernächsten Monats gekündigt. Außerdem hat gestern Gruppenleiterin Nina W. gekündigt, die in einen Kindergarten eines großen Trägers wechseln möchte. Heute nun überreicht Leiterin Johanna C. gemeinsam mit einem Vertreter des Trägers das nächste Kündigungsschreiben an Simone S: Ihr wird fristlos gekündigt, weil sie vor drei Tagen eine Mutter unflätig beschimpft hat und gegen Johanna C., die schlichten wollte, tätlich geworden ist.

Ordentliche und außerordentliche Kündigung: Wo ist da der Unterschied?

Die überwiegende Zahl der Arbeitsverhältnisse ist auf unbestimmte Zeit abgeschlossen und kann durch Kündigung einer Vertragspartei beendet werden. Man unterscheidet zwei Arten der Kündigung: Die außerordentliche fristlose und die ordentliche fristgemäße Kündigung.

Im deutschen Arbeitsrecht gilt der Grundsatz der Kündigungsfreiheit, d. h., eine fristgemäße Kündigung kann jederzeit ohne Angabe von Gründen erfolgen. Bei einer **ordentlichen Kündigung** ist lediglich erforderlich, dass die bestehende Kündigungsfrist eingehalten wird. Das hat zur Folge, dass das Arbeitsverhältnis nicht sofort, sondern erst mit Ablauf dieser Frist beendet wird. Die AN kann nach § 622 Abs. 1 BGB unter Einhaltung einer Frist von vier Wochen zum 15. oder zum Ende des Monats kündigen.

Für eine Kündigung durch den AG gelten die verlängerten Kündigungsfristen des § 622 Abs. 2 BGB, der lautet:

„Für eine Kündigung durch den Arbeitgeber beträgt die Kündigungsfrist, wenn das Arbeitsverhältnis in dem Betrieb oder Unternehmen
1. *zwei Jahre bestanden hat, einen Monat zum Ende eines Kalendermonats,*
2. *fünf Jahre bestanden hat, zwei Monate zum Ende eines Kalendermonats,*
3. *acht Jahre bestanden hat, drei Monate zum Ende eines Kalendermonats,*
4. *zehn Jahre bestanden hat, vier Monate zum Ende eines Kalendermonats,*
5. *zwölf Jahre bestanden hat, fünf Monate zum Ende eines Kalendermonats,*
6. *15 Jahre bestanden hat, sechs Monate zum Ende eines Kalendermonats,*
7. *20 Jahre bestanden hat, sieben Monate zum Ende eines Kalendermonats.*

§ 622 Abs. 4 BGB gestattet abweichende Regelungen für den öffentlichen Dienst. Diese sind nach § 34 TVöD:

> *„(1) Bis zum Ende des sechsten Monats seit Beginn des Arbeitsverhältnisses beträgt die Kündigungsfrist zwei Wochen zum Monatsschluss. Im Übrigen beträgt die Kündigungsfrist bei einer Beschäftigungszeit*
> *bis zu einem Jahr ein Monat zum Monatsschluss,*
> *von mehr als einem Jahr 6 Wochen,*
> *von mindestens 5 Jahren 3 Monate,*
> *von mindestens 8 Jahren 4 Monate,*
> *von mindestens 10 Jahren 5 Monate,*
> *von mindestens 12 Jahren 6 Monate*
> *zum Schluss eines Kalendervierteljahres.*
> *(2) Arbeitsverhältnisse von Beschäftigten, die das 40. Lebensjahr vollendet haben und für die die Regelungen des Tarifgebiets West Anwendung finden, können nach einer Beschäftigungszeit von mehr als 15 Jahren durch den Arbeitgeber nur aus einem wichtigen Grund gekündigt werden. Soweit Beschäftigte nach den bis zum 30. September 2005 geltenden Tarifregelungen unkündbar waren, verbleibt es dabei."*

Für einzelne AN gelten Sonderregelungen:

- Schwerbehinderte: Bei ihnen beträgt die Kündigungsfrist mindestens vier Wochen (§ 86 SGB IX).
- Ausbildungsverhältnis: Während der Probezeit kann jederzeit ohne Einhaltung einer Kündigungsfrist gekündigt werden (§ 15 Abs. 1 BBiG).
- Probearbeitsverhältnis: Verkürzung der Kündigungsfrist auf bis zu zwei Wochen (§ 622 Abs. 3 BGB).
- Aushilfsarbeitsverhältnis: Dauert das Aushilfsarbeitsverhältnis nicht länger als drei Monate, können die gesetzlichen Mindestkündigungsfristen unterschritten werden (§ 622 Abs. 5 Nr. 1 BGB).

Ist die ordentliche Kündigung ausgeschlossen, kann die Kündigung auch außerordentlich ausgesprochen werden. Die ordentliche Kündigung ist beispielsweise bei Frauen während der Schwangerschaft (§ 9 MuSchG) oder Berufsausbildungsverhältnissen nach Ablauf der Probezeit (§ 15 Abs. 2 Nr. 1 BBiG) ausgeschlossen. Außerdem ist die **außerordentliche Kündigung** in den Fällen zulässig, in denen die Einhaltung der Kündigungsfrist unzumutbar ist. In allen Fällen muss ein wichtiger Grund vorliegen, aus dem sich unter Berücksichtigung aller Umstände des Einzelfalles und unter Abwägung der Interessen beider Vertragsteile ergeben muss, dass die normale Beendigung des Arbeits- oder Berufsausbildungsverhältnisses nicht zugemutet werden kann (§ 626 Abs. 1 BGB; § 15 Abs. 2 Nr. 1 BBiG).

Die Rechtsprechung hat als wichtige Gründe anerkannt:

- Androhung künftiger Krankheiten;
- beharrliche Arbeitsverweigerung;
- Tätlichkeiten oder erhebliche Ehrverletzungen gegenüber dem Arbeitgeber;
- Nebentätigkeit während ärztlich attestierter Arbeitsunfähigkeit;
- wiederholte Unpünktlichkeit;
- Sachbeschädigung oder Vermögensdelikte zum Nachteil des Arbeitgebers;
- unerlaubte private Telefonate;
- unerlaubte → private Internetnutzung;
- Handlungen, die die Heilung während der Arbeitsunfähigkeit beeinträchtigen etc.

Kein außerordentlicher Kündigungsgrund ist nach der Rechtsprechung der einmalige Schlaf am Arbeitsplatz, wenn das Arbeitsverhältnis seit 18

Jahren beanstandungsfrei bestanden hat (BAG, Urt. vom 26.11.2004 – 15 Sa 463/04). Die Androhung einer Erkrankung nach abgelehntem Urlaubsantrag ist regelmäßig ein wichtiger Grund für eine außerordentliche Kündigung. Das gilt aber nicht zwingend, wenn die AN tatsächlich krank ist (BAG, Urt. vom 12.3.2009 – 2 AZR 251/07). Bei angedrohter Erkrankung ist zunächst vom AG zu ermitteln, ob möglicherweise tatsächlich eine Krankheit vorlag. Denn in diesem Fall kann nicht automatisch davon ausgegangen werden, dass ein wichtiger Grund vorliegt.

Muss ich nicht mit der Kündigung einverstanden sein?

Die Kündigung als sog. einseitige empfangsbedürftige Willenserklärung wird wirksam, wenn sie der Empfängerin zugeht. Eine Zustimmung ihrerseits ist nicht erforderlich. Für den Zugang ist der Erklärende beweispflichtig.

Was passiert, wenn mir die Kündigung verspätet zugeht?

Wird das Arbeitsverhältnis durch Kündigung beendet, sieht das Gesetz in § 623 BGB zwingend die Schriftform vor, anderenfalls ist die Kündigung unwirksam (BAG, Urt. vom 16.9.2004 – 2 AZR 659/03). Da die Kündigung von einer kündigungsberechtigten Person unterschrieben werden muss, scheidet eine Kündigung per Fax oder E-Mail von vornherein aus. Für den Zugang zu unterscheiden ist die Erklärung unter Anwesenden und unter Abwesenden:

- Unter **Anwesenden** ist die Kündigung zugegangen, wenn die Empfängerin in der Lage ist, sie zu vernehmen. Die einer Anwesenden übergebene schriftliche Kündigungserklärung ist mit der Übergabe zugegangen.
- Unter **Abwesenden** ist eine Kündigung zugegangen, wenn sie so in den Machtbereich der Empfängerin gelangt ist, dass bei Annahme gewöhnlicher Verhältnisse damit zu rechnen ist, dass sie von ihr Kenntnis nehmen konnte (BAG, NZA 1988, S. 875).

Die Kündigung hat deutlich und zweifelsfrei zu erfolgen. Es muss zwar das Wort „Kündigung“ nicht unbedingt erwähnt werden, aber es muss sich aus dem Gesamtzusammenhang ergeben, dass die Beendigung des Arbeitsverhältnisses gewollt ist. Etwaige Unklarheiten gehen zulasten des Kündigenden. Die Kündigungsempfängerin muss in den Besitz der Originalurkunde kommen, eine Kopie reicht regelmäßig nicht aus, es sei denn, der Kündigungsempfängerin wurde das Original derart zugänglich gemacht, dass sie von dem Inhalt Kenntnis nehmen konnte (BAG, Urt. vom 4.11.2004 – 2 AZR 17/04).

In der Praxis ist nicht selten aber nicht der Zugang der Kündigung an sich strittig, sondern dessen Zeitpunkt. Bei der Kündigung von Arbeitsverhältnissen kommt es wegen der oben dargelegten strengen Fristen entscheidend auf den fristgerechten Zugang an.

Die außerordentliche Kündigung muss innerhalb von zwei Wochen nach sicherer Kenntnis der maßgebenden Kündigungstatsachen durch die Kündigungsberechtigte erfolgen. Die Zwei-Wochen-Frist ist eine sog. Ausschlussfrist: Wird sie versäumt, ist die außerordentliche Kündigung wegen dieses Sachverhaltes nicht mehr möglich.

Im Falle einer ordentlichen Kündigung muss zunächst die einschlägige, vertragliche, tarifliche oder gesetzliche Kündigungsfrist eingehalten werden, s.o. Bei einer langen Kündigungsfrist kann der verspätete Zugang der Kündigung den AG viel Geld kosten, da die AN in diesem Fall bis zum nächsten zulässigen Kündigungstermin weiter auf seiner Gehaltsliste steht.

Hat die AN den verspäteten Zugang des Kündigungsschreibens selbst zu vertreten, kann sie sich nicht darauf berufen (BAG, Urt. vom 22.9.2005 – 2 AZR 366/04). Dasselbe gilt, wenn die Adressatin die Entgegennahme der Kündigungserklärung grundlos verweigert. In diesen Fällen gilt die Kündigung als im Zeitpunkt des Zustellversuches zugegangen. Wird die Adressatin nicht persönlich angetroffen, kommt auch eine Übergabe an Dritte wie den Ehegatten oder Mitbewohner in Betracht, die je nach den Umständen des Einzelfalles als Empfangsvertreter (dann Zugang mit dessen Unterschrift) oder Empfangsboten (dann Weitergabe an die Adressatin erforderlich) anzusehen sind. Wird die Kündigung in den Hausbriefkasten der Adressatin eingeworfen, ist der Zugang erfolgt, sobald mit der nächsten Leerung des Briefkastens zu rechnen ist. Hier sind jedoch nicht die individuellen Gewohnheiten der Adressatin maßgebend, sondern die allgemein üblichen Postzustellungszeiten. Wird also beispielsweise das Kündigungsschreiben erst abends eingeworfen, ist der Zugang regelmäßig erst am nächsten Tag bewirkt. Wird die Kündigung auf dem Postweg versandt, gilt nichts anderes.

In der Praxis werden Kündigungsschreiben wie im Fallbeispiel nicht selten unter Zeugen persönlich übergeben, da der Postweg für die Frage des fristgemäßen Zugangs problematisch ist: Der einfache Brief ist schon wegen Beweisschwierigkeiten hinsichtlich der Frage, ob überhaupt ein Zugang stattgefunden hat, nicht praktikabel. Aber auch das Übergabeeinschreiben ist problematisch, denn hier erhält die Adressatin lediglich eine Mitteilung vom Postboten in ihren Briefkasten, dass das Einschreiben bei der Post zur Abholung bereit liegt. Der Zugang erfolgt erst zu dem Zeitpunkt, zu dem das Schreiben tatsächlich abgeholt wird, da die Kündigungserklärung selbst vorher noch nicht in den Machtbereich der Adressatin gelangt ist. Hinsichtlich eines Einwurf-Einschreibens besteht in der Rechtsprechung keine Einigkeit. Ohnehin wäre auch damit noch nicht das Hauptproblem der Zustellung auf dem Postweg beseitigt: Hat der AG nämlich das Schreiben nicht unter Zeugen kuvertiert, ist der Inhalt des Briefes trotz fristgemäßen Zugangs nicht beweisbar.

Wer darf mir denn kündigen?

Die kündigende Person muss zur Kündigung auch berechtigt sein. Bei rechtsgeschäftlich bevollmächtigten Vertretern (z. B. Leiterin einer Einrichtung in Trägerschaft einer Elterninitiative) kann die Kündigungserklärung ansonsten wegen Nichtvorlage der Vollmacht zurückgewiesen werden. Diese Möglichkeit besteht aber nur bei Bevollmächtigungen, die rechtsgeschäftlich erteilt wurden. Bei gesetzlich normierten oder organschaftlichen Vertretungsverhältnissen (z. B. Pfarrer als Verwaltungsvorstand einer Kirchenstiftung) ist ein Zurückweisungsrecht grundsätzlich ausgeschlossen. Wird der Arbeitsvertrag von einem Prokuristen, Generalbevollmächtigten oder Leiter der Personalabteilung (z. B. Einrichtung in kommunaler Trägerschaft) gekündigt, besteht ebenfalls kein Zurückweisungsrecht, da diese Stellungen üblicherweise mit einer entsprechenden Vollmacht ausgestattet sind (BAG, Urt. vom 20.9.2006 – 6 AZR 82/06). Die bloße Mitteilung im Arbeitsvertrag, dass der jeweilige Inhaber einer bestimmten Stelle kündigen dürfe, reicht allerdings nicht aus, um die AN von dessen Bevollmächtigung in Kenntnis zu setzen (BAG, Urt. vom 14.4.2011 – 6 AZR 727/09).

Muss der Betriebsrat vorher gehört werden?

Besteht ein Betriebsrat, ist dieser nach § 102 BetrVG grundsätzlich vor jeder Kündigung anzuhören. Wird einer AN aber wiederholt gekündigt (außerordentlich und hilfsweise ordentlich), ist eine zweite Anhörung des

Betriebsrates entbehrlich, wenn sich der Kündigungssachverhalt als solcher nicht geändert hat (BAG, Urt. vom 3.4.2008 – 2 AZR 965/06).

Die Anhörung setzt voraus, dass der Betriebsrat vorab informiert wird, wem gekündigt werden, welche Kündigung ausgesprochen und zu welchem Zeitpunkt das Arbeitsverhältnis beendet werden soll. Außerdem sind alle in Erwägung gezogenen Kündigungsgründe mitzuteilen. Kündigt der AG, ohne den Betriebsrat angehört zu haben, ist die Kündigung gemäß § 134 BGB unwirksam. Entsprechendes gilt im Bereich des öffentlichen Dienstes für den Personalrat nach §§ 72, 79 BPersVG.

Tipp: Ist Ihnen gekündigt worden und halten Sie die Kündigung für unwirksam, sollten Sie gerichtlich dagegen vorgehen. Dafür benötigen Sie keinen Rechtsanwalt, Sie können die Klage selbst beim Arbeitsgericht einreichen. Es ist ratsam, sich hierfür der Hilfe der Rechtsantragsstellen zu bedienen, die es an jedem Arbeitsgericht gibt und die die Klageerhebung kostenlos vornehmen.

Verwandte Suchbegriffe:

- **Arbeitsgerichtsverfahren**
- **Arbeitsunfähigkeit**
- **Betriebsrat**
- **Internetnutzung, private**
- **Kündigungsschutz**
- **Personalrat**

58. Kündigungsschutz

Fallbeispiel:

Corinna L. ist Leiterin der kommunalen Kindertagesstätte „Die Spreepiraten“. Aufgrund der stetig sinkenden Neuanmeldungen wird Corinna L. nicht darum herumkommen, mit ihrem Träger zu sprechen. Wegen des Wegfalles einer Gruppe muss einer Mitarbeiterin gekündigt werden. Corinna L. möchte aber keinesfalls auf die gerade eingestellte Ayshe G. verzichten, denn die Einrichtung hat einen hohen Ausländeranteil: 30 % der Kinder sprechen türkisch und für die Elternarbeit braucht Corinna L. eine türkische Muttersprachlerin.

Wann wird das Kündigungsschutzgesetz angewendet?

Eine fristgemäße Kündigung bedarf grundsätzlich keiner Angabe von Gründen. Eine wichtige Ausnahme von dieser Regel liegt jedoch dann vor, wenn das KSchG auf den konkreten Betrieb anwendbar ist. Das KSchG ist immer dann anzuwenden, wenn im Betrieb mehr als 10 AN beschäftigt sind (§ 23 Abs. 1 KSchG). Dies gilt jedoch nur für Arbeitsverhältnisse, die nach dem 1.1.2004 entstanden sind. Für Arbeitsverhältnisse, die vor dem 31.12.2003 abgeschlossen wurden, gilt noch der alte → Schwellenwert von fünf Beschäftigten ohne Auszubildende. Teilzeitkräfte werden hierfür entsprechend ihren Arbeitsstunden berechnet. Voll berechnet werden Arbeitskräfte mit 30 und mehr Stunden. Außerdem ist die Regelung des § 1 KSchG zu beachten: Das KSchG darf nur auf Arbeitsverhältnisse angewendet werden, die zum Zeitpunkt der Kündigung ununterbrochen länger als sechs Monate bestanden haben.

Wann darf nach KSchG gekündigt werden?

Ist das KSchG anzuwenden, steht eine Kündigung seitens des AG unter strengen Wirksamkeitsvoraussetzungen. Nach § 1 Abs. 2 KSchG ist eine Kündigung dann nicht sozial gerechtfertigt, wenn sie nicht durch Gründe, die in der Person oder in dem Verhalten der AN liegen, oder durch dringende betriebliche Erfordernisse, die einer Weiterbeschäftigung der AN in diesem Betrieb entgegenstehen, bedingt ist. Demzufolge ist bei Anwendbarkeit des KSchG im Einzelfall immer zu prüfen, ob eine Kündigung durch

- personenbedingte,
- verhaltensbedingte oder
- betriebsbedingte

Gründe gerechtfertigt ist. Bei der Prüfung ist immer auch zu berücksichtigen, dass das gesamte Kündigungsrecht nicht vergangenheits- sondern zukunftsbezogen ist. Eine ordentliche Kündigung ist daher nicht schon deshalb gerechtfertigt, weil das Arbeitsverhältnis in der Vergangenheit gestört gewesen ist. Vielmehr ist erforderlich, dass die Störungen auch in der Zukunft zu erwarten sind und dem AG deshalb die Fortsetzung des Arbeitsverhältnisses nicht zumutbar ist (BAG, NZA 2002, S. 1081). Hinsichtlich der formellen Anforderungen an eine Kündigung gilt das unter → Kündigung Gesagte ebenso.

Häufigster Fall einer **personenbedingten Kündigung** ist die Kündigung aus Krankheitsgründen. Hier kommen vier Arten in Betracht:

- häufige Kurzerkrankungen (BAG, Urt. vom 7.11.2002 – 2 AZR 599/01);
- Langzeiterkrankung (BAG, BB 2002, S. 2675);
- dauerhafte Leistungsunfähigkeit (BAG, NZA 1999, S. 152);
- erhebliche krankheitsbedingte Leistungsminderung (BAG, DB 1992, S. 2196).

Die Rechtsprechung geht bei der Prüfung in mehreren Schritten vor.

1. Negativprognose
   Zunächst wird geprüft, ob wegen der Krankheitszeiten der Vergangenheit damit gerechnet werden muss, dass die Mitarbeiterin auch in Zukunft in erheblichem Maße ihren vertraglichen Pflichten nicht nachkommen kann. Davon ist in aller Regel auszugehen, wenn zumindest in den letzten drei Jahren Krankheitszeiten von mehr als sechs Wochen pro Jahr aufgetreten sind und es sich nicht um einmalige Ereignisse handelte, die auskuriert sind (z. B. Knochenbrüche). Bei Langzeiterkrankten ist unabhängig von der Erkrankungsdauer entscheidend, dass nicht mehr damit gerechnet werden kann, dass die betroffene Person wieder arbeitsfähig wird. Nach ständiger höchstrichterlicher Rechtsprechung ist eine Kündigung bei langanhaltender Krankheit dann sozial gerechtfertigt, wenn Fehlzeiten von durchschnittlich 25 bis 30 % erreicht werden.

2. Betriebliche Interessen beeinträchtigt
   Die Krankheit muss zu erheblichen Beeinträchtigungen der betrieblichen Interessen führen. Das kann durch wirtschaftliche Gründe, wie hohe Entgeltfortzahlungen, begründet werden oder auch durch die Notwendigkeit, eine Ersatzkraft einzustellen.

3. Kein milderes Mittel
   Es darf kein milderes Mittel als die Kündigung geben, wie beispielsweise eine Verkürzung der Arbeitszeit oder die Versetzung an einen anderen Arbeitsplatz (z. B. mit älteren Kindern). Es kommen jedoch nur solche anderweitigen Beschäftigungsmöglichkeiten in Betracht, die entweder gleichwertig oder geringer bewertet sind (BAG, Urt. vom 19.4.2007 – 2 AZR 239/06).

4. Interessenabwägung
   Schließlich muss eine Interessenabwägung durchgeführt werden. Dabei ist z. B. zu berücksichtigen, wie lange die AN schon in der Einrichtung

tätig ist, ohne dass es zu Beanstandungen kam, ihr Alter, Umfang der Ausfälle, Größe der Einrichtung usw.

Ein weiterer Anwendungsbereich der personenbedingten Kündigung ist die **Verdachtskündigung**. Der dringende Verdacht, eine Mitarbeiterin habe eine strafbare oder sonstige schwerwiegende vertrauensbrechende Handlung begangen, gilt als eigenständiger personenbedingter Kündigungsgrund (BAG, NJW 2000, S. 1211). Grundlage einer Verdachtskündigung ist eine vom AG zu beweisende objektive Tatsachenbasis, die bei Ausspruch der Kündigung vorliegen muss. Der sich daraus ergebende Tatverdacht muss dringend sein, d. h., es muss sich daraus eine hohe Wahrscheinlichkeit dafür ergeben, dass die AN die Tat begangen hat, derer sie verdächtigt wird (BAG, Urt. vom 10.2.2005 – 2 AZR 189/04). Subjektive Wertungen des AG sind für den Verdacht unbeachtlich. In einem weiteren Schritt ist eine Vergleichsprüfung anzustellen, wonach ein Tatverdacht nur dann kündigungserheblich sein kann, wenn das angebliche Fehlverhalten auch bei Unterstellung des Tatnachweises geeignet wäre, eine Kündigung zu rechtfertigen. Der AG ist verpflichtet, alles Zumutbare zur Sachverhaltsaufklärung beizutragen. Er hat dabei sowohl belastenden als auch entlastenden Umständen nachzugehen. Ein Hauptpunkt der Sachverhaltsaufklärung ist die Pflicht zur persönlichen Anhörung der Mitarbeiterin (BAG, NJW 1996, S. 540). Die Ausschlussfrist des § 626 Abs. 2 BGB (zwei Wochen ab Kenntnis der Tatsachen) beginnt erst, wenn der AG zuverlässige und möglichst vollständige Kenntnis der maßgeblichen Tatsachen hat. Es ist daher bei Verdachtskündigungen auch zulässig, den Ausgang eines Strafverfahrens abzuwarten (BAG, Urt. vom 17.3.2005 – 2 AZR 245/04).

Eine **verhaltensbedingte Kündigung** ist gerechtfertigt, wenn Umstände im Verhalten der AN vorliegen, die bei verständiger Würdigung in Abwägung der beiderseitigen Interessen der Vertragsparteien die Kündigung als billigenswert und angemessen erscheinen lassen. Typische Fälle sind beispielsweise:

- Schlechtleistung;
- beharrliche Verweigerung der Arbeitspflicht;
- häufige Unpünktlichkeit.

In der Regel ist eine solche Kündigung nur dann gerechtfertigt, wenn der AG mit einer vorausgegangenen → Abmahnung der AN die Gelegenheit gegeben hat, ihr Verhalten zu ändern. Auch hier gilt immer das Prognoseprinzip, denn der Zweck der Kündigung ist nicht Sanktion für eine Vertragspflichtverletzung, sondern die Vermeidung von weiteren Vertragspflichtverletzungen. Die Abmahnung ist zugleich auch Ausdruck des

Verhältnismäßigkeitsgrundsatzes: Eine verhaltensbedingte Kündigung ist nämlich nicht gerechtfertigt, wenn es andere geeignete mildere Mittel gibt, um eine zukünftige Vertragsstörung zu beseitigen und zu vermeiden. Eine Abmahnung ist nur dann und ausnahmsweise entbehrlich, wenn eine Verhaltensänderung in Zukunft trotz Abmahnung nicht erwartet werden kann oder es sich um eine solch schwere Pflichtverletzung handelt, deren Rechtwidrigkeit der AN ohne weiteres erkennbar ist und bei der eine Hinnahme des Verhaltens durch den AG offensichtlich ausgeschlossen werden kann.

Mir ist gekündigt worden, weil die Neuanmeldungen zurück gegangen sind. Geht das so einfach?

Anders als bei einer personen- oder verhaltensbedingten Kündigung, bei der die Ursache im Verantwortungsbereich der AN liegt, ist es bei einer **betriebsbedingten Kündigung** der AG, der der AN einen Arbeitsplatz nicht mehr zur Verfügung stellen kann. Soll einer oder mehreren Mitarbeiterinnen aus Gründen gekündigt werden, die in Erfordernissen des Betriebes liegen, handelt es sich um eine betriebsbedingte Kündigung. Häufigster Fall einer betriebsbedingten Kündigung in Kindertageseinrichtungen ist die Kündigung wegen Rückgang der Kinderzahlen.

Voraussetzung für eine betriebsbedingte Kündigung ist zunächst das Vorliegen **dringender betrieblicher Gründe**. Diese liegen vor, wenn außerbetriebliche oder innerbetriebliche Faktoren den Wegfall eines oder mehrerer Arbeitsplätze zur Folge haben. Hierfür erforderlich ist eine unternehmerische Entscheidung, mit der einem veränderten Arbeitsbedarf Rechnung getragen wird. Bei einer Kindertageseinrichtung ist dies in der Regel dann der Fall, wenn die Neuanmeldungen zurückgehen oder die langen Öffnungszeiten nicht mehr nachgefragt werden. Den Rückgang der Kinderzahlen in den letzten Jahren muss der AG anhand von Zahlen genau darlegen und darüber hinaus nachvollziehbar begründen, warum in absehbarer Zeit nicht mit einer Besserung der Situation gerechnet werden kann. Außerdem sollte er die Maßnahmen darlegen und beweisen können, die bereits in der Vergangenheit ergriffen worden sind, um dieser Entwicklung zu begegnen (beispielsweise die Schließung einzelner Gruppen oder die Verringerung der Öffnungszeiten).

Die zur Kündigung führenden Gründe müssen „dringend“ sein und eine Kündigung im Interesse des Betriebs notwendig machen, d. h., es darf dem AG nicht möglich sein, der betrieblichen Lage durch andere Maßnahmen auf technischem, organisatorischem oder wirtschaftlichem Gebiet als durch eine Kündigung zu entsprechen. Besondere Bedeutung kommt hier in einer Tageseinrichtung für Kinder der sog. „unternehmensbezogenen Weiterbeschäftigungspflicht" zu. Diese bedeutet, eine betriebsbedingte Kündigung hat nur dann Bestand, wenn **keine anderweitige Beschäftigungsmöglichkeit** für die Mitarbeiterin in derselben Einrichtung oder einer anderen Einrichtung des desselben Trägers besteht. Das Vorliegen dieser Unmöglichkeit muss geprüft und in der Kündigung dargelegt werden.

Das Arbeitsgericht wird im Rahmen einer Kündigungsschutzklage stets prüfen, inwieweit die richtige **Sozialauswahl** vorgenommen wurde. Sind die richtigen Kriterien angewandt worden und ist die getroffene Auswahl nachvollziehbar und logisch? Dafür ist zunächst erforderlich, dass vergleichbare Mitarbeiterinnen in Bezug gesetzt werden, also Erzieherinnen mit Erzieherinnen verglichen werden, Gruppenleiterinnen mit Gruppenleiterinnen etc. Nach § 1 Abs. 3 KSchG sind dabei vier Punkte zu berücksichtigen. Diese sind:

- Lebensalter,
- Betriebszugehörigkeit,
- Unterhaltspflichten,
- Schwerbehinderung.

Soll in einer Kita wie im Fallbeispiel eine ganze Gruppe geschlossen werden, sind in der Regel eine Fach- und eine Ergänzungskraft betroffen. Diese betroffenen Gruppen sind vom Träger bzw. von der Leitung mit allen Daten zusammenstellen (Alter, Familienstand, Betriebszugehörigkeit, Funktion etc.). Sodann werden die Mitarbeiterinnen gestrichen, deren Weiterbeschäftigung aus dringenden betrieblichen Gründen erforderlich ist. Im Fallbeispiel käme beispielsweise Ayshe G. als Mitarbeiterin mit türkischer Muttersprache in Betracht, aber auch andere Zusatzqualifikationen wie die zur Heilpädagogin oder Sprachtherapeutin können ein dringender betrieblicher Grund sein, hinsichtlich dieser Mitarbeiterin von einer Kündigung abzusehen. Die verbleibenden Mitarbeiterinnen erhalten hinsichtlich der vier zu berücksichtigenden Faktoren Punkte, die Träger bzw. Leitung in Abhängigkeit der Relevanz für die Einrichtung gewichten dürfen. Ebenfalls zulässig ist es, Altersgruppen zu bilden, um zu verhindern, dass ausschließlich jungen Mitarbeiterinnen gekündigt wird.

Innerhalb welcher Frist muss ich klagen?

Die Kündigungsschutzklage muss innerhalb dreier Wochen nach Zugang der Kündigung erhoben werden, § 4 KSchG. Die Drei-Wochen-Frist ist eine Ausschlussfrist: Ist sie versäumt, besteht abgesehen von den wenigen Ausnahmen des § 5 KSchG keine Möglichkeit mehr, gegen die Kündigung vorzugehen. Die Berechnung der Frist richtet sich nach den §§ 186 ff. BGB: Die Frist beginnt mit dem Tag zu laufen, der auf den Tag des Zugangs folgt und endet drei Wochen später an dem Tag, der denselben Wochentagsnamen trägt wie der Tag des Zugangs (§ 188 Abs. 2 BGB). Zu diesem Zeitpunkt muss die Klage beim Gericht eingegangen sein. Ist der Tag, an dem die Frist abläuft, ein Sonntag, ein Samstag oder ein gesetzlicher Feiertag, tritt an seine Stelle der nächstfolgende Werktag.

Muss der Betriebsrat angehört werden?

§ 102 BetrVG bestimmt vor jeder Kündigung die Anhörung des → Betriebsrates. Bei AN der Kirchen kann Entsprechendes für deren MAV gelten.

Tipp: Es ist ratsam, mit der Erhebung der Kündigungsschutzklage nicht bis zum letzten Tag zu warten, da wegen der strengen Ausschlussvorschriften eine Verfristung bei unvorhergesehenen Schwierigkeiten nicht wiedergutzumachende Folgen hätte.

Verwandte Suchbegriffe:

- **Abmahnung**
- **Diskriminierungsverbot**
- **Kündigung**
- **Mitarbeitervertretung**
- **Sozialauswahl**

59. Lärm

Fallbeispiel

Clarissa H., seit 15 Jahren Gruppenleiterin der Kita „Krabbelkäfer“, war heute beim HNO-Arzt, da sie schon seit einiger Zeit bemerkt, dass sie immer schlechter hört. Der Ohrenarzt hat einen Hörtest durchgeführt, der erschreckend ausgefallen ist: Hörverlust von 30 % (links) bzw. 50 % (rechts), vermutlich bedingt durch langzeitliche Schalleinwirkung.

Ist es in Kitas wirklich so laut?

Die Berufskrankheit Lärmschwerhörigkeit (BK-Nr. 2301) war im Jahr 2021 mit fast 7000 Fällen die am häufigsten von der DGUV anerkannte Berufskrankheit. Auch in Kindertageseinrichtungen ist Lärm in den vergangenen Jahrzehnten ein weit verbreiteter Störfaktor für das Gruppengeschehen geworden. Tatsächlich zeigt eine Studie im Auftrag der Bundesanstalt für Arbeitsschutz und Arbeitsmedizin (BAuA), dass die deutlich überwiegende Anzahl der Messungen Pegel erreichen, bei denen dauerhafte Hörschäden zu befürchten sind: So ergab die deutlich überwiegende Anzahl der Messungen Beurteilungspegel von über 80 dB(A), bei über einem Drittel der Messungen wurden sogar 85 dB(A) überschritten. Dabei ist bei Kindern der gehörgefährdende Wert um etwa 10 dB(A) niedriger anzusetzen als bei Erwachsenen.

Wo ist etwas zum Thema Lärm geregelt?

Im Jahre 2007 wurden die EG-Richtlinie 2003/10/EG „Physikalische Agenzien, Lärm“ und die EG-Richtlinie zu den Vibrationen 2002/44/EG durch die Lärm- und Vibrations-Arbeitsschutzverordnung vom 6.3.2007 ins nationale Recht umgesetzt.

Die bisher die Präventionsmaßnahmen zum Lärm am Arbeitsplatz regelnde Unfallverhütungsvorschrift (UVV) „Lärm“ (BGV B3) verlor damit gleichzeitig ihre Gültigkeit.

Hauptmerkmale der neuen LärmVibrationsArbSchV sind die Einführung neuer Leitgrößen zur Beschreibung des Lärms am Arbeitsplatz, und zwar des Tageslärmexpositionspegels LEX,8h und des Spitzenschalldruckpegels LpCpeak sowie die Absenkung der Auslösewerte für Präventionsmaßnahmen um 5 dB.

Die unteren Auslösewerte liegen bei LEX,8h = 80 dB(A) und LpCpeak = 135 dB(C) und die oberen Auslösewerte bei LEX,8h = 85 dB(A) und LpCpeak = 137 dB(C).

Mit den unteren und oberen Auslösewerten sind verschiedene Maßnahmen verbunden, die durch den AG zu beachten sind. Unabhängig davon gilt das Minimierungsgebot, d.h., dass Lärmbelastungen an den Arbeitsplätzen unter Beachtung des Standes der Technik soweit wie möglich zu reduzieren sind.

(Quelle: BAuA)

Tipp: Beim Thema Lärmschutz ist Ihr AG in der Pflicht, geeignete Schutzmaßnahmen zu ergreifen. Sie sollten in Ihrem eigenen Interesse das Problem ansprechen und auf baulichen Lärmschutz hinwirken oder dem Lärm pädagogisch mit Lärmampeln etc. entgegenwirken. Nach § 11 ArbSchG ist Ihr AG auch verpflichtet, Ihnen regelmäßige arbeitsmedizinische Vorsorgeuntersuchungen zu ermöglichen, wenn Sie den diesbezüglichen Wunsch äußern. Sie sollten davon unbedingt Gebrauch machen.

Verwandte Suchbegriffe:

- **Arbeitsschutzgesetz**
- **Arbeitsstättenverordnung**
- **EG-Arbeitsrecht**
- **Gefährdungsbeurteilung**
- **Unterweisung**

60. Lastenhandhabungsverordnung

Fallbeispiel

Zweitkraft Martina Z. ist zwar erst fünf Jahre in ihrem Beruf als Erzieherin tätig, dennoch stellt sie schon Anzeichen einer beginnenden Berufskrankheit fest: Ihr Rücken schmerzt nach einem langen Tag des Sitzens an Kleinkindtischen, ständigen Hebens von Kindern auf den Wickeltisch und Herumtragens trostbedürftiger Kinder mehr und mehr. Der Arzt, den sie heute aufsucht, rät ihr, sich beim Träger um erwachsenengerechtes Mobiliar zu bemühen und das Heben und Tragen von Lasten stark einzuschränken, sonst werde sie bald einen Bandscheibenvorfall erleiden.

Gilt diese Verordnung auch für eine Kindertageseinrichtung?

Die LasthandhabV zählt neben der → ArbStättV, der → BildscharbV und der BiostoffVO (→ Beschäftigungsverbot) zu den wichtigsten Arbeitsschutz-Verordnungen in Kindertageseinrichtungen. § 4 ArbSchG verpflichtet den Träger einer Kindertageseinrichtung, sie zu beachten.

Basierend auf der Lastenhandhabungsverordnung sowie der Berufskrankheitenverordnung hat die Literatur folgende Grenzwerte für das Tragen und Heben von Lasten entwickelt, die beachtet werden sollten, um keine gesundheitlichen Schäden zu erleiden:

Folgende Grenzlasten für körpernahes Tragen dürfen nicht öfter als drei Mal pro Stunde erreicht werden:

Alter	Last in kg Frauen	Last in kg Männer
15–17	10	15
18–39	15; Ausnahme: 10 nach MuSchG	25
Ab 40	10	20

Welche Pflichten hat der Träger?

Aus § 4 ArbSchG folgt auch die Pflicht des AG, seinen Beschäftigten ausreichend Hebe- und Tragehilfen zur Verfügung zu stellen. Zwar kann an einen Kleinlastenaufzug und Transportwagen in einer Kindertagesstätte nicht zu denken sein, allerdings ist es auch dort ratsam, schwere Lasten wie beispielsweise Tische nie allein, sondern immer mindestens zu zweit zu tragen und für den Lebensmitteleinkauf einen fahrbaren Trolley zu verwenden.

Das Hauptproblem in einer Kindertageseinrichtung ist jedoch das Mobiliar. Stühle und Tische sind für Kinder gemacht, Erwachsene haben keine Chance, darauf und daran so sitzen zu können, dass es ihrer Gesundheit nicht schadet. Zwangshaltungen und ungünstige Körperhaltungen werden nur dann vermieden, wenn pro Mitarbeiterin mindestens ein erwachsenengerechter Stuhl bzw. eine erwachsenengerechte Sitzgelegenheit vorhanden ist. Hierbei reicht die Auswahl von höhenverstellbaren Bürostühlen, die sich auf Kindertischhöhe einstellen lassen bis zu Hockern auf Rollen, Beckenlehnern auf Rollen und Wipphockern. Je nach Bedarf im konkreten Einzelfall kann beispielsweise für kleine Gruppenräume sowie für Aktivitäten wie Stuhlkreis oder gemeinsames Essen ein Wipphocker geeignet sein, für Schlafwachen oder Bilderbuchbetrachtungen ist eher ein höhenverstellbarer Stuhl mit Rückenlehne empfehlenswert. Nahezu alle Anbieter vereinbaren eine kostenfreie Zeit des Probesitzens. Einige Hersteller bieten auch zargenfreie Tische an, die ein gerades Sitzen auch für Erwachsenen ermöglichen.

Tipp: Nach den Verordnungen der Unfallkassen sind die Mitarbeiterinnen über rückengerechtes Tragen und Heben zu unterweisen. Dieser Pflicht zur → Unterweisung kommt der Träger idealerweise durch Einladung einer Rückenschule in die Kita nach. Rückenschulen werden von fast allen Krankenkassen im gesamten Bundesgebiet flächendeckend angeboten. Bei einer arbeitsplatzbezogenen Schulung werden im Gegensatz zur klassischen Rückenschule zusätzlich Arbeitsplatzbegehungen und -analysen durchgeführt, um ergonomische Gefahren zu erkennen und zu beseitigen. Unter Anleitung einer Fachfrau können die Mitarbeiterinnen auch bestimmte konkrete Arbeitsabläufe analysieren und rückenfreundlichere Haltungs- und Bewegungsabläufe einstudieren. Darüber hinaus werden gezielte Entspannungsübungen eintrainiert sowie Ausgleichsgymnastik und -sport vorgestellt.

Verwandte Suchbegriffe:

- **Gefährdungsbeurteilung**
- **Lärm**
- **Unterweisung**

61. Meldepflicht

Fallbeispiel

Mandy P. ist Kinderpflegerin in der Einrichtung „Klitzeklein". Der Arbeitsvertrag der 22-jährigen ist auf ein Jahr bis zum 31. August befristet. Als Kollegin Barbara T. sie am 15.7. fragt, ob sie sich schon gemeldet habe, reagiert Mandy P. verständnislos und fragt sich, was Barbara T. damit meint.

Wann muss ich mich arbeitssuchend melden?

Alle AN haben die Pflicht, sich bei der Agentur für Arbeit arbeitssuchend zu melden, sobald sie erfahren, dass sie mit der Beendigung ihres Beschäftigungsverhältnisses rechnen müssen. Praktische Bedeutung in Tageseinrichtungen für Kinder hat die gesetzliche Neuregelung insbesondere für alle MA, deren Beschäftigungsverhältnis beispielsweise durch

Ablauf der Befristung demnächst endet. Die Regelung soll sicherstellen, dass die Agentur für Arbeit frühzeitig über den zukünftig möglichen Eintritt von Arbeitslosigkeit informiert wird. Zu diesem Zweck wird dem AG eine Informationspflicht gegenüber der AN und der AN eine Meldepflicht gegenüber der Agentur für Arbeit auferlegt. Läuft ein befristeter Vertrag wie im Fallbeispiel aus, muss sich die AN drei Monate vor dem Ende arbeitssuchend melden (§ 38 SGB III).

Und wenn ich es vergesse?

Verletzen Sie ihre Meldepflicht, laufen Sie Gefahr, eine erhebliche Kürzung des Arbeitslosengeldes hinnehmen zu müssen. Dabei kommt es nicht einmal darauf an, ob überhaupt Arbeitsplätze vorhanden sind, die für Sie in Betracht kommen. Erfolgt eine Meldung nicht rechtzeitig, wird das Arbeitslosengeld für jeden Tag der verspäteten Meldung bis zu einer Höchstgrenze von 30 Tagen gekürzt (§ 140 SGB III). Die Höhe des Kürzungsbetrages hängt von der Höhe des täglichen Bemessungsentgelts ab.

Bei Bemessungsentgelt je Tag		**Kürzung je Tag verspäteter Meldung**
Bis	60 Euro	7 Euro
Bis	100 Euro	35 Euro
Über	100 Euro	50 Euro

In Anbetracht der Höchstgrenze von 30 Tagen können auf diese Weise vollzeitbeschäftigten Leiterinnen von Tageseinrichtungen, Erzieherinnen und Ergänzungskräften bis zu 1.500 Euro verloren gehen! Die Kürzung darf aber nicht mehr als das halbe Arbeitslosengeld ausmachen. Die Agentur für Arbeit kann und wird nur dann von der Kürzung absehen, wenn die Betroffene glaubhaft machen kann, dass ihr eine persönliche Meldung nicht rechtzeitig möglich war.

Und wenn mir keiner was sagt?

Da eine AN nicht alle arbeitsrechtlichen Vorschriften kennen kann, erlegt der Gesetzgeber dem AG in § 2 Abs. 2 Nr. 3 SGB III eine Informationspflicht auf. Er muss die AN

- frühzeitig über die Notwendigkeit eigener Aktivitäten bei der Suche nach einer anderen Beschäftigung sowie über die Verpflichtung unverzüglicher Meldung bei der Agentur für Arbeit informieren,
- sie hierzu freizustellen und
- ihr die Teilnahme an erforderlichen Qualifizierungsmaßnahmen ermöglichen.

Ob diese Information schon mit Abfassung des Arbeitsvertrages erfolgen kann, wie es von manchen AG praktiziert wird, ist gerichtlich noch ungeklärt. Die Information muss im Falle der Kündigung spätestens im Zeitpunkt des Zugangs der Kündigung und im Falle der Befristung des Arbeitsverhältnisses drei Monate vor Beendigung vorgenommen werden.

Bekomme ich den Schaden ersetzt, wenn mein AG mich nicht informiert?

Dies wird in der Literatur völlig unterschiedlich beantwortet. Überwiegend wird ein Ersatzanspruch aber wohl mit der Begründung abgelehnt, die Vorschrift verfolge arbeitsmarktpolitische Ziele und nicht den Schutz einzelner AN.

Für wen gilt die Meldepflicht denn überhaupt?

Die Meldepflicht besteht nicht nur für AN, sondern auch für andere Beschäftigte, die aufgrund ihrer Beschäftigung versicherungspflichtig in der Arbeitslosenversicherung sind (§ 26 SGB III). Dazu gehören u. a.

1. Bezieherinnen von Mutterschaftsgeld,
2. Mitarbeiterinnen in Elternzeit,
3. Helferinnen im freiwilligen sozialen Jahr,
4. Zivildienstleistende.

Wann muss ich mich denn melden?

Die Meldung ist unverzüglich nach Kenntnis des Beendigungszeitpunktes bei der Agentur für Arbeit vorzunehmen (§ 38 Satz 1 SGB III). Die Meldepflicht besteht auch dann, wenn die Betroffene den Fortbestand des Arbeitsverhältnisses gerichtlich geltend machen will, oder wenn sie hofft, weiterbeschäftigt zu werden. Im Falle der Kündigung des Arbeitsverhältnisses wird der Beendigungszeitpunkt der AN mit dem Zugang der Kündigung bekannt, unabhängig davon, wann das Arbeitsverhältnis endet.

Zur Vermeidung von Risiken sollten Sie die Meldung wie folgt vornehmen: Ist Ihr Arbeitsverhältnis auf drei, zwei oder einen Monat befristet, muss die Meldung umgehend bereits bei Abschluss des Vertrages erfolgen. Ist das Arbeitsverhältnis für eine längere Dauer geschlossen, muss die Meldung spätestens drei Monate vor dem Ende erfolgen. Unverzüglich bedeutet nach der gesetzlichen Begriffsbestimmung „ohne schuldhaftes Zögern" (§ 121 BGB). Wer sich binnen sieben Tagen arbeitssuchend meldet, handelt noch nicht schuldhaft verzögert.

Für einen Aufhebungsvertrag, in dem vereinbart wird, dass das Arbeitsverhältnis befristet fortgesetzt wird und zu einem bestimmten Zeitpunkt endet, gilt das Gesagte entsprechend.

Die Meldepflicht besteht nicht, wenn bereits zum maßgeblichen Meldezeitpunkt eine verbindliche Zusage für ein Anschlussarbeitsverhältnis besteht.

Wie muss ich meine Meldung machen?

Die Arbeitssuchmeldung müssen Sie seit einer zum 1.1.2022 erfolgten Gesetzesänderung nicht mehr persönlich bei der Agentur für Arbeit vornehmen. Insbesondere eine Onlinemeldung ist jetzt möglich. Einen Nachweis der Meldung sollten Sie unbedingt ausdrucken und zu Ihren Unterlagen nehmen.

Tipp: Auf der Website der Bundesagentur für Arbeit können Sie alle wichtigen Neuregelungen zur frühzeitigen Arbeitssuchmeldung und zur elektronischen Arbeitslosmeldung einsehen.

Verwandte Suchbegriffe:

- **Arbeitslosengeld**
- **Arbeitsvertrag, Rechte und Pflichten aus dem**
- **Kündigung**

62. Mitarbeiterüberwachung

Fallbeispiel

Mona Z., Gruppenleiterin in der Einrichtung „Vogelnest" macht sich Gedanken: In der letzten Zeit ist es regelmäßig vorgekommen, dass die

Leiterin Frauke B. am Montag früh die Polizei rufen musste: Vandalismus an Gebäude und Spielgeräten, liegen gelassene Heroinspritzen, zerbrochene Flaschen etc. zeugten von Vorkommnissen an den Wochenenden, die eine akute Gefahr für die betreuten Kinder darstellen. Daher hat sich der Träger entschlossen, den Außenbereich verdeckt videoüberwachen zu lassen, um Beweismaterial gegen die Schädiger zu erlangen. Mona Z. fragt sich, wer eigentlich sicherstellt, dass die Kamera wirklich nur nachts bzw. an den Wochenenden eingeschaltet wird und ob sie nicht auch während der Arbeitszeit per Kamera überwacht wird, wenn sie im Außengelände die Aufsicht führt.

Darf mein Arbeitgeber meine Telefonate und meine E-Mails überwachen?

Dies hängt entscheidend davon ab, was der AG im Einzelnen erlaubt hat. Ist die Privatnutzung dieser Medien vom AG ausdrücklich durch → Arbeitsvertrag, → Betriebsvereinbarung oder → Gesamtzusage erlaubt oder auch nur stillschweigend geduldet, wodurch eine → betriebliche Übung entstehen kann, ist die Nutzung durch die Mitarbeiterin erlaubt, solange sie sich in normalen, betriebsüblichen und nicht arbeitgeberschädigenden Umfang bewegt. An letzterem fehlt es beispielsweise, wenn Sonderrufnummern gewählt werden oder das Betriebssystem gefährdet wird (BAG, NJW 2006, S. 540).

Liegen weder Erlaubnis noch Duldung vor oder existiert gar ein arbeitgeberseitiges Verbot, ist die Privatnutzung einschränkungslos unzulässig. Selbst im Rahmen des sozial Üblichen wird eine Nutzung dann höchstrichterlich verneint. Lediglich bei besonderen Notlagen, Pflichtenkollisionen oder dienstlicher Veranlassung ist die Privatnutzung von Kommunikationsmitteln ausnahmsweise gestattet.

Was gilt bei dienstlicher, was bei privater Nutzung?

Eine inhaltliche Kontrolle von Telefonaten (geschäftliche oder private) ist wegen eines unzulässigen Eingriffs in das allgemeine Persönlichkeitsrecht der AN und das Fernmeldegeheimnis grundsätzlich unzulässig (BAG, NJW 1998, S. 1331), bei einer geschäftlichen E-Mail hängt die Zulässigkeit der inhaltlichen Kontrolle dagegen von deren Zuordnung zum Telefonat (dann verboten) oder dem Geschäftsbrief (dann erlaubt) ab. Einigkeit besteht unter Juristen nur insoweit, als in notwehr- bzw.

notstandsähnlichen Ausnahmefällen (z. B. zur Dokumentation einer erheblichen Straftat, die anders nicht belegt werden kann) eine inhaltliche Kontrolle durch eine verdeckte Aufzeichnung als zulässig erachtet wird.

Gestattet oder duldet der AG die private Nutzung von Telefon, Internet und E-Mail, so gilt er zudem als Telekommunikations- und Telediensteanbieter und unterfällt damit auch dem TKG und TMG. Sofern dann keine verbrauchsorientierte Kostenbeteiligung der AN für den Privatanteil vereinbart ist, scheidet beim AG bereits eine Erhebung der Verbindungsdaten gem. § 96 TKG aus. Diese dürfen dann „nur" unter den Voraussetzungen des § 100 TKG erhoben werden, soweit dies zur Störungsbeseitigung, z. B. bei Serverüberlastungen erforderlich ist. Eine inhaltliche Kontrolle kann hier erst recht nur in notwehr- bzw. notstandsähnlichen Ausnahmefällen erfolgen.

Muss der Betriebsrat nicht auch gehört werden?

§ 87 Abs. 1 Nr. 6 BetrVG schreibt die Mitbestimmung des Betriebsrates vor, soweit diese das Verhalten oder die Leistung einer Vielzahl oder eines einzelnen Mitarbeiters betrifft. Außerdem kann § 87 Abs. 1 Nr. 1 BetrVG auch bei Regelungen zu Ausgestaltung der Internetnutzung einschlägig sein. Lediglich die arbeitgeberseitige Entscheidung über die Gestattung oder ein Verbot der Privatnutzung von Telefon, E-Mail und Internet ist mitbestimmungsfrei.

Verstößt der AG gegen die vorgenannten Grundsätze, kann dies strafrechtliche Sanktionen (§§ 201, 202a, 206 StGB) und Bußgelder (§ 149 TKG) nach sich ziehen. Zudem drohen dem AG Schadensersatz – und Schmerzensgeldforderungen durch die Betroffenen. Unzulässig erlangte Beweismittel unterliegen wegen Verstoßes gegen das allgemeine Persönlichkeitsrecht einem Beweisverwertungsverbot (BAG, NJW 1998, S. 1331).

Und was gilt bei Videoüberwachung?

Bei der Videoüberwachung ist zwischen einer offenen und einer verdeckten Überwachung sowie der öffentlichen Zugänglichkeit der überwachten Orte zu differenzieren. Erfolgt eine offene Videoüberwachung öffentlich zugänglicher Orte zur Sicherung berechtigter Interessen wie im Fallbeispiel, ist diese auch bei einer Erfassung von Mitarbeiterinnen gem. § 6b

Abs. 1 BDSG zulässig, soweit wiederum deren berechtigte Interessen nicht überwiegen und die Überwachung kenntlich gemacht wird (§ 6b Abs. 2 BDSG).

Mit Urt. vom 23.8.2018 hat das BAG weiterhin festgestellt, dass AG eine offene Videoüberwachung in Verkaufsräumen auch nutzen dürfen, um einem Verdacht von Straftaten der AN nachzugehen. Dabei müssen sie das Bildmaterial auch nicht immer sofort auswerten, sondern können damit warten, bis sich ein konkreter Verdacht ergibt (Az: 2 AZR 133/18).

Die Mitarbeiterüberwachung an nicht öffentlich zugänglichen Orten kann nicht auf § 6b BDSG gestützt werden, hier genügt auch kein Verweis auf das Hausrecht, sondern es bedarf einer umfassenden Güterabwägung und Verhältnismäßigkeitsprüfung (BAG, NZA 2005, S. 839).

Demgegenüber ist die verdeckte Videoüberwachung nur unter strengen Voraussetzungen zulässig, denn hier geht das allgemeine Persönlichkeitsrecht der AN aus Art. 2 Abs. 1 i. V. m. Art. 1 Abs. 1 GG den AG-Interessen nämlich regelmäßig vor. Insoweit genügt das arbeitgeberseitige Interesse an der Überwachung der Arbeitsleistung ebenso wenig wie der generalpräventive Versuch, sich vor Eigentumsdelikten der AN zu schützen. Nur beim konkreten Verdacht strafbarer Handlungen oder anderer schwerer Verfehlungen zu Lasten des AG ist die verdeckte Videoüberwachung seiner AN u. U. zulässig.

An öffentlich zugänglichen Orten ist eine verdeckte Videoüberwachung nach § 6b Abs. 2 BDSG gar gänzlich unzulässig.

Unser Arbeitgeber hat eine Kontrollmöglichkeit in unserer Betriebsvereinbarung festgeschrieben, ist das zulässig?

Nein. Betriebsvereinbarungen können arbeitgeberseitige Kontrollrechte und -maßnahmen nur im Rahmen der bestehenden Gesetze näher bestimmen. Eine darüberhinausgehende inhaltliche Kommunikationskontrolle kann durch sie nicht festgeschrieben werden, da es sich hierbei um Eingriffe in höchstpersönliche Rechtsgüter handelt. Diese stehen aber niemals zur kollektiven, sondern allenfalls zur individuellen Disposition.

Tipp: Eine Kameraüberwachung Ihres Freigeländes ist daher wohl zulässig, allerdings sollte das Team auf eine Selbstverpflichtung des AG hinwirken, dass zu den Betriebszeiten die Kamera abgeschaltet wird. Keinesfalls darf die Kamera den öffentlichen Verkehrsraum oder Teile davon erfassen.

Verwandte Suchbegriffe:

- **Arbeitsvertrag, Rechte und Pflichten aus dem**
- **Beschäftigtendatenschutz**
- **Betriebsvereinbarungen**
- **Gesamtzusage**
- **Internetnutzung, private**

63. Mitarbeitervertretung

Fallbeispiel:

Patrizia D. ist Gruppenleiterin in der „Einrichtung „St. Franziskus“, einer Einrichtung in Trägerschaft der katholischen Kirche. Die zweigruppige Einrichtung beschäftigt zwei Erzieherinnen und zwei Kinderpflegerinnen, außerdem eine Reinigungskraft und einen Hausmeister. Patrizia D. fragt sich, ob die Einrichtung eine MAV wählen kann.

Wieso müssen sich die Kirchen denn nicht an die allgemeinen Personalvertretungsgesetze halten?

Das Mitarbeitervertretungsrecht bezeichnet das Recht der kircheneigenen → Betriebsverfassung. Wegen der Verfassungsgarantie des kirchlichen Selbstbestimmungsrechtes finden das staatliche → Betriebsverfassungsrecht und die Personalvertretungsgesetze auf die Kirchen und die ihnen zugeordneten Einrichtungen keine Anwendung. Als eigenes Betriebsverfassungsrecht der Kirchen hat das kirchliche Mitarbeitervertretungsrecht verschiedene Rechtsgrundlagen: Für den Bereich der katholischen Kirche hat die Bischofskonferenz auf ihrer Vollversammlung am 24.01.1977 eine Rahmenordnung für eine Mitarbeitervertretungsordnung (MAVO) im kirchlichen und karitativen Dienst beschlossen, die in den Folgejahren immer wieder novelliert und angepasst wurde. In der EKD gilt das Kirchengesetz über Mitarbeitervertretungen in der Evangelischen Kirche in Deutschland in der Fassung vom 1.1.2004 (Mitarbeitervertretungsgesetz – MVG.EVG).

Wann können wir eine MAV bilden?

Die MAVO verwendet die „Einrichtung“ als Oberbegriff für die verschiedenen Organisationseinheiten. Er hat dieselbe Funktion wie im Betriebsverfassungsrecht der Begriff des Betriebes und im Personalvertretungsrecht der Begriff der Dienststelle. In der Sache ist die arbeitstechnische Organisationseinheit gemeint, mit der ein kirchlicher Rechtsträger seine Aufgaben erfüllt. In einer Einrichtung kann eine MAV gebildet werden, wenn in ihr in der Regel mindestens fünf wahlberechtigte Mitarbeiter beschäftigt werden, von denen mindestens drei wählbar sind (§ 6 Abs. 1 MAVO). Der Mitarbeiterbegriff reicht im Mitarbeitervertretungsrecht aber sehr viel weiter als der Arbeitnehmerbegriff des staatlichen Betriebsverfassungsrechtes: Er umfasst Arbeitnehmer, Kirchenbeamte, und Ordensangehörige sowie auch Geistliche. Voraussetzung ist lediglich, dass diese aufgrund eines Beschäftigungsverhältnisses, aufgrund ihrer Ordenszugehörigkeit oder aufgrund eines Gestellungsvertrages in der Einrichtung tätig sind. Nicht notwendig ist die Entgeltlichkeit der Arbeitsleistung. Im Fallbeispiel kann Patrizia D. also die Bildung einer MAV initiieren, da es für die Frage, ob die Einrichtung fünf Mitarbeiter beschäftigt, nicht darauf ankommt, ob diese pädagogische Fachkräfte sind oder nicht.

Tipp: Auf www.kodakompass.de erhalten Sie ständig aktuelle Informationen zum kirchlichen Arbeitsrecht und kirchlichen Mitarbeitervertretungsrecht.

Verwandte Suchbegriffe:

- **Arbeitsverhältnis im kirchlichen Dienst**
- **Betriebsrat**
- **Betriebsverfassungsrecht**
- **Personalrat**

64. Mobbing

Fallbeispiel

Cordula S. ist „die Neue“ im Kindergarten „Hexennest“. Zunächst läuft alles reibungslos. Als sie jedoch wagt, mit ihrer Gruppenleiterin Ute P. wegen deren Methoden, im Gruppenraum für Ruhe zu sorgen, zu diskutieren, lässt diese kein gutes Haar mehr an ihr. Ab sofort ist sie für Ute P. nur noch die „Anfängerin“, die, so die ständige Aussage den Eltern gegenüber, noch viel lernen muss. Als Ute P. von ihrer Schwägerin, die in der Nachbarschaft von Cordula S. wohnt, Einzelheiten über deren angeblich häufig wechselnde Männerbekanntschaften erfährt, sorgt sie dafür, dass dies über mehrere Wochen Gesprächsthema unter den Kolleginnen und Eltern wird. Als diese sich daraufhin von ihr zurückziehen und sie „wie Luft“ behandeln, will die Leiterin ihr aus ihrer misslichen Lage helfen: Sie sei momentan den Eltern nicht als pädagogische Kraft zu vermitteln und leide ja wohl auch psychisch unter der Situation. Sie solle doch – nur vorübergehend natürlich – eher „Arbeiten im Hintergrund“ übernehmen: In der Küche und in den Sanitärräumen.

Mobbing ist doch ein Modewort geworden. Wird es nicht genau wie Burn-Out total überschätzt?

Laut „Mobbing-Report“, einer repräsentativen Studie der Bundesanstalt für Arbeitsschutz und Arbeitsmedizin, werden aktuell drei von 100 Beschäftigten am Arbeitsplatz diskreditiert, gedemütigt, verleumdet, beleidigt, an ihrer Arbeit gehindert, seelisch zermürbt oder körperlich bedroht – kurz: Sie werden gemobbt. Bei ca. 37 Millionen Erwerbstätigen sind das über 1 Million Personen. Rechnet man die Mobbingopfer der Vergangenheit hinzu, ergibt sich eine gesamte Betroffenheitsquote von ca. 11 % aller Beschäftigten. Oder anders ausgedrückt: Jede neunte Person im erwerbsfähigen Alter ist schon mindestens einmal im Laufe des Erwerbslebens gemobbt worden. Das bleibt nicht ohne Folgen. Mobbing hat nicht nur für die Betroffenen weitreichende gesundheitliche, private und berufliche Konsequenzen, sondern auch für die Unternehmen, in denen gemobbt wird. Der Deutsche Gewerkschaftsbund schätzt den mobbingbedingten volkswirtschaftlichen Schaden auf 15 bis 25 Milliarden Euro – jedes Jahr.

(Quelle: Mobbing-Report, www.baua.de)

Der Beruf der Erzieherin ist doch eher teamorientiert ausgelegt. Ist Mobbing bei uns nicht eher die Ausnahme?

Die Statistik zeigt, dass Mobbing in sozialen Berufen (2,8-faches Risiko) am häufigsten vorkommt, gefolgt von Verkaufspersonal, Bank- und Versicherungspersonal, Techniker, Gesundheitsdienst, Rechnungskaufleute, Informatiker, Büroberufe (1,3-faches Risiko).

Wie erkenne ich, ob das, was mir passiert, Mobbing ist?

Nicht jeder Ärger mit der Leiterin oder der Kollegin ist schon Mobbing. Im Wesentlichen unterscheidet man eine allgemein-soziologische und eine juristische Definition. Die allgemeine Definition geht auf den „Entdecker“ des Mobbing, Prof. Heinz Leymann, zurück. Danach wird eine Person an ihrem Arbeitsplatz gemobbt, wenn sie im Konflikt mit Kollegen oder Vorgesetzten in eine unterlegene Position gekommen ist und auf systematische Weise über mindestens sechs Monate hinweg mindestens einmal pro Woche einer feindseligen Handlung ausgesetzt ist. Die infrage kommenden feindseligen Handlungen sind in einem Katalog aufgelistet, den Sie unter wiki.mobbing-gegner.de finden.

Die juristische Definition von Mobbing geht auf ein wegweisendes Urteil des LAG Thüringen zurück, das sich als erstes deutsches Arbeitsgericht umfassend mit dem Thema auseinandergesetzt hat. Sie lautet:

> *„Im arbeitsrechtlichen Verständnis erfasst der Begriff des ‚Mobbing‘ fortgesetzte, aufeinander aufbauende oder ineinander übergreifende, der Anfeindung, Schikane oder Diskriminierung dienende Verhaltensweisen, die nach Art und Ablauf im Regelfall einer übergeordneten, von der Rechtsordnung nicht gedeckten Zielsetzung förderlich sind und jedenfalls in ihrer Gesamtheit das allgemeine Persönlichkeitsrecht oder andere ebenso geschützte Rechte, wie die Ehre oder die Gesundheit des Betroffenen verletzen. Ein vorgefasster Plan ist nicht erforderlich. Eine Fortsetzung des Verhaltens unter schlichter Ausnutzung der Gelegenheit ist ausreichend. Zur rechtlich zutreffenden Einordnung kann dem Vorliegen von falltypischen Indiztatsachen eine ausschlaggebende Rolle zukommen, wenn eine Konnexität zu den von dem Betroffenen vorgebrachten Mobbinghandlungen besteht. Ein wechselseitiger Eskalationsprozess, der keine klare Täter-Opfer-Beziehung zulässt, steht regelmäßig der Annahme eines Mobbingsachverhaltes entgegen.“*

(LAG Thüringen, Urt. vom 10.4. 2001 – 5 Sa 403/2000 –, NZA-RR 2001, S. 347)

Insbesondere der letzte Satz macht deutlich, dass Voraussetzung von Mobbing eine eindeutige Täter-Opfer-Beziehung ist, sich also die Betroffene in einer unterlegenen Position befindet. Darüber hinaus ist erforderlich, dass die Betroffene von ihrer Vorgesetzten oder Kolleginnen angefeindet, schikaniert oder diskriminiert wird und diese feindseligen Handlungen über eine längere Zeit hinweg und systematisch vorgenommen werden.

Das LAG führt weiter aus, dass es sich bei dem Begriff „Mobbing“ nicht um einen eigenständigen juristischen Tatbestand handelt. Die rechtliche

Einordnung der unter diesen Begriff fallenden Verhaltensweisen beurteilt sich vielmehr ausschließlich danach, ob diese die Voraussetzungen einer Rechtsvorschrift erfüllen, aus der sich die gewünschte Rechtsfolge (Unterlassen, Schadensersatz etc.) herleiten lässt.

Die juristische Bedeutung von „Mobbing“ besteht vornehmlich darin, der Rechtsprechung auch solche Verhaltensweisen zugänglich zu machen, die bei isolierter Betrachtung der einzelnen Handlungen die Voraussetzungen von Anspruchs-, Gestaltungs- und Abwehrrechten nicht oder nicht in einem der Tragweite des Falles angemessenen Umfang erfüllen können. Anders ausgedrückt: Wird Cordula S. im Fallbeispiel von Ute P. abwertend als „Anfängerin“ bezeichnet, ist dies noch keine juristisch bedeutsame Handlung. Behandeln sie die anderen Kolleginnen „wie Luft“, mag auch das noch nicht justiziabel – also gerichtlich verfolgbar – sein, kommt aber noch ein weiterer Umstand hinzu, wie die Versetzung in den Hintergrund durch die Leiterin, ergibt die Gesamtschau aller Umstände eben doch ein juristisch erhebliches Verhalten.

Denn eine Verletzung des allgemeinen Persönlichkeitsrechts der AN kann nicht nur im Totalentzug der Beschäftigung, sondern auch in einer nicht arbeitsvertragsgemäßen Beschäftigung liegen. Eine solche Rechtsverletzung liegt vor, wenn der Totalentzug oder die Zuweisung einer bestimmten Beschäftigung zielgerecht als Mittel der Zermürbung einer AN eingesetzt werden, um diese selbst zur Aufgabe ihres Arbeitsplatzes zu bringen.

Muss mir mein Träger helfen, wenn ich gemobbt werde?

Der AG ist laut LAG

> *„verpflichtet, das allgemeine Persönlichkeitsrecht der bei ihm beschäftigten Arbeitnehmer nicht selbst durch Eingriffe in deren Persönlichkeits- oder Freiheitssphäre zu verletzen, diese vor Belästigungen durch Mitarbeiter oder Dritte, auf die er einen Einfluss hat, zu schützen, einen menschengerechten Arbeitsplatz zur Verfügung zu stellen und die Arbeitnehmerpersönlichkeit zu fördern. Zur Einhaltung dieser Pflichten kann der Arbeitgeber als Störer nicht nur dann in Anspruch genommen werden, wenn er selbst den Eingriff begeht oder steuert, sondern auch dann, wenn er es unterlässt, Maßnahmen zu ergreifen oder seinen*

Betrieb so zu organisieren, dass eine Verletzung des Persönlichkeitsrechts ausgeschlossen wird.“

Ansprüche auf Schadensersatz kommen sowohl gegen den AG (entweder wegen Mobbens in eigener Person oder als das Mobbing Duldender) als auch gegen die handelnden Kolleginnen in Betracht. Der AG haftet nach § 278 BGB nämlich für Schäden, die eine AN dadurch erleidet, dass sie ihr Vorgesetzter schuldhaft in ihren Rechten verletzt. Zwar kann eine AN nur in Ausnahmefällen die Kündigung der Mobberin aus verhaltensbedingten Gründen verlangen. Allerdings kommen in diesen Fällen Schadensersatzzahlungen des AG an die gemobbte AN in Betracht (BAG, Urt. vom 25.10.2007 – 8 AZR 593/06). Denn das Verschulden der Mobberin wird dem AG nach § 278 BGB zugerechnet. Dabei muss sich das Verschulden der Mobberin nicht einmal auf den Schadenseintritt, sondern nur auf die Pflicht- bzw. Rechtsgutverletzung beziehen. Durch gezielte Anfeindungen, Erniedrigungen und Beleidigungen verstößt eine AN auf jeden Fall schuldhaft gegen ihre ihr vom AG übertragenen arbeitsvertraglichen Pflichten. Auch kann die gemobbte AN ihre Kolleginnen persönlich vor dem Arbeitsgericht auf Unterlassung in Anspruch nehmen.

Die Höhe des zu leistenden Schadensersatzes bestimmt sich nach dem Ausmaß des Verschuldens sowie Art und Intensität der Beeinträchtigung. Der Betrag ist so zu bemessen, dass die betroffene AN Genugtuung erfährt. Die Dauer und der Verlauf des Arbeitsverhältnisses sind bei der Schadensbemessung zu berücksichtigen. Allerdings kommt es nicht auf den Brutto- oder Nettoverdienst der geschädigten AN an, da dieser kein Maßstab für eine Ehrverletzung sein kann.

Nach einem Urt. des BAG vom 26.7.2002, NZA 2002, S. 325, kann eine gemobbte AN auch Schadensersatz verlangen, wenn sie wegen des Mobbings selbst rechtswirksam außerordentlich (§ 626 BGB) gekündigt hat. Zu ersetzen ist der bis zum Ablauf der ordentlichen Kündigung entgangene Verdienst. Ein Anspruch auf Schmerzensgeld besteht darüber hinaus dann, wenn die AN aufgrund des Mobbings erkrankt, § 253 Abs. 2 BGB.

Wie soll ich das beweisen? Mir hilft doch niemand!

Derjenige, der Arbeitskollegen mobbt, also systematisch schikaniert, stört den Betriebsfrieden nachhaltig und kann im Wiederholungsfall nach vorausgegangener Abmahnung ordentlich gekündigt werden. Schwierigkeiten bereitet allerdings regelmäßig der Nachweis der Mobbinghandlungen, da die Betroffene in der Regel allein und ohne Zeugen dem Mobbing ausgesetzt ist.

Das LAG hat dieses Problem erkannt und entschieden, dass die dadurch entstehende Beweisnot nach der Europäischen Menschenrechtskonvention (EMRK) durch entsprechende Anwendung der Zivilprozessordnung ausgeglichen werden muss. Dabei muss die im Zweifel erforderliche Anhörung einer Partei bei der gerichtlichen Überzeugungsbildung berücksichtigt werden. Was bedeutet das konkret? Bei Mobbing bedarf es keiner Zeugen, die überzeugende Aussage der Betroffenen reicht als Beweismittel aus.

Tipp: Immer empfehlenswert ist es, Konflikte im Team zeitnah zu bereinigen und bei Bedarf auch die Hilfe einer Supervision anzunehmen, um zu verhindern, dass sich die Fronten verhärten. Auch kann es helfen, ein Mobbing-Tagebuch zu führen, in dem Sie alle relevanten Begebenheiten festhalten. Auf diese Weise können Sie sich Klarheit verschaffen, ob Sie „einfach nur empfindlich" sind oder die Erlebnisse rechtlich greifbar werden. Außerdem dient ein solches Tagebuch auch zur Darlegung im Prozess.

Verwandte Suchbegriffe:

- **Abmahnung**
- **Direktionsrecht**
- **Diskriminierungsverbot**
- **Grundrechte im Arbeitsrecht**
- **Kündigung**

65. Mutterschutz

Fallbeispiel:

Tina P. ist Gruppenleiterin in der Einrichtung „Kükennest". Obwohl sie und ihr Mann sich seit fünf Jahren ein Kind wünschen, klappte es bisher mit dem Nachwuchs nicht. Auch mehrere in-vitro-Fertilisationen sind fehlgeschlagen. Als Tina P. im Frühjahr 2005 das positive Ergebnis ihres

Schwangerschaftstestes in Händen hält, beschließt sie, mit Ausnahme ihres Mannes, niemanden zu informieren. Schließlich kann noch alles schiefgehen und auf die Anteilnahme ihrer Mitmenschen kann sie nach all der Zeit der wohlmeinenden Ratschläge gut verzichten. Am 30.6.2005 wird ihr aus betriebsbedingten Gründen gekündigt, am 7.7.2005 informiert sie ihren Arbeitgeber über die Schwangerschaft. Dieser bietet ihr an, das Arbeitsverhältnis gegen Zahlung einer Abfindung zu beenden, oder, weil die Kündigung nichtig sei, Tina P. weiter zu beschäftigen. Tina P. geht hierauf nicht ein und erhebt am 12.8.2005 Kündigungsschutzklage, die sie verliert.

(Fall nach BAG, Urt. vom 19.2.2009 – 2 AZR 286/07)

Ich arbeite nur in Teilzeit. Gilt das Mutterschutzgesetz auch für mich?

Das Mutterschutzgesetz (MuSchG) gilt für jede Schwangere, also auch für

- teilzeitbeschäftigte Erzieherinnen,
- Erzieherinnen in der Probezeit,
- Auszubildende und
- Praktikantinnen.

Wann muss ich meine Schwangerschaft melden?

Nach § 5 Abs. 1 MuSchG soll die Meldung erfolgen, sobald die Mitarbeiterin Kenntnis von ihrer Schwangerschaft erlangt hat. Damit soll sichergestellt werden, dass die Mutterschutzvorschriften so früh wie möglich greifen können und ein effektiver Schutz von Mutter und Kind gewährleistet ist.

Darf man Schwangere entlassen?

Grundsätzlich nicht. Während der Schwangerschaft der AN und bis zum Ablauf von vier Monaten nach der Entbindung besteht ein absolutes Kündigungsverbot für den AG (§ 9 Abs. 1 MuSchG). Es gibt jedoch Ausnahmen: Wenn die Mitarbeiterin vorsätzlich oder grob fahrlässig ihre Pflichten verletzt (z.B. Diebstahl) oder bei einer Betriebsstilllegung. Außerdem ist die Kündigung gem. § 9 Abs. 3 MuSchG gestattet, wenn ein besonderer Fall vorliegt, der nicht mit dem Zustand der Frau während der Schwangerschaft oder ihrer Lage bis zum Ablauf von vier Monaten nach der Entbindung im Zusammenhang steht. Dies sind Fälle, in denen die Existenz der Einrichtung bedroht ist oder etwa eine Insolvenz des Trägers vorliegt.

Doch Vorsicht: Dieser Sonderkündigungsschutz gilt nur, wenn der AG zum Zeitpunkt des Zugangs der Kündigung Kenntnis von der Schwangerschaft hatte. Denn nach § 9 MuSchG ist die Kündigung einer schwangeren AN unzulässig, wenn dem AG die Schwangerschaft bekannt war oder innerhalb von zwei Wochen nach Zugang der Kündigung mitgeteilt wird. Das KSchG bestimmt in § 4, dass die Kündigungsschutzklage binnen dreier Wochen nach Zugang der schriftlichen Kündigung erhoben werden muss, wenn festgestellt werden soll, dass die Kündigung sozial ungerechtfertigt oder aus anderen Gründen unwirksam ist. Eine Ausnahme hiervon gilt in den Fällen, in denen zunächst die Zustimmung einer Behörde zur Kündigung eingeholt werden muss, also beispielsweise für die Kündigung schwangerer AN und Schwerbehinderter. In diesen Fällen läuft die Frist erst zu dem Zeitpunkt ab, zu dem die Zustimmung erteilt und bekannt gegeben wurde.

Im Fallbeispiel hatte sich die Klägerin darauf berufen, dass die Kündigung der Zustimmung der Behörde bedurft hätte und ihr eine solche nicht bekannt gegeben wurde. Die Drei-Wochen-Frist des § 4 KSchG habe daher gar nicht erst zu laufen begonnen. Das BAG hat in den Urteilsgründen ausgeführt, dass diese Vorschrift nur greifen kann, wenn der AG vor Ausspruch der Kündigung von der bestehenden Schwangerschaft Kenntnis hatte.

Was hat es mit der behördlichen Zustimmung auf sich?

Die Behörde wird die Zustimmung zur Kündigung nur erteilen, wenn ein „besonderer" Fall i. S. v. § 9 Abs. 3 MuSchG vorliegt. Dieser gesetzliche Prüfungsmaßstab ist dann erfüllt, wenn außergewöhnliche Umstände es rechtfertigen, die grundsätzlich vorrangig zu behandelnden Interessen der schwangeren AN hinter das Interesse des AG an der Kündigung zurücktreten zu lassen. Der vom AG ins Feld geführte Kündigungsgrund allein reicht dafür nicht. Es müssen vielmehr weitere Umstände hinzukommen, die es dem AG unzumutbar machen, das Arbeitsverhältnis während der Schutzzeit fortzuführen. Vorsicht: Die Tatsache, dass die Zustimmung von der Behörde erteilt wird, sagt noch nichts darüber aus, ob die Kündigung arbeitsrechtlich gerechtfertigt ist!

Ist zur Kündigung die behördliche Zustimmung notwendig, beginnt die Drei-Wochen-Klagefrist des § 4 KSchG erst dann, wenn die Zustimmungserklärung der AN zugegangen ist. Hat der AG diese beispielsweise nicht beantragt, wird die Frist gar nicht erst in Lauf gesetzt (LAG Hamm, Urt. vom 22.9.2005 – 8 Sa 974/05).

Was kann ich tun, wenn ich erst nach Ablauf der zwei Wochen nach der Kündigung erfahre, dass ich schwanger bin?

Es gibt Fälle, in denen es einer Schwangeren unter Umständen nicht möglich ist, den AG, der ihr gekündigt hat, binnen zweier Wochen von der Schwangerschaft zu informieren – entweder weil sie selbst noch keine Kenntnis von der Schwangerschaft hat oder weil sie gesundheitlich nicht dazu in der Lage ist. Der Gesetzgeber hat dies erkannt und in § 9 MuSchG die Möglichkeit gegeben, die Meldung in diesen Fällen auch später vorzunehmen, dann aber unverzüglich, also ohne schuldhaftes Zögern. Erfahren Sie also beispielsweise erst vier Wochen nach Zugang der Kündigung von Ihrer Schwangerschaft, ist die Frist des § 4 KSchG zwar versäumt, Sie können aber einen Antrag auf Zulassung einer verspäteten Klage nach § 5 KSchG stellen. Die Klage wird vom Gericht zugelassen werden, wenn Sie die Verspätung nicht zu vertreten haben und innerhalb von zwei Wochen nach Kenntnis von der Schwangerschaft die Klage und den Zulassungsantrag stellen. In diesem Zusammenhang hat beispielsweise das LAG Nürnberg entschieden, dass ein schuldhaftes Verhalten auch dann nicht vorliegt, wenn die AN trotz Kenntnis von der Schwangerschaft mit der entsprechenden Mitteilung an den AG wartet, bis sie vom Arzt eine Schwangerschaftsbestätigung erhält, aus der sich der Beginn der Schwangerschaft ergibt (LAG Nürnberg, Urt. vom 17.03.1993, NZA 1993, S. 946).

Welche Arbeiten dürfen schwangere Erzieherinnen nicht mehr machen?

Die Gesundheit der werdenden Mutter ist besonders zu schützen. Folgendes ist nach → Lastenhandhabungsverordnung bzw. → Arbeitsstättenverordnung verboten:

- körperlich schwere Arbeiten (Tische aufstellen, Turnmatten wegräumen),
- Tragen von Lasten über fünf Kilogramm (Heben und Tragen von Kindern),
- langes Arbeiten im Stehen oder in gebückter Haltung (z. B. Sitzen auf Kinderstühlen, Ankleiden der Kinder),
- Nachtarbeiten zwischen 20.00 Uhr und 6.00 Uhr (z. B. Nachtwanderungen, Lagerfeuer, Übernachtungen, mehrtägige Ausflüge, Elternabende),
- Sonn- und Feiertagsarbeit (Sommerfest, Osterbasar, Tag der offenen Tür, kirchliche Feste und Veranstaltungen),
- Arbeitszeit, die 8,5 Stunden am Tag überschreitet (Elternabende, Teambesprechungen am Abend).

Welche besonderen Rechte gibt es für Schwangere noch?

Sobald ihm die Schwangerschaft bekannt gegeben worden ist, ist jeder AG nach § 1 der Mutterschutzrichtlinienverordnung (MuSchRiV) verpflichtet, eine Gefährdungsbeurteilung hinsichtlich des Arbeitsplatzes durchzuführen und unverzüglich etwa erforderliche Schutzmaßnahmen für seine Mitarbeiterinnen zu ergreifen. Insbesondere die Maßnahmen nach der Biostoffverordnung, also das Erfordernis des Verhängens eines individuellen → Beschäftigungsverbotes, sind zu ergreifen. Die Schwangere hat weiterhin ein Recht auf angemessene Ruhezeiten. Ihr sind deshalb immer wieder kurze Pausen zuzubilligen, möglichst in einem Ruheraum mit Liegemöglichkeit.

Kann ich einen weniger anstrengenden Job ablehnen, wenn er mir nicht gefällt?

Eigentlich darf der AG eine Erzieherin nicht zu einer Arbeit anweisen, die nichts mit der Tätigkeit zu tun hat, für die sie eingestellt wurde. Darf allerdings eine schwangere Erzieherin ihre eigentliche Tätigkeit nicht mehr ausüben, muss sie vorübergehend etwas anderes, beispielsweise Büroarbeit, tun. Der AG kann insoweit sein → Direktionsrecht voll ausüben.

Bekommt die Schwangere weiterhin ihr volles Gehalt?

Das Gehalt einer Schwangeren darf nicht gekürzt werden. Die Schwangere soll auch dann keine finanzielle Einbuße erleiden, wenn ein Arzt ihr die

Möglichkeit gesundheitlicher Risiken für sie oder das Kind attestiert hat. Im Falle eines → Beschäftigungsverbotes, das dann der AG aussprechen muss, bestimmt § 11 MuSchG, dass der AG einen sog. „Mutterschutzlohn“ in Höhe des Durchschnittsgehaltes der vergangenen 13 Wochen zu zahlen hat.

Zahlt der Arbeitgeber auch während der Schutzfristen vor und nach der Geburt?

Die sog. Schutzfristen gelten in den letzten sechs Wochen vor dem errechneten Geburtstermin und acht Wochen nach der Geburt. Diese Frist verlängert sich bei Früh- und Mehrlingsgeburten auf 12 Wochen. Während dieser Fristen bezieht die AN keinen Mutterschutzlohn vom AG, sondern das Mutterschaftsgeld der Krankenkasse.

Wann gibt es einen Zuschuss zum Mutterschaftsgeld vom Arbeitgeber?

§ 14 Abs. 1 MuSchG bestimmt, dass AN, deren durchschnittliches kalendertägliches Nettoarbeitsentgelt 13 Euro übersteigt, neben dem Mutterschaftsgeld für die Zeiten der Schutzfristen vor und nach der Geburt sowie für den Tag der Geburt von ihrem AG einen Zuschuss zum Mutterschaftsgeld erhalten, der den Unterschied zwischen dem Mutterschaftsgeld und dem Nettoarbeitsentgelt ausgleicht.

Ich möchte mein Baby während der Arbeitszeit stillen. Darf ich das?

AG müssen nach § 7 Abs. 1 MuSchG stillenden Müttern **auf Verlangen** die zum Stillen erforderliche Zeit freigeben. Mindestens besteht Anspruch auf zwei Mal täglich eine halbe Stunde oder einmal täglich eine Stunde Stillzeit. Werden mehr als acht Stunden zusammenhängend gearbeitet, erhöht sich die Mindestzeit auf zwei Mal 45 Minuten oder, wenn in der Nähe der Arbeitsstätte keine Stillgelegenheit vorhanden ist, kann einmal eine Stillgelegenheit von mindestens 90 Minuten gewährt werden. Der Freistellungsanspruch besteht unabhängig von der Dauer der Arbeitszeit. Auch teilzeitbeschäftigte Erzieherinnen haben also Anspruch darauf, wenn das Stillen während der Arbeitszeit erforderlich ist.

Weiterhin darf nach § 7 Abs. 2 MuSchG durch die Gewährung der Stillzeit kein Verdienstausfall eintreten. Nach § 7 Abs. 3 MuSchG kann die Aufsichtsbehörde in Einzelfällen nähere Bestimmungen über Zahl, Lage und Dauer der Stillzeit treffen; sie kann die Einrichtung von Stillräumen vorschreiben.

Tipp: Übersteigerte Zurückhaltung wie im Fallbeispiel ist hier fehl am Platz. Haben Sie Gewissheit über eine bestehende Schwangerschaft, sollten Sie unbedingt und unverzüglich den Träger informieren. Lassen Sie Ihren Arbeitgeber längere Zeit in Unkenntnis über Ihre Schwangerschaft, können Kündigungsschutz- und Gesundheitsschutzgesetze nicht greifen!

Verwandte Suchbegriffe:

- **Beschäftigungsverbot**
- **Direktionsrecht**
- **Elterngeld**
- **Elternteilzeit**
- **ElternzeitLastenhandhabungsverordnung**
- **Sonderkündigungsschutz**

66. Nebenjob

Fallbeispiel

Lina M., 20-jährige Zweitkraft in der Einrichtung „Die Wichtel", hat Ärger mit ihrer Leiterin. Diese hat sie gestern Abend im Theatercafé als Kellnerin jobben sehen und macht ihr nun schwere Vorhaltungen: Eine regelmäßige Arbeit in den Abend- und Nachstunden vertrage sich doch wohl kaum mit ihrer Tätigkeit in der Einrichtung.

Darf mir mein Arbeitgeber verbieten, einen Nebenjob anzunehmen?

Grundsätzlich darf jede AN über ihre Freizeit einschränkungslos verfügen. Ob sie einer Nebentätigkeit nachgeht, geht den AG nichts an. Anders sieht es aus, wenn

- der Arbeitsvertrag eine Nebentätigkeit untersagt oder
- sich aus einem Tarifvertrag etwas anderes ergibt oder
- der AG ein berechtigtes Interesse an dem Verbot hat.

Letzteres ist insbesondere dann gegeben, wenn

- die Arbeitskraft nachweislich beeinträchtigt wird (z.B. durch Übermüdung),
- die Wettbewerbsbelange der AG verletzt werden oder
- Schwarzarbeit verrichtet oder gegen die Arbeitsschutzvorschriften (z.B. Arbeitszeitgesetz) verstoßen wird.

Im Fallbeispiel reicht die bloße Tätigkeit am Abend noch nicht aus, ein berechtigtes Interesse der Einrichtung an einem Verbot zu begründen. Kommen aber weitere Umstände hinzu, wie beispielsweise Beeinträchtigung der Arbeitsleistung wegen Übermüdung, Fehler in der Beaufsichtigung der Kinder etc., kann die Einrichtung Lina M. die Nebentätigkeit auch untersagen.

Tipp: Wegen der immer bestehenden Gefahr des Leistungsabfalls wegen Übermüdung ist von Nebentätigkeiten in den Abend- und Nachtstunden mit Ausnahme von Babysitting, das in der Regel Ruhephasen erlaubt, eher abzuraten.

Verwandte Suchbegriffe:

- **Arbeitsvertrag, Rechte und Pflichten aus dem**
- **Jugendarbeitsschutzgesetz**
- **Sonn- und Feiertagsarbeit**

67. Personalakte, Einsicht in die

Fallbeispiel

Regina L., ehemals Gruppenleiterin in der Kita „Pfiffikus“, einer Einrichtung in gemeindlicher Trägerschaft, hat vor vier Wochen den Arbeitgeber gewechselt. Heute nun erhält sie endlich per Post ihr Arbeitszeugnis und ist entsetzt: Neben mangelnder Loyalität ihrem Arbeitgeber gegenüber wird ihr auch bescheinigt, unangemessen mit Elternbeschwerden umgegangen zu sein und als Praxisanleiterin erhebliche Defizite offenbart zu haben. Ihre Freundin, die sie daraufhin anruft und ihr von dem Inhalt des Zeugnisses berichtet, gibt ihr den Tipp, neben der Wahrnehmung ihres Zeugnisberichtigungsanspruches auch unbedingt Einblick in ihre ehemalige Personalakte zu nehmen. Womöglich sei doch auch dort Entsprechendes vermerkt und müsse richtiggestellt werden.

Als Regina L. mit Hilfe einer Anwältin ihr Recht auf Einsichtnahme in ihre Personalakte einklagt und ihr die Akte daraufhin vorgelegt wird, bekommt sie einen erneuten Schock: Zuoberst abgeheftet findet sich ein Schreiben der Leiterin des „Pfiffikus", in dem diese sich beim Träger über Regina L. beschwert: Diese habe ein cholerisches, unberechenbares, misstrauisches und feindseliges Wesen gegenüber Eltern und Vorgesetzten, sei wenig teamfähig und als Vorgesetzte aufgrund ihrer charakterlichen Mängel wie beispielsweise Neid, Missgunst, Faulheit und Verschlagenheit nicht als Anleiterin einsetzbar. Die Leiterin mutmaßt schließlich, dass die charakterlichen Mängel auf versteckten Alkoholismus bei Regina L. zurückzuführen seien.

(Fall nach BAG, Urt. vom 16.11.2010 – 9 AZR 573/09 –)

Kann ich meine Personalakte bei meinem Ex-Arbeitgeber einsehen?

Ja. Das jederzeitige Recht zur Einsichtnahme bestand bislang zweifelsfrei nur für bestehende Arbeitsverhältnisse. Das BAG hat nunmehr entschieden, dass der Anspruch über das Arbeitsverhältnis hinaus besteht. In dem wegweisenden Urt. vom 16.11.2010 hat das BAG – 9 AZR 573/09 –, NJW 2011, S. 1306, seine bisherige Rechtsprechung zum Recht der AN auf Einsichtnahme in seine Personalakte aufgegeben: Hatte das BAG in seiner früheren Rechtsprechung noch verlangt, dass die AN ein berechtigtes Interesse zur Einsichtnahme nachweisen müsse, ist dies nun nicht mehr erforderlich. Außerdem hat das Gericht festgestellt, dass ein Recht zur Einsichtnahme in die Personalakte auch dann besteht, wenn das Arbeitsverhältnis bereits beendet ist. Im dem zugrunde liegenden Fall hatte sich der Kläger auf verschiedene mögliche gesetzliche Anspruchsgrundlagen wie bspw. § 83 Abs. 1 Satz 1 BetrVG, § 26 Abs. 2 Satz 1 SprAuG sowie BDSG berufen. Das BAG hat in seinem Urteil jedoch explizit dazu Stellung genommen, dass keine dieser Vorschriften auf den Anspruch auf Einsichtnahme anzuwenden sind. Vielmehr ergibt sich der Anspruch auf Einsichtnahme nach Beendigung des Arbeitsverhältnisses aus § 241 Abs. 2 BGB i. V. m. Art. 2 Abs. 1 und Art. 1 Abs. 1 GG. Auch Regina L.

im Fallbeispiel könnte sich auf diesen Anspruch berufen. Allerdings kann sie ihre Anwältin nicht mitnehmen. Jedenfalls, wenn der AN erlaubt wird, Kopien der Akte anzufertigen, ist die Hinzuziehung von Anwälten nicht gestattet. (BAG, Urt. vom 12.7.2016 – 9 AZR 791/1)

Was darf ich denn alles einsehen?

Das BAG führt aus, dass unter Personalakten im formellen Sinn diejenigen Schriftstücke und Unterlagen zu verstehen sind, welche der AG als Personalakte führt und die diesen als Bei-, Neben- und Sonderakten zugeordnet sind. Diese können sein Ordner, Hefter oder Blattsammlungen, die entsprechend gekennzeichnet und nach der Art ihrer Registrierung oder Aufbewahrung als zueinander gehörend bestimmbar sind. Wie lange aber muss eine Personalakte aufbewahrt werden? Dies steht freilich allein im Belieben des Arbeitgebers, solange er wesentliche Dokumente und Arbeitspapiere (z. B. erweitertes Führungszeugnis, Qualifikationsnachweise) zu Zwecken behördlicher Kontrolle auch nach Ausscheiden der Mitarbeiterin verfügbar hält.

Muss ich irgendwelche Erklärungen abgeben?

Musste die AN nach früherer Rechtsprechung noch ein konkretes berechtigtes Interesse für die Akteneinsicht darlegen, ist dies nun nicht mehr erforderlich. Denn – so das Gericht nun – Rechte auf Beseitigung und Korrektur unrichtiger Daten in beispielsweise → Zeugnissen und → Abmahnungen in der Personalakte kann nur derjenige geltend machen, der diese Daten kennt. Das fremd geschaffene und zeitlich aufbewahrte Meinungsbild ihres AG über sie müsse für die AN zugänglich sein, dies ergebe sich aus dem neu geschaffenen „Gesetz zur Änderung datenschutzrechtlicher Vorschriften“ vom 14.8.2009.

Wie lange habe ich Zeit, die Einsicht geltend zu machen?

Das Recht zur Einsichtnahme besteht ohne Ausschlussfrist, solange die Personalakte besteht. Soweit § 37 Abs. 1 TVöD eine Ausschlussfrist bestimmt, ist diese für die Frage der Einsichtnahme in die Personalakte irrelevant: nach Ansicht des BAG dient diese Frist zwar dazu, dass die Parteien eines Arbeitsverhältnisses nach dessen Beendigung zeitnah ihre gegenseitigen Ansprüche abarbeiten, damit Rechtsfrieden eintritt. Da aber das Recht zur Einsichtnahme in die Personalakte nach Auffassung des BAG grundrechtlichen Schutz genießt und auf Grundrechte nicht verzichtet werden kann, sie insbesondere auch nicht befristet bestehen, unterfällt dieser Anspruch nicht der Ausschlussfrist des TVöD.

Ich habe einen Aufhebungsvertrag unterschrieben, in dem steht, dass ich mit Unterschrift auf alle Rechte verzichte. Gilt das nicht auch für das Recht auf Einsichtnahme?

Nein. Auch ein etwaiger „Persilschein" in Aufhebungsverträgen („Mit diesem Vertrag sind alle gegenseitigen Ansprüche – bekannt oder unbekannt – erledigt") ist aus demselben Grund nicht auf das Recht zur Einsichtnahme in die eigene Personalakte anzuwenden. Denn was grundrechtlich geschützt ist, ist nicht disponibel, also verhandelbar.

Sollte ich auf irgendetwas Bestimmtes achten, wenn ich die Akte einsehe?

Ja. Sensible Daten über die Persönlichkeit und den Gesundheitszustand der AN sind nach ständiger Rechtsprechung gesondert – beispielsweise in einem verschlossenen Umschlag, der in die Akte geheftet wird – aufzubewahren. Das folgt aus einer Abwägung der schutzwürdigen Rechte von AG und AN im Hinblick auf die Führung der Personalakte. Zwar kann die Aufbewahrung von Daten über die Persönlichkeit und/oder den Gesundheitszustand der AN beispielsweise dann erforderlich sein, wenn eine personenbedingte Kündigung mit einer negativen Prognose zu rechtfertigen sein wird. Andererseits muss dem Vertraulichkeitsinteresse der AN so weit wie möglich Rechnung getragen werden. Unter „sensible Daten" fallen auch Informationen, die auf eine mögliche Alkoholerkrankung der AN hindeuten. Ein derartiger Zustand betrifft unmittelbar die Gesundheit, die seelische Verfassung und den Charakter der AN und somit das Gesamtbild ihrer Persönlichkeit. Derartige Daten muss der AG insbesondere vor einer zufälligen Kenntnisnahme schützen, wie er auch insgesamt dafür Sorge tragen muss, den Kreis der mit den Personalakten befassten Beschäftigten möglichst eng zu halten.

Tipp: Da es abgesehen von gesetzlichen Aufbewahrungsfristen allein im Belieben des AG steht, wie lange er die Personalakte nach Ihrem Ausscheiden aus dem Betrieb aufbewahrt, sollten Sie zeitnah zum

Ausscheiden die Einsicht in Ihre Akte einfordern, wenn Sie Anhaltspunkte dafür haben, dass sie unrichtige Daten enthält.

Verwandte Suchbegriffe:

- **Beschäftigtendatenschutz**
- **Zeugnis**

68. Personalrat

Fallbeispiel

Gudrun S. ist die neue Leiterin der Kindertageseinrichtung „Bambi", die in kommunaler Trägerschaft steht. Aufgrund verschiedener Unstimmigkeiten spricht die Kommune als AG ihr noch innerhalb der vereinbarten Probezeit eine ordentliche Kündigung aus. Im Rahmen der Anhörung des Personalrates vor Ausspruch der Kündigung gibt der AG als Begründung an, dass sich Gudrun S. nicht bewährt habe. Sie sei nicht geeignet, die ihr übertragenen Aufgaben ordnungsgemäß zu erfüllen. Das für eine dauerhafte Zusammenarbeit notwendige Vertrauensverhältnis habe aufgrund der mangelnden persönlichen Eignung der AN nicht aufgebaut werden können. Gudrun S. zieht vor Gericht und beruft sich darauf, dass diese Begründung zu pauschal und daher der Personalrat nicht ordnungsgemäß beteiligt worden sei.

Wann gibt es einen Betriebsrat, wann einen Personalrat?

Der Personalrat hat für den Bereich des öffentlichen Dienstes (d. h. in den Verwaltungen und Betrieben des Bundes, der Länder, der Gemeinden und Gemeindeverbände sowie der Körperschaften, Anstalten und Stiftungen des öffentlichen Rechts) eine ähnliche Funktion wie der → Betriebsrat im Bereich der Privatwirtschaft. Dabei entspricht dem Betrieb i. S. d. → Betriebsverfassungsrechtes die Dienststelle, dem Unternehmer der Leiter der Dienststelle, dem → Betriebsrat der Personalrat und der Betriebsversammlung die Personalversammlung. Rechtsgrundlagen sind das Bundespersonalvertretungsgesetz und die entsprechenden Ländergesetze. Der Personalrat setzt sich in der Regel aus Gruppen von Beamten, Angestellten und Arbeitern zusammen. Über Streitigkeiten aus dem Personalvertretungsgesetz entscheiden nicht die Arbeits- sondern die Verwaltungsgerichte. Für kirchliche AN gilt weder → Betriebsverfassungsrecht noch Personalvertretungsrecht, sondern Mitarbeitervertretungsrecht (→ Mitarbeitervertretung).

Welche Mitwirkungsrechte hat der Personalrat?

Die Beteiligung des Personalrates geschieht in der Form von Mitbestimmung und Mitwirkungsrechten. Das Mitwirkungs- und Mitbestimmungsrecht in sozialen und personellen Angelegenheiten (§§ 66 ff. BPersVG) ist weitgehend dem des Betriebsrates nachgebildet, aber auf die Besonderheiten des öffentlichen Dienstes zugeschnitten.

Mitbestimmungsrechte (= Maßnahme darf nur mit Zustimmung des Personalrats durchgeführt werden) bei personellen Einzelmaßnahmen wie beispielsweise Einstellung, Kündigung, Beförderung, Versetzung und Höhergruppierung.

Mitwirkungsrechte (= die Dienststelle muss die Angelegenheit mit der Personalvertretung erörtern): Hier ist als wichtigstes Recht das Anhörungsrecht zu nennen. Dieses gibt der Personalvertretung das Recht, gegen eine beabsichtigte Maßnahme Bedenken äußern, die Verwaltung muss dann dazu Stellung nehmen. Wird die Anhörung beispielsweise vor Ausspruch einer → Kündigung nicht rechtmäßig durchgeführt, ist die ausgesprochene Kündigung unwirksam.

Eine besondere Problematik ergibt sich hier regelmäßig bei den Anforderungen an eine Anhörung vor Ausspruch einer Probezeitkündigung wie im Fallbeispiel. Das BAG führt in seinem Urt. vom 22.4.2010 – 6 AZR 828/08 – dazu aus:

> *„Bei den Anforderungen an die Unterrichtung des Personalrates über die Gründe einer Kündigung innerhalb der ersten sechs Monate des Arbeitsverhältnisses ist dem Umstand Rechnung zu tragen, dass die Probezeit der beiderseitigen Überprüfung der Arbeitsvertragsparteien dient. Der Inhalt der Mitteilungspflicht des AG richtet sich daher nicht nach den objektiven Merkmalen der Kündigungsgründe, sondern nach den Umständen, aus denen der AG subjektiv seinen Kündigungsentschluss herleitet. Stützt der AG seinen Kündigungsentschluss nicht auf durch Tatsachen konkretisierbare Kündigungsgründe, reicht es deshalb bei einer Probezeitkündigung aus, wenn der AN-Vertretung nur die subjektiven Wertungen, die den AG zur Kündigung veranlassen,*

mitgeteilt werden. In dieser Mitteilung liegt eine ausreichende Unterrichtung über den „Kündigungsgrund."

Im Fallbeispiel sind die Angaben des AG, er halte Gudrun S. für ungeeignet, die ihr übertragenen Aufgaben ordnungsgemäß zu erfüllen, und das notwendige Vertrauensverhältnis habe nicht aufgebaut werden können, zwar pauschal und schlagwortartig. Diese reichen nach Ansicht des BAG jedoch aus, um das subjektive Werturteil des AG zu verdeutlichen. Mehr braucht es bei einer Probezeitkündigung nicht.

Das Gericht weist in diesem Urteil ausdrücklich darauf hin, dass die vorliegenden Ausführungen auch für eine Anhörung des Betriebsrates in der Privatwirtschaft nach § 102 BetrVG gelten. Mit Urteil vom 12.9.2013 ist auch ein dementsprechendes Urteil für die Privatwirtschaft ergangen: Des BAG hat entschieden, dass ein AG den Betriebsrat ordnungsgemäß angehört hat, wenn er bei einer Probezeitkündigung dem Betriebsrat lediglich das maßgebliche Werturteil mitgeteilt hat.

Tipp: Je ungenauer der AG seinen Kündigungsentschluss begründet, desto eher erfüllt die Anhörung die formalen Voraussetzungen einer Probezeitkündigung. Dieses verquer anmutende Ergebnis bedeutet im Umkehrschluss für Sie: Stützt der AG seinen Entschluss zur Probezeitkündigung auf tatsachenbasierte Einzelvorkommnisse, die womöglich einzeln aufgelistet werden, ist die Chance groß, dass er einen Fehler begangen hat. In diesem Fall sollten Sie die Hilfe eines Anwaltes in Anspruch nehmen.

Verwandte Suchbegriffe:

- **Betriebsrat**
- **Betriebsverfassungsrecht**
- **Kündigung**
- **Mitarbeitervertretung**

69. Pflegezeit

Fallbeispiel

Mechthild K, Erzieherin in der Einrichtung „Pumuckl", einer Einrichtung in kommunaler Trägerschaft, steht vor einer schwierigen Entscheidung.

Einerseits möchte sie gerne ihren an Alzheimer erkrankten alleinstehenden Vater pflegen, andererseits kann sie nicht so lange ihrer Tätigkeit als Gruppenleiterin in der Einrichtung fernbleiben – findet jedenfalls Leiterin Margret S.

Wann habe ich Anspruch auf Pflegezeit?

Mit dem Gesetz zur besseren Vereinbarkeit von Familie, Pflege und Beruf vom 1. Januar 2015 wurden die Regelungen des Pflegezeitgesetzes sowie des Familienpflegezeitgesetzes weiterentwickelt und miteinander verzahnt. Hieraus ergeben sich verschiedene Ansprüche:

- Das sogenannte **Pflegeunterstützungsgeld** wird für maximal zehn Arbeitstage gezahlt, die eine AN in eine akut auftretenden Pflegesituation von der Arbeit fernbleibt.
- Beschäftigte haben mit der **Pflegezeit** einen Anspruch, sich für maximal sechs Monate vollständig von der Arbeit freistellen zu lassen oder in Teilzeit zu arbeiten, um einen pflegebedürftigen nahen Angehörigen zu betreuen.
- In der **Familienpflegezeit** können Beschäftigte ihre wöchentliche Arbeitszeit für maximal 24 Monate auf bis zu 15 Stunden reduzieren, wenn sie einen pflegebedürftigen nahen Angehörigen in häuslicher Umgebung pflegen. Es gilt allerdings ein → Schwellenwert für den konkreten Betrieb von 25 Beschäftigten. Auch die außerhäusliche Betreuung eines pflegebedürftigen minderjährigen Kindes sowie die Begleitung von nahen Angehörigen in der letzten Lebensphase ist mit der Familienpflegezeit möglich.

Wer ist denn „naher Angehöriger"?

Zu den nahen Angehörigen im Sinne des Gesetzes gehören auch Stiefeltern, Partner in einer lebenspartnerschaftsähnlichen Gemeinschaft sowie Ehegatten der Geschwister und Geschwister der Ehegatten, Lebenspartner der Geschwister und Geschwister der Lebenspartner.

Wovon lebe ich während Pflegezeit und Familienpflegezeit?

In Pflegezeit und Familienpflegezeit haben Beschäftigte einen Anspruch auf ein zinsloses Darlehen, das direkt beim Bundesamt für zivilgesellschaftliche Aufgaben beantragt werden kann. Es wird in monatlichen Raten ausgezahlt und deckt grundsätzlich die Hälfte des durch die Arbeitszeitreduzierung fehlenden Nettogehalts ab.

Genieße ich einen Sonderkündigungsschutz, wenn ich in Pflegezeit bin?

Von der Ankündigung, höchstens jedoch zwölf Wochen vor dem angekündigten Beginn, bis zur Beendigung von Arbeitsverhinderung oder Pflegezeit kann die AN ordentlich nur ausnahmsweise in besonderen Fällen mit Zustimmung der zuständigen Landesbehörde gekündigt werden, § 5 PflegeZG. Der Sonderkündigungsschutz reicht von der Ankündigung bis zum Ende der Pflegezeit.

(Quelle: BMFSFJ)

Verwandte Suchbegriffe:

- **Entgeltfortzahlung**
- **Schwellenwerte**

70. Praktikum

Fallbeispiel

Meret K. ist seit Beginn des Monats Vorpraktikantin in der Einrichtung „Zwergenhaus". Die 17-Jährige ist die Älteste von sieben Kindern und hat schon viel Erfahrung im Umgang mit Kleinkindern. Dennoch zögert Leiterin Eva K., als Meret ihr vorschlägt, sie würde gerne einmal mit den Vorschulkindern zum Schwimmen gehen.

Brauche ich einen Praktikumsvertrag?

Die praktische Ausbildung einer Erzieherin findet im Wesentlichen im Rahmen eines Praktikumsvertrages statt. Dieser variiert je nach Praktikumsform (s. Kasten). Schriftlich wird der Vertrag in der Regel nur bei Vor- und Berufspraktikanten/-innen fixiert. Der Praktikumsvertrag unterscheidet sich vom normalen Arbeitsvertrag in erster Linie dadurch, dass der Ausbildungszweck im Vordergrund steht. Auf diese Verträge ist daher das Berufsbildungsgesetz (BBiG) anzuwenden.

Praktikumsformen:

- Berufspraktikum/Anerkennungspraktikum
- Vorpraktikum oder sozialpädagogisches Einführungsjahr (SEJ)
- Freiwilliges soziales Jahr (FSJ)
- Integriertes Praktikum im Rahmen einer Ausbildung
- Schulisches Betriebspraktikum
- Hospitanzpraktikum

Welche Regelungen gelten für mein Praktikum?

Die jeweiligen Anforderungen an die genannten Praktika sind – auch je nach landesrechtlicher Regelung – unterschiedlich. Für alle Fragen diesbezüglich stehen Ihnen die Ausbildungsstätten zur Verfügung, die sämtliche notwendigen Unterlagen wie Vertragsformulare, Ausbildungspläne etc. vorhalten und Ihnen als Praktikantin beratend zur Seite stehen.

Welche Unterlagen muss ich beibringen?

- **Ärztliches Attest**: Jede Praktikantin ist nach den jeweiligen landesrechtlichen Vorschriften verpflichtet, eine ärztliche Bescheinigung vorzulegen, die attestiert, dass sie frei von ansteckenden Krankheiten ist.
- **Zustimmungserklärung**: Minderjährige Praktikantinnen – das sind solche unter 18 Jahren – benötigen immer auch die Zustimmungserklärung der Eltern bzw. des Erziehungsberechtigten.
- **Schweigepflichterklärung**: Letztlich ist die Praktikantin von der Einrichtung über ihre → Schweigepflicht zu belehren. Befindet sie sich im Rahmen der Ausbildung zur staatlich anerkannten Sozialpädagogin/Sozialarbeiterin, unterliegt sie der Schweigepflicht des § 203

Abs. 1 und 3 StGB, der für den Fall der Verletzung Freiheitsstrafe androht.

Welche Pflichten hat die Einrichtung mir gegenüber?

Die Praktikantin muss – in erster Linie von der Leiterin, die diese Pflicht auf die Gruppenleiterin übertragen kann – angeleitet und überwacht werden.

Für eine **ordnungsgemäße Anleitung** ist erforderlich, dass die Praktikantin

1. zunächst über das pädagogische Konzept der Einrichtung informiert wird und
2. die Arbeitsorganisation – Vormittagsgruppe, Nachmittagsangebote, Ganztagesbetreuung, Mahlzeitenausgabe, Teamsitzungen, Elternarbeit etc. – mitgeteilt bekommt.
3. Weiterhin ist sie über bauliche oder organisatorische Gefahrenquellen zu unterrichten und
4. über die zu betreuenden Kinder zu informieren. Dazu gehören Angaben über:
   - Allergien,
   - Verhaltensauffälligkeiten (Aggressivität, ADHS etc.),
   - Abholregelungen,
   - problematische Gruppenkonstellationen,
   - besonders aufmerksamkeitsintensive Kinder
   - etc.
5. Selbstverständlich sollte die Praktikantin außerdem Gelegenheit bekommen, auch die Elternarbeit mitzugestalten und
6. die Arbeit mit Dritten wie Träger, Jugendamt, Polizei etc. kennen zu lernen.
7. Bei besonderen Aktionen wie Ausflügen etc. muss sie eine entsprechende Einweisung bekommen.

Eine **ordnungsgemäße Überwachung** ist dann gegeben, wenn

1. die Praktikantin bei ihrer Tätigkeit beobachtet wird,
2. anhand konkreter Fallbeispiele mit ihr repetiert wird und sie individuelle konstruktive Kritik erfährt sowie
3. zu eigener Bewertung ihrer Arbeit aufgefordert wird.

Immer gilt: Es darf auf keinen Fall eine Überforderungssituation eintreten. Stellt die für die Anleitung zuständige Fachkraft Schwierigkeiten fest, muss sie Hilfestellungen anbieten und die Schwierigkeiten in den Anleitungsgesprächen zusammen mit der Praktikantin auswerten.

Ich soll die Aufsicht über einige Kinder alleinverantwortlich ausüben. Darf ich das überhaupt?

Grundsätzlich kann einer Praktikantin die Aufsichtspflicht übertragen werden, wenn sie dafür geeignet ist bzw. geeignet erscheint. Ob dies der Fall ist, entscheidet sich in der Zusammenschau dreier Kriterien:

- **Aktion:** Schwimmbadbesuch, Waldangebot, Werkangebot, Hausaufgabenbetreuung etc.
- **Kinder:** Anzahl und Persönlichkeit der Kinder.
- **Praktikantin:** Erfahrung im Umgang mit Kleinkindern, persönliche Reife, traut sie es sich selbst zu?

Wie viele Kinder darf ich denn dann beaufsichtigen?

Die übertragene Aufgabe muss immer in Relation zu den Fähigkeiten der Praktikantin stehen, was stets eine Einzelfallentscheidung erforderlich macht. So kann einer Schnupperpraktikantin kaum die ausschließliche Beaufsichtigung in der Turnhalle übertragen werden, sie kann sich aber vielleicht mit einer kleinen Gruppe (vier bis fünf Kinder) von Vorschulkindern auf Schatzsuche im Freigelände begeben. Ein Schwimmbadbesuch hingegen ist nicht einmal einer Berufspraktikantin zumutbar, es sei denn, sie verfügt über spezielle Kenntnisse und Fähigkeiten (DLRG-Rettungsschwimmer, Jugendtrainer im Schwimmverein etc.).

Wer haftet, wenn etwas passiert, während ich die Aufsicht habe?

Kommt während der Aufsichtsführung einer Praktikantin ein Kind zu Schaden, ist für eine Haftung erforderlich, dass die Praktikantin die Aufsichtspflicht verletzt hat und der Schaden eine Folge dieser Aufsichtspflichtverletzung ist. Die Verletzung der Aufsichtspflicht wird regelmäßig zu verneinen sein, wenn unter der Aufsicht einer qualifizierten Fachkraft derselbe Schaden eingetreten wäre.

Ist aber eine Verletzung der Aufsichtspflicht durch die Praktikantin zu bejahen, wird auch eine Verantwortlichkeit der sie anleitenden Personen sowie des Trägers geprüft werden:

Gruppenleiterin: Hat sie die ihr übertragenen Anleitungs- und Überwachungspflichten verletzt, besteht eine Haftung gemäß §§ 823, 832 BGB wegen Verletzung der Aufsichtspflicht.
Leiterin: Hat sie die ihr vom Träger übertragenen Auswahl-, Anleitungs- und Überwachungspflichten verletzt, haftet sie ebenfalls wegen Aufsichtspflichtverletzung in Form des sog. Organisationsverschuldens (§§ 831, 278 BGB).
Träger: Er haftet ebenfalls nach §§ 831, 278 BGB.

Unabhängig von der Verschuldensfrage tritt aber die gesetzliche Unfallversicherung stets in die Leistungspflicht ein, wenn das Kind während des Besuches der Tageseinrichtung oder einer Veranstaltung der Tageseinrichtung zu Schaden gekommen ist. In diesem Fall stellt die gesetzliche Unfallversicherung den Träger und sämtliche Beschäftigten gemäß §§ 105, 106 SGB VII von der Haftung frei. Liegt Vorsatz oder grobe Fahrlässigkeit vor, wird sie anschließend den Schädiger in Regress nehmen, § 110 SGB VII.

Tipp: Unbedingt ist anzuraten, die versicherungsrechtliche Fragestellung genau zu prüfen. Liegt keine Betriebshaftpflichtversicherung der Einrichtung vor, sollten Sie unbedingt schon für Ihre Praktikumszeit eine eigene Berufshaftpflichtversicherung abschließen.

Verwandte Suchbegriffe:

- **Berufshaftpflicht**
- **Entlassung wegen verletzter Aufsichtspflicht**
- **Haftungsprivileg**
- **Jugendarbeitsschutzgesetz**

71. Quellen des Arbeitsrechtes

Fallbeispiel

Steffi P. war zehn Jahre lang Gruppenleitung in einer in kommunaler Trägerschaft stehenden Kita, bevor sie in eine Kita in katholischer Trägerschaft wechselte. Heute nun sitzt sie im Büro von Meike T., der Leiterin einer privaten Kita, und stellt sich für den Posten der stellvertretenden Leitung vor. Als Meike T. sie nach ihren Gehaltsvorstellungen fragt, ist Steffi P. perplex und kann keine Antwort geben. Sie hat noch nie über ihr Gehalt verhandeln müssen und sich auf solch eine Frage nicht vorbereitet.

Wieso gelten nicht überall dieselben rechtlichen Bedingungen?

Das Arbeitsrecht regelt die Rechtsbeziehungen zwischen Arbeitnehmerinnen und Arbeitgeberinnen mit einer ganzen Reihe von Gesetzen, Verordnungen und sonstigen verbindlichen Bestimmungen. Traditionell wird das Arbeitsrecht unterschieden in das Individualarbeitsrecht, das die Rechtsbeziehungen zwischen Arbeitgeberin und Arbeitnehmerin, also zwei Individuen, regelt, und in das Kollektivarbeitsrecht, bei dem entweder auf einer oder auf beiden Seiten Kollektivorgane stehen. Diese Kollektivorgane können sein: Gewerkschaften, Betriebsräte, Arbeitgebervereinigungen etc.

Das eine Gesetzbuch für das Arbeitsrecht gibt es leider nicht. Vielmehr sind die Quellen, aus denen sich das Arbeitsrecht speist, vielfältig. Zunächst gibt es eine Vielzahl von Einzelgesetzen wie beispielsweise das Entgeltfortzahlungsgesetz, das Bundesurlaubsgesetz, dass Teilzeit- und Befristungsgesetz etc. Darüber hinaus ist das Arbeitsrecht traditionell stark von richterlicher Rechtsfortbildung geprägt, bei der das Bundesarbeitsgericht (BAG) in Einzelurteilen abstrakte Rechtssätze entwickelt, die eine richtungsweisende Bedeutung für die nachgeordneten Gerichte in nachfolgenden Prozessen haben.

Die Basis eines jeden Arbeitsverhältnisses bilden die konkreten Vereinbarungen zwischen AG und AN, die sich vor allem im → Direktions- und Weisungsrecht des AG ausdrücken. Außerdem gelten die im konkreten Betrieb etablierten betrieblichen Übungen, darüber hinaus für alle Betriebe gleichermaßen allgemeingültige Rechtsinstitute wie beispielsweise der allgemeine Gleichbehandlungsgrundsatz.

Auf der nächsten Stufe gibt der konkrete Arbeitsvertrag darüber Auskunft, unter welchen Bedingungen das Arbeitsverhältnis besteht: Teilzeit oder Vollzeit, befristet oder unbefristet, Anzahl der Urlaubstage, Überstundenvereinbarung etc.

Mit der nächsten Stufe der Betriebsvereinbarungen wird dann das Kollektiv-Arbeitsrecht erreicht. Betriebsvereinbarungen gelten jeweils nur für den konkreten Betrieb, dort aber für alle Arbeitnehmerinnen unabhängig von einer etwaigen Gewerkschaftszugehörigkeit. Im Gegensatz zur betrieblichen Übung sind Betriebsvereinbarungen stets schriftlich abzufassen.

Über den Betriebsvereinbarungen ist der Tarifvertrag anzusiedeln: er wird zwischen Gewerkschaft und Arbeitgeberverband bzw. zwischen Gewerkschaft und einzelnem Arbeitgeber geschlossen. Seine Regelungen entfalten unmittelbare und zwingende Wirkung aber nur für diejenigen Arbeitgeberinnen und Arbeitnehmerinnen, die tarifgebunden sind.

Dies alles steht unter der Werteordnung des Grundgesetzes und verlangt die Verwirklichung derjenigen Grundrechte, für die das Bundesverfassungsgericht die Anwendbarkeit im Rechtsverhältnis zwischen AG und AN bejaht hat, insbesondere Art. 12 GG (Berufsfreiheit) sowie Art. 9 Abs. 3 GG (Koalitionsfreiheit).

Schließlich bildet das EU-Recht das ranghöchste Recht.

Und wie finde ich raus, was davon für mich gilt?

Die Pyramide folgt dem Rangprinzip, das bedeutet die jeweils höhere Stufe sticht die untere Stufe. Dieses Rangprinzip wird aber durchbrochen vom sogenannten Günstigkeitsprinzip: verhandelt die Arbeitnehmerin eine für sie im Vergleich zur höherrangigen Regelung (z.B. Tarifvertrag) günstigere Bedingung, gilt diese für sie. In Tarifverträgen befinden sich für die genau diesen Fall sogenannte Öffnungsklauseln, die die Berücksichtigung von Einzelabsprachen möglich machen.

Steffi P. im Fallbeispiel unterfiel während ihrer zehnjährigen Tätigkeit bei einer öffentlich-rechtlich getragenen Kita somit dem TVöD-SuE (Tarifvertrag für den öffentlichen Dienst Sozial- und Erziehungsdienst), der das Gehalt nach sogenannten Stufenlaufzeiten festschreibt.

Viele freigemeinnützige Träger sowie die evangelische Kirche haben eigene Tarifverträge. In der katholischen Kirche entfaltet der DVD keine Wirkung, denn die Kirchen dürfen den Bereich des Tarifvertragsystems durch ein eigenes Dienstrecht ersetzen, wovon die Katholische Kirche Gebrauch gemacht hat. Allerdings hat sie sich in ihren Eingruppierungsrichtlinien für den Sozial- und Erziehungsdienst an den TVöD angepasst und sieht analoge Entgeltmodelle vor. Steffi P wird dort also genau dasselbe verdient haben wie bei ihrem öffentlich-rechtlichen Träger.

Wechselt Steffi P. nun zu einem privaten Träger, der nicht an den TVöD gebunden ist, ist ihr Gehalt ebenso wie Urlaubstage, Sonderzahlungen etc. nun Verhandlungssache.

Tipp: Vor Gehaltsverhandlungen sollten Sie sich entsprechende Vergleichsdaten aus dem TVöD beschaffen und die Argumente, die für Sie sprechen (besondere Leistungen, Schwerpunkte, Fortbildungen, Zusatzqualifikationen etc.) sammeln.

Verwandte Suchbegriffe:

- **BetriebsvereinbarungGrundrechte im Arbeitsrecht**
- **Stufenzuordnung**
- **Tarifvertrag**
- **Übung, betriebliche**

72. Rüstzeit

Fallbeispiel

Zu den Aufgaben von Gruppenleiterin Nicole gehört es, die Einrichtung morgens um sieben aufzusperren und die Gruppenräume vorzubereiten.

In aller Regel schafft sie es auch, pünktlich um sieben vor der Einrichtung zu erscheinen, um die bereits dort wartenden Eltern und Kinder einzulassen. Anschließend zieht sie sich für die Arbeit um, sperrt Mantel und Handtasche in ihren Spind und setzt die Kaffeemaschine in Gang. Dann macht sie sich auf den Weg zu den Gruppenräumen, um dort die Rollos hochzufahren, die Stühle von den Tischen zu heben, etc. Heute leitet ihr das Beschwerdemanagement der Einrichtung eine Beschwerde des Elternbeirats zur Stellungnahme zu, die sich genau gegen diese Routine wendet: Nicole sei dermaßen von ihren privaten Arbeitsvorbereitungen in Anspruch genommen, dass sie die Kinder, die um 7:00 Uhr erscheinen, nicht angemessen begrüßen könne, was unter pädagogischen Gesichtspunkten ein unhaltbarer Zustand sei. Nicole will das nicht auf sich sitzen lassen und wendet ein, dass ihre Morgenroutine Element der Arbeit sei und ihre Arbeitszeit eben um 7:00 Uhr beginne.

Welche Vorbereitungen gehören zur bezahlten Arbeit?

Nicht alle die Arbeit vorbereitenden Handlungen gehören zur bezahlten Arbeit bzw. sind innerhalb der bezahlten Arbeitszeit zu leisten. Vorbereitungshandlungen wie das Ablegen von Mantel und Schuhen, das Anziehen von Hausschuhen, das Wegsperren von privatem Eigentum, Kaffee kochen etc. sind vielmehr Elemente des allgemeinen Arbeitsalltags. Sie gelten als sogenannte „Rüstzeit“ und sind als solche vor Beginn der eigentlichen bezahlten Arbeitszeit zu erledigen. Nicole sollte daher einige Minuten vor 7:00 Uhr zum Dienst erscheinen.

Im Gegensatz dazu sind alle Arbeiten, die der Träger anordnet, um die Kita morgens in einen arbeitsfähigen Zustand zu versetzen, Elemente der bezahlten Arbeit. Hierzu gehören also sämtliche Vorbereitungshandlungen in den Gruppenräumen, aber auch das Hochfahren des PCs und die Installierung von Updates im Leitungsbüro, das Abhören von Anrufbeantwortern etc. Die Tatsache, dass während dieser Arbeiten bereits Kinder zu begrüßen sind, muss der Träger bei der Organisation der Arbeitszeiten berücksichtigen entweder durch Verschiebung der Öffnungszeit auf 7:15 Uhr oder Vorhaltung von mehr Personal.

Verwandte Suchbegriffe:

- **Arbeitsvertrag, Rechte und Pflichten aus dem**
- **Arbeitszeitgesetz**
- **Direktionsrecht**

73. Schlussbestimmungen

Fallbeispiel

Melissa R., Gruppenleiterin der Einrichtung „Zwergenhaus" ist ratlos: In der vergangenen Woche hat sie von ihrer Leiterin das Angebot bekommen, ihre wöchentliche Arbeitszeit von 20 Stunden um zehn Stunden zu erhöhen. Sie hat gerne angenommen, da sie das zusätzliche Gehalt gut gebrauchen kann. Und heute nun soll dies alles nicht mehr gelten, da Leiterin Eva K. sich überlegt hat, doch lieber eine zusätzliche Kraft anzustellen. Als Melissa R. sie auf ihre Abrede hinweist, wendet Eva K. ein, dass das alles doch noch gar nicht rechtsgültig sei, schließlich bedürften Vertragsänderungen im Zwergenhaus der Schriftform, so stehe es schließlich in allen Arbeitsverträgen.

Welche Schlussbestimmungen gibt es?

Schlussbestimmungen sind fester Bestandteil vieler Arbeitsverträge und finden sich unter „Sonstiges" am Ende des Vertrages. Man kann sie unterteilen in salvatorische Vertragsklauseln, einfache und doppelte Schriftformklauseln sowie Ausschlussfristen.

Salvatorische Klauseln gibt es in zwei Wesensarten: Die einen bestimmen, dass der Vertrag auch dann erhalten bleibt, wenn eine Klausel des Vertrages unwirksam ist. Dies lässt das BAG zwar als wirksam zu, sie sind jedoch überflüssig, da das Gesetz in § 306 BGB ohnehin genau das erklärt. Erhält eine solche salvatorische Klausel darüber hinaus auch noch eine sog. Ersetzungs- bzw. Reduktionsbestimmung, nach denen an die Stelle einer unwirksamen Klausel eine andere tritt, ist dies nach § 306a BGB unwirksam. Das BAG lässt solche salvatorischen Klauseln bereits an der spezielleren Vorschrift des § 307 Abs. 1 Satz 1, Abs. 2 Nr. 1 BGB scheitern, da derartige Klauseln mit wesentlichen gesetzlichen Grundgedanken nicht vereinbar sind (BAG, NZA 2005, S. 1111). Der

Klauselverwender soll nämlich bei überzogenen Regelungen nicht darauf vertrauen können, dass diese vom Gericht auf das gerade noch zulässige Maß reduziert werden. Genau dies ist jedoch der Zweck einer solchen Klausel.

Auch **Schriftformklauseln**, wonach Vertragsänderungen zu ihrer Wirksamkeit der Schriftform bedürfen, sind beliebte Schlussbestimmungen. Allerdings galt die einfache Schriftformklausel schon in der Vergangenheit als zahnloser Tiger, da von ihr nach allgemeinen Vertragsgrundsätzen jederzeit durch mündliche Individualabrede wirksam abgewichen werden konnte. In der Praxis wurde deshalb die doppelte Schriftformklausel kreiert, nach der nicht nur Vertragsänderungen, sondern auch die Aufhebung der Schriftform selbst dem Schriftformerfordernis unterworfen war. Nach einem Urteil des BAG vom 20.5.2008 verstoßen jedoch auch diese gängigen doppelten Schriftformklauseln wegen unangemessener Benachteiligung der AN gegen § 307 Abs. 1 Satz 1, Abs. 2 Nr. 1 BGB. Auch sie sind folglich unwirksam, weil sie die Schutzvorschrift des § 305b BGB missachten, wonach Individualabreden schriftlicher oder mündlicher Art stets Vorrang vor AGB genießen. Eva K. im Fallbeispiel kann sich daher nicht auf die Nichteinhaltung der Schriftform berufen. Vielmehr ist die Vertragsänderung mit Melissa R. auch in ihrer mündlichen Form gültig.

Auch **Ausschlussfristen**, binnen derer Ansprüche aus dem Arbeitsverhältnis geltend zu machen sind, finden sich in arbeitsvertraglichen Schlussbestimmungen. Hier gilt derzeit die sog. „3+3-Regel" als absolute Untergrenze. Sie besagt, dass die AN sowohl für die Geltendmachung eines Anspruches gegenüber dem AG als auch für die sich ergebende anschließende gerichtliche Geltendmachung jeweils ein Mindestzeitraum von drei Monaten verbleiben muss, um dem Maßstab des § 307 Abs. 1 BGB zu genügen. Die Ausschlussfrist muss zudem für beide Vertragsparteien gleichermaßen gelten. Zumindest aber darf die AN nicht schlechter gestellt werden als der AG (BAG, NZA 2006, S. 324). Ist nur eine der beiden Fristen zu kurz bemessen, bleibt die andere in der Regel bestehen, da die Klausel nach Ansicht der Gerichte in der Regel teilbar ist. Außerdem muss die Ausschlussfristklausel unter einer eigenständigen Vertragsüberschrift aufgeführt sein. Fällt sie unter die Überschrift „Schlussbestimmungen", ist sie wegen ihres Überraschungseffektes nach § 305c Abs. 1 BGB unwirksam (BAG, NZA 2006, S. 324).

Tipp: Prüfen Sie einmal Ihren Arbeitsvertrag: Einfache und doppelte Schriftformklauseln haben ihre Existenzberechtigung in Formulararbeitsverträgen verloren und können allenfalls noch eine faktische Disziplinierung der Vertragsparteien zur Schriftlichkeit bewirken. Sie können insbesondere keine → betriebliche Übung mehr verhindern. Hier muss der AG schon Freiwilligkeits- oder Widerrufsvorbehalte verwenden. Salvatorische Klauseln entfalten in Formulararbeitsverträgen ebenfalls keine Wirkung. Die Vereinbarung von Ausschlussfristen ist nur dann zulässig, wenn die „3+3-Regel" eingehalten ist.

Verwandte Suchbegriffe:

- **AGB**
- **Formvorschriften, gesetzliche**
- **Übung, betriebliche**

74. Schweigepflicht

Fallbeispiel

Mandy S. ist Sozialpädagogin und Leiterin der in Trägerschaft der evangelischen Kirche stehenden Einrichtung „St. Bonifatius". Die Einrichtung beschäftigt zwei Erzieherinnen als Gruppenleiterinnen und zwei Kinderpflegerinnen.

Wo steht denn konkret, dass ich schweigepflichtig bin?

Zu den Hauptpflichten eines jeden AN aus dem → Arbeitsvertrag gehört die Schweigepflicht. Darüber hinaus kennt das Sozialrecht eine besondere Pflicht zur Geheimhaltung, die in § 35 Abs. 1 SGB I gesetzlich verankert ist. Sie umfasst den persönlichen Lebensbereich des Betroffenen sowie alle Betriebs- und Geschäftsgeheimnisse der Einrichtung. Sie gilt für Sozialleistungsträger und ihre Verbände und andere öffentlich-rechtliche Vereinigungen sowie deren Aufsichtsbehörden, soweit keine gesetzliche Pflicht zur Mitteilung besteht.

Das bedeutet: Je nach Träger einer Einrichtung ergibt sich die Pflicht zur Geheimhaltung aus unterschiedlichen Gesetzen:

- Träger, die auch Sozialleistungsträger nach § 35 Abs. 1 SGB I sind, unterliegen dem bundesgesetzlichen Sozialdatenschutz. Dieser wird ergänzt von den Bestimmungen des kirchlichen Datenschutzes, soweit es sich um einen kirchlichen Träger handelt. So hat die Evangelische Kirche Deutschlands ein Kirchengesetz über den Sozialdatenschutz (DSG-EKD) erlassen, in den katholischen Bistümern sind sog. „Anordnungen über den kirchlichen Datenschutz“ ergangen.
- Für freie Träger gilt: Zwar sind sie nicht Sozialleistungsträger i. S. v. § 35 Abs. 1 SGB I, für sie ergibt sich die Pflicht zur Geheimhaltung aber als vertragliche Nebenpflicht des Kindergartenvertrages i. S. der §§ 241 Abs. 2, 242 BGB.

Und was passiert, wenn ich die Schweigepflicht einmal nicht einhalte?

Die Folgen eines Verstoßes gegen die Geheimhaltungspflicht hängen wiederum davon ab, welcher Berufsgruppe der Täter angehört:

- Verletzen Erzieherinnen und Kinderpflegerinnen die Datenschutzbestimmungen des SGB, begehen sie eine Ordnungswidrigkeit, die nach § 41 SGB X und OWiG mit einer Geldbuße bestraft wird.
- Etwas anderes gilt für staatlich anerkannte Sozialarbeiterinnen oder Sozialpädagogen, da sie ausdrücklich von § 203 Abs. 1 Nr. 5 StGB genannt werden. Darin heißt es:

  „Wer unbefugt ein fremdes Geheimnis, namentlich ein zum persönlichen Lebensbereich gehörendes Geheimnis oder ein Geschäfts- oder Betriebsgeheimnis offenbart, das ihm als
  1 ...
  2...
  3 ...
  4 ...
  4a ...
  5. staatlich anerkanntem Sozialarbeiter oder staatlich anerkanntem Sozialpädagogen anvertraut worden oder sonst bekannt geworden ist, wird mit Freiheitsstrafe bis zu einem Jahr oder mit Geldstrafe bestraft.“

Verletzt ein Angehöriger dieser Berufsgruppen die Datenschutzbestimmungen, ist dies keine Ordnungswidrigkeit, sondern eine Straftat.

Im Fallbeispiel gelten daher die Vorschriften der DSG-EKD und darüber hinaus für die Sozialpädagogin Mandy S. die verschärften Anforderungen des StGB.

Darüber hinaus können sich für die konkrete Erzieherin im Einzelfall auch arbeitsvertragliche Schweigepflichten aufgrund einiger tarifvertraglicher Bestimmungen ergeben, beispielsweise aus

- § 3 Abs. 1 TVöD,
- § 5 Arbeitsvertragsrichtlinie (AVR) Caritas,
- § 3 Arbeitsvertragsrichtlinie (AVR) Diakonie.

Bei Verstoß gegen diese arbeitsrechtlichen Bestimmungen drohen arbeitsrechtliche Konsequenzen wie Abmahnung und Kündigung.

Das Betriebs- und Geschäftsgeheimnis

Gemäß § 35 Abs. 4 SGB I stehen Betriebs- und Geschäftsgeheimnisse einer Kindertageseinrichtung den Sozialdaten gleich, sind also genauso wie Sozialdaten zu schützen. Betriebs- und Geschäftsgeheimnisse sind in § 67 SGB X definiert als *„alle betriebs- oder geschäftsbezogenen Daten, die Geheimnischarakter haben."*

Vom Betriebs- und Geschäftsgeheimnis – also Sozialdatenschutz – nicht erfasst sind personenbezogene Daten, die die Einrichtung zur Personalverwaltung benötigt wie beispielsweise das Geburtsdatum, Lebenslauf, Eintrittsdatum, arbeitsvertragliche Vereinbarungen, Kontodaten, Krankmeldungen ihrer Mitarbeiterinnen. Diese Angaben fallen zwar nicht unter den Sozialdatenschutz, aber unter den → Beschäftigtendatenschutz des Bundesdatenschutzgesetzes.

Tipp: Da Praktikantinnen häufig wechseln, oft im engeren Umfeld einer Einrichtung wohnen und daher die Herkunftsfamilien der Kinder nicht selten privat kennen, sind hinsichtlich der Ausbildung von Praktikantinnen auch immer mögliche entgegenstehende schutzwürdige Interessen der Betroffenen im Auge zu behalten. Etwaige ehrenrührige Umstände über die Familie eines Kindes (Trunk- oder Drogensucht, Gefängnisaufenthalt, etc.) sollten also Praktikantinnen Ihrer Einrichtung nur dann offenbart werden, wenn dies zur Erfüllung des Erziehungsauftrages unumgänglich ist. Auch hinsichtlich mitarbeitender Eltern ist die Schweigepflicht zu wahren und beispielsweise sicherzustellen, dass Telefonate nicht von ihnen mitgehört werden können.

Verwandte Suchbegriffe:

- **Arbeitsverhältnis im kirchlichen Dienst**
- **Arbeitsvertrag, Rechte und Pflichten aus dem**
- **Beschäftigtendatenschutz**
- **Tarifvertrag**
- **Whistleblowing**

75. Schwellenwerte

Fallbeispiel

Gesine Z. ist als Zweitkraft in der in privater Trägerschaft stehenden Einrichtung „Kokopelli" tätig. Sie ist eine von 11 Beschäftigten in der viergruppigen Einrichtung. Als ihr ihr AG ohne nähere Begründung kündigt und auf Nachfragen lediglich angibt, ihre Stelle würde zukünftig nicht neu besetzt, man arbeite mit zehn Mitarbeiterinnen weiter, reicht sie Kündigungsschutzklage ein. Ihr AG trägt vor, das Kündigungsschutzgesetz gelte hier nicht. Der Schwellenwert von 10, 25 Mitarbeiterinnen sei in Zukunft ja nicht erreicht.

Wozu sind denn diese Schwellenwerte überhaupt gut?

Im Arbeitsrecht gelten eine Vielzahl von Schwellenwerten: Je nach Anzahl der in einem Betrieb beschäftigten AN sind verschiedene gesetzliche Anforderungen zu erfüllen. Im Folgenden sehen Sie eine Aufstellung der wichtigsten Schwellenwerte bis 200 Mitarbeiter:

Mitarbeiter	Regelungsinhalt
Ab 5:	Wahl eines Betriebsrates möglich (ein Mitglied)
Ab 5, 25:	Geltung des KSchG für Alt-Arbeitsverhältnisse (vor 1. 1. 2004)

Mitarbeiter	Regelungsinhalt
Ab 10, 25:	Geltung des KSchG für Arbeitsverhältnisse, die nach dem 31. 12. 2003 begonnen haben
Ab 11:	Einrichtung von Pausenräumen notwendig
	Teilzeitkräfte zählen voll (nach Köpfen)
Ab 15:	Pflegezeit möglich
Ab 16:	Jede MA hat Anspruch auf Teilzeitarbeit
Ab 20:	Beschäftigungspflicht für Schwerbehinderte oder Ausgleichsabgabe
Ab 21:	Betriebsrat hat drei Mitglieder
	Zustimmung des Betriebsrates bei Personal- und Umstrukturierungsmaßnahmen (Einstellung, Umgruppierung, Versetzung)
	Entlassung von mehr als fünf AN innerhalb von 30 Kalendertagen ist der Agentur für Arbeit anzuzeigen
	Entlassung einer über 55-Jährigen ist der Agentur für Arbeit anzuzeigen
	Mitbestimmung des Betriebsrates bei Betriebsänderungen (Unterrichtung, Beratung)
	Bestellung eines Sicherheitsbeauftragten *
Ab 40:	Beschäftigungspflicht für zwei Schwerbehinderte
Ab 50:	Erlaubnispflicht für gewerbsmäßige AN-Überlassung
Ab 51:	Betriebsrat hat fünf Mitglieder
Ab 60:	Beschäftigungspflicht für drei Schwerbehinderte
	Entlassung von 10% der Belegschaft oder mehr als 25 AN ist der Agentur für Arbeit anzuzeigen

Mitarbeiter	Regelungsinhalt
	5% der Arbeitsplätze müssen grundsätzlich mit Schwerbehinderten besetzt sein
Ab 101:	Betriebsrat hat sieben Mitglieder
	Beratung über Vorschläge zur Sicherung und Förderung der Beschäftigung mit Betriebsrat
	Bildung eines Wirtschaftsausschusses, der über alle wirtschaftlichen Belange informiert werden muss
	Betriebsausschüsse möglich
	Ggfs. Sanitätsräume notwendig
Ab 200:	Freistellung eines Betriebsratsmitglieds

* = ACHTUNG: Besonderheit bei Kindertageseinrichtungen: § 22 SGB VII bestimmt: „In Unternehmen mit regelmäßig mehr als 20 Beschäftigten hat der Unternehmer unter Beteiligung des Betriebsrates oder Personalrates Sicherheitsbeauftragte unter Berücksichtigung der im Unternehmen für die Beschäftigten bestehenden Unfall- und Gesundheitsgefahren und der Zahl der Beschäftigten zu bestellen. Als Beschäftigte gelten auch die nach § 2 Abs. 1 Nr. 2, 8 und 12 Versicherten."

Da die Kinder einer Einrichtung nach § 2 Abs. 1 Nr. 8a SGB VII als Beschäftigte i. S. dieser Vorschrift gelten, werden in der Regel stets mehr als 20 „Beschäftigte" zu verzeichnen sein. Weiterhin bestimmt die DGUV Vorschrift 1, dass Kindertageseinrichtungen unabhängig von ihrer Größe die Bestellung mindestens eines Sicherheitsbeauftragten zur Pflicht haben.

Wir sind mit unserer Einrichtung immer an der Schwelle zu zehn Mitarbeiterinnen und manchmal auch knapp darüber. Gilt das Kündigungsschutzgesetz auch für uns?

AN an der Grenze des kündigungsschutzrechtlichen Schwellenwertes genießen praktisch dauerhaften kündigungsrechtlichen Bestandsschutz, sofern der Beschäftigungsbetrieb einmal vom Anwendungsbereich des Gesetzes erfasst wurde. Dies macht ein Urt. des BAG vom 22.1.2004 deutlich. Darin heißt es:

> *„Bei der Beurteilung der regelmäßigen Beschäftigtenzahl kommt es zwar grundsätzlich auf die bisherige personelle Situation und eine*

Einschätzung der zukünftigen Entwicklung an. Insbesondere im Fall einer Betriebseinschränkung oder Betriebsstilllegung ist der bloße Entschluss des AG, seinen Betrieb auf Dauer mit einer reduzierten Mitarbeiterzahl fortzuführen aber nicht ausreichend, um die Anwendbarkeit des Kündigungsschutzgesetzes auszuschließen. Anderenfalls könnte der AG entgegen dem Sinn und Zweck der gesetzlichen Regelung seinen Beschäftigten mit dem Ausspruch der Kündigung in beliebiger Weise den Kündigungsschutz entziehen. Darüber hinaus ist im Kündigungszeitpunkt auch noch nicht abzusehen, ob die ausgesprochene Kündigung und die damit verbundene Unternehmerentscheidung künftig tatsächlich zu einer anderen regelmäßigen AN-Zahl führen. Aus diesem Grund muss allein der Rückblick auf die bisherige Beschäftigungssituation maßgeblich sein."

(BAG, Urt. vom 22.1.2004 – 2 AZR 237/03 –, NZA 2004, S. 479)

Tipp: Das Urteil bezieht sich auf den Schwellenwert des alten Kündigungsschutzgesetzes mit Schwellenwert 5 AN, auf die aktuelle Fassung ist es aber ebenfalls anwendbar.

Verwandte Suchbegriffe:

- **Betriebsrat**
- **Kündigungsschutz**
- **Pflegezeit**
- **Schwerbehinderung**
- **Teilzeit**

76. Schwerbehinderung

Fallbeispiel

Lena K. ist Erzieherin in der Einrichtung „Bärenbande". Die schwerbehinderte AN erhält am 29.11.2006 eine betriebsbedingte Kündigung, wogegen sie am 15.12.2006 Kündigungsschutzklage erhebt. Mit Schreiben vom 20.12.2006 rügt sie außerdem die mangelnde Zustimmung des Integrationsamtes zur Kündigung. Dieses Schreiben wird dem AG zusammen mit der Klage am 28.12.2006 zugestellt. Der AG beruft sich darauf, dass das Recht der AN, sich auf ihren Sonderkündigungsschutz zu berufen, verwirkt sei, da die Drei-Wochen-Frist nicht eingehalten sei.

Wann ist man denn schwerbehindert?

Nach der gesetzlichen Definition des § 2 Abs. 2 SGB IX ist schwerbehindert, dessen körperliche, geistige oder seelische Gesundheit von dem für das Lebensalter typischen Zustand um mindestens 50 % abweicht. Den schwerbehinderten Menschen gleichgestellt sind behinderte Menschen mit einem Grad von weniger als 50 %, aber mindestens 30 %, wenn sie infolge ihrer Behinderung ohne die Gleichstellung einen geeigneten Arbeitsplatz i. S. v. § 73 SGB IX nicht erlangen oder nicht behalten können (§ 2 Abs. 3 SGB IX). Schwerbehinderte Menschen genießen Sonderrechte, die im SGB IX festgelegt sind. Damit sollen Benachteiligungen vermieden und die Teilhabe am Leben in der Gesellschaft gefördert werden (§ 1 SGB IX). Schwerbehinderte Menschen genießen im Arbeitsrecht einen Sonderkündigungsschutz.

Welche Rolle spielt das Integrationsamt bei der Kündigung?

Jede Kündigung eines schwerbehinderten Menschen, der mindestens sechs Monate im Betrieb tätig ist, bedarf der vorherigen Zustimmung des Integrationsamtes (§§ 85, 91 SGB IX). Fehlt die Zustimmung, ist die Kündigung gem. § 134 BGB unwirksam. Die schwerbehinderte AN braucht dann keine Kündigungsschutzklage zu erheben, denn wegen der Unwirksamkeit der Kündigung beginnt die Drei-Wochen-Frist des § 4 KSchG gar nicht erst zu laufen. Die Kündigung kann auch nicht durch eine später erteilte Zustimmung geheilt werden. Eigenkündigungen schwerbehinderter Menschen und Aufhebungsverträge bedürfen keiner Zustimmung des Integrationsamtes.

Entgegen dem Wortlaut des § 90 Abs. 2a SGB IX, nach dem der Sonderkündigungsschutz nur bei Nachweis der Schwerbehinderung, d. h. nach Entscheidung des Integrationsamtes über den Status der AN, eintritt, verlagert das BAG den Sonderkündigungsschutz nach vorne: Wenn die AN ihren Antrag spätestens drei Wochen vor Ausspruch der Kündigung eingereicht hat und dieser positiv beschieden wird, genießt die AN bereits mit Antragstellung den Sonderkündigungsschutz des SGB IX (BAG, NZA 2008, S. 361).

Bei ordentlichen Kündigungen gilt eine gesetzliche Kündigungsfrist von vier Wochen. Die Kündigung muss innerhalb eines Monats nach Zustellung der Zustimmung der Behörde erklärt werden (§ 88 Abs. 3 SGB IX).

Wirksam ist die Zustimmung des Integrationsamtes erst nach Zustellung (§ 88 Abs. 2 Satz 1 SGB IX). Wichtig: Die vorab gefaxte oder telefonisch mitgeteilte Zustimmung zur ordentlichen Kündigung ist noch nicht zugestellt und folglich unwirksam. Die Zustimmung muss im Original und formal zugestellt sein, d.h. entweder mit Zustellungsurkunde oder mit Einschreiben. Die Zustimmung zur außerordentlichen Kündigung muss innerhalb von zwei Wochen nach Kenntnis der Kündigungsgründe beantragt und vom Integrationsamt innerhalb von zwei Wochen nach Eingang des Antrags entschieden werden. Lässt das Amt die Frist verstreichen, gilt die Zustimmung als erteilt (§ 91 Abs. 2, 3 SGB IX). Die Zustimmung zur außerordentlichen Kündigung muss lediglich erklärt werden, so dass sogar die mündliche Zustimmung und erst recht der gefaxte Bescheid zum Ausspruch der Kündigung berechtigt. Bei einer fristlosen Kündigung liegt eine Entscheidung des Integrationsamtes bereits dann vor, wenn sie (fern-)mündlich mitgeteilt wird. Eines schriftlichen Bescheides bedarf es nicht (BAG, Urt. vom 21.4.2005 – 2 AZR 255/04).

Verweigert das Integrationsamt die Zustimmung, kann der AG Widerspruch einlegen. Erteilt der Widerspruchsausschuss die Zustimmung, kann der AG kündigen. Verweigert er sie, bleibt die Leistungsklage vor dem Verwaltungsgericht zur Zustimmungsersetzung. Während des Zustimmungsersetzungsverfahrens, das durchaus mehrere Jahre andauern kann, hat der AG die Pflicht, die AN zu beschäftigen. So hat im Zustimmungsersetzungsverfahren der Bayerische Verwaltungsgerichtshof (Az. 9 ZB 05 2600) mit Beschluss vom 10.3.2006 einer Erzieherin Recht gegeben, die seit längerer Zeit schwerhörig war, ein Hörgerät trug und nach einem Hörsturz fast gänzlich taub war. Die Erzieherin unterzog sich daraufhin einer beidseitigen Cochlea-Implantation, infolge derer sie für die Arbeit im Kindergarten ausreichendes Hörvermögen erhielt, wie ihr ein Arzt bestätigte. In der Begründung der Richter heißt es, auch Kinder im Kindergartenalter könnten sich an den Umgang mit behinderten Menschen gewöhnen und den Umgang mit ihnen lernen. Probleme hinsichtlich der Ausübung der Aufsichtspflicht seien nicht wahrscheinlich.

Es gibt doch eine neue Vorschrift, nach der der Sonderkündigungsschutz auch entfallen kann?

Ja. Nach § 90 Abs. 2a SGB X findet der besondere Kündigungsschutz für schwerbehinderte Menschen keine Anwendung, wenn zum Zeitpunkt des Ausspruches der Kündigung die Eigenschaft als schwerbehinderter Mensch nicht nachgewiesen ist oder das Versorgungsamt nach Ablauf der dreiwöchigen Frist des § 69 Abs. 1 Satz 2 SGB IX eine Feststellung wegen fehlender Mitwirkung nicht treffen konnte. Im Übrigen bleibt der Sonderkündigungsschutz für schwerbehinderte Menschen trotz fehlenden Nachweises nur dann bestehen, wenn der Antrag so frühzeitig vor dem Kündigungszugang gestellt worden ist, dass bei einer unterstellten ordnungsgemäßen Mitwirkung der Antragstellerin innerhalb der dreiwöchigen Frist des § 69 Abs. 1 Satz 2 SGB IX eine behördliche Entscheidung möglich gewesen wäre. Der Anerkennungsantrag mit allen erforderlichen Angaben muss also so rechtzeitig gestellt werden, dass über ihn innerhalb der dreiwöchigen Regelfrist eine positive Entscheidung ergehen könnte (BAG, Urt. vom 29.11.2007 – 2 AZR 613/06).

Mit der Einfügung des neuen Paragrafen soll verhindert werden, dass AN im Falle einer drohenden Kündigung kurzfristig und unabhängig von deren Erfolgsaussicht Anträge auf eine mögliche Anerkennung als Schwerbehinderte stellen. Dies wurde von Anwälten nämlich häufig geraten, um das Kündigungsschutzverfahren hinauszuzögern. Andersherum dürfte es nur in Ausnahmefällen vorkommen, dass AG, sofern sie überhaupt von der Antragstellung erfahren haben, innerhalb der dreiwöchigen Frist einen bislang nicht vorhandenen Kündigungsgrund „finden".

Außerdem muss doch ein besonderes Verfahren durchgeführt werden?

§ 84 Abs. 1 SGB IX bestimmt ein Präventionsverfahren vor Ausspruch einer Kündigung. Nach dieser Vorschrift ist der AG verpflichtet, bei Eintreten von personen-, verhaltens- oder betriebsbedingten Schwierigkeiten im Arbeits- oder sonstigen Beschäftigungsverhältnis, die zur Gefährdung dieses Verhältnisses führen können, möglichst frühzeitig die Schwerbehindertenvertretung und die in § 93 SGB IX genannten Vertretungen sowie das Integrationsamt einzuschalten, um mit ihnen alle Möglichkeiten und alle zur Verfügung stehenden Hilfen zur Beratung und mögliche finanzielle Leistungen zu erörtern, mit denen die Schwierigkeiten beseitigt werden können und das Arbeits- oder sonstige Beschäftigungsverhältnis möglichst dauerhaft fortgesetzt werden kann.

Die Durchführung eines solchen Präventionsverfahrens ist nach höchstrichterlicher Rechtsprechung allerdings keine formelle Wirksamkeitsvoraussetzung für den Ausspruch einer Kündigung gegenüber einem schwerbehinderten Menschen (BAG, Urt. vom 7.12.2006 – 2 AZR 182/06). Relevanz erlangt nach Auffassung des Gerichtes die Norm nur da, wo sich Kündigungssachverhalte über einen längeren Zeitraum entwickeln und damit einer Beeinflussung durch ein Präventionsverfahren zugänglich sind. Eine Anwendung des Gesetzes scheidet immer dort aus, wo unumstößliche Fakten bestehen. Im entschiedenen Fall hatte die AN einen Arbeitszeitbetrug begangen.

Eine außerordentliche Kündigung muss doch innerhalb zweier Wochen erklärt werden. In dieser Zeit liegt doch nie die Zustimmung der Behörde vor. Sind also außerordentliche Kündigungen von Schwerbehinderten immer unwirksam?

Nein. Auch die Kündigung eines schwerbehinderten Menschen ist zunächst einmal eine „normale“ Kündigung, bei der die allgemeinen Anforderungen zu beachten sind. Will der AG eine außerordentliche Kündigung aussprechen, so muss er die zweiwöchige Ausschlussfrist des § 626 Abs. 2 BGB beachten. Nur wenn die Entscheidung des Integrationsamtes – wie in aller Regel – nicht innerhalb dieser zwei Wochen herbeigeführt werden kann, kommt dem AG § 91 Abs. 5 SGB IX zu Hilfe: Die Kündigung ist dann „unverzüglich“ nach Erteilung der Zustimmung zu erklären (BAG, Urt. vom 2.3.2006 – 2 AZR 46/05).

Kann ich nicht auch in der Klageschrift die mangelnde Zustimmung des Integrationsamtes rügen?

Wird die Eigenschaft als schwerbehinderte AN gegenüber dem AG innerhalb der dreiwöchigen Klagefrist des § 4 KSchG gerichtlich geltend gemacht, liegt in der Regel keine Verwirkung des Sonderkündigungsschutzes vor, auch wenn wie im Fallbeispiel die Klage dem AG erst nach Ablauf der Drei-Wochen-Frist zugestellt wird. Es ist noch ausreichend, wenn die mangelnde Zustimmung des Integrationsamtes unmittelbar in der Klageschrift gerügt wird (BAG, Urt. vom 23.2.2010 – 2 AZR 659/08).

Besteht ein Beteiligungsrecht der Schwerbehindertenvertretung?

Ein Beteiligungsrecht der Schwerbehindertenvertretung besteht nur, wenn sich eine Maßnahme spezifisch auf schwerbehinderte oder diesen gleichgestellte Menschen bezieht. Dies ist bei einer Stellenbesetzung etwa der Fall, wenn die behindertengerechte Gestaltung von Arbeitsplätzen nach § 81 Abs. 4 Satz 1 Nr. 4 SGB IX zu den Aufgaben der Stelle gehört (BAG, Urt. vom 17.8.2010 – 9 ABR 83/09).

Was passiert mit meinen Zusatzurlaub, den ich nicht nehmen konnte, weil ich arbeitsunfähig krank war?

Schwerbehinderte (ab 50 %) haben gem. § 125 SGB IX Anspruch auf einen zusätzlichen Urlaub von fünf Arbeitstagen. Den Schwerbehinderten Gleichgestellte i. S. d. § 2 SGB IX wird dieser Zusatzurlaub nicht gewährt. Hinsichtlich dieser Regelung ist zu beachten, dass sich entsprechend der Arbeitszeit der Behinderten der Zusatzurlaub erhöht oder vermindert. d. h. Schwerbehinderte, die sechs Tage die Woche arbeiten, haben Anspruch auf sechs Tage Zusatzurlaub. Arbeitet eine schwerbehinderte AN nur an drei Tagen die Woche, stehen ihr nur drei Tage Zusatzurlaub zu. Der Zusatzurlaub aus § 125 Abs. 1 SGB IX ist auch dann vom AG abzugelten, wenn er nicht gewährt werden konnte, weil die AN über die Übertragungsfrist des § 7 Abs. 3 Satz 3 BUrlG hinaus arbeitsunfähig erkrankt war (BAG, Urt. vom 23.3.2010 – 9 AZR 128/09).

Unsere Einrichtung erhält einen neuen Träger. Muss ich den wieder über meine Schwerbehinderung in Kenntnis setzen?

Im Falle eines Betriebsüberganges (→ Trägerwechsel) muss sich der Erwerber bei Ausspruch einer Kündigung die Kenntnis des Veräußerers von einer Schwerbehinderung zurechnen lassen. Im Rahmen der Prüfungsphase vor Übernahme des Betriebes muss sich der Erwerber nämlich alle sonderkündigungsgeschützten Mitarbeiterinnen nennen lassen. Die Abfrage der Personaldaten im Vorfeld des Betriebsüberganges ist dann zwangsläufig zulässig, da sie der Erfüllung späterer arbeitsrechtlicher Verpflichtungen des Betriebserwerbers dient → Beschäftigtendatenschutz; (BAG, Urt. vom 11.12.2008 – 2 AZR 395/07).

Bin ich als Schwerbehinderte nicht schon diskriminiert, wenn man mich nicht zum Vorstellungsgespräch einlädt?

Ein Anspruch auf Entschädigung wegen → Diskriminierung aufgrund einer Schwerbehinderung ist nicht deshalb ausgeschlossen, weil der AG den Hinweis auf die Schwerbehinderung im Bewerbungsschreiben übersehen hat. Im entschiedenen Fall hat das Gericht eine Benachteiligung vermutet, weil der AG die Bewerbung weder der Schwerbehindertenvertretung mitgeteilt noch die AN zu einem → Vorstellungsgespräch eingeladen hat. Ob der AG die Schwerbehinderung überhaupt erfasst hat, konnte offenbleiben, da es für die Beurteilung einer Diskriminierung allein auf die objektive Rechtslage ankommt (BAG, Urt. vom 16.9.2008 – 9 AZR 791/07). Etwas anders gilt nur dann, wenn eine Bewerbung dem AG überhaupt nicht zugegangen, also von vornherein gar nicht in seinen Machtbereich gelangt ist. Dem Diskriminierungsverbot unterfällt auch nicht der Wegfall des Arbeitsplatzes: Auch ein nicht schwerbehinderter Mensch würde seine Beschäftigungsmöglichkeit auf diesem Platz verlieren. Eine Besserstellung eines schwerbehinderten Menschen käme einer Beschäftigungsgarantie gleich, die dem Gesetzeswortlaut nicht zu entnehmen ist, urteilte das BAG am 16.5.2019 – 6 AZR 329/18.

Tipp: Den Nachweis des Zugangs einer Bewerbung muss auch bei Entschädigungsklagen nach dem AGG die AN führen. Am sichersten ist dieser Nachweis zu erbringen, wenn die Bewerbung vor den Augen einer Zeugin verschlossen wird und anschließend ebenfalls unter Anwesenheit derselben Zeugin in den Briefkasten der Einrichtung eingeworfen wird.

Verwandte Suchbegriffe:

- **Beschäftigtendatenschutz**
- **Diskriminierungsverbot**
- **Kündigung**
- **Kündigungsschutz**
- **Trägerwechsel**
- **Vorstellungsgespräch**

77. Sonderkündigungsschutz

Fallbeispiel

Helga T. ist seit fünf Jahren in der betriebsratslosen Einrichtung „Palotti" beschäftigt. Am 10.9. stellt sie beim Versorgungsamt einen Antrag auf Anerkennung als Schwerbehinderte. Am 10.10. erhält sie eine schriftliche fristlose Kündigung wegen grober Beleidigung der Leiterin. Eine Entscheidung des Versorgungsamtes lag zu diesem Zeitpunkt noch nicht vor, Helga T. hatte aber alle notwendigen Unterlagen vollständig eingereicht und sich am 5.10. von einem Gutachter untersuchen lassen. Am 15.10. hat Helga T. gegen die Kündigung Kündigungsschutzklage erhoben, in der sie auf den gestellten Anerkennungsantrag hinweist und geltend macht, dass die Kündigung schon wegen fehlender Zustimmung des Integrationsamtes unzulässig sei. Am 20.10. stellt das Versorgungsamt einen Grad von Behinderung von 60 % fest.

Was bedeutet denn eigentlich Sonderkündigungsschutz?

Als Sonderkündigungsschutz oder auch besonderen Kündigungsschutz bezeichnet man diejenigen Kündigungsschutznormen, die nur bestimmten AN zugutekommen, weil sie entweder besonders schutzwürdig oder besonders schutzbedürftig sind. Das Arbeitsrecht kennt zahlreiche Sonderkündigungstatbestände.

In folgenden für den Kindergartenbereich relevanten Fällen ist die ordentliche Kündigung ausgeschlossen, so dass nur außerordentlich gekündigt werden darf:

- **Mitglieder des Betriebsrates (bzw. einer Personalvertretung, auch einer Jugend- und Auszubildendenvertretung) nach § 15 KSchG bzw. § 47 PersVG:** Jede ordentliche → Kündigung ist danach ausgeschlossen. Gleiches gilt für die Wahlbewerber für die Zeit ab Aufstellung des Wahlvorschlages bis sechs Monate nach Bekanntgabe des Wahlergebnisses. Eine außerordentliche → Kündigung ist nach § 15 KSchG zwar nicht verboten, sie bedarf jedoch nach § 103 BetrVG der Zustimmung des Betriebsrates. Wird sie verweigert, bleibt dem AG nur die Möglichkeit, im Beschlussverfahren eine Zustimmungsersetzung beim Arbeits- oder Verwaltungsgericht zu beantragen. Seit einem Urteil des BAG steht fest, dass in einem solchen Zustimmungsersetzungsverfahren auch solche Umstände vom AG zur Begründung seines Antrages ins Feld geführt werden können, die erst nach Ausspruch der außerordentlichen Kündigung entstanden sind (BAG, Urt. vom 23.4.2008 – 2 ABR 71/07).
- **§ 96 Abs. 3 SGB IX: Vertrauensperson der schwerbehinderten Menschen**
- **§ 22 Abs. 2 BBiG: Azubis nach der Probezeit**
- **§ 19 MAVO, § 21 Abs. 2 MVG-EKD Schutz von Mitgliedern in Arbeitnehmergremien der römisch-katholischen Kirche bzw. der evangelischen Kirche in Deutschland**
- **§ 11 TzBfG**

In den folgenden Fällen bedarf es zum Ausspruch einer außerordentlichen oder einer ordentlichen Kündigung der vorherigen behördlichen Erlaubnis. Liegt diese nicht vor, gewinnt die AN den Kündigungsschutzprozess unabhängig davon, ob die Kündigung an sich rechtmäßig gewesen wäre. Die Frist zur Erhebung der Kündigungsschutzklage beginnt erst mit Bekanntgabe der Zustimmung durch die Behörde (§ 4 Satz 4 KSchG). Hat der AG keine Zustimmung beantragt, läuft für die AN keinerlei Frist, sie kann jederzeit Klage erheben. Dies gilt allerdings nicht, wenn der AG nicht vom dem Sonderkündigungsschutzrecht der AN wissen kann, etwa weil Schwangerschaft oder Schwerbehinderung (noch) nicht zu erkennen sind und dem AG auch nicht mitgeteilt wurde. In diesen Fällen müssen AN die Drei-Wochen-Frist einhalten.

- **Frauen während und nach der Schwangerschaft, § 9 MuSchG:** Jede ordentliche und außerordentliche Kündigung einer schwangeren Frau und bis zum Ablauf von vier Monaten nach der Entbindung ist unzulässig. Voraussetzung ist, dass dem AG zum Zeitpunkt der Kündigungserklärung die Schwangerschaft oder Entbindung bekannt gewesen ist oder innerhalb von zwei Wochen nach Zugang der Kündigung mitgeteilt wird. Wird diese Frist überschritten, ist dies nur dann unschädlich, wenn es auf einem von der Frau nicht zu vertretenen Grund beruht und die Mitteilung unverzüglich nachgeholt wird, § 9 Abs. 1 Satz 1 MuSchG. Die Darlegungs- und Beweislast liegt insoweit bei der AN. Nach dem BAG trägt die Schwangere nicht das Risiko des Verlustes der schriftlichen Mitteilung auf dem Postwege (BAG, BB 2003 S. 105). Die für den Arbeitsschutz zuständige oberste Landesbehörde kann in Ausnahmefällen die Kündigung für zulässig erklären, § 9 Abs. 3 MuSchG, etwa bei Betriebsstilllegungen oder groben Pflichtverstößen der AN.
- **AN in Elternzeit, § 18 BEEG:** Der AG darf ab dem Zeitpunkt, von dem → Elternzeit verlangt worden ist, höchstens jedoch acht Wochen vor Beginn der Elternzeit und während der Elternzeit nicht kündigen. Eine Ausnahme hiervon bildet § 18 Abs. 1 Satz 2 BEEG, wonach genau wie nach dem MuSchG die für den Arbeitsschutz zuständige oberste Landesbehörde in Ausnahmefällen die Kündigung für zulässig erklären kann. Das Kündigungsverbot gilt anders als das MuSchG gleichermaßen zugunsten von Frauen und Männern. Die Kündigungsverbote nach § 9 MuSchG und § 18 BEEG stehen nebeneinander, so dass die Arbeitsschutzbehörde ihre Zustimmungserklärung für beide Sachverhalte erteilen muss, soll die Kündigung wirksam sein. Die Kündigung von AN während der Elternzeit wird von manchen Landesbehörden prinzipiell nicht genehmigt.
- **AN in → Pflegezeit, § 5 PflegeZG**
- **Schwerbehinderte Menschen (§§ 168 ff SGB IX):** Der Kündigungsschutz für Schwerbehinderte beginnt grundsätzlich in dem Zeitpunkt, in dem die Voraussetzungen tatsächlich vorliegen, also mit Eintritt der Schwerbehinderung unabhängig von einer behördlichen oder gerichtli-

chen Entscheidung hierüber. Allerdings greift der Sonderkündigungsschutz für Schwerbehinderte nicht ein, wenn die Schwerbehinderung nicht nachgewiesen ist oder das Versorgungsamt eine Feststellung wegen fehlender Mitwirkung nicht treffen konnte. Weiterhin muss das zuständige Integrationsamt der Kündigung zustimmen. Trifft das Integrationsamt innerhalb von zwei Wochen nach Zugang des Antrags keine Entscheidung, gilt die Zustimmung als erteilt. Vor Ablauf der Zwei-Wochen-Frist nach Zugang des Zustimmungsantrages beim Integrationsamt kann der AG die außerordentliche Kündigung nur erklären, wenn die Zustimmungsentscheidung des Integrationsamtes getroffen ist und das Integrationsamt sie dem AG zumindest mündlich oder fernmündlich bekannt gegeben hat. Die bloße Auskunft des Integrationsamtes, es werde den Ablauf der Frist abwarten, stellt keine Zustimmung dar (BAG, Urt. vom 19.6.2007 – 2 AZR 226/06). Außerdem ist die AN verpflichtet, den AG über ihre Schwerbehinderung bzw. über den gestellten Anerkennungsantrag innerhalb einer angemessenen Frist zu informieren, anderenfalls hat sie den an sich bestehenden Kündigungsschutz verwirkt (BAG, NZA 1992, S. 23 ff.). Mit Urteil vom 22.9.2016 hat sich das BAG mit der Verwirkung befasst und die „drei Wochen vor – drei Wochen nach" Regel erstellt: Ist die Anerkennung der Schwerbehinderung oder Gleichstellung mindestens drei Wochen vor Zugang der Kündigung beantragt worden, greift der Sonderkündigungsschutz. Er ist verwirkt, wenn die An den AG nicht innerhalb von drei Wochen ab Zugang der Kündigung informiert (2 AZR 700/15).

Im Fallbeispiel ist aber diese Ausnahme nicht gegeben: Zum einen hat Helga T. den Anerkennungsantrag bereits am 10.9., also vor der Kündigung am 10.10., gestellt und außerdem alle ihr obliegenden Mitwirkungshandlungen erbracht. Sie hat es auch nicht zu vertreten, dass das Versorgungsamt im Zeitpunkt des Kündigungszuganges noch keine Entscheidung über den Anerkennungsantrag getroffen hatte. Die ausgesprochene Kündigung ist daher unwirksam. Helga T. hat auch das Recht der Berufung auf den Sonderkündigungsschutz nicht verwirkt. Soweit das Gesetz vorschreibt, dass eine Verwirkung des Kündigungsschutzes erfolgt, wenn die AN den AG nicht innerhalb einer angemessenen Frist über die Stellung des Anerkennungsantrages unterrichtet, ist hier Helga T. ein solches Versäumnis nicht vorzuwerfen: Sie hat bereits fünf Tage nach Zugang der Kündigung in der erhobenen Kündigungsschutzklage auf den Anerkennungsantrag hingewiesen.

Tipp: Um nicht Gefahr zu laufen, dass Ihnen die Unterlassung von notwendigen Mitwirkungspflichten vorgeworfen wird und Sie deswegen nicht in den Genuss des Kündigungsschutzes aufgrund rückwirkender Feststellung der Schwerbehinderung kommen, sollten Sie einen Anerkennungsantrag so früh wie möglich stellen und alle erforderlichen Unterlagen einreichen. Über die Stellung des Antrages ist der AG innerhalb einer angemessenen Frist (längstens 14 Tage) zu unterrichten.

Verwandte Suchbegriffe:

- **Betriebsrat**
- **Elternzeit**
- **Kündigungsschutz**
- **Mutterschutz**
- **Pflegezeit**
- **Schwerbehinderung**

78. Sonn- und Feiertagsarbeit

Fallbeispiel

Melanie K., Gruppenleiterin in der unter Trägerschaft der katholischen Kirche stehenden Einrichtung „St. Maria", ist genervt: Bereits zum zweiten Mal in diesem Kindergarten-Jahr hat Leiterin Marlies P. Sonntagsarbeit angeordnet. Erst war es die Einweihung der neuen Krippe, die der Bischof im Rahmen eines Gottesdienstes vorgenommen hat, und nun steht der alljährliche Straßenumzug zu Ehren des Hl. Leonhard an, bei dem die Kinder der Einrichtung auf einer Kutsche im Zug mitfahren. Zusätzlich zu den drei Elternabenden und dem Tag der offenen Tür, der immer auf einen Samstag fällt, ist nach Ansicht von Melanie K., die Grenze des Erträglichen nun erreicht.

Es gibt doch ein Arbeitszeitgesetz. Darin steht doch bestimmt, dass Sonntagsarbeit verboten ist, oder?

Das Arbeitszeitgesetz regelt nicht nur die werktägliche Arbeitszeit, sondern in den §§ 9 ff. auch die Sonn- und Feiertagsruhe. Es bestimmt, dass die Arbeitszeit im Durchschnitt höchstens acht Stunden täglich und 48 Stunden in der Woche betragen darf und § 9 Abs. 1 ArbZG legt fest, dass AN an Sonn- und Feiertagen in der Zeit von 0–24 Uhr nicht beschäftigt werden dürfen. Allerdings bestehen von diesem Grundsatz nach § 10 ArbZG zahlreiche Ausnahmen für die Fälle, in denen die Arbeit an Werktagen nicht durchgeführt werden kann. So könnte man daran denken, dass für Einrichtungen in öffentlicher Trägerschaft § 10 Abs. 1 Nr. 3 ArbZG gilt, wonach Sonntagsarbeit auch in Einrichtungen, die zur Betreuung von Menschen dienen, erlaubt ist, allerdings wird man diese Fälle nach dem Sinn der Regelung auf lebenswichtige Arbeiten (Krankenhauspersonal, Rettungssanitäter etc.) beschränken, so dass nach den Grundsätzen des ArbZG in Einrichtungen in öffentlicher Trägerschaft eigentlich keine Sonn- und Feiertagsarbeit zulässig wäre. Doch nicht einmal die Grundsätze des ArbZG sind ehern: Das BAG hat mit Urt. vom 15.9.2009 – 9 AZR 757/08 – festgestellt, dass es dem AG grundsätzlich gestattet ist, aufgrund seines → Direktionsrechtes Sonn – und Feiertagsarbeit anzuordnen, sofern diese

1. im Arbeitsvertrag oder in kollektivrechtlichen Vereinbarungen nicht ausdrücklich ausgeschlossen ist und
2. die zuständige Behörde eine einschlägige Ausnahmebewilligung nach § 15 Abs. 2 ArbZG erteilt hat.

Die Entscheidung hat für alle AN in öffentlichen Einrichtungen weitreichende Folgen: Ein ausdrücklicher Ausschluss von Sonn- und Feiertagsarbeit findet sich nämlich in den wenigsten Arbeitsverträgen. Auch → Betriebsvereinbarungen oder → Tarifverträge enthalten solche ausdrücklichen Arbeitsverbote regelmäßig nicht. Der AG hat allerdings nur dann freie Hand, wenn durch die Sonn- oder Feiertagsarbeit die wöchentliche Arbeitszeit nicht überschritten wird. Ist dies der Fall, ist der AN zur Arbeitsleistung nur verpflichtet, wenn der Arbeitsvertrag oder eine andere Rechtsgrundlage eine ausdrückliche Befugnis des AG zur Anordnung von → Überstunden enthält. Das Direktionsrecht hilft dem AG dann nicht.

Fallen denn kirchliche Veranstaltungen auch unter das Arbeitszeitgesetz?

Das Arbeitszeitgesetz gilt grundsätzlich auch für die Kirchen. Allerdings ist von diesem Grundsatz ausdrücklich der liturgische Bereich ausgenommen (§ 18 Abs. 1 Nr. 4 ArbZG). Im Fallbeispiel wäre daher die Krippeneinweihung im Rahmen des sonntäglichen Gottesdienstes vom Schutz des ArbZG nicht umfasst. Soweit sich dem Straßenumzug zu Ehren des Hl. Leonhard ein Gottesdienst anschließt, fällt auch dieser nicht unter das ArbZG. Etwas anderes gilt für den Umzug selbst, da dieser keine liturgische Handlung ist. Dieser ist am ArbZG zu messen. Hier bestimmt der Ausnahmenkatalog des § 10 Abs. 1 Nr. 6 ArbZG, dass Sonn- und Feiertagsarbeit bei nichtgewerblichen Aktionen und Veranstaltungen der Kirchen, Religionsgesellschaften, Verbände, Vereine, Parteien und anderer ähnlicher Vereinigungen erlaubt ist.

Vom Geltungsbereich des ArbZG sind außerdem die jugendlichen AN ausgenommen, deren Rechte unter das → Jugendarbeitsschutzgesetz fallen. Dieses bestimmt zur Sonn- und Feiertagsarbeit ein prinzipielles Verbot. Ausnahmen gelten nur in der Hotellerie, in Gaststätten und in der Alten- und Krankenpflege. Zwei Sonntage im Monat müssen frei bleiben.

Ich bin alleinerziehend. Kann mein Träger von mir Sonntagsarbeit verlangen?

Leider ja. Das dem AG zustehende Weisungsrecht gestattet ihm, auch von Alleinerziehenden Sonntagsarbeit zu fordern. Alleinerziehende sind gegen Sonntagsarbeit nicht besonders geschützt.

Tipp: Wollen Sie sicher gehen, dass Sie von Sonn- und Feiertagsarbeit verschont bleiben, müssen Sie bereits bei Abschluss des Arbeitsvertrages darauf drängen, eine entsprechende Klausel mit aufzunehmen.

Verwandte Suchbegriffe:

- **Betriebsvereinbarungen**
- **Direktionsrecht**
- **Jugendarbeitsschutzgesetz**
- **Tarifvertrag**
- **Überstunden**

79. Sozialauswahl

Fallbeispiel

Die AG betreibt als öffentlich-rechtliche Körperschaft Tageseinrichtungen zur Kinderbetreuung. Da sich die Zahl der Eltern mit Anspruch auf eine Ganztagesbetreuung aufgrund einer Gesetzesänderung erheblich reduziert, sieht sich die AG gezwungen, insgesamt 174 Vollzeitstellen zu streichen. Zur Durchführung der Sozialauswahl teilt sie die MA unter anderem in folgende Altersgruppen ein:

Jahrgänge 1962–1971 (175 MA);

Jahrgänge 1972–1981 (314 MA);

Jahrgänge 1982–1991 (127 MA).

Die AG verfolgt damit das Ziel, die vorhandene Altersstruktur im Betrieb auch nach der Personalmaßnahme zu erhalten. Gruppenleiterin Riccarda W. wendet sich gegen ihre Entlassung. Sie ist der Auffassung, dass die vorgenommene Sozialauswahl unzulässig ist.

(Fall nach BAG, Urt. vom 6.7.2006 – 2 AZR 442/05 –)

Wie muss mein Träger die Sozialauswahl durchführen?

Wird einer AN aus dringenden betrieblichen Gründen an sich berechtigterweise gekündigt, so ist die Kündigung nach § 1 Abs. 3 KSchG trotzdem sozial ungerechtfertigt,

> *„wenn der Arbeitgeber bei der Auswahl des Arbeitnehmers die Dauer der Betriebszugehörigkeit, das Lebensalter, die Unterhaltspflichten und die Schwerbehinderung des Arbeitnehmers nicht oder nicht ausreichend berücksichtigt hat; auf Verlangen des Arbeitnehmers hat der Arbeitgeber dem Arbeitnehmer die Gründe anzugeben, die zu der getroffenen sozialen Auswahl geführt haben. In die soziale Auswahl nach Satz 1 sind Arbeitnehmer nicht einzubeziehen, deren Weiterbeschäftigung, insbesondere wegen ihrer Kenntnisse, Fähigkeiten und Leistungen oder zur Sicherung einer ausgewogenen Personalstruktur des Betriebes, im berechtigten betrieblichen Interesse liegt.“*

Unterläuft dem AG bei der Sozialauswahl ein Fehler, können sich nur die AN darauf berufen, denen ohne diesen Fehler nicht hätte gekündigt werden dürfen (BAG, Urt. vom 9.11.2006 – 2 AZR 812/05). Mit diesem Urteil hat das BAG seine sog. Domino-Theorie aufgegeben, nach der sich beliebig viele sozial schwächere, zur gleichen Zeit gekündigte AN auf einen Fehler bei der Sozialauswahl berufen konnten, wenn diese generell fehlerhaft gewesen war. Dies geht nun nicht mehr.

In die soziale Auswahl sind nur die AN einzubeziehen, die mit der zu kündigenden AN vergleichbar sind.

Damit ist bei einer betriebsbedingten Kündigung die Sozialauswahl auf den Betrieb beschränkt, in dem die zu kündigende AN beschäftigt ist (Grundsatz der betriebsbezogenen Sozialauswahl). Dies gilt selbst dann, wenn arbeitsvertraglich die Möglichkeit einer Versetzung der AN in andere Betriebe des Unternehmens vereinbart ist (BAG, Urt. vom 2.6.2005 – 2 AZR 158/04 – sowie vom 15.12.2005 – 6 AZR 199/05). Hierfür ist entscheidend, ob eine übergreifende Steuerung in Bezug auf wesentliche personelle und soziale Angelegenheiten erfolgt (= ein Betrieb) oder ob diese Steuerung jeweils separat bei den verschiedenen Einheiten geschieht (= mehrere Betriebe). Die Zuordnung nach Grundsätzen des → Betriebsverfassungsrechtes ist hier unerheblich.

Wann sind Arbeitnehmerinnen vergleichbar?

Dies richtet sich in erster Linie nach arbeitsplatzbezogenen Merkmalen, also zunächst nach der ausgeübten Tätigkeit. Nicht nur bei Identität der Arbeitsplätze, sondern auch dann, wenn die AN aufgrund ihrer Tätigkeit und Ausbildung eine andersartige, aber gleichwertige Tätigkeit ausführen kann, die ihr der AG aufgrund seines → Direktionsrechtes zuweisen kann, sind die AN miteinander vergleichbar. Dies gilt selbst dann, wenn die wechselnde AN eine (kurze) Einarbeitungszeit benötigt. Personen mit besonderem Kündigungsschutz scheiden allerdings aus dem Kreise der vergleichbaren AN jedenfalls grundsätzlich aus, es sei denn, eine etwa erforderliche Zustimmung (bei Schwerbehinderten) liegt vor. Individualvereinbarungen, die sich im Rahmen einer Sozialauswahl zulasten anderer AN auswirken, sind zulässig, wenn ein sachlicher Grund vorliegt (BAG, Urt. vom 2.6.2005 – 2 AZR 480/04).

Eine Beschränkung der Sozialauswahl auf MA mit gleichem Arbeitszeitvolumen ist nur dann möglich, wenn für eine bestimmte Arbeitszeitstruktur zwingende organisatorische Vorgaben bestehen (BAG, Urt. vom 22.4.2004 – 2 AZR 244/03). Damit sind sowohl teilzeit- als auch vollzeitbeschäftigte MA im Rahmen der Sozialauswahl miteinander vergleichbar. Anderenfalls würde eine auch europarechtlich unzulässige Diskriminierung der Teilzeitbeschäftigten vorliegen.

Welches Kriterium nützt mir am meisten?

Nach dem Gesetzestext ist der AG nur noch verpflichtet, die genannten vier Kriterien zu berücksichtigen, wobei keiner eine Priorität zukommt, auch nicht der Betriebszugehörigkeit. Dies schließt es aber nach überwiegender Auffassung nicht aus, dass der AG ergänzend auch andere Kriterien (z.B. Vermittelbarkeit auf dem Arbeitsmarkt, Pflegebedürftigkeit von nahen Angehörigen, schlechter Gesundheitszustand) heranziehen kann.

In der aktuellen Gesetzesfassung des § 1 Abs. 3 KSchG ist der Erhalt einer ausgewogenen Personalstruktur ausdrücklich als Ausnahmetatbestand von einer normalen Sozialauswahl normiert. Der AG hat jedoch bei der Sozialauswahl zum Erhalt der vorhandenen Altersstruktur nach § 1 Abs. 3 Satz 2 KSchG einen gewissen Beurteilungsspielraum, der eine Bildung von Altersgruppen in Fünf-Jahres-Schritten nicht grundsätzlich verbietet (BAG, Beschl. vom 20.4.2005 – 2 AZR 201/04).

Auch die im Fallbeispiel gewählte 10-Jahres-Staffelung hat das BAG als zulässig erachtet und die Klage abgewiesen. Zur Begründung hat es ausgeführt: *„Ein berechtigtes betriebliches Bedürfnis kann insbesondere auch die Erhaltung einer ausgewogenen Altersstruktur sein, wenn bei einer Massenentlassung die Gefahr besteht, dass es durch eine Auswahl allein nach sozialen Gesichtspunkten zu erheblichen Verschiebungen in der Altersstruktur des Betriebs kommt, die im betrieblichen Interesse nicht hinnehmbar sind. In Kindertageseinrichtungen, wie hier von der AG betrieben, besteht ein berechtigtes Bedürfnis an der Sicherung einer ausgewogenen Altersstruktur. Anderenfalls würden bei einschneidenden Personalreduzierungen nur noch Erziehungspersonal kurz vor der Pensionierung beschäftigt, das dann in absehbarer Zeit zu einem erheblichen Teil durch Berufsanfängerinnen ersetzt werden müsste.“*

Auch die lineare Punktevergabe nach Alter im Rahmen einer Sozialauswahl ist zulässig (BAG, Urt. vom 5.11.2009 – 2 AZR 676/08).

Bei der Bewertung von Unterhaltspflichten gem. § 1 Abs. 3 KSchG spricht viel dafür, dass es dabei auf die tatsächlichen Verhältnisse und nicht auf die Eintragungen in der Lohnsteuerkarte ankommt (BAG, Urt. vom 17.1.2008 – 2 AZR 405/06).

Tipp: Nicht selten lassen sich AG die maßgeblichen Sozialdaten von den potenziell Betroffenen schriftlich bestätigen. Schweigen Sie anlässlich einer solchen Erhebung, müssen Sie die in Ihrer → Personalakte verfügbaren Daten später uneingeschränkt gegen sich gelten lassen.

Verwandte Suchbegriffe:

- **Betriebsverfassungsrecht**
- **Direktionsrecht**
- **Teilzeit**
- **Personalakte, Einsicht in die**

80. Sozialplan

Fallbeispiel

Theresa R. ist Erzieherin in der Einrichtung „Kokopelli", die in der Trägerschaft eines großen freigemeinnützigen Trägers steht. Anlässlich einer Betriebsänderung wird zwischen AG und Betriebsrat ein Sozialplan vereinbart, der vorsieht, dass die Abfindungshöhe unter anderem von den Zeiten der aktiven Beschäftigung abhängig ist. In Anspruch genommene Elternzeit wird bei der Berechnung der Abfindung nicht berücksichtigt. Theresa R, die in zehn Berufsjahren in dieser Einrichtung vier Jahre Elternzeit hatte, sieht hierin eine unzulässige Diskriminierung und klagt auf die rechnerisch unstreitige Abfindung unter Berücksichtigung ihrer Elternzeit.

Was ist ein Sozialplan?

Sozialplan ist eine Vereinbarung zwischen Unternehmer und → Betriebsrat, die einen Interessenausgleich oder die Milderung wirtschaftlicher Nachteile, die die AN infolge einer geplanten Betriebsänderung oder Stilllegung entstehen, zum Inhalt hat (§ 112 BetrVG). Der Sozialplan hat die Wirkung einer → Betriebsvereinbarung. Die Mitwirkung an der Erstellung eines Sozialplanes ist eine Form der Mitbestimmung der AN. Hinsichtlich der Gestaltung von Sozialplänen räumt die Rechtsprechung den Parteien einen weiten Gestaltungsspielraum ein.

Unser Sozialplan gibt denjenigen Arbeitnehmerinnen, die kurz vor der Rente stehen, keinen Abfindungsanspruch. Ist das rechtens?

Hinsichtlich der Zulässigkeit und Ausgestaltung von Sozialplanabfindungen gibt es eine Reihe von höchstrichterlichen Entscheidungen: So kann ein Sozialplan bei → Abfindungen zwischen AN, denen kein zumutbares Weiterbeschäftigungsangebot gemacht wird und denjenigen, die ein solches Angebot ablehnen, differenzieren (BAG, Urt. vom 6.11.2007 – 1 AZR 960/06).

Eine Sozialplanabfindung kann auch an die Voraussetzung knüpfen, dass der AN zuvor ein – unzumutbares – Arbeitsplatzangebot gemacht wurde (BAG, Urt. vom 13.2.2007 – 1 AZR 163/06). Das Angebot muss so bestimmt sein, dass es die AN mit einem einfachen „ja" annehmen kann. Die Zumutbarkeit eines Angebotes kann nämlich nur dann geprüft werden, wenn es konkret ist und sich auf einen bestimmten Arbeitsplatz bezieht. Es entspricht dem Sinn und Zweck des Sozialplanes, Abfindungsansprüche dann auszuschließen, wenn der Verlust des Arbeitsplatzes vermieden werden kann.

Wird in einem Sozialplan für die Höhe der Abfindungen auch auf die Betriebszugehörigkeit abgestellt, sind Zeiten eines Erziehungsurlaubes bzw. eine → Elternzeit ebenso wie aktive Beschäftigungszeiten bei der Berechnung der Abfindung zu berücksichtigen (BAG, Urt. vom 21.10.2003 – 1 AZR 407/02). Eine Ausklammerung oder auch nur zweitklassige (z. B. hälftige) Anrechnung von Erziehungsurlaub oder Elternzeit kommt grundsätzlich nicht in Betracht. Theresa R. im Fallbeispiel hat demnach gute Chancen, ihren Prozess zu gewinnen.

Auch bekommen die ältesten Mitarbeiterinnen mit der längsten Betriebszugehörigkeit nicht automatisch die höchste Abfindung: Regelungen in Sozialplänen, die eine Reduzierung oder den völligen Ausschluss von Abfindungen für AN vorsehen, die vorgezogenes Altersruhegeld in Anspruch nehmen können, stellen keine verbotene Altersdiskriminierung dar (BAG, Urt. vom 11.11.2008 – 1 AZR 475/07 – sowie Beschl. vom 7.5.2019 – 1 ABR 54/17). Mit dieser Entscheidung bestätigte das BAG seine ständige Rechtsprechung hinsichtlich der Zulässigkeit von Abfindungskürzungen für rentenberechtigte und rentennahe AN.

Liegt keine anderweitige Regelung durch die Betriebspartner vor, entsteht ein Abfindungsanspruch aus einem Sozialplan regelmäßig nur dann, wenn die gekündigte AN den Ablauf der Kündigungsfrist erlebt (BAG, Urt. vom 27.6.2006 – 1 AZR 322/05). Nur wenn der Anspruch beim Tod der AN bereits entstanden ist, tritt die Folge eines Überganges auf die Erben ein.

Eine Gruppenbildung in Sozialplänen mittels Stichtagsregelung muss mit dem betriebsverfassungsrechtlichen Gleichbehandlungsgrundsatz vereinbar sein. Dies ist nur dann der Fall, sofern der Zweck des Sozialplans, drohende wirtschaftliche Nachteile zu kompensieren, gewahrt wird (BAG, Urt. vom 19.2.2008 – 1 AZR 1004/06). Stichtagsregelungen sind danach nicht per se unzulässig. Bei der Gruppenbildung ist jedoch eine strikte Orientierung am Zweck des Sozialplanes geboten. Die Gruppenbildung muss daher dem Ausgleich oder der Abmilderung der den AN entstehenden wirtschaftlichen Nachteil dienen. Im entschiedenen Fall hatte der Sozialplan eine 40 % – Kürzung der Abfindung vorgesehen, wenn die AN vor dem 17.8.2005 selbst kündigt. Hiermit verfolgte der AG die Absicht, die Belegschaftsstruktur bis zum Stilllegungstermin am 31.12.2005 zu erhalten. Der AG obsiegte.

Tipp: Enthält Ihr Sozialplan Regelungen, denen zufolge Elternzeiten eingeschränkt oder gar nicht berücksichtigt werden, sollten Sie umgehend dagegen vorgehen.

Verwandte Suchbegriffe:

- **Abfindung nach § 1a KSchG**
- **Betriebsrat**
- **Betriebsvereinbarung**

81. Sperrzeit

Fallbeispiel

Erzieherin Claudia M. ist mit einem monatlichen Bruttogehalt von 3.377,49 Euro in der Kindertageseinrichtung „Palotti" unbefristet angestellt. Sie kündigt, um einen siebenmonatigen, befristeten Arbeitsvertrag als Kinderanimateurin mit einem Bruttomonatsgehalt von 2.250 Euro anzutreten. Nach Beendigung des befristeten Vertrages meldet sie sich arbeitslos. Die Agentur für Arbeit verhängt eine Sperrzeit.

(Fall nach BSG, Urt. vom 12.7.2006 – B 11a AL 55/05 –)

Wann droht mir eine Sperrzeit?

Wird ein Arbeitsverhältnis beendet, führt die Agentur für Arbeit eine Sperrzeitprüfung durch.

Hat eine AN sich

1. versicherungswidrig verhalten,
2. ohne dafür einen wichtigen Grund zu haben,

ruht ihr Anspruch auf Arbeitslosengeld als Anspruch aus der Arbeitsförderung nach dem SGB III für die Dauer einer Sperrzeit.

Versicherungswidriges Verhalten liegt insbesondere vor, wenn

- die Arbeitslose das Beschäftigungsverhältnis gelöst (durch Kündigung oder einvernehmlich durch Abschluss eines Aufhebungsvertrages) oder
- die Arbeitslose durch ein arbeitsvertragswidriges Verhalten Anlass zu einer Lösung des Beschäftigungsverhältnisses gegeben hat und das vorsätzliche oder grob fahrlässige arbeitsvertragswidrige Verhalten ursächlich für den Verlust des Arbeitsplatzes war oder
- die bei der Agentur für Arbeit als arbeitssuchend gemeldete AN oder die Arbeitslose trotz Belehrung über die Rechtsfolgen eine von der Agentur für Arbeit angebotene Beschäftigung nicht annimmt oder
- die Arbeitslose trotz Belehrung über die Rechtsfolgen die von der Agentur für Arbeit geforderten Eigenbemühungen nicht nachweist.

Wann erhalte ich denn keine Sperrzeit?

Hat die AN das Beschäftigungsverhältnis gelöst, unterfällt ihr Anspruch auf Arbeitslosengeld dann keiner Sperrzeit, wenn sie einen wichtigen Grund – beispielsweise → Mobbing und daraus resultierender Nachteile von einigem Gewicht – anführen kann. Die Sperrzeit wird auch nicht verhängt, wenn die AN darlegen und glaubhaft machen kann, dass sie ernsthafte Aussichten für eine Anschlussbeschäftigung hatte, es aber nicht zu dem erhofften Jobwechsel gekommen ist.

Und schließlich soll auch berufliche Flexibilität nicht mit einer Sperrzeit bestraft werden: Das BSG hat mit dem Urteil des Fallbeispiels anerkannt, dass die Aufgabe eines unbefristeten Arbeitsverhältnisses zum Zwecke der Aufnahme eines befristeten Arbeitsverhältnisses wie im Fallbeispiel dann keine Sperrzeit auslöst, wenn hiermit ein Wechsel des Berufsfeldes und die Erlangung neuer Fähigkeiten verbunden sind. Etwas anderes kann nach Auffassung der Richter allerdings dann gelten, wenn die AN ein kurzes befristetes Arbeitsverhältnis eingeht von drei Monaten oder kürzer. Denn hier besteht eine Umgehungsmöglichkeit, indem nur zum Schein sehr kurze befristete Arbeitsverhältnisse geschlossen werden, um eine Sperrzeit auszuschließen.

Wann beginnt die Sperrzeit und wie lange dauert sie?

Die Sperrzeit beginnt mit dem Tag nach dem Ereignis, das die Sperrzeit begründet. Die Sperrzeit beträgt grundsätzlich 12 Wochen; bei unzureichenden Eigenbemühungen beträgt sie zwei Wochen (§ 159 SGB III). Liegt ein besonderer Härtefall vor, kann sie auf sechs Wochen gekürzt werden. Die Dauer der Sperrzeit bei Meldeversäumnis oder bei verspäteter Arbeitssuchmeldung beträgt eine Woche.

Wie wirkt sich eine Sperrzeit aus?

Während der Sperrzeit ruht der Leistungsanspruch der Arbeitslosen gegenüber der Agentur für Arbeit: Die AN erhält kein Arbeitslosengeld. Auch die Sozialabgaben werden nicht übernommen, mit der Einschränkung, dass die Beiträge zur Kranken- und Pflegeversicherung von der Agentur der Arbeit ab dem zweiten Monat der Sperrzeit übernommen werden.

Außerdem verkürzt sich nach § 128 Abs. 1 Nr. 4 SGB III die Dauer des Anspruches um die Tage der Sperrzeit. Bei einer Sperrzeit von mindestens 21 Wochen erlischt der Anspruch völlig, § 161 Abs. 1 SGB III.

Tipp: Generell ist zu empfehlen, die Verhängung einer Sperrfrist möglichst zu vermeiden und gegen eine verhängte Sperrfrist Widerspruch einzulegen. Mit der Einlegung des Widerspruches sollten Sie auch gleich hilfsweise einen Antrag auf Herabsetzung der Dauer der Sperrzeit stellen.

Verwandte Suchbegriffe:

- **Abfindung nach § 1a KSchG**
- **Befristungen mit und ohne Sachgrund**
- **Kündigung**
- **Mobbing**

82. Stellenanzeige

Fallbeispiel

In der unter kirchlicher Trägerschaft stehenden Tageseinrichtung „St. Bonifatius" sucht Leiterin Dorothee A. eine neue Mitarbeiterin. Im örtlichen „Tageblatt" inseriert sie daher folgende Stellenanzeige:

„Der katholische Kindergarten St. Bonifatius sucht ab sofort eine staatlich anerkannte Erzieherin als Gruppenleitung. Wir wünschen uns: eine engagierte, freundliche Mitarbeiterin mit Berufserfahrung, die der katholischen Kirche angehört."

Auf diese Stellenanzeige bewirbt sich auch der 25-jährige Roland M., der gerade seine Ausbildung zum Erzieher abgeschlossen hat. Als er eine Absage ohne Angabe von Gründen erhält, vereinbart er einen Beratungstermin beim Rechtsanwalt. Er ist der Meinung, die Absage könne entweder allein darauf beruhen, dass er ein Mann oder konfessionslos sei und will prüfen lassen, ob eine Schadensersatzklage Aussicht auf Erfolg hätte.

Wieso bekomme ich schon aufgrund einer falschen Stellenanzeige Schadensersatz?

Jede Stellenausschreibung ist an den Anforderungen des AGG zu messen. Das AGG – häufig auch Antidiskriminierungsgesetz genannt – ist seit dem 18.8.2006 in Kraft und verbietet eine Ungleichbehandlung von AN wegen ihres Alters, ihres Geschlechtes, ihrer sexuellen Orientierung, Religion oder Weltanschauung, Rasse oder Herkunft. Aufgrund dieses Gesetzes wurde weiterhin § 81 SGB IX mit einem Diskriminierungsverbot für Schwerbehinderte ergänzt. Im Falle einer diskriminierenden Ungleichbehandlung muss der ablehnende AG Schadensersatz und unter Umständen sogar Schmerzensgeld zahlen. Die Höhe des Schadensersatzes richtet sich nach der Höhe des zugefügten Vermögensschadens. Hinsichtlich der Nichteinstellung einer Bewerberin, die auch ohne die Diskriminierung nicht eingestellt worden wäre, liegt die gesetzlich festgelegte Höchstgrenze beispielsweise bei drei Monatsgehältern nach § 15 Abs. 2 AGG. Im konkreten Einzelfall kann das Gericht auch auf den Zeitpunkt abstellen, zu dem der AG das Beschäftigungsverhältnis frühestens wieder hätte kündigen können.

Woran erkenne ich eine unzulässige Stellenanzeige?

Nach AGG müssen Betriebe eine Stelle gleichermaßen sowohl für Männer als auch für Frauen ausschreiben. Die Suche nach einer „Erzieherin", „Gruppenleiterin" oder „Praktikantin" ist also nicht zulässig. Eine Ausnahme hiervon gilt nur dann, wenn das gewünschte Geschlecht unverzichtbare Voraussetzung für die auszuübende Tätigkeit ist. Dann nämlich liegt ein sachlicher Grund für eine unterschiedliche Behandlung wegen des Geschlechtes vor. So hat das Arbeitsgericht Köln die Klage eines Mannes abgewiesen, der sich gegen eine Stellenanzeige des Katholischen Deutschen Frauenbundes wandte, in der eine Geschäftsführerin gesucht wurde. Das Gericht ging in seiner Urteilsbegründung darauf ein, dass ein Frauenverband wie der KDFB die weibliche Besetzung – vor allem seiner herausgehobenen Positionen – als bestandswichtigen Grund ansehen darf. Für eine Kindertageseinrichtung gilt Gleiches jedoch nicht. Auch ist die Ablehnung eines männlichen Bewerbers auf eine Lehramtsstelle im Mädcheninternat keine Diskriminierung, wenn mit der Position auch Nachtdienste verbunden sind (BAG, Urt. vom 28.5.2009 – 8 AZR 536/08).

Eine Stellenanzeige einer Kindertageseinrichtung muss die Berufsbezeichnung neutral wählen und seit einer Gesetzesänderung am 1.1.2019 auch noch ein „divers" – also „m/w/d" anfügen, also beispielsweise „Gruppenleitung m/w/d. Bedient sich die Kita der Bundesagentur für Arbeit oder eines anderen Stellenvermittlers, haftet sie sogar für deren Verschulden beim Abfassen einer unzulässigen Stellanzeige (BAG, Urt. vom 5.2.2004 – 8 AZR 112/03).

Was die geforderten Qualifikationen angeht, gilt der Grundsatz: Je weniger, desto schlechter. Denn wenn nichts gefordert wird oder die Kriterien nicht klar und eindeutig sind, begibt sich der AG auf dünnes Eis, wenn er eine Ablehnung begründen muss. Offenbar ungeeignete Bewerberinnen kann man nur dann rechtsicher ablehnen, wenn die Stellenanzeige Informationen über

- die erforderlichen Ausbildungen (erforderlichenfalls auch mit Abschlussnoten),
- erworbene Fortbildungen,
- Zusatzqualifikationen,
- Berufserfahrung etc.

einfordert.

Wird mit der Stellenanzeige „ein/e nette Kollegin/netter Kollege“ gesucht, der/die womöglich noch „gut in unser Team passt“, oder eine „engagierte freundliche Kollegin“ wie im Fallbeispiel, ist der Subjektivität Tür und Tor geöffnet. Denn wer kann im Einzelfall dezidiert nachweisen, dass diese „Qualifikationen“ bei Ihnen eben nicht vorlagen?

Werden „behinderte Bewerber bei gleicher Eignung bevorzugt eingestellt“ oder „Frauen zur Verbesserung des Frauenanteiles bei vergleichbarer Qualifikation bevorzugt eingestellt“, muss der AG im Streitfalle auch beweisen, dass er dies nicht nur gemeint, sondern auch getan hat, denn diese Erklärungen binden ihn entsprechend.

Katholische Kindergärten verlangen doch fast immer die Zugehörigkeit zur katholischen Kirche. Ist das nicht ein Verstoß gegen das AGG?

Nein. Ausweislich § 9 AGG ist eine unterschiedliche Behandlung wegen der Religion oder Weltanschauung zulässig. Diese als „Kirchenklausel“ bekannte Regelung gewährleistet den Kirchen, dass diese ganz im Gegensatz zu den staatlichen Einrichtungen ihre Einstellungskriterien an der Religionszugehörigkeit der Beschäftigten ausrichten und eine Neuanstellung von Bewerbern anderer Konfession oder Konfessionslosen verweigern können.

Allerdings gilt dies nur für sog. „verkündungsnahe“ Tätigkeiten, also solche, die einen direkten Bezug zur kirchlichen Glaubensrichtung haben. Die Arbeit einer Erzieherin in einem katholischen Kindergarten gehört sicher dazu, die Arbeit einer Reinigungskraft in derselben Einrichtung eher nicht.

Tipp: Wurde Ihre Bewerbung abgelehnt, haben Sie bei Verdacht auf Diskriminierung zwei Monate Zeit, um Ihre Ansprüche schriftlich beim AG geltend zu machen (§ 15 Abs. 4 AGG). Die Frist beginnt mit dem Zugang der Absage bei Ihnen. Das Ablehnungsschreiben sollten Sie sorgfältig prüfen: Es muss so umfangreich sein, dass die Ablehnung anhand objektiver Kriterien nachvollziehbar ist.

Verwandte Suchbegriffe:

- **Bewerbungsunterlagen**
- **Diskriminierungsverbot**
- **Schwerbehinderung**
- **Vorstellungsgespräch**

83. Streikrecht

Fallbeispiel

Beim ersten bundesweiten Streik der Erzieherinnen im Jahre 2009, bei dem Zehntausende die Arbeit niederlegten, ging es um verbesserten Gesundheitsschutz und höhere Gehälter. Nach monatelangem Arbeitskampf wurden diese Ziele erreicht: Erzieherinnen erhalten nun im Schnitt rund 120 Euro mehr im Monat sowie einen tarifvertraglich festgelegten Anspruch auf Durchführung einer individuellen Gefährdungsbeurteilung.

Wann wird gestreikt?

Tarifverträge werden für eine bestimmte Zeit geschlossen. Ist der Endtermin erreicht, können sie gekündigt werden, Neuverhandlungen stehen an. Da auch die Friedenspflicht mit dem Tarifvertrag endet, stehen diese Neuverhandlungen nicht selten unter dem Eindruck von angedrohtem oder tatsächlichem Streik. Der Streik ist das Druckmittel des Arbeitnehmers.

Was ist beim Streik erlaubt?

Die aus Art. 9 Abs. 3 GG abgeleitete Koalitionsfreiheit gewährt den Gewerkschaften – das Recht, ihre Forderungen frei von staatlicher Einflussnahme mit geeigneten Maßnahmen gegenüber der AG-Seite durchzusetzen. Eine Inhaltskontrolle eines zulässigen Streikzieles hat daher zu unterbleiben (BAG, NZA 2007, S. 987). Im Rahmen dieses grundgesetzlich geschützten Bereiches stehen den Tarifpartnern zur effektiven Durchsetzung ihrer Rechte das Streikrecht (AN-Seite) und das Aussperrungsrecht (AG-Seite) zur Verfügung. Arbeitskampfmaßnahmen müssen dabei stets verhältnismäßig und verfassungsrechtlich gerechtfertigt sein, d. h. sie müssen eine angemessene Zweck-Mittel-Relation aufweisen. Unzulässig sind nur offensichtlich ungeeignete Kampfmittel.

Darf man denn die Eltern so vor vollendete Tatsachen stellen? Wie sollen die so kurzfristig eine Betreuung organisieren?

Der Einsatz eines Arbeitskampfmittels ist dann zulässig, wenn es sich zur Zielerreichung als angemessen darstellt. Dies gilt selbst dann, wenn Rechtspositionen unbeteiligter Dritter betroffen sind. Die Zufügung wirtschaftlicher Nachteile ist dabei grundsätzlich eine legitime Folge. Strittig ist in diesem Zusammenhang, ob die Zweck-Mittel-Relation noch gewahrt ist, wenn eine relativ kleine, sehr spezialisierte und kollektiv organisierte MA-Gruppe (z. B. Lokführer, Fluglotsen, Piloten etc.) ganze Wirtschaftsbereiche lahmlegt. Anerkannt ist aber, dass es nicht angehen kann, einer anerkannten Gewerkschaft einen befristeten und angekündigten Streit zu versagen, weil das Allgemeinwohlinteresse beeinträchtigt wird bzw. volkswirtschaftliche Belastungen zu erwarten sind. Eine Kampfmaßnahme wird erst dann unverhältnismäßig und damit rechtswidrig, wenn sie in der falschen Reihenfolge, ohne Ankündigung oder in einer zeitlichen Dauer eingesetzt wird, die die Grundrechte Dritter unerträglich beeinträchtigt.

Tipp: Streikt Ihre Einrichtung, werden Sie merken, wie gut es gewesen ist, in der Vergangenheit einen guten Kontakt zur örtlichen Tagespresse gepflegt zu haben. Damit haben Sie jetzt die „Meinungsmacher“ auf Ihrer Seite.

Verwandte Suchbegriffe:

- **Gefährdungsbeurteilung**
- **Tarifvertrag**

84. Stufenzuordnung

Fallbeispiel

Michaela T. ist als Erzieherin in einer städtischen Kita beschäftigt. Ihre Arbeitgeberin ist die Stadt als Trägerin der Kita. Bei dieser Stadt war sie bereits von 1996 bis Mitte 2008 mit Unterbrechungen mehrfach befristet als Erzieherin angestellt. Zum 4.8.2008 wurde Michaela T. von der Stadt in ein unbefristetes Arbeitsverhältnis übernommen. Für ihre jeweiligen Arbeitsverträge galt der Tarifvertrag für den öffentlichen Dienst in der Fassung für die kommunalen Arbeitgeberverbände (TVöD-VKA). Die Stadt stuft Michaela T. zwar in eine Entgeltgruppe des TVöD-VKA ein, berücksichtigt jedoch ihre Berufserfahrung aus den vorangegangenen Arbeitsverhältnissen nicht bzw. nicht in voller Höhe. Michaela T. erhebt Klage, in der sie die Zuordnung zu Stufe 6 ihrer Entgeltgruppe verlangt und gewinnt.

(Fall nach BAG, Urt. vom 609.2018 – 6 AZR 836/16 –)

Was hat es mit den Entgeltgruppen auf sich?

Der TVöD-VKA unterscheidet 15 Entgeltgruppen, die ihrerseits in bis zu sechs Stufen unterteilt sind. Jeder Gruppe bzw. Stufe ist ein spezifisches Entgelt zugeordnet. § 16 TVöD legt fest, dass die Beschäftigten nach ihrer einschlägigen Berufserfahrung in die jeweilige Stufe eingeordnet werden. Seit dem Tarifabschluss 2009 gilt im TVöD-VKA für Beschäftigte im Sozial- und Erziehungsdienst eine eigene Einkommenstabelle mit 16 Entgeltgruppen (S3 bis S18).

Wann springe ich in die nächste Stufe?

Das Aufrücken in die nächste Stufe ist abhängig von der Verweildauer. Bei einer ununterbrochenen Tätigkeit innerhalb derselben Entgeltgruppe rückt die Beschäftigte auf in:

Stufe 2	nach einem Jahr in Stufe 1,
Stufe 3	nach zwei Jahren in Stufe 2,
Stufe 4	nach drei Jahren in Stufe 3,
Stufe 5	nach vier Jahren in Stufe 4 und
Stufe 6	nach fünf Jahren in Stufe 5.

Gelten diese Aufstiegsregelungen unabhängig von der persönlichen Leistung?

§ 17 Abs. 2 TVöD eröffnet die Möglichkeit, die erforderliche Zeit für das Erreichen der Stufen 4–6 bei erheblich über bzw. unter dem Durchschnitt liegenden Leistungen zu verkürzen bzw. zu verlängern.

Wie müssen meine beruflichen Vorerfahrungen bei der Einstufung berücksichtigt werden?

Das BAG weist in seinem Urteil explizit auf das Benachteiligungsverbot für befristet und in Teilzeitbeschäftigte (§ 4 Abs. 2 Satz 3 TzBfG) hin. Bei der vorzunehmenden Stufenzuordnung verlangt der Gesichtspunkt des Verbots von Benachteiligungen von Teilzeitbeschäftigten die Berücksichtigung aller Zeiten, in denen die Beschäftigte in den vorherigen befristeten Arbeitsverhältnissen einschlägige Berufserfahrung als Erzieherin gesammelt hat. Auf rechtliche Unterbrechungen zwischen den einzelnen befristeten Arbeitsverhältnissen kommt es hierbei jedenfalls dann nicht an, wenn sie wie im Fall der Klägerin jeweils nicht länger als sechs Monate gedauert haben.

Verwandte Suchbegriffe:

- **Befristung mit und ohne Sachgrund**
- **Teilzeit**

85. Tarifvertrag

Fallbeispiel

Erzieherin Sabine B. schließt mit ihrem AG am 21.5.2002 einen Arbeitsvertrag, demzufolge dem Arbeitsverhältnis der Tarifvertrag über Arbeitsbedingungen für Angestellte, Arbeitgeber und Auszubildende des DRK in der jeweils geltenden Fassung zugrunde liegt. Der AG ist Mitglied der Tarifgemeinschaft. Am 31.3.2003 tritt er aus der Tarifgemeinschaft aus und reicht Tariferhöhungen, die nach diesem Datum vereinbart wurden, nicht mehr an Sabine B. weiter. Diese klagt und hat vor dem BAG Erfolg.

(Fall nach BAG, Urt. vom 18.4.2007 – 4 AZR 652/05 –)

Ich bin in keiner Gewerkschaft und trotzdem gilt der Tarifvertrag unserer Einrichtung auch für mich, geht das überhaupt?

Tarifverträge sind das Ergebnis der Verhandlungen von Arbeitgeberverbänden der einzelnen Wirtschaftszweige und den entsprechenden Gewerkschaften. Diese sog. Tarifpartner handeln Tarife für die beteiligten Unternehmen aus, die unabhängig davon gelten, ob sie die einzelne AN oder AG für gut hält oder auch nur billigt. Dies sichert den Betriebsfrieden, schafft einen Interessenausgleich zwischen AG und AN und ist eine für beide Seiten verlässliche Basis für die weitere berufliche Entwicklung der AN im Betrieb. Tarifverträge haben daher eine vierfache Funktion:

- Schutzfunktion,
- Ordnungsfunktion,
- Friedensfunktion,
- Verteilungsfunktion.

Tarifverträge können nur von den Gewerkschaften einerseits und den Arbeitgeberverbänden andererseits geschlossen werden. Ein Tarifvertrag gilt in allen Betrieben, die Mitglied in einem Arbeitsgeberverband sind. Im Bereich Erziehung ist dies beispielsweise die Vereinigung der Kommunalen Arbeitgeberverbände (VKA). Ist der geschlossene Tarifvertrag für „allgemeinverbindlich" i. S. des § 5 Tarifvertragsgesetzes erklärt worden, kommt es im einzelnen Betrieb auch nicht darauf an, ob die einzelne AN Gewerkschaftsmitglied ist oder nicht. Für die Laufzeit des jeweiligen Tarifvertrags gilt für beide Tarifpartner die Friedenspflicht.

In meinem Arbeitsvertrag wird auf einen Tarifvertrag Bezug genommen. Ist das wirksam?

Ergänzend ist hier zu erwähnen, dass in einem Einzelarbeitsvertrag – auch wenn die Vertragspartner nicht tarifgebunden sind – Bezug auf einen Tarifvertrag genommen werden kann. Dann gilt der Tarifvertrag für das betreffende Arbeitsverhältnis. Anspruchsgrundlage ist aber nicht der Tarifvertrag, sondern der Einzelarbeitsvertrag, der vom AG nur durch Änderungskündigung geändert werden kann.

Das BAG hatte sich in der Vergangenheit immer wieder mit der Frage zu beschäftigen, inwieweit arbeitsvertragliche Klauseln einen jeweiligen Tarifvertrag in Bezug nehmen können. Mit Urt. vom 24.9.2008 – 6 AZR 76/07 – hat das BAG entschieden, dass eine arbeitsvertragliche dynamische Verweisung in Formulararbeitsverträgen auf „das jeweils gültige Tarifrecht" weder zu unklar noch nach § 305c Abs. 2 BGB nichtig ist. Ferner wird eine solche Verweisungsklausel auch nicht durch einen Verbandsaustritt des AG wie im Fallbeispiel oder einen sonstigen Wegfall seiner Tarifgebundenheit berührt (BAG, Urt. vom 18.4.2007 – 4 AZR 652/05). Beabsichtigt der AG mit seiner Bezugnahmeklausel lediglich die Gleichstellung von tarifgebundenen und nicht tarifgebundenen AN, so hat er dies in der Klausel klar zum Ausdruck zu bringen. Ansonsten kann er sich nicht durch Austritt aus der Tarifgemeinschaft von der künftigen Tarifentwicklung lösen („Grundsatz der ewigen Tarifbindung").

Ebenfalls zulässig ist eine Klausel in einem Tarifvertrag, die hinsichtlich einer Geldzahlung zwischen Gewerkschaftsmitgliedern und Nicht-Mitgliedern differenziert (BAG, Urt. vom 18.3.2009 – 4 AZR 64/08). Fehlt es an einer solchen Differenzierung, kann sich aus der Gleichbehandlung von Gewerkschaftsmitgliedern und Nicht-Mitgliedern eine → betriebliche Übung ergeben.

Mein AG hat keinen Tarifvertrag, sondern geht den „Dritten Weg". Was heißt das?

Die Kirchen sind nicht zum Abschluss von Tarifverträgen verpflichtet. Lediglich das Dienstrecht der Pfarrer und Kirchenbeamten ist einseitig festgelegt. Für alle anderen kirchlichen AN wurde der sog. Dritte Weg gewählt. Der Dritte Weg vermeidet einen Tarifvertrag, sieht aber eine paritätische Mitwirkung der AN bei der Festlegung des kirchlichen Arbeitsrechtes vor. Dieses wird auf katholischer Seite von den „Kommissionen zur Ordnung des diözesanen Arbeitsrechtes" (KODA) beschlossen; auf evangelischer Seite bestehen „Arbeitsrechtliche Kommissionen".

Tipp: Die dargestellte Rechtslage der „ewigen" Tarifbindung gilt für alle Arbeitsverträge mit dynamischer Bezugnahmeklausel, die seit dem 1.1.2002 geschlossen wurden. Haben Sie einen Arbeitsvertrag, der vor diesem Datum geschlossen wurde und der eine dynamische Bezugnahmeklausel enthält, sollten Sie sich bei Bedarf fachlichen Rat einholen.

Verwandte Suchbegriffe:

- **AGB**
- **Arbeitsvertrag, Rechte und Pflichten aus dem**
- **Gewerkschaft**
- **Übung, betriebliche**

86. Teilzeit

Fallbeispiel

Gruppenleiterin Vroni K. hat bei ihrem Träger schriftlich den Antrag auf Teilzeitbeschäftigung gestellt. Heute bekam sie per Post den Bescheid:

Wegen der berufsspezifischen Anforderungen an ihre Tätigkeit wie beispielsweise die erforderliche Dauer der Präsenz am Arbeitsplatz und die Vermeidung von wechselnden Bezugspersonen der zu betreuenden Kinder könne aus pädagogischen Gründen der Bitte um Teilzeitbeschäftigung nicht nachgekommen werden. Es läge vielmehr ein betrieblicher Grund nach § 8 Abs. 4 TzBfG vor, ihr den Anspruch zu versagen.

Wann habe ich einen Teilzeitanspruch?

Auch Erzieherinnen müssen Familie und Beruf unter einen Hut bringen. So kann sich während des Berufslebens die Frage stellen, ob eine Reduzierung der Wochenarbeitsstunden ein probates Mittel wäre, um der Doppelbelastung Herr zu werden. Das TzBfG gibt allen AN einen Rechtsanspruch auf Reduzierung ihrer Arbeitszeit. Entsprechend der EU-Richtlinie 97/81/EWG verlangt der Gesetzgeber hierfür, dass AG und AN zu einem Konsens kommen. So soll der AG die gewünschte Verringerung und die Verteilung der Arbeitszeit mit der AN erörtern und nach Möglichkeit eine Einigung erzielen (§ 8 Abs. 2, 3 TzBfG).

Jede Erzieherin, die ihre Wochenarbeitsstundenzahl reduzieren möchte, hat einen Rechtsanspruch nach dem TzBfG, wenn der AG mehr als 15 AN beschäftigt (Berechnung nach vollen Köpfen, allerdings ohne Auszubildende und Praktikantinnen), ihr Arbeitsverhältnis länger als sechs Monate besteht und sie ihren Wunsch nach Teilzeitarbeit spätestens drei Monate vor Beginn der gewünschten Verringerung geltend macht. Beantragt die AN die Teilzeitarbeit innerhalb einer kürzeren Frist, ist der Antrag aber dennoch wirksam. Im Zweifel beginnt die Teilzeitarbeit erst nach Ablauf der gesetzlichen Frist. Der AG darf den Antrag daher nicht ignorieren, er muss sich aber auch nicht an die nun zu kurze Frist halten. Seine Ablehnungserklärung muss innerhalb einer Frist von zwei Monaten ab Antragstellung erklärt werden (BAG, Urt. vom 20.7.2004 – 9 AZR 626/03).

Wie muss ich den Antrag stellen?

Der Antrag kann formlos, also auch mündlich gestellt werden. Der Antrag soll dabei auch die gewünschte Verteilung der Arbeitszeit angeben. Auch dies kann mündlich geschehen. An den Antrag werden vom Gesetz nur sehr geringe Voraussetzungen gestellt. Dennoch ist es ratsam, den Antrag schriftlich und – entgegen der Empfehlung vieler Ratgeber – mit einer ausreichenden Begründung zu stellen. Denn er ist formal nur dann wirksam, wenn die Verringerung der Arbeitszeit konkret und für den AG nachvollziehbar verlangt wird. Der Antrag muss so hinreichend konkretisiert sein, dass der AG theoretisch nur ein einfaches „Ja" sagen müsste (BAG, Urt. vom 16.10.2007 – 9 AZR 239/07). Dabei muss die AN in ihrem Teilzeitantrag die wöchentliche Arbeitszeit genau beziffern, ansonsten ist der Antrag unwirksam. Fehlt hingegen nur die Angabe zur Lage der Arbeitszeit, ist dies zulässig. Sie steigern so sogar Ihre Chance auf Durchsetzung der Teilzeit, da dies der AG im Wege seines → Direktionsrechtes bestimmen kann. Damit hat er weniger Argumente, den Antrag abzulehnen.

Kann ich die Teilzeit auch befristet beantragen?

Nein. Nach Ansicht des BAG ist die Vorschrift des § 8 TzBfG lediglich auf eine unbefristete Verringerung der Arbeitszeit zugeschnitten. Ein Wahlrecht hinsichtlich der Dauer der Vertragsänderung hat die AN hingegen nicht (BAG, Urt. vom 12.9.2006 – 9 AZR 686/05).

Was muss ich noch machen?

Das Gesetz verlangt nach Antragsstellung eine „Erörterung" der Angelegenheit zwischen AN und AG. Die Erörterung muss innerhalb der nach Antragstellung verbleibenden zwei Monate erfolgen und so rechtzeitig abgeschlossen werden, dass noch vor Ablauf dieser zwei Monate das Ergebnis der Erörterung der AN rechtzeitig – nämlich einen Monat – vor einem möglichen Beginn der verringerten Arbeitszeit mitgeteilt werden kann, § 8 Abs. 5 TzBfG. Maßgeblich ist hierfür das Datum des Zugangs, nicht das Datum des Schreibens oder der Absendung.

Im Fallbeispiel hat keine Erörterung stattgefunden, indes: Rechtsfolgen hat dies nicht, denn das Gesetz sieht für diesen Verstoß keine vor. Das BAG hat jedoch entschieden, dass der AG der AN jedenfalls solche Einwendungen nicht entgegenhalten kann, die im Rahmen einer Verhandlung hätten ausgeräumt werden können (BAG, NZA 2003, S. 911).

Wann kann mein Träger meinen Antrag ablehnen?

Der Träger kann den Antrag nur dann ablehnen, wenn gewichtige betriebliche Gründe entgegenstehen.

Diese Voraussetzung ist eigentlich nicht mit dem Wortlaut des Gesetzes zu vereinbaren, da dieses nur „betriebliche Gründe" verlangt und an ihre „Gewichtigkeit" keine Anforderungen stellt. Das BAG prüft jedoch in ständiger Rechtsprechung, ob das Gewicht der entgegenstehenden betrieblichen Gründe so erheblich ist, dass die Erfüllung des Arbeitszeitwunsches der AN zu versagen ist.

Gewichtige betriebliche Gründe lägen in einer KiTa beispielsweise vor, wenn die Verringerung der Stundenzahl zu wesentlichen Beeinträchtigungen führt im Bereich

- des Arbeitsablaufes: z. B. bei Wechsel der Erzieherinnen während der Abholphase;
- der innerbetrieblichen Sicherheit: z. B. entstehende Lücken in der Aufsichtsführung;
- der Kostensituation;
- der Organisation: z. B. Kindern in Krippen ist aus pädagogischen Gründen kein häufiger Wechsel der Bezugspersonen zumutbar.

So hat das BAG die Klage einer Gruppenleiterin eines heilpädagogischen Kindergartens abgelehnt, deren Teilzeitwunsch vom Träger mit der Begründung zurückgewiesen worden war, dass das Interesse der Kinder der Einrichtung an einer täglichen kontinuierlichen Betreuung durch dasselbe Personal eine Verkürzung der Arbeitszeiten nicht zulasse. Zur Begründung zogen die Richter das pädagogische Konzept der Einrichtung heran, in dem es u. a. heißt:

> *„Erziehungsarbeit ist immer Beziehungsarbeit, gerade aber bei einem geistig behinderten Kind spielen die Dauer einer konstanten Erziehungs- und Förderarbeit, die Begleitung im Tagesablauf in der Einrichtung sowie die kleine Anzahl der konstanten Bezugspersonen in der Gruppe eine wichtige Rolle."*

(BAG, Urt. v0m 19.8.2003 – 9 AZR 542/02)

Im Fallbeispiel käme es also für die Frage nach der Wirksamkeit der Ablehnung auf die Zusammensetzung der Kinder in der betroffenen Einrichtung an sowie auf das pädagogische Konzept der Einrichtung, das als „entgegenstehender betrieblicher Grund" im Sinne des TzBfG gelten kann.

Hingegen ist die Berufung des AG auf „unverhältnismäßige Kosten" selten von Erfolg gekrönt. Denn diese muss er konkret beweisen und dies ist nur möglich, wenn die Ersatzkraft durch ihre Einarbeitung überproportional (etwa durch den Besuch einer Ganztagesschule) in Anspruch genommen wird, was kaum vorkommen dürfte. Auch die Berufung auf eine mangelnde Ersatzkraft ist wenig vielversprechend für den AG: Nicht nur ist er verpflichtet, sich möglichst rasch um Ersatz zu bemühen, er darf auch in der Stellenausschreibung zur Nachbesetzung keine höheren Anforderungen stellen als er üblicherweise verlangt (BAG, Urt. vom 23.11.2004 – 9 AZR 644/03).

Was ist mit meinem Gehalt? Behalte ich alle Zulagen?

Nach einem Urteil des BAG steht auch fest: Der AG darf tarifliche Zulagen kürzen, wenn die AN Teilzeit arbeitet, denn eine Zulage ist immer Bestandteil der regulären Vergütung (BAG, Urt. vom 23.3.2011 – 5 AZR 112/10). Und für Überstunden gilt: Teilzeitbeschäftigte AN können tarifliche Mehrarbeitszuschläge bereits dann verlangen, wenn ihre Arbeitszeit über die individuelle Arbeitszeit hinausgeht, die einer Vollzeittätigkeit jedoch nicht überschreitet. (BAG, Urt. vom 19.12.2018 – 10 AZR 232/18)

Kann ich wieder an meinen alten Posten zurück?

Manche AG gewähren Teilzeit nur auf niedrigeren Stellen. Nach einem Urt. des BAG müssen sie dann bei einer Besetzung einer freien höherwertigeren Stelle teilzeitbeschäftigte AN bevorzugen, die eine solche Position zuvor ausgeübt haben und darauf in Vollzeit zurückkehren wollen – anderenfalls machen sie sich schadensersatzpflichtig (BAG, Urt. vom 16.9.2008 – 9 AZR 781/07). Kann also eine Leiterin einer Einrichtung nach dem Willen ihres Trägers nur unter der Voraussetzung Teilzeit arbeiten, dass sie es als Gruppenleiterin tut, muss der AG ihr Rückkehrverlangen auf einen Vollzeitposten auf dem höherwertigeren Posten der Leiterin ermöglichen.

Tipp: Sie sollten das Konzept einer Einrichtung bei Eingehung eines Arbeitsverhältnisses stets genau prüfen, da Sie es arbeitsrechtlich mittragen müssen. Es ist wesentlicher Bestandteil Ihres Anstellungsverhältnisses und kann ausschlaggebend dafür sein, ob Ihnen Teilzeit gewährt werden kann oder nicht.

Verwandte Suchbegriffe:

- **Arbeitsvertrag, Rechte und Pflichten aus dem**
- **Elternteilzeit**
- **Erhöhung der Arbeitszeit**

87. Tendenzbetrieb

Fallbeispiel

Die ABC-Kita gehört zum Deutschen Roten Kreuz. Sie beabsichtigt die Einstellung der Erzieherin Sonja M. und hört zu diesem Sachverhalt den Betriebsrat an, der der Einstellung widerspricht. Der AG steht auf dem Standpunkt, dass die ABC-Kita Teil eines Tendenzunternehmens nach § 118 BetrVG ist und somit eine Zustimmungsverweigerung irrelevant ist.

(Fall nach LAG Mecklenburg-Vorpommern, Beschl. vom 12.2.2020 – 3 TaBV 7/19 –)

Was ist ein Tendenzbetrieb?

Als Tendenzbetrieb wird ein Betrieb oder selbstständiger Betriebsteil bezeichnet, der unmittelbar oder überwiegend politischen, koalitionspolitischen, konfessionellen, karitativen, erzieherischen, wissenschaftlichen oder künstlerischen Zwecken dient und somit die wirtschaftlichen Interessen jedenfalls nicht im Vordergrund stehen.

Auf Tendenzbetriebe finden die Vorschriften des Betriebsverfassungsgesetzes keine Anwendung (§ 118 BetrVG).

Im Fallbeispiel hat das LAG Mecklenburg-Vorpommern die Eigenschaft des Deutschen Roten Kreuzes als Tendenzunternehmen bejaht. In einem ähnlich gelagerten Fall hat das Arbeitsgericht Berlin (Beschl. vom 18.1.2011 – 50 BV 13871/10) der Arbeiterwohlfahrt bescheinigt, erzieherische und karitative Aufgaben auszuüben und damit ein Tendenzunternehmen zu sein. Denn der AG betreibe Kindertagesstätten, in denen den Kindern eine Erziehung unter Berücksichtigung des humanistischen Weltbildes der Arbeiterwohlfahrt vermittelt werde und die nicht nur der

Betreuung der Kinder diene. Vielmehr werde gezielt auf die Persönlichkeitsentwicklung der Kinder Einfluss genommen.

Bin ich als Erzieherin in einer Kita Tendenzträger?

Bei personellen Einzelmaßnahmen wie Einstellung, Versetzung, Kündigung etc. und der damit aufkommenden Frage, ob diese mitbestimmungspflichtig sind, kommt es aber nicht nur auf die Anerkennung des Betriebes als Tendenzunternehmen an. Vielmehr muss die Erzieherin selbst Tendenzträger-Eigenschaften haben, d.h. auf diese Tendenz gestaltend einwirken können. Es ist also nicht jede Mitarbeiterin eines als Tendenzunternehmens anerkannten Betriebes auch ein Tendenzträger. Im Beispielsfall hat das LAG der Erzieherin diese Tendenzträger-Eigenschaft abgesprochen. Sie habe exakt innerhalb der ihr erteilten Vorgaben tätig zu werden. Auf die Vorgaben selbst habe sie jedoch keinen gestaltenden Einfluss.

Im Gegensatz dazu ist nach Ansicht des Arbeitsgerichtes Berlin (Beschl. vom 18.1.2011 – 50 BV 13871/10) eine Erzieherin der AWO auch Tendenzträger, da sie inhaltlich auf die Tendenzverwirklichung des AG Einfluss nehmen kann. Bei Erziehern besteht danach nicht nur die Möglichkeit einer inhaltlichen Einflussnahme, vielmehr ist nach Ansicht des Gerichts die Tendenzverwirklichung, also die Vermittlung der Werte der Arbeiterwohlfahrt im Rahmen der Kindererziehung, als arbeitsvertragliche Hauptaufgabe anzusehen. So auch das LAG Sachsen in einem Urt. vom 13.7.2007 – 3 TaBV 35/06 –.

Verwandte Suchbegriffe:

- **Betriebsrat**
- **Betriebsverfassungsrecht**
- **Trägerwechsel**

88. Trägerwechsel

Fallbeispiel

Der „Kindergarten an der Mönchspforte“ befindet sich in der Trägerschaft der evangelisch-lutherischen Kirchengemeinde der Stadt O. Aufgrund einer Umstellung der Kindergarten-Finanzierung durch die Stadt O. steigen die finanziellen Belastungen der Kirchengemeinde bedrohlich. Als alle Versuche, die Stadt O. zu einer Überprüfung der Kindergartenfinanzierung zu bewegen, nicht zu dem erhofften Ergebnis führen, entschließt sich die Kirchengemeinde daher, die Trägerschaft in private Hand zu geben. Die betroffenen Eltern gründen spontan eine Elterninitiative, die die Mitarbeiterinnen Juli S. und Svea K. von dem Übergang schriftlich in Kenntnis setzt. Beide sehen dem Trägerwechsel mit gemischten Gefühlen entgegen, denn es kursieren schon Gerüchte: Die Mitglieder der Elterninitiative seien untereinander zerstritten, die Vorsitzende sei inkompetent, überfordert und habe einen unmöglichen Umgangston, die Finanzierung sei alles andere als gesichert, etc.

Juli S. und Svea K. fragen sich, ob sie mit der evangelisch-lutherischen Kirchengemeinde als Arbeitgeber nicht besser dran sind.

Wann ist ein Trägerwechsel erforderlich?

Ob wegen Insolvenz wie bei den Quelle-Kindergärten im Jahre 2009, zurückgehende Kinderzahlen oder auch nur die knappen Mittel: Aus den verschiedensten Gründen kann sich während des Betriebes einer Kita die bedauerliche Notwendigkeit ergeben, einen neuen Träger suchen zu müssen. Die betroffenen Mitarbeiterinnen sehen sich plötzlich einem anderen AG – einem Wohlfahrtsverband, einer Kirchengemeinde, der Stadt, einer Elterninitiative oder auch ausländischen Trägerorganisationen – verantwortlich. Doch das muss keineswegs zwingend negativ sein. Häufig gehen mit einem Wechsel des Trägers auch positive Effekte einher: Die Vereinfachung der Verwaltung, die Senkung der Betriebskosten, eine höhere Arbeitsplatzsicherheit für die MitarbeiterInnen etc.

In arbeitsrechtlicher Hinsicht ist die Zusammenlegung einer Kindertagesstätte mit einer anderen – dies wird häufig bei Kindermangel praktiziert – oder der Wechsel des Trägers bei örtlich eigenständiger Weiterexistenz – hierfür sind in der Regel finanzielle Aspekte ausschlaggebend – ein Betriebsübergang nach § 613a BGB. Nach der Norm, die nach einem Urteil des BAG auch für Ausbildungsverhältnisse gilt (Urt. vom 13.7.2006 – 8 AZR 382/05), liegt ein Betriebsübergang immer dann vor, wenn ein Betrieb oder Betriebsteil durch Vertrag auf einen anderen Inhaber übergeht. § 613a Abs. 5 BGB verlangt, dass die betroffenen AN über den Betriebsübergang durch entweder den alten oder den neuen

Inhaber unterrichtet werden müssen. Diese Unterrichtung ist schriftlich abzufassen und muss einigen Formalien Rechnung tragen.

Kann ich etwas gegen den Betriebsübergang tun?

Hilflos ausgeliefert sind Sie einem Betriebsübergang Ihrer Kindertagesstätte aber durchaus nicht. § 613a Abs. 6 BGB legt fest, dass Ihnen als AN das Recht zusteht, gegen den Übergang Ihres Arbeitsverhältnisses schriftlich einen Widerspruch zu erklären. Den Widerspruch müssen Sie innerhalb eines Monats nach Unterrichtung über den Betriebsübergang einlegen. Doch hier ist unbedingt Vorsicht anzuraten und deutlich klarzustellen: Mit diesem Widerspruch verhindern Sie lediglich den Übergang Ihres Arbeitsverhältnisses – nicht den des Betriebes! Einen solchen Widerspruch sollten Sie deshalb keinesfalls übereilt einlegen. Bedenken Sie vorab reiflich, ob Ihre berufliche und vielleicht auch finanzielle Situation mit einem neuen Träger möglicherweise sogar besser wird.

Wie schnell muss ich handeln?

Keine Frage: Es bedeutet einen massiven Eingriff in Ihre berufliche Lebensplanung, einen neuen AG vorgesetzt zu bekommen. Manchmal bestehen auch Vorbehalte gegen „den Neuen“, etwa weil man schon Negatives gehört hat oder wegen privater Lebensumstände nicht gerne bei einem kirchlichen Träger arbeiten möchte. Doch ein Wechsel des AG kann positiv für Sie sein. Ihr Arbeitsverhältnis ist in jedem Fall durch § 613a BGB geschützt und besteht ohne Wenn und Aber weiter. Zu übereilten Reaktionen besteht daher kein Anlass. Für einen etwaigen Widerspruch haben Sie einen Monat Zeit, die Sie sich unbedingt nehmen sollten, um die konkreten Auswirkungen dieser Maßnahme auf Sie zu überdenken.

Was muss in dem Informationsschreiben drinstehen?

Bei der Unterrichtungspflicht nach § 613a BGB handelt es sich um eine Rechtspflicht. Ihre Verletzung kann grundsätzlich Schadensersatzansprüche der AN gem. § 280 Abs. 1 BGB auslösen. Durch die Unterrichtung soll der AN eine ausreichende Wissensgrundlage für die Ausübung oder

Nichtausübung ihres Widerspruchsrechtes nach § 613a Abs. 6 BGB gegeben werden. Nach ständiger höchstrichterlicher Rechtsprechung sind die Anforderungen an das Informationsschreiben sehr hoch: Es soll vollständig und doch verständlich sein (BAG, Urt. vom 14.12.2006 – 8 AZR 763/05). Der Inhalt der Unterrichtung richtet sich nach dem Kenntnisstand von Veräußerer und Erwerber zum Zeitpunkt der Unterrichtung. Die Unterrichtung kann grundsätzlich in standardisierter Form erfolgen, erforderlich ist jedoch eine konkrete betriebsbezogene Darstellung in einer auch für den juristischen Laien verständlichen Sprache. Darüber hinaus müssen etwaige Besonderheiten des konkreten Arbeitsverhältnisses erfasst sein. Außerdem sollten Sie folgende Formalien des Unterrichtungsschreibens prüfen. Ist eine davon nicht eingehalten, läuft die Widerspruchsfrist von einem Monat gar nicht erst an:

- Es ist erkennbar, wer die Erklärung abgibt, beispielsweise auf dem Briefkopf des Schreibens.
- Die Identität des Erwerbers mit genauer Firmenbezeichnung, Angabe des Sitzes bzw. der Adresse ist ersichtlich.
- Das zugrunde liegende Rechtsgeschäft (Kauf, Pacht, Umwandlung etc.) wird mitgeteilt.
- Die wesentlichen unternehmerischen Erwägungen, die zu diesem Schritt geführt haben, werden zumindest schlagwortartig mitgeteilt.
- Der Zeitpunkt bzw. der geplante Zeitpunkt des Überganges ist eindeutig genannt.
- Der Grund für den Übergang ist genannt.
- Es ist ausdrücklich darauf hingewiesen, dass die Rechte und Pflichten aus dem bestehenden Arbeitsverhältnis weiter gelten.
- Es wird auf das Haftungssystem nach § 613a Abs. 2 BGB hingewiesen, wonach der bisherige AG für bestimmte Verpflichtungen gesamtschuldnerisch mit dem Betriebserwerber haftet.
- Auf das Recht zum Widerspruch gegen den Betriebsübergang wird ausdrücklich hingewiesen.
- Es wird angegeben, in welcher Art und Weise der Widerspruch auszuüben ist.
- Es kommt zum Ausdruck, dass eine Kündigung wegen des Betriebsüberganges durch den alten oder neuen Träger unwirksam ist, eine Kündigung aus anderen – beispielsweise betriebsbedingten – Gründen nach wie vor aber möglich ist.
- Es werden Angaben auch zu mittelbaren wirtschaftlichen oder sozialen Folgen gemacht, beispielsweise die Angabe, dass der AN eine Abfin-

dung entweder aus einem freiwilligen oder erzwingbaren → Sozialplan zusteht, wenn sie dem Betriebsübergang widerspricht und ihr dann aus dringenden betrieblichen Gründen vom Veräußerer gekündigt wird (BAG, Urt. vom 13.7.2006 – 8 AZR 303/05).

- Die Erklärung enthält weiterhin Aussagen darüber, welche Maßnahmen der neue Arbeitgeber im Hinblick auf die vom Übergang betroffenen Arbeitnehmer plant. Denkbar wäre hier der Einsatz in einer anderen Kindertagesstätte oder eine betriebsbedingte Kündigung zwecks Personalreduzierung.
- Es sind detaillierte Informationen über die wirtschaftliche Leistungsfähigkeit des neuen Betriebsinhabers und damit über Ihre Arbeitsplatzsicherheit enthalten (BAG, Urt. vom 31.1.2008 – 8 AZR 1116/06).

Das wichtigste Erfordernis ist: Es wird ordnungsgemäß über die rechtlichen Folgen des Betriebsüberganges informiert (§ 613a Abs. 5 Nr. 3 BGB). Informationen über die Rechtsfolgen des Betriebsüberganges müssen präzise sein und dürfen keine juristischen Fehler enthalten. Es ist ratsam, dies durch eine Fachfrau überprüfen zu lassen. Es reicht beispielsweise nicht aus, wenn die mitgeteilten Informationen „im Kern" richtig sind. Auch der kleinste Fehler bei der Unterrichtung über den Betriebsübergang hat zur Folge, dass die Widerspruchsfrist nicht zu laufen beginnt (BAG, Urt. vom 20.3.2008 – 8 AZR 1016/06). Allerdings hat auch die Ausübung des Widerspruchsrechtes seine Grenzen, selbst wenn die AN nicht ordnungsgemäß unterrichtet wurde. AN können demnach nicht darauf vertrauen, ein „ewiges" Widerspruchsrecht zu haben. Spätestens dann, wenn das Arbeitsverhältnis einvernehmlich oder zumindest unstreitig beendet wird, ist ein nachträglicher Widerspruch ausgeschlossen (BAG, Urt. vom 24.7.2008 – 8 AZR 175/07).

Ich bekomme noch Gehalt. Wer zahlt mir das jetzt?

Ist Ihr derzeitiger AG mit Gehaltszahlungen im Rückstand, kann ein Trägerwechsel Ihnen einen enormen Vorteil bringen: Legen Sie keinen Widerspruch ein, geht Ihr Arbeitsverhältnis auf den neuen Träger über. Dieser tritt in die Pflichten aus den von ihm übernommenen Arbeitsverhältnissen ein und haftet daher als sog. Gesamtschuldner für rückständiges Gehalt aus der Zeit vor dem Betriebsübergang. Die gesamtschuldnerische Haftung trifft aber auch den bisherigen Träger, denn er haftet neben dem neuen Träger für Verpflichtungen, die vor dem Zeitpunkt des Überganges entstanden sind und vor Ablauf von einem Jahr nach Übergang fällig werden. Das heißt: Sie können sich aussuchen, welchen von beiden Sie für etwaig ausstehendes Gehalt in Anspruch nehmen. Möglicherweise wird es erfolgreicher sein, den neuen Träger in die Haftung zu nehmen.

Was ist mit meinen tariflichen Gehaltssteigerungen. Verfallen die, wenn der Erwerber nicht tarifgebunden ist?

Nein. Auch der nicht tarifgebundene Erwerber eines Betriebes muss Gehaltssteigerungen gewähren, die bei Betriebsübergang bereits tarifvertraglich vereinbart waren (BAG, Urt. vom 14.11.2007 – 4 AZR 828/06).

Wie lege ich Widerspruch ein?

Entscheiden Sie sich für den Widerspruch, können Sie wählen: Entweder Sie erklären ihn gegenüber dem bisherigen oder aber dem neuen Träger. Sie müssen die Erklärung schriftlich abfassen und unterschreiben. Begründen brauchen Sie den Widerspruch nicht. Ist der Widerspruch frist- und formgerecht abgegeben, schließt er den Übergang des Arbeitsverhältnisses aus. Es bleibt mit dem bisherigen Träger bestehen.

Haben Sie widersprochen, sollten Sie dem bisherigen Träger jedoch Ihre Arbeitsleistung ausdrücklich anbieten, Sie laufen sonst Gefahr, Ihren Lohnfortzahlungsanspruch nach § 615 BGB zu verlieren. Zu einem ordnungsgemäßen Angebot Ihrer Arbeitskraft ist erforderlich, dass Sie sich tatsächlich am Arbeitsplatz bzw. beim Arbeitgeber einfinden und zwar – so die Juristen – „zur rechten Zeit“. Das bedeutet: Zu einer Zeit, zu der Ihr Angebot auch angenommen werden kann, also an ganz normalen Arbeitstagen. Das ist laut einem Urteil des LAG Köln z.B. am Tage eines Betriebsausflugs nicht der Fall – ebenso nicht zu einer Uhrzeit, zu der noch niemand anwesend ist, der die Arbeitskraft annehmen könnte (LAG Köln, Urt. vom 12.4.2002 – 11 Sa 1327/01).

Die Gründe und Motive Ihres Widerspruches haben Ihren AG nicht zu interessieren. Insbesondere ist es ihm nicht gestattet, im Rahmen von sich anschließenden betriebsbedingten Kündigungen etwa nur diejenigen AN in die → Sozialauswahl einzubeziehen, die widersprochen haben. Vielmehr sind alle AN hier einzubeziehen (BAG, Urt. vom 31.5.2007 – 2 AZR 276/06).

Mein neuer AG hat mir nach Betriebsübergang eine Vertragsänderung zu niedrigeren Bezügen angeboten. Damit will er doch nur § 613a BGB umgehen, oder?

Was bei einem AG zulässig ist, kann bei dem anderen AG nicht verboten sein: Das BAG hat anerkannt, dass für die Änderung eines Arbeitsvertrages, die eine AN mit dem Betriebserwerber nach Vollzug des Überganges vereinbart, kein Sachgrund erforderlich ist. Der Abschluss eines neuen Vertrages mit niedrigeren Bezügen ist daher keine Umgehung des § 613a BGB (BAG, Urt. vom 7.11.2007 – 5 AZR 1007/06). Eine unzulässige Umgehung der Rechtsfolgen des § 613a BGB liegt aber vor, wenn gleichzeitig mit Abschluss des Aufhebungsvertrages ein neues Arbeitsverhältnis mit dem Erwerber regelmäßig zu schlechteren Bedingungen vereinbart oder zumindest verbindlich in Aussicht gestellt wird (BAG, Urt. vom 23.11.2006 – 8 AZR 349/06).

Habe ich einen Wiedereinstellungsanspruch, wenn es dem Unternehmen besser geht?

Ändern sich die tatsächlichen Umstände nach Ausspruch der Kündigung derart, dass sie zu einem Wegfall der damaligen Kündigungsprognose führen, ist dies auch bei einem Betriebsübergang zu beachten: Grundsätzlich besteht nämlich die Pflicht des neuen AG zum Neuabschluss eines Arbeitsvertrages, sofern sich die maßgeblichen Umstände, die der Kündigung zugrunde liegen, entgegen der ursprünglichen Prognose nachträglich ändern. Dann hat die AN einen Anspruch auf Wiedereinstellung, auch wenn der Betrieb zwischenzeitlich übergegangen sein sollte und selbst dann, wenn sie widersprochen hat (BAG, Urt. vom 25.10.2007 – 8 AZR 989/06). Steigen also die Kinderzahlen entgegen allen Prognosen stark an, haben Sie einen Anspruch gegen den Erwerber der Einrichtung, selbst wenn Sie seinerzeit dem Betriebsübergang widersprochen haben.

Mein neuer AG hat im Gegensatz zu meinen alten AG weniger als zehn Arbeitnehmer. Gilt das KSchG auch für mich?

Nein. Das BAG hat mit Urt. vom 15.2.2007 –8 AZR 397/06 – klargestellt, dass ein „Recht" i. S. d. § 613a BGB übereinstimmend mit dem EuGH nur „vereinbarte Rechte" sind und gerade keine, die aus Gesetz folgen. Der gem. § 23 Abs. 1 KSchG von der Belegschaftsstärke abhängige Kündigungsschutz nach den §§ 1 ff. KSchG ist kein Recht i. S. d. § 613a BGB. Der → Schwellenwert des § 23 Abs. 1 KSchG von zehn AN ist allenfalls Voraussetzung für ein Recht. Fällt der Betrieb des Erwerbers also nicht unter das KSchG, fallen auch die übergegangenen AN nicht unter das KSchG, obwohl diese beim alten AG in den Genuss des KSchG kamen.

Gleicher Lohn für alle?

Die Herstellung einheitlicher Arbeitsbedingungen nach einem Betriebsübergang kann eine unterschiedliche Behandlung der verschiedenen AN-Gruppen rechtfertigen. Ein AG darf durch die Ausgleichung von Nachteilen der Stammbelegschaft bzw. der übernommenen Belegschaft eine Angleichung der Arbeitsbedingungen herbeiführen. Die damit verbundene Ungleichbehandlung ist zulässig, da das Bestehen unterschiedlicher Arbeitsbedingungen die Zusammenarbeit der AN erschweren kann. Der AG ist allerdings zu einer solchen Angleichung auch nicht verpflichtet, da der → Gleichbehandlungsgrundsatz diese nicht zwingend erfordert.

Tipp: Diese Ausführungen können nur allgemeine Empfehlungen sein. Sind Sie von einem Trägerwechsel betroffen, müssen Sie die Entscheidung über Ihr weiteres Vorgehen immer auf Ihre konkrete berufliche Situation beziehen und prüfen. Im Zweifelsfall ist es ratsam, eine Anwältin zu konsultieren.

Verwandte Suchbegriffe:

- **Gleichbehandlungsgrundsatz, allgemeiner**
- **Kündigungsschutz**
- **Sozialauswahl**
- **Sozialplan**

89. Überlastungsanzeige

Fallbeispiel

Uta P. ist Gruppenleiterin in einer dreigruppigen Regeleinrichtung mit angeschlossener Krippe. Schon seit einiger Zeit vertritt sie die Leitung, die an einer langwierigen Erkrankung laboriert. Als sie heute bei Dienstantritt die Krankmeldungen einer Gruppenleitung und zwei Ergänzungskräften vorfindet, kommt sie ins Grübeln, wie sie mit dieser dünnen Personaldecke die anstehenden Aufgaben erledigen kann: eine Fachkraft ist bei einer mehrtägigen Fortbildung, eine andere hat in diesem Monat ihren Mutterschutz angetreten. Nahezu im Alleingang müsste sie heute nicht nur alle anstehenden Leitungsaufgaben erledigen, sondern darüber hinaus auch noch den Elternabend vorbereiten, zahlreiche Entwicklungsgespräche führen und Aufsicht in den Gruppen ausüben.

Was ist eine Überlastungsanzeige?

Eine Überlastungsanzeige ist der schriftliche Hinweis an den Arbeitgeber, dass die ordnungsgemäße Erfüllung der Arbeitsaufgaben in einer konkret zu beschreibenden Situation aufgrund von Arbeitsüberlastung gefährdet ist und infolgedessen Schäden zu erwarten sind. Die Arbeitsüberlastung muss sich dabei aus einem sachlichen Grund ergeben, persönliche Gründe sind irrelevant. Sachliche Gründe können beispielsweise in personeller Unterbesetzung, organisatorischen Mängeln, unzureichenden Arbeitsbedingungen, etc. bestehen.

Was ist die gesetzliche Grundlage für eine Überlastungsanzeige?

Gesetzliche oder tarifvertragliche Regelungen zur Überlastungsanzeige gibt es nicht. Nach der Rechtslehre erwächst die Pflicht der AN zur Stellung einer Überlastungsanzeige aus einer allgemeinen Nebenpflicht des Arbeitsvertrages, zu der es unter anderem auch gehört, das Arbeitsschutzgesetz einzuhalten. § 16 des ArbSchG verpflichtet Beschäftigte dazu, sowohl für die eigene Gesundheit als auch für die Gesundheit der Personen Sorge zu tragen, die von den Handlungen bei der Arbeit betroffen sind. Im Falle einer Kindertageseinrichtung sind dies die zur Aufsicht anvertrauten Kinder. Ist durch den sachlichen Grund eine unmittelbare erhebliche Gefahr für die Sicherheit und/oder Gesundheit der Kinder gegeben, ist die AN verpflichtet, dem AG diese Gefahr zu melden.

Was habe ich von einer Überlastungsanzeige?

Kommt infolge der unzureichenden Ausübung der Aufsichtspflicht ein Kind zu Schaden, hat die Stellung einer Überlastungsanzeige unmittelbare Auswirkungen auf die Haftungsfrage: für die Beurteilung, ob eine Schadensersatzverpflichtung besteht und/oder arbeitsrechtliche Konsequenzen zu treffen sind, ist Voraussetzung, dass der Schaden durch eine Sorgfaltspflichtverletzung der AN verursacht wurde. Eine zuvor gestellte Überlastungsanzeige kann den Vorwurf der Sorgfaltspflichtverletzung erheblich entkräften.

Muss ich bei Abfassung der Überlastungsanzeige etwas beachten?

Die Überlastungsanzeige sollte das Datum und die Namen des Anzeigenden sowie der Einrichtung nennen und eine kurze Beschreibung der konkreten Überlastungssituation enthalten. Sie ist unverzüglich (das meint ohne schuldhaftes Zögern) nach Feststellung der Gefährdung abzufassen und dem AG auf dem Dienstweg zu übermitteln. Nach spätestens vier Wochen muss ein Zwischenbescheid ergehen, aus dem hervorgeht, dass die Anzeige bearbeitet wird. Tritt keine nennenswerte Besserung ein, ist die Überlastungsanzeige nach einiger Zeit zu erneuern.

Tipp: Es ist ratsam, eine Kopie des Überlastungsanzeige für die eigenen Unterlagen anzufertigen. Auf dieser Kopie sollte man sich den Eingang bestätigen lassen. Gegebenenfalls sollten Sie eine Kopie dem Betriebs- bzw. Personalrat zuleiten, um von dort Unterstützung zu erfahren.

Verwandte Suchbegriffe:

- **Arbeitsschutzgesetz**
- **Arbeitsvertrag, Rechte und Pflichten aus dem**
- **Betriebsrat**
- **Personalrat**

90. Überstunden

Fallbeispiel

Elisabeth R. ist seit 1976 Erzieherin in der Einrichtung „Die Wichtel“ mit einer wöchentlichen Arbeitszeit von 30 Stunden. 1988 wird ihr die nachmittägliche Durchführung der „Orff-Klangspiele“ übertragen, ein kostenpflichtiges Zusatzangebot der Einrichtung. Dadurch entstehende zusätzliche Arbeitszeiten sollen als Überstunden abgerechnet werden. Elisabeth R. verrichtet diese Tätigkeit 18 Jahre lang, wofür der AG ihr 120 Minuten wöchentlich als Überstunden vergütet. 2006 entzieht er Elisabeth R. die Durchführung des Musikprogramms und stellt die Zahlung der Überstundenvergütung ein. Elisabeth R. ist der Ansicht, der einseitige Entzug der Zusatzaufgabe ist unwirksam. Es habe sich bei der Durchführung der Musikstunden nicht um Überstunden, sondern um eine dauerhafte Verlängerung der Wochenarbeitszeit gehandelt. Die Klage bleibt in allen Instanzen erfolglos.

(Fall nach BAG, Urt. vom 22.4.2009 – 5 AZR 133/08 –)

Hat mein AG eigentlich einen Rechtsanspruch darauf, dass ich Überstunden mache?

Der Themenbereich Überstunden bietet aufgrund der widerstreitenden Interessen von AG und AN stets reichlich Konfliktpotenzial. Dem AG ist an schneller Zurverfügungstellung von Arbeitskraft gelegen, was mit dem Freizeitinteresse der AN kollidiert. Überstunden kann der AG daher nicht beliebig anordnen, es muss ein aufgrund besonderer Umstände auftretender Anfall von Mehrarbeit vorliegen. Sobald über die durch → Arbeitsvertrag, → Tarifvertrag oder → Betriebsvereinbarung für das Arbeitsverhältnis geltende Arbeitszeit hinaus gearbeitet wird, werden Überstunden geleistet.

Prinzipiell hat der AG keinen Anspruch auf die Leistung von Überstunden. Will sich der AG die Möglichkeit zur Anordnung von Überstunden offenhalten, bedarf es einer ausdrücklichen Vereinbarung (BAG, NZA 2003, S. 1155). Eine solche Vereinbarung kann sich aus einem → Tarifvertrag oder einer → Betriebsvereinbarung ergeben. Außerdem kommt dem Arbeitsvertrag entscheidende Bedeutung zu, denn die Arbeitsvertragsparteien können eine Pflicht der AN zur Leistung konkret definierter Überstunden vereinbaren. Eine pauschale Überstundenabgeltung ist hingegen unwirksam: Eine Klausel im Arbeitsvertrag, nach der Überstunden mit dem Monatsgehalt abgegolten sind, muss den Umfang der ohne zusätzliche Vergütung zu leistenden Überstunden erkennen lassen. Eine pauschale Überstundenabgeltung ist nach Ansicht des BAG nicht klar und verständlich. Sie verstößt gegen § 307 Abs. 1 Satz 2 BGB und ist daher gem. § 306 BGB unwirksam. Da die AN erkennen können muss, ab wann ein Anspruch auf zusätzliche Vergütung besteht, ist eine solche Klausel nur wirksam, wenn sich aus dem Arbeitsvertrag selbst ergibt, welche Arbeitsleistungen von ihr erfasst werden sollen. Bereits bei Vertragsschluss muss für die AN feststehen, welche Leistung sie für die vereinbarte Vergütung maximal erbringen muss (BAG, Urt. vom 1.9.2010 – 5 AZR 517/09).

Fehlt eine Grundlage für Überstunden im → Tarifvertrag, in einer → Betriebsvereinbarung oder im → Arbeitsvertrag, kommt eine Verpflichtung zur Leistung von Mehrarbeit nur ausnahmsweise als Nebenpflicht nach § 242 BGB in Betracht. Dies ist bei einem nicht anders abwendbaren Notfall unter den Voraussetzungen und Grenzen von § 14 ArbZG der Fall.

Muss der Betriebsrat nicht auch mitreden?

In Unternehmen mit einem Betriebsrat hat der AG das Mitbestimmungsrecht des § 87 Abs. 1 Nr. 3 BetrVG zu beachten. Dies gilt sowohl für die Anordnung als auch für die duldende Entgegennahme von Überstunden. Liegt ein Notfall vor und ist der Betriebsrat nicht erreichbar, kann der AG die Überstunden auch einseitig anordnen.

Der AG muss dann den Betriebsrat unverzüglich unterrichten und eine nachträgliche Einigung anstreben. Das Mitbestimmungsrecht bezieht sich auf sämtliche mit der Anordnung von Überstunden zusammenhängenden Fragen.

Sind dem AG denn gar keine Grenzen gesetzt?

Eine Überstundenvereinbarung im Arbeitsvertrag erweitert das dem AG gem. § 106 GewO zustehende → Direktionsrecht. Der AG hat dann ein einseitiges Leistungsbestimmungsrecht nach § 315 BGB, d.h. die Anordnung von Überstunden muss dann „nur“ den Grundsätzen billigen Ermessens entsprechen. Dies ist immer dann der Fall, wenn die Umstände des Falles abgewogen und die beiderseitigen Interessen angemessen berücksichtigt werden. Auf Seiten des AG sind sämtliche betrieblichen Interessen heranzuziehen. Zugunsten der AN sind insbesondere grundrechtlich geschützte und gesundheitliche Belange zu beachten. Außerdem hat der AG auf schutzwürdige familiäre Belange der AN Rücksicht zu nehmen, soweit einer von der AN gewünschten Verteilung der Arbeitszeit nicht betriebliche Gründe oder berechtigte Belange anderer AN entgegenstehen (BAG, NZA 2005, S. 359). Grundsätzlich wird der AG daher eine angemessene Ankündigungsfrist einhalten müssen. Etwas anderes gilt nur bei unvorhersehbaren und dringenden betrieblichen Notlagen.

Bei seiner Weisung muss der AG → Tarifverträge und → Betriebsvereinbarungen einhalten. Außerdem muss er die Grenzen des ArbZG einhalten. Dieses erlaubt in § 3 ArbZG kurzfristige Arbeitszeiterhöhungen auf bis zu zehn Stunden pro Tag, also 60 Stunden die Woche. Dabei sind jedoch die Ruhezeiten des § 5 ArbZG zu beachten. Abweichungen sind nur gem. § 14 ArbZG zulässig. Schwerbehinderte Menschen werden auf ihr Verlangen von Mehrarbeit freigestellt (§ 207 SGB IX). Werdende Mütter werden vor Mehrarbeit durch § 8 → MuSchG geschützt. Für Jugendliche gelten mit wenigen Ausnahmen gem. § 8 → JArbSchG Höchstarbeitszeiten.

Was bekomme ich als Gegenleistung?

Leistet die AN Überstunden, hat sie Anspruch auf Gegenleistung. Welche Gegenleistung der AG schuldet, ergibt sich aus der getroffenen Vereinbarung. Grundsätzlich kann eine Vergütung in Geld oder ein Ausgleich in Freizeit vereinbart werden. Außerdem kann ein Wahlrecht zwischen den beiden Möglichkeiten vereinbart werden. Die Höhe der geschuldeten Vergütung kann sich direkt aus dem Arbeitsvertrag ergeben. Falls eine ausdrückliche Regelung fehlt, findet § 612 BGB Anwendung, nach dem die übliche Vergütung geschuldet wird. Oftmals ist zudem tarifvertraglich die Zahlung von Überstundenzuschlägen vereinbart. Die Vereinbarung einer Vergütung ist bindend, so dass der AG grundsätzlich keine Befugnis hat, diese durch Freizeitausgleich zu ersetzen (BAG, NZA 2002, S. 268). Haben die Parteien Freizeitausgleich vereinbart, verhindert die Arbeitsunfähigkeit der AN in der Zeit des Freizeitausgleiches eine Erfüllung nicht (BAG, NZA 1992, S. 76). Der Freizeitausgleichsanspruch wandelt sich erst in einen Vergütungsanspruch, wenn am Ende des Arbeitsverhältnisses ein positives Arbeitszeitguthaben besteht.

Der Anspruch auf Vergütung oder Freizeitausgleich verjährt nach § 195 BGB in drei Jahren, sofern nicht andere Ausschlussfristen vereinbart sind.

Im Prozess muss die AN darlegen und beweisen, an welchen Tagen und zu welchen Zeiten sie über die übliche Arbeitszeit hinaus gearbeitet hat und dass die Mehrarbeit vom AG angeordnet, gebilligt oder geduldet wurde oder zur Erledigung der geschuldeten Arbeit nötig war (BAG, NZA 2005, S. 1432).

Und wenn ich mich weigere, Überstunden zu leisten?

Arbeitsrechtliche Sanktionen kommen nur bei einer rechtmäßigen Anordnung von Überstunden in Betracht. Besteht keine wirksame Rechtsgrundlage, verstößt die Anordnung gegen das ArbZG oder wurde das Mitbestimmungsrecht des Betriebsrates missachtet, kann die AN, sofern eine betriebliche Notlage nicht vorliegt, die Leistung von Überstunden sanktionslos verweigern. Sind die Überstunden aber rechtmäßig angeordnet worden, kann der AG im Fall der Verweigerung eine Abmahnung aussprechen und bei Wiederholung der AN kündigen. Eine außerordentliche Kündigung wird aber in der Regel unwirksam sein. Bei der diesbezüglichen Interessenabwägung kann zu berücksichtigen sein, dass Überstunden eine Sonderverpflichtung der AN sind und eine Verweigerung daher weniger schwer wiegt als die Verweigerung der Regelarbeitsverpflichtung (LAG Köln, NZA 2000, S. 39). Zudem ist auch zu berücksichtigen, ob die AN in der Vergangenheit bereits häufiger Überstunden geleistet hat.

Wenn ich über Jahre hinweg regelmäßig Überstunden leiste, ist das doch eigentlich ein neuer Vertrag?

Die Tatsache, dass eine AN vom AG – auch längere Zeit – unter Überschreitung der vertraglich vorgesehenen Arbeitszeit eingesetzt wird, beinhaltet für sich genommen noch keine einvernehmliche Vertragsänderung (BAG, Urt. vom 22.4.2009 – 5 AZR 133/08). Das bloße – auch länger andauernde – Ableisten von Mehrarbeit wie im Fallbeispiel führt demnach nicht ohne weiteres zu einer einvernehmlichen Vertragsänderung. Das BAG stellt in dem zitierten Urteil ausdrücklich fest, dass für die Annahme einer dauerhaften Vertragsänderung mit einer erhöhten regelmäßigen Arbeitszeit die Feststellung entsprechender Erklärungen der Vertragsparteien notwendige Voraussetzung ist. Bei einem Arbeitseinsatz ohne entsprechende Erklärungen handelt es sich dagegen um ein tatsächliches Verhalten, dem nicht notwendig ein rechtsgeschäftlicher Erklärungswert zugesprochen werden kann. Der AG kann die Mehrarbeit daher per Weisungsrecht rechtlich zulässig widerrufen.

Tipp: Sollen Sie Überstunden leisten, ohne dazu tarifvertraglich, per Betriebsanweisung oder Arbeitsvertrag verpflichtet zu sein, sollten Sie eine ausdrückliche schriftliche Anordnung des AG oder eine schriftliche Ergänzung Ihres Arbeitsvertrages einfordern. Außerdem ist es ratsam, ein Überstunden-Tagebuch zu führen, um im Streitfalle darlegen und beweisen zu können, an welchen Tagen und zu welchen Zeiten Sie über die übliche Arbeitszeit hinaus gearbeitet haben und außerdem zu vermerken, inwieweit die Mehrarbeit vom AG angeordnet, gebilligt oder geduldet wurde oder zur Erledigung der geschuldeten Arbeit nötig war.

Verwandte Suchbegriffe:

- **Arbeitsvertrag, Rechte und Pflichten aus dem**
- **Erhöhung der Arbeitszeit**
- **Teilzeit**

91. Übung, betriebliche

Fallbeispiel

Die 33-jährige Nicole P. befindet sich in einer Umschulungsmaßnahme zur Kinderpflegerin der Agentur für Arbeit. Die alleinerziehende Mutter von drei Kindern lebt von ALG II. Als sie ihr Praktikum in der Einrichtung der unter katholischer Trägerschaft stehenden Einrichtung „St. Maria“ ableistet, beschließt die zuständige Kirchenstiftung als AG, ihr entgegen der üblichen Praxis ein Praktikumsgehalt von 100 Euro monatlich für die Dauer des viermonatigen Praktikums zu zahlen. Als im nächsten Kindergartenjahr die 20-jährige Marie N. ihr Praktikum antritt, fragt sie schon am ersten Tag nach den 100 Euro. Nicole P. habe ihr erzählt, dass das hier gezahlt würde.

Was bedeutet „betriebliche Übung“?

Ein Arbeitsvertrag kann nicht nur durch schlüssiges Handeln geschlossen, er kann auch durch schlüssiges Handeln erweitert werden. Auch ohne ausdrückliche Vereinbarung mit dem AG kann eine AN also Rechte erwerben. Allerdings muss sich dieses schlüssige Handeln über einen längeren Zeitraum – i.d.R. drei Jahre – erstrecken. In diesen Fällen spricht man von betrieblicher Übung. Gewährt der AG also mindestens drei Jahre hintereinander ohne jeden Vorbehalt eine Leistung, dann kann sich daraus für die Zukunft ein Rechtsanspruch auf diese Leistung für die AN ergeben. Die vier Monate Gehaltszahlung an Nicole P. reichen demnach noch nicht aus, eine betriebliche Übung in der Einrichtung „St. Maria“ zu begründen, ohne dass es dafür auf die Frage ankäme, ob eine solche auch für ihre Nachfolgerin gelten würde.

Welche „betrieblichen Übungen“ sind denn möglich?

Ein Musterbeispiel für die Entstehung eines Rechtsanspruches durch betriebliche Übung ist die Weihnachtsgratifikation. Aber auch Rechtsansprüche auf andere Leistungen können durch betriebliche Übung entstehen: z.B. Ansprüche auf Treueprämien, Zusatzurlaub, Urlaubsgeld, Ruhegeld, Hochzeitsgeschenk, Fahrtkostenzuschüsse, Essensgeld, Betriebsrenten, Arbeitsbefreiung an Rosenmontag etc. Möglich ist auch eine Inbezugnahme von Tarifverträgen durch betriebliche Übung (BAG, NZA 1999, S. 879).

Was sind die Voraussetzungen einer „betrieblichen Übung“?

Ebenso wie die → Gesamtzusage begründet auch die betriebliche Übung einen arbeitsvertraglichen Anspruch, allerdings ist ein Rechtsbindungswille des AG im Gegensatz zur → Gesamtzusage nicht erforderlich: Entscheidend ist allein, dass eine mehrfache Leistungsgewährung vorliegt und aus Sicht der AN ein schutzwürdiges Vertrauen entsteht. Außerdem muss die wiederholte Gewährung unter Berücksichtigung aller Umstände, insbesondere der Verkehrssitte und Treu und Glauben, den Schluss zulassen, dass sich der AG gegenüber der AN dauerhaft binden will. Hieran kann es aber beispielsweise mangeln, wenn die Gewährung ausdrücklich freiwillig und ohne Rechtsbindung für die Zukunft erfolgt oder der AG erkennbar nur seine Verpflichtungen aus einer anderen Rechtsgrundlage (Betriebsvereinbarung, Tarifvertrag) erfüllen will. Im öffentlichen Dienst wird sogar vermutet, dass der AG eher eine Norm vollziehen will. Damit soll generell der Ausschluss einer betrieblichen Übung gegeben sein. Eine Schriftformklausel im Arbeitsvertrag hindert die Entstehung einer betrieblichen Übung normalerweise nicht, wohl aber eine doppelte Schriftformklausel (BAG, NZA 2003, S. 1145).

Kann eine „betriebliche Übung" auch wieder untergehen?

Die Beseitigung von Rechten aus einer betrieblichen Übung ist einvernehmlich oder durch Änderungskündigung möglich. Hingegen führt die sogenannte gegenläufige oder negative betriebliche Übung nach der Rechtsprechung des BAG nicht mehr zur Beseitigung einer betrieblichen Übung (BAG, Urt. vom 18.3.2009 – 10 AZR 281/08).

Verwandte Suchbegriffe:

- **Arbeitsvertrag, Rechte und Pflichten aus dem**
- **Formvorschriften, gesetzliche**
- **Gesamtzusage**
- **Sonderzuwendungen**
- **Tarifvertrag**
- **Urlaub**

92. Unfallversicherungsschutz

Fallbeispiel

Carmen D., Leiterin der Einrichtung „Märchenwald", hat Feierabend. Auf dem Heimweg hält sie mit ihrem Fahrrad noch schnell beim Metzger, um für den wöchentlichen Brunch der Kinder am nächsten Tag den benötigten Aufschnitt zu kaufen. Als sie den Laden verlässt, stürzt sie unglücklich über den Pudel von Frau K., die ihn vor der Tür angebunden hatte. Sie erleidet einen Sehnenabriss sowie Kapselrisse im linken Fuß und ist vier Wochen arbeitsunfähig. Außerdem wird ihre Brille bei dem Sturz beschädigt.

Bin ich unfallversichert?

Ja. Die aufgrund eines Dienst- oder Praktikantenverhältnisses in einer kommunalen Tageseinrichtung für Kinder beschäftigten Erzieherinnen sind – wie andere AN auch – nach § 2 Abs. 1 Nr. 1 und § 8 SGB VII gegen Arbeits- und Wegeunfälle versichert. Entsprechendes gilt nach § 2 Abs. 2

SGB VII auch für ehrenamtliche Helfer (z. B. mitarbeitende Eltern) und nebenberuflich Tätige (z. B. Musikpädagogen, Logopäden etc.), die ohne Begründung eines Beschäftigungs- oder Dienstverhältnisses, entgeltlich oder unentgeltlich, dauernd oder vorübergehend für die Einrichtung wie Beschäftigte tätig werden.

In den Einrichtungen kirchlicher Träger, von Stiftungen, Vereinen oder gemeinnützigen Verbänden ist das Betreuungspersonal bei den jeweils zuständigen Berufsgenossenschaften versichert.

Wie weit reicht mein Versicherungsschutz?

Der Versicherungsschutz umfasst alles, was mit dem Kindergarten bzw. seinen Aktionen in Zusammenhang steht, also auch die direkten Wege von und zum Kindergarten sowie die Wege zu bzw. von einer Veranstaltung zurück. Die gesetzliche Unfallversicherung besteht unabhängig vom gewählten Verkehrsmittel. Versichert ist die Person selbst, also ihr Leben, ihr Körper, ihre Gesundheit. Nicht versichert sind in diesem Zusammenhang aber Sachschäden, also z. B. der beschädigte Pkw. Eine Ausnahme stellen Schäden an sog. Körperhilfsmitteln, wie etwa Brillen, dar oder Sachschäden, die bei einer Hilfeleistung, z. B. bei Unglücksfällen, entstanden sind. Diese Schäden sind versichert. Carmen D. im Fallbeispiel bekommt also nicht nur die Kosten ihrer Heilbehandlung ersetzt, sie kann auch die Kosten für eine neue Brille geltend machen, da der Einkauf beim Metzger für die Einrichtung erfolgte und damit im Zusammenhang mit Aktionen der Einrichtung stand.

Tipp: Für alle Unfälle, die nicht Wege- bzw. Arbeitsunfälle sind, lohnt sich der Abschluss einer privaten Unfallversicherung.

Verwandte Suchbegriffe:

- **Erste-Hilfe, Haftung bei**

93. Unterweisung

Fallbeispiel

Die Arbeitgeberin ist eine gemeinnützige GmbH, die auf dem Gebiet der Kinder- und Jugendhilfe tätig ist. In rund 150 Einrichtungen betreu en 850 Mitarbeiterinnen ca. 3 500 Kinder und Jugendliche. Ende März verständigt sich die Arbeitgeberin und der Gesamtbetriebsrat auf die Einrichtung einer Einigungsstelle zur Regelung der Gefährdungsbeurteilung, Unterweisungen sowie der erforderlichen organisatorischen Vorkehrungen nach § 3 Abs. 2 und § 5 ArbSchG i. V. m. § 3 der BildscharbV sowie i. V. m. § 12 ArbSchG. Es ergeht ein Teilspruch der Einigungsstelle, der eine Betriebsvereinbarung über die „Unterweisung und erforderliche organisatorische Vorkehrungen" zum Gegenstand hat. Der Betriebsrat hält diesen Teilspruch für unwirksam, weil nicht zuvor eine Gefährdungsbeurteilung durchgeführt worden sei.

(Fall nach LAG Saarland, Beschl. vom 8.12.2010 – 1 TaBV 3/10)

Was bringen mir die Unterweisungen?

§ 12 ArbSchG schreibt ausdrücklich vor, dass der AG seine Beschäftigten über Sicherheit und Gesundheit bei der Arbeit während ihrer Arbeitszeit ausreichend und angemessen unterrichten muss. Konkrete Anforderungen an den AG sind:

- angemessene Unterweisung vor Aufnahme einer neuen Tätigkeit;
- danach mindestens jährlich;
- insbesondere zu den sie betreffenden Gefahren, die sich aus den in ihrer unmittelbaren Arbeitsumgebung vorhandenen Arbeitsmitteln ergeben, auch wenn sie diese Arbeitsmittel nicht selbst benutzen;
- die Unterweisungen sollen bei der AN ein Bewusstsein für mögliche Gefahrensituationen schaffen und so verhindern, dass diese akut werden.

Muss das wirklich jedes Jahr aufs Neue gemacht werden?

Jede Leiterin einer Kita muss ihre Mitarbeiterinnen einmal jährlich zur Unterweisung bitten. Ist diese Mindesthäufigkeit vom Gesetzgeber noch festgelegt – eben mindestens einmal jährlich oder bei sich ändernden Arbeitsbedingungen bzw. -aufgaben –, hat er ganz bewusst darauf verzichtet, eine zeitliche Vorgabe hinsichtlich der Mindestdauer festzulegen. Denn auf den Inhalt kommt es an: Eine Kurzunterweisung von fünf bis zehn Minuten zu einem konkret umrissenen Thema kann besser sein als der immer wieder jährlich wiederholte 45-Minuten Vortrag.

Gibt es nicht auch einen einfacheren Weg, dieser Vorschrift nachzukommen?

Ja. Macht Ihr Team Sicherheit und Gesundheitsschutz zum Element einer Unternehmenskultur in Ihrer Einrichtung, kann dies beispielsweise als ständiger Punkt auf der Tagesordnung von Teambesprechungen stehen. Etwaige Neuerungen in diesem Gebiet, die seit der letzten Sitzung bekannt geworden sind, werden dann kurz und knapp abgehandelt. Den Status einer Unterweisung erhält das Ganze dann, wenn der Inhalt stichpunktartig protokolliert und von allen Anwesenden gegengezeichnet wird.

Wir hören jedes Jahr denselben Vortrag. Muss das sein?

Nein. Der Themenbereich „Arbeitssicherheit und Gesundheitsschutz" ist so vielfältig, dass für Abwechslung gesorgt werden kann. Auch ein aufmerksamer Rundgang durch die Einrichtung oder ein Blick in das Auftragsbuch des Hausmeisters gibt Hinweis auf mögliche Themen. Hier nur beispielhaft:

- Führen wir die Aufsicht im Freigelände korrekt?
- Sind unsere Fluchtwege stets frei?
- Sind unsere Feuerlöscher und Notausgänge problemlos zu erreichen?
- Ist die Erste-Hilfe bei uns organisiert?
- Wie gehen wir mit offenem Feuer in den Gruppenräumen und im Freigelände um?
- Etc.

Eine gute Unterweisung fragt auch immer die Erfahrungen und den Informationsbedarf der MA ab. Denn viele AN haben in diesem Bereich Unsicherheiten, etwa was die richtige Aufsichtsführung im Freigelände angeht oder was den Umfang betrifft, in dem die Außenspielgeräte täglich einer Sichtprüfung unterzogen werden müssen. Auch neue Vorschriften zum Unfallschutz, aktuelle Gerichtsurteile oder schwere Einzelunfälle in der eigenen oder einer anderen Einrichtung können Themen für eine Unterweisung sein.

Wie konkret muss denn eine Unterweisung sein?

Das BAG hat die Anforderungen an eine korrekte Unterweisung höchstrichterlich festgestellt. Danach muss eine Unterweisung konkrete Anweisungen und Erläuterungen enthalten, die eigens auf den Arbeitsplatz oder den Aufgabenbereich der Beschäftigten ausgerichtet waren.

Wir werden jährlich unterwiesen, aber eine Gefährdungsbeurteilung für meinen Arbeitsplatz hat noch keiner gemacht. Ist das zulässig?

Nein. Nicht selten versuchen AG, eine teure Gefährdungsbeurteilung dadurch zu umgehen, dass sie anführen, die Gefährdungspotentiale im Betrieb seien allen dort Beschäftigten doch ohnehin bereits bekannt. Nach ständiger höchstrichterlicher Rechtsprechung ist eine aufgabenbezogene Unterweisung ohne vorherige Gefährdungsbeurteilung aber nicht möglich. Im Fallbeispiel hat daher auch der → Betriebsrat obsiegt.

In unserer Einrichtung existieren sogar Betriebsanweisungen. Was soll das eigentlich?

Soweit erforderlich, sind auch Betriebsanweisungen für die bei der Arbeit benutzten Arbeitsmittel den Beschäftigten zur Verfügung zu stellen. Die Betriebsanweisungen müssen mindestens Anweisungen über die Einsatzbedingungen, absehbare Betriebsstörungen und über die bezüglich der Benutzung des Arbeitsmittels vorliegenden Erfahrungen enthalten.

Hier hat die Leitung oder ein Verantwortlicher innerhalb der Einrichtung die Möglichkeit, nach eigenem Ermessen festzustellen, ob eine Betriebsanweisung erforderlich ist oder nicht. Eine Betriebsanweisung für den Gebrauch von Büroklammern und Kugelschreiber wäre ganz offensichtlich überzogen, für Handwerkzeuge, Elektrowerkzeuge, und Maschinen kann dies jedoch ganz anders aussehen (z. B. Speisenwärmer, Mikrowelle oder Aufsitzmäher). Auch diese Entscheidung sollte anhand der → Gefährdungsbeurteilung gefällt werden.

Tipp: Sehen Sie die jährlichen Unterweisungen nicht als lästige Pflicht, sondern als Chance, den Gesundheitsbelastungen, die Ihr Beruf mit sich bringt, vorzubeugen. Dazu können Sie der Leitung auch selbst Themenvorschläge unterbreiten. Einen jährlichen Standardvortrag oder den immer selben Lehrfilm brauchen Sie sich nicht zumuten zu lassen.

Verwandte Suchbegriffe:

- **Arbeitsschutzgesetz**
- **Betriebsrat**
- **Betriebsvereinbarung**
- **Gefährdungsbeurteilung**

94. Urheberrechte der AN

Fallbeispiel

Gesine M. ist Gruppenleiterin in der Einrichtung „Hokuspokus". Anlässlich der Projekttage „Wind, Wasser, Kraft" hat sie eine Versuchsanordnung ersonnen, die die Wirkungsweise eines Wasserkraftwerkes veranschaulicht. Leiterin Claudia R. ist davon so begeistert, dass sie vorschlägt, die Versuchsanordnung auch gleich noch einmal beim Tag der offenen Tür aufzubauen, um den Eltern den wissenschaftlichen Anspruch der Einrichtung zu verdeutlichen. Gesine M. ist hierzu gerne bereit, fragt sich aber nach ihrem Wechsel in eine andere Einrichtung ein paar Monate später, ob die Einwilligung jetzt eigentlich immer noch gilt.

Alles, was ich an Werken erstelle, gehört doch mir, oder?

Um den Facettenreichtum ihrer pädagogischen Arbeit zu verdeutlichen, präsentieren Einrichtungen gern hierfür geeignete pädagogische Materialien wie Versuchsanordnungen, Schautafeln, Malvorlagen etc. auf ihrer Homepage, im Jahrbuch der Einrichtung oder anlässlich des Tages der offenen Tür. Zwar steht das Eigentum an dem körperlichen Werk stets der Einrichtung bzw. dem Träger zu und zwar originär und unmittelbar, ohne dass es eines besonderen Übertragungsaktes seitens der AN bedürfte. Eine andere Frage ist es jedoch, wer die Urheberrechte an dem Werk innehat. Der zugrunde liegende Interessenkonflikt liegt auf der Hand: Jeder AG will die Arbeitsergebnisse seiner Mitarbeiter möglichst ungehindert nutzen und wirtschaftlich verwerten. Schließlich zahlt er für die Arbeit. Der Urheber eines Werkes möchte aber als solcher erkennbar sein, auf die Veröffentlichung seines Werkes Einfluss haben und auch an einer etwaigen wirtschaftlichen Verwertung teilhaben können.

Wenn ich die Urheberrechte habe, kann ich doch selbst bestimmen, was mit meinem Werk geschieht, oder?

Eine persönlich-geistige Schöpfung auf dem Gebiet der Literatur, Wissenschaft und Kunst unterliegt dem Urheberrechtsgesetz. Im Gegensatz dazu schützt das Arbeitnehmererfindungsgesetz eine persönlich-technische Schöpfung, die patent- oder gebrauchsmusterfähig ist. Das Urheberrecht entsteht nach der Vorstellung des Gesetzgebers immer nur in der Person des tatsächlichen Werkschöpfers (sog. Schöpferprinzip), daran ändert auch ein Anstellungsverhältnis nichts. Allerdings besteht nach § 43 UrhG die Pflicht des angestellten Urhebers, dem AG die urheberrechtliche Nutzung an Werken einzuräumen, die er in „Erfüllung seiner Verpflichtungen“ aus dem Arbeitsvertrag geschaffen hat (sog. Pflichtwerke). Für die Frage, ob eine entsprechende Verpflichtung besteht, ist es entscheidend, ob die konkrete schöpferische Tätigkeit gerade eine Hauptleistungspflicht des Arbeitsvertrages darstellt. Hier stellt die Rechtsprechung insbesondere auf die betriebliche Funktion der AN, die Verwendbarkeit des Werkes für den AG sowie das Berufsbild und etwaige Branchenbräuche ab. Ein Pflichtwerk wäre danach beispielsweise die Konzeption, die eine Leiterin im Rahmen ihres Arbeitsverhältnisses für ihre Einrichtung verfasst. Für Pflichtwerke ist auch keine gesonderte Vergütung fällig, da die Erstellung und Überlassung des Werkes regelmäßig mit dem Arbeitslohn abgegolten ist (BAG, NZA 1997, S. 765).

Wann habe ich denn dann überhaupt die alleinigen Rechte an meinen Werken?

Keinesfalls von der gesetzlichen Regelung umfasst sind Werke, die vor oder nach Begründung des Anstellungsverhältnisses geschaffen wurden, sowie Werke, die zwar während eines laufenden Anstellungsverhältnisses geschaffen wurden, aber außerdienstlich (sog. freie Werke). Hier stehen der AN die uneingeschränkten Urheberrechte zu. Nach überwiegender Ansicht in der Literatur besteht allerdings die Verpflichtung, dem AG die Nutzungsrechte gegen Zahlung einer Vergütung anzubieten.

Im Bereich der Arbeitsverhältnisse einer Kindertageseinrichtung wird man davon ausgehen können, dass dem Träger als AG im Zweifel nur diejenigen Rechte eingeräumt wurden, die er zwingend zur Erfüllung seiner betrieblichen Aufgaben, also für den Betriebszweck – eine Kindertageseinrichtung hat den Betriebszweck Bildung, Erziehung und Betreuung von Kindern – benötigt. Im Übrigen verbleiben die Rechte bei der AN.

Eine Versuchsanordnung beispielsweise, die für die „Projekttage Wind, Wasser, Kraft“ von einer pädagogischen Fachkraft ersonnen wurde, kann im Rahmen der pädagogischen Arbeit also selbstverständlich vom AG genutzt werden. Zu Werbezwecken aber auf der Homepage oder einer Schautafel wird man die Nutzung ablehnen müssen, da die Öffentlichkeitsarbeit nicht zum Haupt-Betriebszwecke einer Einrichtung gehört. Eine derartige Nutzung bedarf daher zuvor der schriftlichen Genehmigung der Urheberin.

Und die Übertragung der Nutzungsrechte gilt dann für immer?

Da das Gesetz keine zeitlich unbeschränkte Nutzung durch den AG vorsieht, geht ein Teil der Literatur davon aus, dass das Nutzungsrecht mit dem Ende des Arbeitsverhältnisses endet. Die überwiegende Auffassung in der Literatur geht jedoch davon aus, dass die Rechteübertragung über das Ende des Arbeitsverhältnisses fortwirkt. Gesine M. im Fallbeispiel hätte ihr Nutzungsrecht daher an ihre alte Einrichtung verloren.

Tipp: Werden Sie von Ihrem AG gebeten, die Nutzungsrechte an einem von Ihnen ersonnenen Werk zu übertragen, sollten Sie immer auch eine zeitliche Begrenzung oder „für die Dauer des Arbeitsverhältnisses“ vereinbaren.

Verwandte Suchbegriffe:

- **Arbeitsvertrag, Rechte und Pflichten aus dem**

95 Urlaub

Fallbeispiel

Mathilde S. war von August 2005 bis 31.1.2007 als Erzieherin in der Kindertageseinrichtung „Nepomuk“ beschäftigt, einer Einrichtung in Trägerschaft eines eingetragenen Vereines. Im Juni 2006 erlitt Mathilde R. einen Schlaganfall und war vom 2.6.2006 über das Ende des Arbeitsverhältnisses hinaus zumindest bis August 2007 durchgehend arbeitsunfähig. Sie ist der Ansicht, ihre gesetzlichen Urlaubsansprüche aus den Jahren 2005 und 2006 seien vom AG noch abzugelten. Ihre im Januar 2007 zugestellte Klage hat vor dem BAG Erfolg.

(Fall nach BAG, Urt. vom 24.3.2009 – 9 AZR 983/07 –, NZA 2009, S. 538 = NJW 2009, S. 2238)

Wo ist der Urlaubsanspruch geregelt?

Eine wesentliche Verpflichtung des AG aus dem Arbeitsverhältnis ist die Gewährung von Erholungsurlaub. Jede AN hat nach dem BUrlG in jedem Jahr Anspruch auf bezahlten Erholungsurlaub. Unter Erholungsurlaub versteht man die Freistellung der AN von der Arbeit zum Zwecke der Erholung unter Fortzahlung des Arbeitsentgeltes. Der Urlaubsanspruch kann sich aus dem Gesetz, aus Tarifvertrag, einer Betriebsvereinbarung oder aus dem Einzelarbeitsvertrag ergeben. Die wesentliche gesetzliche Grundlage des Erholungsurlaubs ist das Bundesurlaubsgesetz. Daneben finden sich Sonderregelungen für einzelne AN-Gruppen im JArbSchG und SGB IX für Schwerbehinderte.

Warum muss ich erst eine Wartezeit abwarten?

§ 4 BUrlG bestimmt, dass eine Wartezeit von sechs Monaten nach Beginn des Arbeitsverhältnisses Voraussetzung für den vollen Urlaubsanspruch ist. Erst nach Ablauf dieser Wartezeit kann die AN den vollen bzw. anteiligen Urlaub beanspruchen. Hingegen haben AN nach dem BUrlG auch dann Anspruch auf den vollen Urlaub, wenn sie nach erfüllter Wartezeit in der zweiten Hälfte des Kalenderjahres aus dem Arbeitsverhältnis ausscheiden. Allerdings ist diese Bestimmung in vielen Tarifverträgen abbedungen: Dort ist nicht selten vereinbart, dass die AN, wenn sie in der zweiten Jahreshälfte ausscheidet, nur Anspruch auf anteiligen Urlaub hat.

Scheidet die AN hingegen nach erfüllter Wartezeit in der ersten Hälfte (d.h. bis zum 30.06.) des Kalenderjahres aus, hat sie lediglich Anspruch auf anteiligen Urlaub (Teilurlaub), d.h., sie erhält für jeden vollen Monat des Bestehens des Arbeitsverhältnisses ein Zwölftel des Jahresurlaubs (§ 5 Abs. 1c BUrlG). Durch einen Tarifvertrag kann auch hier eine abweichende Regelung getroffen werden. Anteiliger Urlaub ist auch dann zu gewähren, wenn die AN wegen Nichterfüllung der Wartezeit in dem laufenden Kalenderjahr keinen vollen Urlaubsanspruch erwirbt (§ 5 Abs. 1a BUrlG). Tritt eine AN also beispielweise am 15.7. in ein neues Arbeitsverhältnis ein, hat sie Anspruch auf 5/12 Jahresurlaub. Da nur volle Beschäftigungsmonate berücksichtigt werden, werden die 14 Tage, die über die vier Monate hinausgehen, nicht mitgerechnet.

Dieser Teilurlaub kann aber selbstverständlich erst nach Ablauf der Wartezeit genommen werden. Die AN kann auch verlangen, diesen Teilurlaubsanspruch auf das nächste Kalenderjahr zu übertragen. Sie kann ihn dann zusammen mit dem für dieses Jahr anfallenden Jahresurlaub nehmen (§ 7 Abs. 3 Satz 4 BUrlG). Wird das Arbeitsverhältnis vor Ablauf der Wartezeit beendet, hat die AN dennoch Anspruch auf den anteilig erarbeiteten Urlaub (§ 5 Abs. 1b BUrlG).

Der AG ist verpflichtet, bei Beendigung des Arbeitsverhältnisses der Arbeitnehmerin eine Bescheinigung über den im laufenden Kalenderjahr gewährten oder abgegoltenen Urlaub auszuhändigen (§ 6 BUrlG).

Wie viel Urlaub bekomme ich denn?

Nach § 3 Abs. 1 BUrlG beträgt der Erholungsurlaub für AN ohne Rücksicht auf das Lebensalter mindestens 24 Werktage. Der Samstag ist Werktag. Gesetzliche Feiertage bleiben ebenso wie Sonntage bei der Berechnung des Urlaubs außer Betracht, d. h. fällt ein Wochenfeiertag in den Urlaub, dann verlängert sich der Urlaub um diesen Tag.

Eine tarifvertragliche Regelung, der zufolge jüngere AN im öffentlichen Dienst weniger Urlaubanspruch haben als ältere, ist altersdiskriminierend (BAG, Urt. vom 20.3.2012 – 9 AZR 529/10). Allen AN ist unabhängig von ihrem Alter derselbe Urlaubsanspruch zu gewähren.

Wie lange kann ich meinen Urlaub übertragen?

In § 7 Abs. 3 Satz 1 BUrlG ist der Grundsatz verankert, dass der Urlaub aller Beschäftigten im laufenden Kalenderjahr gewährt und genommen werden muss. Damit soll verhindert werden, dass AN ihre Urlaubsansprüche ansammeln. Innerhalb des Urlaubsjahres bestimmt grundsätzlich der AG kraft seines Direktionsrechtes den Zeitpunkt des Urlaubs. Eine Festlegung, dass das Personal einer Kita den Urlaub vornehmlich in den schwach ausgelasteten Ferienzeiten nehmen muss, ist daher zulässig.

Liegt keine besondere Vereinbarung bzgl. der Übertragung des Urlaubsanspruches auf das nächste Jahr vor, wird der Urlaubsanspruch nur unter den Voraussetzungen des § 7 Abs. 2 BUrlG auf die ersten drei Monate des Folgejahres übertragen. Für den Übergang des Urlaubsanspruches selbst ist weder eine Handlung der AN noch des AG erforderlich. Auch der übertragene Urlaub erlischt, wenn er nicht bis zum 31.3. des Folgejahres genommen wird. Der Übertragungszeitraum nach § 7 Abs. 3 BUrlG kann zwar zugunsten der AN durch Tarifvertrag, Betriebsvereinbarung oder Arbeitsvertrag verlängert werden, aber nur in einem Tarifvertrag wirksam verkürzt bzw. die Übertragung erschwert werden, § 13 Abs. 1 BUrlG.

Verliere ich meinen Urlaubsanspruch, wenn ich lange Zeit krank gewesen bin?

Bislang war es ständige Rechtsprechung des BAG: Wer seinen Urlaub allein wegen einer Erkrankung nicht nehmen konnte, sollte den Anspruch darauf spätestens am 31.3. des Folgejahres verlieren (§ 7 Abs. 3 BUrlG). Besondere Bedeutung erlangte diese Rechtsauffassung immer dann, wenn die Arbeitsunfähigkeit bis zum Ende des Arbeitsverhältnisses angedauert hat. Dann nämlich sollte keine finanzielle Abgeltung des Urlaubsanspruches erfolgen. Ein Abgeltungsanspruch war nur unter der Voraussetzung durchsetzbar, dass die AN nach Beendigung des Arbeitsverhältnisses ihre Arbeitsfähigkeit rechtzeitig wiedererlangt und somit ein Urlaubsanspruch in einem hypothetisch fortbestehenden Arbeitsverhältnis erfüllt werden könnte.

Der EuGH hat dieser Rechtsauffassung jedoch in einem Urteil Anfang 2012 widersprochen (EuGH, NJW 2009, S. 495): Demnach steht Art. 7 Abs. 1 der Arbeitsrichtlinie (2003/88/EG) einem Erlöschen des Urlaubsanspruches zum Jahresende bzw. zum Ablauf des Übertragungszeitraums im Fall einer Langzeiterkrankung entgegen. Die betroffene AN kann bei Beendigung ihres Arbeitsverhältnisses eine Abgeltung für Urlaub verlangen, selbst wenn die Arbeitsunfähigkeit bis zum Ende des Arbeitsverhältnisses angedauert hat. Dieser Auffassung hat sich das BAG nun mit dem Urteil im Fallbeispiel angeschlossen.

Wie der EuGH mit Urt. vom 24.1.2012 – C-282/10 – sowie Urt. vom 20.1.2009 – C 350/06 –weiterhin entschieden hat, haben AN auch dann Anspruch auf bezahlten Jahresurlaub, wenn sie während des gesamten Bezugszeitraums krankgeschrieben waren. Der Jahresurlaubsmindestanspruch darf nicht von einer effektiven Mindestarbeitszeit abhängig gemacht werden. Dies verstieße gegen Art. 7 Abs. 1 der Arbeitszeitrichtlinie 2003/88/EG.

Der EuGH ist aber auch der Auffassung, dass der AG nicht dazu verpflichtet ist, kranken AN eine unbegrenzte Ansammlung von Urlaubs- oder Urlaubsabgeltungsansprüchen zu ermöglichen. Urlaub, den eine Mitarbeiterin – aus welchen Gründen auch immer – nicht rechtzeitig einreicht, darf irgendwann verfallen. Das gilt selbst dann, wenn die AN krank und deshalb gar nicht in der Lage war, ihre freien Tage planmäßig abzufeiern. Der EuGH hat mit Urt. vom 22.11.2011 entschieden: Es ist mit europäischem Recht zu vereinbaren, wenn nationale Rechtsvorschriften oder tarifvertragliche Regelungen vorsehen, dass Urlaub innerhalb einer bestimmten Frist genommen werden muss (EuGH – C-214/10).

Muss ich eine Freistellung zur Urlaubsabgeltung akzeptieren?

Der AG kann Erholungsurlaub auch wirksam vorsorglich nach Ausspruch einer fristlosen Kündigung gewähren (BAG, Urt. vom 14.8.2007 – 9 AZR 934/06). Ein AG kann den Urlaubsanspruch grundsätzlich auch dadurch erfüllen, dass er die AN nach Ausspruch einer Kündigung bis zur Beendigung des Arbeitsverhältnisses unter Anrechnung auf den Urlaubsanspruch freistellt. Die Freistellung muss sich aber auf einen bestimmten zukünftigen Zeitraum beziehen. Eine nachträgliche Urlaubserteilung für Zeiten, in denen aus anderen Gründen eine Arbeitspflicht nicht bestand, ist nicht möglich. Mit der Entscheidung bestätigt das BAG seine nicht unumstrittene Auffassung, nach der eine vorsorgliche Urlaubsgewährung möglich ist, obwohl der AG das Arbeitsverhältnis an sich als beendet betrachtet.

Erfasst mein Abgeltungsanspruch auch den Mehrurlaub?

Der Anspruch auf Abgeltung nicht gewährten Urlaubs im Fall der Langzeiterkrankung umfasst in der Regel auch vertragliche Mehrurlaubsansprüche (BAG, Urt. vom 4.5.2010 – 9 AZR 183/09). In der Praxis haben Unternehmen bislang überwiegend argumentiert, dass sich der Abgeltungsanspruch bei der Beendigung des Arbeitsverhältnisses von langzeiterkrankten Mitarbeiterinnen auf den gesetzlichen Mindesturlaub beschränkt. Mit dieser Entscheidung wurde nun klargestellt, dass im Regelfall auch vertragliche Mehrurlaubsansprüche von der Abgeltung erfasst werden, da in der Praxis bislang kaum Arbeitsverträge existieren, die eine ausdrückliche Differenzierung zwischen gesetzlichen und freiwilligen Urlaubsansprüchen vorsehen.

Wann verfällt mein Urlaub?

In Umsetzung von EU-Recht hat das BAG entschieden: Urlaub verfällt am Jahresende nur noch nach einer Aufforderung zum Urlaubsantritt und einem Warnhinweis durch den AG. (BAG, Urt. vom 19.2.2019 – 9 AZR 541/15)

Tipp: Eine Kündigung, ganz gleich, ob außerordentlich oder ordentlich, muss stets mit einer vorsorglichen Urlaubserteilung bzw. einer den Urlaub kompensierenden Freistellung versehen sein. Fehlt es daran, sollten Sie im Kündigungsrechtstreit die Urlaubserteilung rechtzeitig geltend machen, um einen drohenden Verfall des Abgeltungsanspruches infolge eines Ablaufes des Übertragungszeitraumes nach § 7 Abs. 3 Satz 3 BUrlG zu vermeiden.

Verwandte Suchbegriffe:

- **Arbeitsvertrag, Rechte und Pflichten aus dem**
- **Betriebsvereinbarungen**
- **Diskriminierungsverbot**
- **EG-Arbeitsrecht**
- **Jugendarbeitsschutzgesetz**
- **Schwerbehinderung**
- **Tarifvertrag**

96. Verlängerung befristeter Arbeitsverhältnisse

Fallbeispiel

Marita W. ist sachgrundlos befristet für ein Jahr als Zweitkraft im Kindergarten „Palotti" angestellt. Ihre wöchentliche Arbeitszeit beträgt 20 Stunden wöchentlich. Vor Ablauf dieses Zeitraumes schließt sie mit dem Träger einen auf ein weiteres Jahr befristeten Arbeitsvertrag über 30 Wochenstunden ab. Nach Abschluss des Vertrages erhebt Marita W. Entfristungsklage. Sie obsiegt in allen Instanzen.

(Fall nach BAG, Urt. vom 16.1. 2008 – 7 AZR 603/06 –)

Die Arbeitsverträge meiner Kolleginnen sind alle verlängert worden, nur meiner nicht. Das widerspricht doch dem Gleichbehandlungsgebot, oder?

Leider nicht. Es ist in der Rechtsprechung anerkannt, dass sich aus dem arbeitsrechtlichen → Gleichbehandlungsgrundsatz kein Anspruch einer

AN auf Verlängerung eines sachgrundlos befristeten Vertrages ergibt. Ist sie die einzige von 19 Mitarbeiterinnen, deren vergleichbarer Vertrag nicht verlängert wird, muss sie dies hinnehmen (BAG, Urt. vom 13.8.2008 – 7 AZR 513/07).

Ich habe die mündliche Zusage, dass mein Vertrag verlängert wird. Reicht das schon aus?

Nein. Für eine Befristungsverlängerung ist die Schriftform erforderlich nach §§ 14 Abs. 4 TzBfG, 126 BGB, ansonsten ist sie nichtig. Die Schriftform wird durch die Unterschriften beider Vertragsparteien auf einem einheitlichen Dokument gewahrt. Zur wirksamen Befristung reicht es daher aus, wenn die AN das ihr schriftlich unterbreitete befristete Arbeitsvertragsangebot unterschrieben an den AG zurücksendet (BAG, Urt. vom 26.7.2006 – 7 AZR 514/05).

Mein Arbeitgeber hat mir angeboten, meinen Arbeitsvertrag zu verlängern, allerdings nur, wenn ich in die Krippe unserer Einrichtung wechsele. Ist das rechtens?

Macht der AG die Verlängerung der Befristung eines Arbeitsverhältnisses von bestimmten Bedingungen, beispielsweise von der Zustimmung der AN zu veränderten Arbeitsbedingungen, abhängig, ist dies rechtens – jedenfalls für Befristungen mit Sachgrund (BAG, Urt. vom 13.12.2007 – 6 AZR 200/07).

Mein Arbeitgeber hat mir angeboten, meinen Vertrag zu verlängern, aber mit einer anderen Stundenzahl. Ist das rechtens?

Die Verlängerung eines sachgrundlos befristeten Arbeitsverhältnisses darf grundsätzlich nicht mit einer Änderung der Arbeitsbedingungen einhergehen. Dies gilt unabhängig davon, ob die Änderungen der AN günstig sind oder nicht. Im Fallbeispiel hat die Klägerin gewonnen, weil das Gericht in dem Anschlussvertrag einen neuen Vertrag gesehen hat, der unbefristet geschlossen wurde. Denn durch die Vertragsverlängerung darf sich immer nur der Beendigungszeitpunkt, nicht aber der Arbeitsinhalt ändern. Für Befristungen ohne Sachgrund hat das BAG damit entschieden, dass geänderte Arbeitsbedingungen anlässlich einer Verlängerungsabrede stets zur Unwirksamkeit der Verlängerung und damit zu einem unbefristeten Arbeitsverhältnis führen.

Allerdings sind einvernehmliche inhaltliche Änderungen befristeter Verträge unproblematisch möglich, sofern sie nur zeitlich **vor** der Verlängerungsabrede getroffen werden. Entsprechende Änderungen unterliegen dann nicht der Befristungskontrolle. AG sind also erst dann auf der sicheren Seite, wenn sie nach der Faustformel handeln: Erst ändern, dann verlängern – und zwar am besten mit zeitlichem Abstand.

Tipp: Wird im Rahmen einer Vertragsverlängerung auch eine Vertragsänderung inhaltlicher Art vereinbart, sollten Sie den Arbeitsvertrag von einer Anwältin überprüfen lassen. Die Aussichten für eine erfolgreiche Entfristungsklage stehen dann nämlich gut.

Verwandte Suchbegriffe:

- **Änderung von Arbeitsbedingungen, einseitige**
- **Direktionsrecht**
- **Formvorschriften, gesetzliche**

97. Vorstellungsgespräch

Fallbeispiel

In der Kindertageseinrichtung „Pfiffikus“ führt Leiterin Lisa S. heute Vorstellungsgespräche zur Neubesetzung der Position einer Gruppenleiterin. Flankiert von einem Vertreter des Trägers sowie der Elternbeiratsvorsitzenden fragt sie die 29-jährige unverheiratete Bewerberin Nadine D. zunächst nach eventuellen Vorstrafen, die Nadine D. verneint. Der Trägervertreter möchte alsdann wissen, wie Nadine D. denn so ihre Freizeit verbringe. Da sie unverheiratet sei, könne sie ihr Leben ja noch „in vollen Zügen genießen“. Um die Atmosphäre ein wenig aufzulockern, lässt er dieser Frage ein joviales Gelächter folgen, in das die beiden Damen einstimmen.

Nadine D., die sich fragt, was den Herrn ihre Freizeitaktivitäten angehen und das Gelächter als anzüglich empfindet, entschließt sich zu einer Lüge: Sie sei sehr häuslich und verbringe ihre Abende fast ausschließlich bei ihrer kranken Mutter. Die Elternbeiratsvorsitzende schließlich fragt nach einer bestehenden Schwangerschaft, denn ihr Mann, der in einem großen Betrieb als Mechaniker arbeitet und den sie als Hausfrau immer zu arbeitsrechtlichen Problemen befragt, die ihr als Elternbeiratsvorsitzende begegnen, hat ihr eindringlich dazu geraten: Der Chef seines Betriebes frage das auch immer die weiblichen Bewerberinnen.

Darf bei meinem Vorstellungsgespräch eigentlich jeder dabei sein?

Nein. Zwar taucht in der Praxis einer Kindertageseinrichtung nicht selten die Frage auf, ob und inwieweit der Elternbeirat ein etwaiges Mitwirkungsrecht an personellen Entscheidungen hat. Eventuell denkbare Mitwirkungsrechte des Elternbeirates hinsichtlich der personellen Besetzung einer Kindertageseinrichtung sind jedoch in jedem Fall zwingend begrenzt durch die Persönlichkeitsrechte der Bewerberinnen. So ist eine Kindertagesstätte beispielsweise nicht befugt, dem Elternbeirat Einblick in Personalakten oder Bewerbungsunterlagen zu gewähren.

Ebenfalls untersagt ist dem Elternbeirat die – auch nur passive – Teilnahme an Bewerbungsgesprächen. Da in diesen Gesprächen immer die Möglichkeit besteht, dass persönliche Angelegenheiten der Bewerberinnen zur Sprache kommen, ist es aus datenschutzrechtlichen Gründen nicht gestattet, Personen teilnehmen zu lassen, die nicht unmittelbar dem AG zuzurechnen sind. Das Recht von Elternbeiräten auf Beteiligung beschränkt sich in personellen Angelegenheiten im Wesentlichen darauf, dass ihnen beispielsweise die Anzahl der Bewerberinnen mitgeteilt und sie über die zugrunde zu legenden Auswahlkriterien – beispielsweise im Hinblick auf das pädagogische Konzept der Einrichtung – informiert werden. Darüber hinaus hat der Elternbeirat lediglich die Möglichkeit, Vorschläge zu machen. Diese Vorschläge wirken jedoch in keiner Weise verpflichtend für die jeweilige Einrichtung. Entsprechendes gilt auch für andere personelle Angelegenheiten wie → dienstliche Beurteilungen und → Abmahnungen.

Welche Fragen darf man mir stellen?

In einer Kindertageseinrichtung ist die Leiterin – je nach konkreter Ausgestaltung ihres Verantwortungsbereiches entweder allein oder gemeinsam mit dem Träger – dafür zuständig, Stellen in der Einrichtung auszuschreiben und Einstellungsgespräche mit Bewerberinnen zu führen. Hierbei ist der AG verpflichtet, die Anforderungen des Allgemeinen Gleichbehandlungsgesetzes zu beachten. Unterlässt er dies, macht er sich schadensersatzpflichtig. Das AGG – häufig auch Antidiskriminierungsgesetz genannt – ist seit dem 18.8.2006 in Kraft und enthält → Diskriminierungsverbote. Es ist danach unzulässig, AN wegen ihres Alters, ihres Geschlechtes, ihrer sexuellen Orientierung, Religion oder Weltanschauung, Rasse oder Herkunft zu benachteiligen. Aufgrund dieses Gesetzes wurde weiterhin § 81 SGB IX mit einem → Diskriminierungsverbot für Menschen mit → Schwerbehinderung ergänzt.

Über die gesetzlichen Regelungen des AGG hinaus hat sich eine Rechtsprechung gefestigt, wonach im Einstellungsgespräch nur nach solchen Tatsachen zu fragen sein darf, die im Hinblick auf das angestrebte Arbeitsverhältnis für den AG von „berechtigtem, billigenswertem und schutzwürdigem Interesse" sind. Das sind Fragen, die einen konkreten Bezug zum Arbeitsplatz haben. Alle anderen Fragen verstoßen als sog. „Intimbefragungen" gegen Art. 1 und 2 GG.

Die Frage von Lisa S. nach eventuellen Vorstrafen war sicher zulässig, da die pädagogische Arbeit mit Kindern ein ausgeglichenes und zuverlässiges Wesen erfordert. Etwaige Vorstrafen wegen beispielsweise Körperverletzungsdelikten oder Delikte gegen die sexuelle Selbstbestimmung sind daher im Hinblick auf das angestrebte Arbeitsverhältnis für den AG von berechtigtem Interesse und werden im Übrigen bei Einstellung durch das Erfordernis der Vorlage eines → erweiterten Führungszeugnisses ohnehin offenbar.

Selbstverständlich darf nach beruflichen und fachlichen Fähigkeiten, Kenntnissen und Erfahrungen sowie nach dem bisherigen beruflichen Werdegang, nach Prüfungs- und Zeugnisnoten gefragt werden.

Hinsichtlich bestehender Krankheiten darf nach gefestigter Rechtsprechung dann gefragt werden, wenn diese im Zusammenhang mit dem einzugehenden Arbeitsverhältnis stehen. Nach überwiegender Auffassung in der Literatur ist auch die Frage nach einer Aids-Erkrankung uneingeschränkt zulässig, da aufgrund der Schwere der Krankheit unmittelbare Auswirkungen auf die Leistungsfähigkeit der AN zu befürchten sind. Und: Auch nach einer Aids-Infektion darf beim Erzieherberuf im Hinblick auf den teils engen persönlichen Umgang mit den Kindern, den häufigen Körperkontakt und Hantieren der Fachkräfte mit Messern, Scheren etc.

gefragt werden, da hier anerkanntermaßen ein berechtigtes Interesse des Trägers, der Kinder und ihrer Eltern an der Frage besteht.

Welche Fragen darf man mir nicht stellen?

Bis zum Inkrafttreten des AGG hat die Rechtsprechung für die Zulässigkeit der Frage nach einer bestehenden **Schwangerschaft** auf § 611a BGB zurückgegriffen: § 611a BGB verbietet dem AG, die Bewerberin wegen ihres Geschlechtes mittelbar oder unmittelbar zu benachteiligen. Nach der bis dahin geltenden Rechtsprechung des BAG war die Frage nach einer bestehenden Schwangerschaft immer dann zulässig, wenn sich nur Frauen auf einen Arbeitsplatz bewerben, da in diesem Fall keine geschlechtsspezifische Benachteiligung i. S. v. § 611a BGB vorliegen könne. Die neue Rechtsprechung orientiert sich jedoch am EuGH und hält mit ihm die Frage nach der Schwangerschaft zumindest bei unbefristeten Verträgen generell nicht mehr für zulässig. Das gilt auch dann, wenn sich – was bei Kindertageseinrichtungen noch immer der Regelfall ist – nur Frauen bewerben. Diese Neuerung gilt zunächst zwar nur für unbefristete Verträge. Da aber der EuGH in Fällen eines befristeten Vertrages die Frage nach einer bestehenden Schwangerschaft ebenfalls bereits für unzulässig entschieden hat, ist absehbar, dass auch das BAG in einem Fall von einem befristeten Arbeitsverhältnis in dieser Weise entscheiden wird. Dieses bleibt jedoch abzuwarten.

Nach § 611a BGB darf *„ein Arbeitgeber einen Arbeitnehmer bei einer Vereinbarung oder einer Maßnahme (... ...) nicht wegen seines Geschlechtes benachteiligen."*

Ein hiermit vergleichbares Diskriminierungsverbot enthält nach den Bestimmungen des AGG auch § 81 SGB IX für Schwerbehinderte. Das bedeutet: Die bis zum Inkrafttreten des AGG noch zulässige Frage nach einer **Schwerbehinderung** ist nun verboten. Auch hier gilt jedoch wieder eine Ausnahme: Wenn in der Stellenanzeige gerade die besondere Bevorzugung Schwerbehinderter angekündigt wurde, darf danach gefragt werden.

Ebenfalls unzulässig ist die Frage nach der Zugehörigkeit zu einer **Religion** oder Sekte. Eine Ausnahme hiervon bilden nur die Fälle, in denen eine konfessionelle Trägerschaft vorliegt und die Zugehörigkeit zu einer bestimmten Konfession Einstellungsvoraussetzung ist. Hier bestehen aufgrund des Selbstbestimmungsrechtes der Kirchen weitergehende Pflichten des Arbeitnehmers zur christlichen Lebensführung. Da in diesen Fällen bereits in der → Stellenanzeige diese bestimmte Voraussetzung genannt ist, wird es im Regelfall beim Einstellungsgespräch nur wenige Probleme geben.

Gerade Trägervertreter, die in halbprofessionellen Kontexten wie Ehrenämtern oder Elterninitiativen tätig sind, berühren häufig aus wohlmeinender Motivation heraus private Themen, etwa um die Gesprächsatmosphäre ein wenig aufzulockern und der Bewerberin die Aufregung zu nehmen, aber auch, um die Atmosphäre in der Einrichtung als familiär und kollegial darzustellen. Indes: Absolut unzulässig sind Fragen, die die **Privatsphäre** der Bewerberin betreffen. Also z. B.:

- „Haben Sie einen festen Freund?“
- „Ist eine Hochzeit geplant?“
- „Wie verbringen Sie Ihre Freizeit?“
- „Verstehen Sie sich mit Ihren Eltern?“
- „Wie verhüten Sie?“

Die Frage nach einer **Gewerkschaftszugehörigkeit** ist grundsätzlich unzulässig.

Die Frage nach der bislang bezogenen **Vergütung** ist dann unzulässig, wenn die beim bisherigen AG bezogene Vergütung für die erstrebte Stelle keine Aussagekraft besitzt und die Bewerberin sie darüber hinaus auch nicht von sich aus als Mindestvergütung für ein neue Stelle gefordert hat.

Lohn- und Gehaltspfändungen verursachen beim AG erheblichen Verwaltungsaufwand und sind mit erheblichen haftungsrechtlichen Risiken behaftet. Deswegen hat er ein anerkanntes berechtigtes Interesse daran, zu erfahren, ob zum gegenwärtigen Zeitpunkt Lohn- oder Gehaltspfändungen vorliegen. Für die Vergangenheit hat er sich allerdings nicht zu interessieren.

Wann darf ich lügen?

Nach ständiger Rechtsprechung des BAG stellt bereits eine falsche Antwort auf eine zulässig gestellte Frage einen Kündigungsgrund oder eine arglistige Täuschung dar. Wann aber darf man lügen? Selbstverständlich können Sie sich weigern, eine unzulässige Frage zu beantworten. Praktisch ist das jedoch keine Lösung, weil Sie dann damit rechnen müssen, die Stelle nicht zu bekommen. Nach herrschender Meinung in der Literatur ist deshalb eine falsche Antwort – wie sie Nadine D. im Fallbeispiel hinsichtlich ihrer Freizeitgestaltung gegeben hat – nur dann eine sog.

arglistige Täuschung, wenn die Frage zulässig war. Im Umkehrschluss bedeutet dies: Auf unzulässige Fragen dürfen Sie immer falsch antworten.

Man hat mir falsche Versprechungen gemacht, was soll ich jetzt tun?

Der AG hat bei den Einstellungsverhandlungen die Pflicht, die Bewerberin zu unterrichten, sofern der vakante Arbeitsplatz überdurchschnittliche Anforderungen in fachlicher oder gesundheitlicher Hinsicht stellt. Über die wirtschaftliche Situation seines Betriebes oder Unternehmens braucht er keine Angaben zu machen, es sei denn, die zukünftigen Gehälter sind gefährdet. Keinesfalls darf der AG falsche Vorstellungen von einem bestimmten Karriereverlauf wecken oder auch nur den Eindruck erwecken, die Bewerberin könne ihre bisherige Stelle beruhigt kündigen, da sie die erstrebte schon sicher habe. Anderenfalls kann sich der AG bei mangelnder Realisierung der Versprechungen gegenüber der AN schadensersatzpflichtig machen. Malt Lisa S. beispielsweise im Gespräch einen Karriereverlauf dergestalt aus, dass Nadine D. sicher bald den Posten der ständigen stellvertretenden Leiterin erhalten könne, da die bisherige Stelleninhaberin geheiratet habe und wohl bald wegziehen werde, haftet sie Nadine S. für den Schaden, den diese erleidet, etwa weil sie zwecks Wechsel zu „Pfiffikus" auf bessere Verdienstmöglichkeiten in ihrer alten Einrichtung verzichtet hat.

Wer zahlt meine Kosten?

Werden Sie vom AG zur Vorstellung eingeladen oder aufgefordert, so hat der AG die Kosten zu tragen. Dies gilt unabhängig davon, ob das Arbeitsverhältnis zustande kommt oder nicht. Nach einem Urt. des BAG (NZA 1989, S. 468) sind der Bewerberin alle ihr erwachsenden notwendigen Auslagen wie Übernachtungs- und Verpflegungskosten sowie Verdienstausfälle – beispielsweise für privates Babysitting am Nachmittag, das Sie wegen des Termins nicht leisten können – zu ersetzen. Zwar kann der AG einen Anspruchsausschluss bzw. -beschränkung formulieren, diese muss aber eindeutig im Einladungsschreiben erklärt werden.

Tipp: Erhalten Sie eine schriftliche Einladung zum Vorstellungsgespräch, sollten Sie den Brief zwecks Geltendmachung von Kosten gut aufbewahren, um in Bestreitensfalle beweisen zu können, dass Sie eingeladen wurden. Bei mündlichen Einladungen sollten Sie sich, wenn möglich, Zeugen verschaffen.

Verwandte Suchbegriffe:

- **Arbeitsverhältnis im kirchlichen Dienst**
- **Beschäftigungsverbot**
- **Beurteilungen, dienstliche**
- **Führungszeugnis, erweitertes**
- **Kündigungsschutz**
- **Stellenanzeige**

98. Whistleblowing

Fallbeispiel

Im Frühjahr 2009 wenden sich die Teilzeitkräfte Katrin S. und Kerstin B. an den Träger der Krippe „Sonnenkäfer" und berichten ihm von abnormen Erziehungsmethoden ihrer Kolleginnen Ramona R. und Ilona S.: Diese würden die Ein- bis Dreijährigen zwangsfüttern und misshandeln. Einem Mädchen sei der Mund mit Pflastern zugeklebt worden, damit es still ist. Als ein Junge eingekotet habe, habe Ramona R. ihm mit seiner Hand den Kot ins Gesicht gerieben und ihn dann abgewaschen. Weiter gibt Katrin S. an, die Kolleginnen brüllten auf die Kinder ein. Keiner dürfe die Kinder drücken oder in den Arm nehmen, wenn sie weinen. Kerstin B. berichtet, das Essen werde den Kindern reingestopft und anschließend der Mund zugehalten. Die Kinder weinten dann. Täglich passiere das. Fünf Kinder von den 13 würden zwangsgefüttert. Ein Junge hätte sich bei der brutalen Prozedur übergeben müssen. Daraufhin habe Ilona S. ihn gezwungen, sein Erbrochenes zu essen.

Als der Träger keine Reaktion auf den Bericht zeigt, wenden sich die beiden Mitarbeiterinnen an die Öffentlichkeit. Der Fall kommt vor das Strafgericht. Ramona R. und Ilona S. wird mehrfache Nötigung und Körperverletzung vorgeworfen.

(Fall nach Bild online vom 24.11.2009)

Wie schütze ich mich vor einer Kündigung, wenn ich whistleblowe?

Der Zivilcourage von Katrin S. und Kerstin B. ist es zu verdanken, dass die Missstände in der Kita „Sonnenkäfer" aufgedeckt wurden. Nachdem der Träger keine Reaktion zeigte, haben sie sich an die Eltern und die Öffentlichkeit gewandt. Dieses als „Whistleblowing" genannte Verhalten wird anders als in den USA und Großbritannien in Deutschland aber keineswegs immer als Heldentat gefeiert. Whistleblower haben in Deutschland keine Lobby und gelten nicht selten als Nestbeschmutzer und geltungssüchtige Querulanten. Viele erhalten auch die → Kündigung ihres Arbeitsverhältnisses. Vor Gericht wird dann darum gestritten, welche Rechte im konkreten Einzelfall höherwertiger sind: Das der AN auf Ausübung ihres Grundrechtes auf freie Meinungsäußerung oder das Recht des AG auf Einhaltung der arbeitsvertraglichen Treuepflicht – nicht selten mit ungewissem Ausgang für die Beteiligten. Sieht das Arbeitsgericht das Verhalten des Whistleblowers als unverhältnismäßig an oder hat dieser wissentlich oder leichtfertig falsche Angaben gemacht, ist eine → Kündigung erlaubt.

Tipp: Nachdem der Bundesrat ein Gesetz gestoppt hat, dass die EU-Hinweisgeber-Richtlinie, die einen wirksamen Schutz vor Repressalien vorsieht, umsetzen sollte, hat die EU-Kommission die Bundesrepublik Deutschland wegen des unzureichenden Schutzes von Hinweisgebern vor dem Europäischen Gerichtshof verklagt. Bis zu einer Entscheidung in dieser Sache sollten Sie Whistleblow-Aktionen niemals ohne begleitenden anwaltlichen Rat durchführen!

Verwandte Suchbegriffe:

- **Abmahnung**
- **Datenschutz**
- **Grundrechte im Arbeitsrecht**
- **Kündigung**
- **Schweigepflicht**

99. Wiedereinstieg in den Beruf

Fallbeispiel

Elisabeth K., 50 Jahre, will es nun endlich wissen: Die gelernte Erzieherin war in den letzten 23 Jahren mit der Betreuung und Erziehung ihrer sieben Kinder beschäftigt. Doch nun will sie ihre Ausbildung und ihre Erfahrung als Mutter in den Beruf als Erzieherin einbringen. Als sie sich bei der Agentur für Arbeit arbeitssuchend meldet, ist man dort zuversichtlich, sie vermitteln zu können. Schließlich fehlen in Deutschland derzeit 230.000 Fachkräfte in der Kindertagesbetreuung!

Welche Leistungen erhalte ich vom Arbeitsamt?

Die Agentur für Arbeit erbringt diverse Leistungen zur Förderung der Aufnahme einer Beschäftigung. Um in den Genuss dieser Förderungen zu gelangen, ist aber die Arbeitslosmeldung bzw. Arbeitssuchmeldung bei der zuständigen Agentur unabdingbare Voraussetzung. Selbst wenn kein Anspruch auf Arbeitslosengeld besteht, können nur unter dieser Voraussetzung Fortbildungen oder Umschulungen finanziert, finanzielle Hilfen zur Aufnahme einer Beschäftigung geleistet und eine Arbeitsstelle durch die Agentur für Arbeit vermittelt werden.

Die Erst-Arbeitslosmeldung kann nur persönlich erfolgen. Da hier Ihre Daten erfasst werden, sollten Sie unbedingt an Ihren Personalausweis denken. Arbeitslos ist, wer vorübergehend nicht in einem Beschäftigungsverhältnis steht, eine versicherungspflichtige, mindestens 15 Stunden wöchentlich dauernde versicherungspflichtige Beschäftigung sucht, dabei alle Möglichkeiten nutzt und nutzen will, um seine Beschäftigungslosigkeit zu beenden und den Vermittlungsbemühungen der Agentur für Arbeit zur Verfügung steht.

Verfügbar ist, wer den Vermittlungsbemühungen der Agentur für Arbeit zur Verfügung steht (§ 138 Abs. 1 SGB III). Einem Vermittlungsangebot der Agentur für Arbeit muss zeit- und ortsnah gefolgt werden können. Das setzt voraus, dass die Arbeitslose in der Lage ist, Mitteilungen der Agentur für Arbeit persönlich zur Kenntnis zu nehmen, die Agentur aufzusuchen und eine vorgeschlagene Arbeit anzunehmen.

Wenn Sie diesen Voraussetzungen entsprechen, können Sie unterstützende Leistungen in Form von Zuschüssen zu Bewerbungs- und Reisekosten erhalten. Auch Mobilitätshilfen können u. U. gewährt werden. Diese umfassen Fahrtkostenbeihilfe, Ausrüstungsbeihilfe, Übergangsbeihilfe, Trennungskostenbeihilfe und Umzugskostenbeihilfe. Auch eine Förderung durch das sog. Aufstiegs-BaföG kommt in Betracht.

Nach dem TVöD werden Erzieherinnen, die die Ausübung ihres Berufes längere Zeit unterbrochen haben, wieder als Berufsanfänger eingruppiert.

Was hat es denn mit den sog. Trainingsmaßnahmen auf sich?

Neben den klassischen Angeboten wie Weiterbildung und Lohnkostenzuschüsse sieht das SGB III auch sog. Trainingsmaßnahmen vor. Die

Förderung besteht darin, dass während der Trainingsmaßnahme das Arbeitslosengeld weitergezahlt wird. Auch die Kosten der Maßnahme selbst können übernommen werden, dazu zählen neben den reinen Lehrgangskosten auch die Fahrtkosten sowie die Kosten für die Betreuung aufsichtsbedürftiger Kinder. Die Förderung kann insgesamt bis zu zwölf Wochen in Anspruch genommen werden.

Tipp: Ein Orientierungskurs für Wiedereinsteigerinnen kann Ihnen Tipps und Anregungen liefern und fördert den Austausch mit anderen Betroffenen. Aufgrund der Bestimmungen des SGB III (§§ 29, 30 SGB III) haben Sie außerdem einen gesetzlichen Anspruch auf umfassende Beratung durch die Agentur für Arbeit.

Verwandte Suchbegriffe:

- **Diskriminierungsverbot**
- **Stellenanzeige**
- **Vorstellungsgespräch**

100. Zeugnis

Fallbeispiel

Dicke Luft im Kindergarten „Milchzahn“. Leiterin Uschi D. bespricht mit einem Vertreter des Trägers, wie es weitergehen soll, denn Uschi D. ist nicht zufrieden damit, wie der Träger ihr in der Zusammenarbeit mit den Eltern den Rücken stärkt. Als auch heute wieder nur Beschwichtigungen kommen, zieht Uschi D. die Konsequenzen. Sie kündigt und verlangt ein Zeugnis. Als sie es erhält, ist sie entsetzt: Der Träger bescheinigt ihr eine lediglich befriedigende Arbeitsleistung mit den Worten: „Frau D. erledigte die ihr übertragenen Aufgaben zu unserer Zufriedenheit.“ Uschi D. ist nicht bereit, das hinzunehmen und vereinbart einen Termin beim Anwalt: Sie will Klage auf Zeugnisberichtigung erheben.

Was genau muss drinstehen?

Nach § 109 GewO hat jede AN bei Beendigung des Arbeitsverhältnisses gegen ihren AG Anspruch auf Erteilung eines schriftlichen Arbeitszeugnisses. Wie dieses Zeugnis konkret abzufassen ist, steht im Ermessen des Ausstellers. Er ist in Wortwahl und Satzbau frei und hat einen großen Beurteilungsspielraum. Das Zeugnis muss allerdings zwei Grundsätzen entsprechen:

- Grundsatz der Zeugniswahrheit
- Grundsatz der wohlwollenden Beurteilung durch den Arbeitgeber

Das bedeutet: Die Pflicht zur Wahrheit hat zwar bei der Ausstellung eines Zeugnisses absoluten Vorrang, doch soll das unter Beachtung des Wahrheitsgebotes ausgestellte Zeugnis auch von einem verständigen Wohlwollen gegenüber der Mitarbeiterin getragen sein. Das Zeugnis darf das berufliche Fortkommen der Mitarbeiterin keinesfalls unnötig erschweren. Darüber hinaus hat die Rechtsprechung zahlreiche Anforderungen entwickelt, die an Form und Inhalt eines Zeugnisses zu stellen sind. Diese machen es erforderlich, dass auch scheinbar unwichtige oder selbstverständliche Aspekte bei der Ausstellung eines Arbeitszeugnisses sorgfältig zu beachten sind.

Muss ich unbedingt ein Zeugnis fordern? Das kommt doch automatisch, oder?

Laut Gesetz hat den Anspruch auf ein Zeugnis die Mitarbeiterin. Diesen Anspruch muss sie aber geltend machen. Das bedeutet, sie muss vom AG unmissverständlich ein Zeugnis verlangen, denn dieser ist nicht verpflichtet, ohne Anforderung Zeugnisse zu erstellen. Über diese Rechtslage muss er sie auch nicht informieren oder ihr einen entsprechenden Hinweis geben.

Wer stellt das Zeugnis denn aus? Etwa meine Gruppenleiterin?

Verpflichtet zur Zeugniserstellung ist der AG, bei einer Kindertageseinrichtung also der Träger. Er kann sich aber einer angestellten Vertreterin – in der Regel die Leiterin – für die Erstellung und Unterzeichnung bedienen. Die Leiterin wiederum kann für die Erstellung ebenfalls eine Vertreterin berufen. Voraussetzung hierfür ist aber immer, dass die Vertreterin der scheidenden Mitarbeiterin erkennbar als eine ranghöhere Kollegin vorgesetzt war. Dies ist immer dann der Fall, wenn sie ihr Weisungen erteilen konnte. So kann die stellvertretende Leiterin der Gruppenleiterin ein Zeugnis ausstellen, die Praxisanleiterin der Praktikantin. Das Zeugnis einer Leiterin wie im Fallbeispiel kann nur der Träger erstellen.

Dies gilt auch für öffentliche AG: Seit einem Urt. des BAG vom 4.10.2005 – 9 AZR 507/04 – ist klar, dass die zunächst für die Privatwirtschaft aufgestellte und mittlerweile gefestigte Rechtsprechung auch auf Zeugnisse übertragen werden kann, die von AG des öffentlichen Dienstes geschuldet werden. Damit ist jedes Zeugnis zumindest auch von ranghöheren Vorgesetzten zu unterzeichnen, da ihnen ansonsten die erforderliche Überzeugungskraft fehlt. Der öffentliche AG kann also die Zeugniserteilung auf andere Betriebsangehörige übertragen, er muss aber sicherstellen, dass diese ranghöher sind als die zu Beurteilende.

Mein letztes Zeugnis habe ich bekommen, als ich schon sechs Monate an meinem neuen Arbeitsplatz war. Ist das rechtens?

Zwar entsteht der Zeugnisanspruch laut Gesetz erst bei Beendigung des Arbeitsverhältnisses. Die Pflicht zur Zeugniserstellung trifft den AG allerdings schon ab Zugang des Zeugnisverlangens. Anderenfalls könnte sich die scheidende Mitarbeiterin kaum auf eine neue Stelle bewerben. Als eine angemessene Frist gelten ca. 14 Tage. Fällt in diese Frist eine planbare Verzögerung wie beispielsweise der Urlaub des Ausstellers, ist es ratsam, das Zeugnis vorher noch auszustellen, denn nur nicht planbare Verzögerungen wie z. B. Krankheiten verlängern die Frist in einem angemessenen Umfang, also regelmäßig um die Fehltage.

Die Frist gilt auch, wenn ein Kündigungsrechtsstreit anhängig sein sollte. Keinesfalls darf hier etwa erst den Ausgang des Rechtsstreits abgewartet werden. Ebenso ist es seitens des AG nicht zulässig, an dem Arbeitszeugnis wegen irgendwelcher Gegenforderungen ein Zurückbehaltungsrecht geltend zu machen. Schuldet die Mitarbeiterin beispielsweise noch Literatur aus dem Kindergartenbestand, darf mit der Zeugnisaushändigung nicht etwa abgewartet werden, bis sie die Bücher zurückgegeben hat.

Mein Zeugnis hatte Flecken und Eselsohren. Muss ich mir das bieten lassen?

Hat die Einrichtung üblicherweise einen offiziellen Briefbogen, so ist dieser auch für das Zeugnis zu verwenden. Ansonsten ist das Zeugnis auf haltbarem Papier von guter Qualität in einheitlicher Maschinenschrift abzufassen und darf keine Flecken, Radierungen, Verbesserungen, Streichungen, handschriftlichen Vermerke oder Ähnliches enthalten. Es ist immer mit dem Datum des Endes des Arbeitsverhältnisses zu versehen, es sei denn, die Mitarbeiterin verlangt das Zeugnis erst mehrere Wochen nach Beendigung des Arbeitsverhältnisses. Dann erhält das Zeugnis das Datum der tatsächlichen – späteren – Erteilung. Weiterhin ist es eigenhändig zu unterschreiben. Die elektronische Form ist nach § 109 Abs. 3 GewO ausgeschlossen. Das bedeutet, Fax und E-Mail genügen den Formerfordernissen für ein Arbeitszeugnis nicht.

Meine Leiterin hat mich gefragt, ob ich ein einfaches oder qualifiziertes Zeugnis haben will. Wo ist denn da der Unterschied?

In aller Regel ist in einer Kindertageseinrichtung ein sog. qualifiziertes Zeugnis auszustellen. Das qualifizierte Zeugnis enthält sämtliche Bestandteile des einfachen Zeugnisses (Name, Adresse, Daten der Berufsausübung). Darüber hinaus muss nach § 109 Abs. 1 Satz 3 GewO hier aber auch „Leistung und Verhalten" der Mitarbeiterin beschrieben werden.

Unter dem Begriff „Leistung" sind Faktoren wie die folgenden zu verstehen:

- Leistungsfähigkeit, also Können, Wissen, Fertigkeiten etc.,
- Leistungsbereitschaft und das berufliche Engagement,
- erzielte Erfolge, also Arbeitsqualität, Arbeitstempo, Arbeitsökonomie.

Bei Abfassung dieses Teiles des Zeugnisses sind zwangsläufig Wertungen vorzunehmen, denn die bloße Mitteilung von Tatsachen schließt sich schon begrifflich aus. Dem AG wird ausdrücklich ein Beurteilungs- und Ermessensspielraum zugestanden, in Satzbau und Wortwahl ist er frei. Wegen des oben dargestellten Grundsatzes der Wahrheit ist es dem AG nicht gestattet, Leistungen, mit denen er nicht zufrieden war, schönzufärben oder gar eine unliebsame Mitarbeiterin förmlich „wegzuloben". Dies wäre ein grober Verstoß gegen § 109 Abs. 2 GewO, der Schadensersatzansprüche des Folgearbeitgebers begründet.

Die Angaben über das Verhalten beziehen sich auf das sog. Sozialverhalten der Mitarbeiterin bei der Arbeit, also auf ihr Verhältnis zu Leiterin, Kolleginnen, Eltern und Kindern. Es ist stets nur das Verhalten im Betrieb zu bewerten; was die Mitarbeiterin in ihrem Privatleben macht, gehört nicht in das Zeugnis. Außerdem dürfen nur arbeitsplatzrelevante Eigenschaften genannt werden. Einmalige Vorfälle gehören nicht ins Zeugnis. Dies wird dann bedeutsam, wenn aufgrund eines einmaligen Vorfalles gekündigt wurde: Dann darf gegen den ausdrücklichen Wunsch der Mitarbeiterin der Beendigungsgrund nicht genannt werden. Scheidet die Mitarbeiterin hingegen auf eigenen Wunsch aus, werden sich keine Probleme ergeben, wenn dies auch als Beendigungsgrund in das Zeugnis aufgenommen wird, beispielsweise mit der Formulierung: „Die Mitarbeiterin scheidet auf eigenen Wunsch aus."

Gibt es nun geheime Formulierungen oder nicht?

Nein. § 109 Abs. 2 Satz 2 GewO verbietet geheime oder doppelsinnige Ausdrucksweisen. Außerdem besteht die Verpflichtung, stets wohlwollend zu formulieren, auch wenn unangenehme Dinge gesagt werden müssen. Diese nicht ganz leichte Aufgabe wird besser bewältigt, wenn man auf spezielle Formulierungen, eine bestimmte „Zeugnissprache", zurückgreift, mit der ungünstige Beurteilungen möglichst positiv klingend formuliert werden können. So setzt sich der AG nicht dem Vorwurf aus, unklar, missverständlich oder gar falsch zu werten und informiert den Folgearbeitgeber korrekt.

Zur Gesamtbeurteilung der Leistung ist es üblich, Abstufungen zu verwenden, wie sie jeder aus der Schule kennt:

- *Sehr gut*: „Sie hat die ihr übertragenen Aufgaben stets zu unserer vollsten Zufriedenheit erledigt."
- *gut*: „stets zu unserer vollen Zufriedenheit"
- *befriedigend*: „zu unserer vollen Zufriedenheit"
- *ausreichend*: „zu unserer Zufriedenheit"
- *mangelhaft*: „im Großen und Ganzen zu unserer Zufriedenheit"

Darüber hinaus gibt es bestimmte Einzelformulierungen, mit denen sensible Thematiken so dargelegt werden können, dass sie richtig verstanden werden, beispielsweise:

- *„Sie hat alle Arbeiten ordnungsgemäß erledigt"*: Sie zeigte keinerlei Eigeninitiative
- *„Sie war ein gutes Vorbild durch ihre Pünktlichkeit"*: Sie war nur pünktlich und hat schlechte Arbeitsleistungen erbracht.
- *„Ihr Verhalten gegenüber Mitarbeiterinnen und Vorgesetzten war stets einwandfrei"*: Die Mitarbeiterinnen werden zuerst genannt. Die AN

hatte also zu ihren Kolleginnen ein besseres Verhältnis als zu ihrer Vorgesetzten.

- *„Ihre Auffassung wusste sie intensiv zu vertreten"*: Die Mitarbeiterin war vorlaut.
- *„Sie hat zur Verbesserung des Betriebsklimas beigetragen"*: Sie hatte gegen einen Schluck Alkohol im Dienst nichts einzuwenden.

Nach einem Urt. des BAG vom 14.10.2003 – 9 AZR 12/03 – ist die Beweislastverteilung beim Anspruch auf Änderung der Zeugnisformulierungen geregelt: Da eine AN prinzipiell Anspruch auf eine durchschnittliche Bewertung hat, ist sie darlegungs- und beweislastpflichtig, wenn sie in einem qualifizierten Zeugnis eine überdurchschnittliche Beurteilung erstrebt. Umgekehrt trägt der AG die Darlegungs- und Beweislast dafür, dass nicht doch eine durchschnittliche Leistung vorlag.

Tipp: Erhalten Sie ein Zeugnis, sollten Sie dieses immer von einer Fachfrau überprüfen und „übersetzen" lassen, bevor Sie sich damit auf eine neue Stelle bewerben.

Verwandte Suchbegriffe:

- **Beurteilung, dienstliche**
- **Kündigung**
- **Personalakte, Einsicht in die**

Literaturhinweis

Sämtliche in diesem Buch verwendeten Definitionen entstammen Creifelds, Rechtswörterbuch, 23. Auflage, München 2019

Stichwortverzeichnis

L

M

N

O

P

Q

R

U

V

W

Z

von Langen

Rechtsverhältnisse und Aufsichtspflichten in Kindertagesstätten (eBook)

Der Ratgeber vermittelt praxisnah und leicht verständlich die vielfältigen Rechtskenntnisse, ohne die Erzieher*innen heute in ihrer facettenreichen Arbeit vor Ort nicht mehr handeln sollten; so knapp wie möglich, jedoch stets so detailliert und anwenderorientiert wie nötig. Der Titel stützt die steigenden Anforderungen an die Qualität professionellen Könnens von Erzieher*innen und nicht zuletzt die bewusste Herausbildung und Optimierung institutioneller Handlungsqualität.

3. Auflage 2020, eBook, 208 Seiten, ISBN 978-3-8293-1635-4, 17,99 €

Kepert | Fegert

Multiprofessioneller Kinderschutz an der Schnittstelle Jugendhilfe - Medizin

Dieses Handbuch stellt praktische Möglichkeiten des Informationsaustauschs zwischen der Jugendhilfe und Berufsgeheimnisträgerinnen und -trägern dar. Den Schwerpunkt bildet die Untersuchung der Möglichkeiten der Zusammenarbeit zwischen Jugendämtern und Stellen des medizinisch-therapeutischen Bereichs. Auch datenschutzrechtliche Probleme werden beleuchtet und Möglichkeiten und Chancen eines datenschutzkonformen Datenaustausches werden diskutiert.

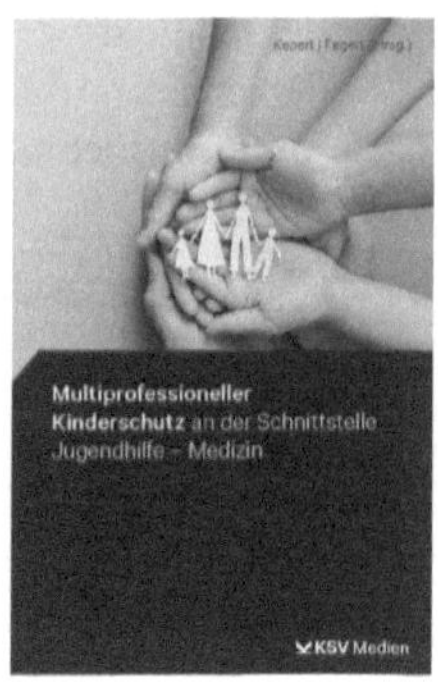

2023, Softcover, 150 Seiten, ISBN 978-3-8293-1867-9, 19 €

Wollenteit | Ehlers

Kindertagesförderungsgesetz Mecklenburg-Vorpommern

Kommentar, 2. Auflage 2023,
Softcover, 350 Seiten, 50 €,
ISBN 978-3-8293-1878-5

Nebendahl | Badenhop

Kindertagesförderungsgesetz Schleswig-Holstein

Kommentar, 10. Auflage 2023,
Softcover, 604 Seiten, 59 €
ISBN 978-3-8293-1881-5

de Wall

Niedersächsisches Gesetz über Kindertagesstätten und Kindertagespflege

Kommentar, 18. Auflage 2023,
Softcover, ca. 206 Seiten, 37 €,
ISBN 978-3-8293-1914-0

Detken | Eren

Handbuch Datensicherheit

2020, Softcover,
410 Seiten, 69 €,
ISBN 978-3-8293-1492-3